譯註 禮記集說大全
奔喪

編　陳澔(元)

附　正義・訓纂・集解

譯註 禮記集說大全
奔喪

編　陳澔 (元)

附　正義 · 訓纂 · 集解

鄭秉燮 譯

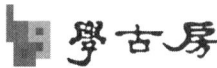

역자서문

『예기』「분상(奔喪)」편은 상례(喪禮) 중에서도 변례(變禮)를 기술한 문헌이다. 외지에 있다가 상의 소식을 접하고 뒤늦게 도착했을 때 따라야 하는 변형된 규정 등을 나타내고 있다. 「분상」편은 「투호(投壺)」편과 더불어 전통적으로 고문(古文) 『의례』에 속해 있었던 편으로 여겨져 왔다. 즉 『소대례기』가 편찬되는 과정에서 고문 『의례』의 편이 유입되었다고 믿어져 왔다. 고문 『의례』와 금문 『의례』에 대한 비교는 경학사(經學史)에 있어서 매우 중요한 문제이지만, 고문 『의례』가 현존하지 않기 때문에 문제 자체를 풀 수 없는 상태이다. 고문학파를 비롯한 옛 학자들은 고문 『의례』가 공자 이후 작성된 본래의 『예』경전이라고 여겼다. 그러나 내용과 출처에 있어서 의혹스러운 점이 많으므로, 청대(淸代) 이후로 고문경전은 대체로 위작(僞作)으로 여겨졌다. 최근에는 출토문헌이 발굴되면서 이 문제를 풀 수 있는 일종의 실마리가 생겼지만, 예학과 관련된 자료가 극소수에 불과하여, 아직도 미궁에 빠져있다.

옛 학자들에 따르면 「분상」편은 바로 이 문제를 해결할 수 있는 핵심적 문헌이다. 즉 공자 사후 실제로 유가학파에서 분상(奔喪)과 관련된 예법 규정을 제정하였고, 그것이 고문으로 작성되어 숨겨져 있다가 한나라 때 다시 세상에 나타났다면, 이것을 통해 현재는 남아있지 않은 고문 『의례』

의 기술방식과 성격을 가늠할 수 있기 때문이다. 그러나 「분상」편의 내용과 기술방식을 살펴보면, 고당생(高堂生)이 구술로 전수하는 현존하는 『의례』와는 관련이 없고, 오히려 『예기』에 수록된 수많은 변례 조항들과 유사한 점이 더 많다. 『한서』의 기록에 따르면 고문 『의례』는 총 56편으로, 금문 『의례』에 해당하는 17개 편을 수록하고 있을 뿐만 아니라 금문 『의례』에는 없는 39개 편이 더 기술되어 있다. 고문 『의례』가 실제로 공자 사후 유가학파 내에서 작성된 문헌이라면, 금문 『의례』와도 유사성을 보여야 한다. 따라서 「분상」편이 고문 『의례』에만 있는 39개 편 중 하나라면, 이것은 오히려 고문 『의례』가 위작이라는 증거가 될 따름이다. 그러므로 「분상」편은 『예기』의 다른 편들과 동일하게 다양한 기문(記文)의 기록들 중 분상(奔喪)과 관련된 문장들을 하나의 편으로 편집한 문헌일 가능성이 높다.

독자분들께 내놓기에는 부끄러운 번역이다. 볼품없는 번역이지만 이 책을 발판으로 더 좋은 역서와 연구가 진행되었으면 하는 바람이다. 이 책에 나오는 오역은 전적으로 역자의 실력이 부족해서이다. 본 역서에 나온 오역과 역자의 부족함에 대해 일갈을 해주실 분들이 있다면, bbaja@nate.com 으로 연락을 주시거나 출판사에 제 연락처를 문의하셔서 가르침을 주신다면, 부족한 실력이지만 가르침을 받도록 최선을 다할 것이다.

역자는 성균관 대학교에서 유교철학(儒敎哲學)을 전공했으며, 예악학(禮樂學) 전공으로 박사논문을 작성했다. 역자가 처음 『예기』를 접한 것은 경서연구회(經書研究會)의 오경강독을 통해서이다. 이 모임을 만들어 후배들에게 경전에 대한 이해를 넓혀주신 임옥균 선생님, 경서연구회 역대 회장님인 김동민, 원용준, 김종석, 길훈섭 선배님께도 감사를 드린다. 끝으로 「분상」편을 출판할 수 있도록 허락해주신 학고방의 하운근 사장님께도 감사를 전한다.

일러두기 ≫

1. 본 책은 역주서(譯註書)로써, 『예기집설대전(禮記集說大全)』의 「분상(奔喪)」편을 완역하고, 자세한 주석을 첨부했다. 송대(宋代) 이전의 주석을 포함하고자 하여, 『예기정의(禮記正義)』를 함께 수록하였다. 그리고 송대 이후의 주석인 청대(淸代)의 주석을 포함하고자 하여 『예기훈찬(禮記訓纂)』과 『예기집해(禮記集解)』를 함께 수록하였다.

2. 『예기』 경문(經文)의 경우, 의역으로만 번역하면 문장을 번역한 방식을 확인하기 어렵고, 보충 설명 없이 직역으로만 번역하면 내용을 이해하기 힘들다. 따라서 경문에 한하여 직역과 의역을 함께 수록하였다. 나머지 주석들에 대해서는 의역을 위주로 번역하였다.

3. 『예기』 경문에 대한 해석은 진호의 『예기집설』 주석에 근거하였다. 경문 해석에 있어서, 『예기정의』, 『예기훈찬』, 『예기집해』마다 이견(異見)이 많다. 『예기집섭대전』의 소주(小註) 또한 진호의 주장과 이견을 보이는 곳이 있고, 소주 사이에도 이견이 많다. 따라서 『예기』 경문 해석의 표준은 진호의 『예기집설』 주석에 근거했으며, 진호가 설명하지 않은 부분들은 『대전』의 소주를 참고하였다. 또한 경문 해석에 있어서 『예기정의』, 『예기훈찬』, 『예기집해』에 나타나는 이견들은 특별한 경우를 제외하고는 각각의 문장을 읽어보면, 경문에 대한 이견을 알 수 있기 때문에, 이러한 경우에는 주석처리를 하지 않았다.

4. 본 역서가 저본으로 삼은 책은 다음과 같다.
   - 『禮記』, 서울 : 保景文化社, 초판 1984 (5판 1995)
   - 『禮記正義』 1~4(전4권, 『十三經注疏 整理本』 12~15), 北京 : 北京大學出版社, 초판 2000
   - 朱彬 撰, 『禮記訓纂』 上·下(전2권), 北京 : 中華書局, 초판 1996 (2쇄 1998)
   - 孫希旦 撰, 『禮記集解』 上·中·下(전3권), 北京 : 中華書局, 초판 1989 (4쇄 2007)

5. 본 책은 『예기』의 경문, 진호의 『집설』, 호광 등이 찬정한 『대전』의 세주, 정현의 주, 육덕명의 『경전석문』, 공영달의 소, 주빈(朱彬)의 『훈찬』, 손희단(孫希旦)의 『집해』 순으로 번역하였다.

6. 본래 『예기』 「분상」편은 목차가 없으며, 내용 구분에 있어서도 학자들마다 의견차이가 있다. 또한 내용의 연관성으로 인하여, 장과 절을 나누기가 애매한 부분이 많다. 본 책의 목차는 역자가 임의대로 나눈 것이며, 세세하게 분절하여, 독자들이 관련내용들을 찾아보기 쉽게 하였다.

7. 본 책의 뒷부분에는 《奔喪 人名 및 用語 辭典》을 수록하였다. 본문에 처음으로 등장하는 용어 및 인명에 대해서는 주석처리를 하였다. 이후에 같은 용어가 등장할 때마다 동일한 주석처리를 할 수 없어서, 뒷부분에 사전으로 수록한 것이다. 가나다순으로 기록하여, 번역문을 읽는 도중 앞부분에서 설명했던 고유명사나 인명 등에 대해서 쉽게 찾아볼 수 있도록 하였다.

【652c】

奔喪之禮, 始聞親喪, 以哭答使者盡哀.

【652c】 등과 같이 【 】 안에 숫자가 기입되어 있는 것은 『예기』의 '경문'을 뜻한다. '652'는 보경문화사(保景文化社)판본의 페이지를 말한다. 'c'는 c단에 기록되어 있다는 표시이다. 밑의 그림은 보경문화사판본의 한 페이지 단락을 구분한 표시이다.

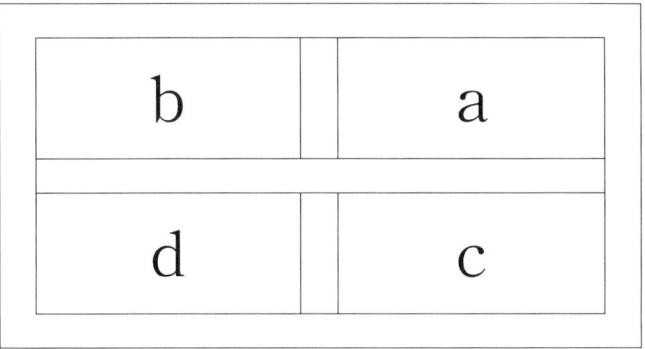

◆ **集說** 始聞親喪, 總言五服之親也.

"**集說**"로 표시된 것은 진호(陳澔)의 『예기집설(禮記集說)』 주석을 뜻한다.

◆ **大全** 嚴陵方氏曰: 古者吉行五十里, 今以凶變之遽, 故倍之.

"**大全**"으로 표시된 것은 호광(胡廣) 등이 찬정(撰定)한 『예기집설대전』의 세주(細註)를 뜻한다.

◆ **鄭注** 親, 父母也. 以哭答使者, 驚怛之哀無辭也.

"**鄭注**"로 표시된 것은 『예기정의(禮記正義)』에 수록된 정현(鄭玄)의 주(注)를 뜻한다.

◆ **釋文** 奔喪, 此正字也, 說文云: "從哭·亡, 亡亦聲也."

"**釋文**"으로 표시된 것은 『예기정의』에 수록된 육덕명(陸德明)의 『경전석문(經典釋文)』을 뜻한다. 『경전석문』의 내용은 글자들의 음을 설명하고, 간략한 풀이를 한 것인데, 육덕명 당시의 음가로 기록이 되었기 때문에, 현재의 음과는 맞지 않는 부분이 많다. 단순히 참고만 하기 바란다.

◆ **孔疏** ●"奔喪"至"盡哀". ○正義曰: 此一篇總明奔五服之喪也.

"**孔疏**"로 표시된 것은 『예기정의』에 수록된 공영달(孔穎達)의 소(疏)를 뜻한다. 공영달의 주석은 경문과 정현의 주에 대해서 세분화하여 기록되어 있다. 따라서 '●'으로 표시된 부분은 공영달이 경문에 대해 주석을 한 부분이고, '◎'으로 표시된 부분은 정현의 주에 대해 주석을 한 부분이다. 한편 '○'으로 표시된 부분은 공영달의 주석 부분이다.

◆ **訓纂** 金氏榜曰: 經凡三言"絞帶", 卽喪服傳所謂"絞帶者, 繩帶".

"**訓纂**"으로 표시된 것은 『예기훈찬(禮記訓纂)』에 수록된 주석이다. 『예기훈찬』 또한 기존 주석들을 종합한 책이므로, 『예기집설대전』 및 『예기정의』와 중복되는 부분은 생략하였다.

◆ **集解** 愚謂: 凡聞喪不得奔喪, 乃爲位; 聞喪卽奔者, 哭不爲位也.

"**集解**"로 표시된 것은 『예기집해(禮記集解)』에 수록된 주석이다. 『예기집해』 또한 기존 주석들을 종합한 책이므로, 『예기집설대전』 및 『예기정의』와 중복되는 부분은 생략하였다.

◆ 원문 및 번역문 중 '▼'로 표시된 부분은 한글로 표기할 수 없는 한자를 기록한 부분이다. 예를 들어 '▼(囧/皿)'의 경우 맹(盟)자의 이체자인데, '明'자 대신 '囧'자가 들어간 한자를 프로그램상 삽입할 수가 없어서, '▼(囧/皿)'으로 표시한 것이다. 즉 '▼(A/B)'의 형식으로 기록된 경우, A에 해당하는 글자가 한 글자의 상단 부분에 해당하고, B에 해당하는 글자가 한 글자의 하단 부분에 해당한다는 표시이다. 또한 '▼(A+B)'의 형식으로 기록된 경우, A에 해당하는 글자가 한 글자의 좌측 부분에 해당하고, B에 해당하는 글자가 한 글자의 우측 부분에 해당한다는 표시이다. 또한 '▼((A-B)/C)'의 형식으로 기록된 경우, A에 해당하는 글자에서 B 부분을 뺀 글자가 한 글자의 상단 부분에 해당하고, C에 해당하는 글자가 한 글자의 하단 부분에 해당한다는 표시이다.

목차

역자서문 _ v
일러두기 _ vii

제1절 상의 소식을 접하고 길을 떠나는 절차 ····················· 13
제2절 상가(喪家)에 도착하여 곡(哭)·용(踊)하는 절차 ············ 47
제3절 성복(成服)까지의 절차 ··································· 66
제4절 친족이 분상으로 왔을 때의 절차 ·························· 76
제5절 모친의 상에 분상으로 왔을 때의 절차 ····················· 98
제6절 부인이 분상으로 왔을 때의 절차 ························· 105
제7절 적장자가 장례를 치른 이후 분상으로 왔을 때의 절차 ······· 132
제8절 모친의 장례를 치른 이후 분상으로 왔을 때의 절차 ········· 142
제9절 친족이 장례를 치른 이후 분상으로 왔을 때의 절차 ········· 147
제10절 곧바로 분상하지 못했을 때의 절차 ······················· 157
제11절 적장자가 제상(除喪) 이후 분상으로 왔을 때의 절차 ········ 169
제12절 친족이 제상(除喪) 이후 분상으로 왔을 때의 절차 ·········· 173
제13절 친족의 상에 곧바로 분상하지 못했을 때의 절차 ············ 175
제14절 친족의 상에 분상할 때 곡하는 장소 ······················ 183
제15절 상복관계가 없는 자에게 곡하는 장소 ····················· 187
제16절 곡(哭) 규정에 나타나는 차등 ···························· 232
제17절 장례를 치른 이후 조문과 용(踊)의 절차 ·················· 311
제18절 상주(喪主)를 정하는 규정 ······························· 363
제19절 뒤늦게 관계가 먼 형제의 상 소식을 들었을 때의 절차 ······ 377
제20절 상복관계가 없는 자에 대한 곡(哭)과 복장 규정 ············ 385
제21절 분상 후 조문객으로 대부나 사가 왔을 때의 규정 ·········· 401

그림목차

그림 1-1 참최복(斬衰服) 착용 모습 ·············· 45
그림 1-2 참최복(斬衰服) 각부 명칭 ·············· 46
그림 2-1 계(笄)와 리(纚) ························ 59
그림 2-2 면(免)과 괄발(括髮) ··················· 60
그림 2-3 저질(苴絰)과 요질(腰絰) ··············· 61
그림 2-4 허리띠 : 대(帶)·혁대(革帶)·대대(大帶) ·············· 62
그림 2-5 위모(委貌) ···························· 63
그림 2-6 심의(深衣) ···························· 64
그림 2-7 피변(皮弁)과 작변(爵弁) ··············· 65
그림 3-1 의려(倚廬) ···························· 74
그림 3-2 의려(倚廬) ···························· 75
그림 4-1 자최복(齊衰服) 착용 모습 ············· 90
그림 4-2 자최복(齊衰服) 각부 명칭 ············· 91
그림 4-3 대공복(大功服) 착용 모습 ············· 92
그림 4-4 대공복(大功服) 각부 명칭 ············· 93
그림 4-5 소공복(小功服) 착용 모습 ············· 94
그림 4-6 소공복(小功服) 각부 명칭 ············· 95
그림 4-7 시마복(緦麻服) 착용 모습 ············· 96
그림 4-8 시마복(緦麻服) 각부 명칭 ············· 97
그림 5-1 쇄(縰)와 총(總) ······················ 104
그림 8-1 궤(几) ······························ 145
그림 8-2 연(筵) ······························ 146
그림 16-1 곤면(袞冕) ························· 285
그림 16-2 별면(鷩冕) ························· 286
그림 16-3 취면(毳冕) ························· 287
그림 16-4 치면(絺冕) ························· 288
그림 16-5 현면(玄冕) ························· 289
그림 16-6 십이장(十二章) 중 상의의 6가지 무늬 ·············· 290
그림 16-7 십이장(十二章) 중 하의의 6가지 무늬 ·············· 291

그림 16-8 면류관[冕]의 각 부분 명칭 ………………………………… 292
그림 16-9 상공(上公)의 곤면(袞冕) ……………………………………… 293
그림 16-10 후작[侯]과 백작[伯]의 별면(鷩冕) ………………………… 294
그림 16-11 자작[子]과 남작[男]의 취면(毳冕) ………………………… 295
그림 16-12 고(孤)의 치면(絺冕) ………………………………………… 296
그림 16-13 경(卿)과 대부(大夫)의 현면(玄冕) ………………………… 297
그림 16-14 사(士)의 작변(爵弁) ………………………………………… 298
그림 16-15 신하들의 명(命) 등급 ……………………………………… 299
그림 16-16 정(鼎) ………………………………………………………… 300
그림 16-17 조(俎) ………………………………………………………… 301
그림 16-18 변(籩) ………………………………………………………… 302
그림 16-19 두(豆) ………………………………………………………… 303
그림 16-20 보(簠) ………………………………………………………… 304
그림 16-21 형(鉶) ………………………………………………………… 305
그림 16-22 호(壺) ………………………………………………………… 306
그림 16-23 거(筥) ………………………………………………………… 307
그림 16-24 항목(杭木: =抗木)·인(茵)·항석(杭席: =抗席) …………… 308
그림 16-25 항목(杭木: =抗木)·인(茵)·항석(杭席: =抗席) …………… 309
그림 16-26 삽(翣) ………………………………………………………… 310
그림 17-1 중(重) …………………………………………………………… 361
그림 17-2 이상(夷牀) ……………………………………………………… 362

경문목차

【652b】	1
【652c】	13
【652c~d】	47
【653a】	66
【653b】	76
【653c】	98
【653d】	105
【653d~654a】	132
【654a~b】	136
【654c】	142
【654c~d】	147
【655b】	157
【655b~c】	169
【655c】	173
【655d】	175
【656b】	183
【656b】	187
【656c】	232
【656d】	311
【657a】	363
【657b】	377
【657b】	385
【657c】	401

奔喪 第三十四 / 「분상」 제34편

大全 嚴陵方氏曰: 四方, 男子所有事, 苟有事於四方, 安能免離親哉? 然則奔喪之事, 不幸而時亦有焉. 此先王所以作爲之禮也.

번역 엄릉방씨[1]가 말하길, 천하는 남자가 일을 하게 되는 장소인데, 천하에서 일을 시행하고 있더라도, 어찌 부모와 떨어지는 것을 용납할 수 있겠는가? 그러므로 분상(奔喪)의 사안은 불행하게도 때에 따라 간혹 이러한 경우가 발생하는 것이다. 「분상」편은 선왕이 이러한 경우를 위해 예를 만든 것이다.

孔疏 陸曰: 鄭云, "奔喪者, 居於他邦, 聞喪奔歸之禮, 實曲禮之正篇也."

번역 육덕명[2]이 말하길, 정현[3]은 "'분상(奔喪)'은 다른 나라에 거주하고 있을 때, 상에 대한 소식을 접하여 분주히 되돌아가는 예법이니, 실제로는 고대 『곡례』에 속하는 본래의 편이다."라고 했다.

孔疏 正義曰: 按鄭目錄云: "名曰奔喪者, 以其居他國, 聞喪奔歸之禮. 此於別錄屬喪服之禮矣, 實逸曲禮之正篇也. 漢興後得古文, 而禮家又貪其說,

---

1) 엄릉방씨(嚴陵方氏, ?~?) : =방각(方慤)·방씨(方氏)·방성부(方性夫). 송대(宋代)의 유학자이다. 이름은 각(慤)이다. 자(字)는 성부(性夫)이다. 『예기집해(禮記集解)』를 지었고, 『예기집설대전(禮記集說大全)』에는 그의 주장이 많이 인용되고 있다.
2) 육덕명(陸德明, A.D.550~A.D.630) : =육원랑(陸元朗). 당대(唐代)의 경학자이다. 이름은 원랑(元朗)이고, 자(字)는 덕명(德明)이다. 훈고학에 뛰어났으며, 『경전석문(經典釋文)』 등을 남겼다.
3) 정현(鄭玄, A.D.127~A.D.200) : =정강성(鄭康成)·정씨(鄭氏). 한대(漢代)의 유학자이다. 자(字)는 강성(康成)이다. 『주역(周易)』, 『상서(尙書)』, 『모시(毛詩)』, 『주례(周禮)』, 『의례(儀禮)』, 『예기(禮記)』, 『논어(論語)』, 『효경(孝經)』 등에 주석을 하였다.

因合於禮記耳. 奔喪禮屬凶禮也." 鄭云"逸禮"者, 漢書·藝文志云: "漢興, 始於魯淹中得古禮五十七篇. 其十七篇與今儀禮正同, 其餘四十篇藏在秘府, 謂之逸禮. 其投壺禮亦此類也." 又六藝論云: "漢興, 高堂生得禮十七篇. 後孔子壁中得古文禮五十七篇. 其十七篇與前同, 而字多異." 以此言之, 則此奔喪禮十七篇外, 旣謂之逸, 何以下文鄭注又引逸奔喪禮, 似此奔喪禮外更有逸禮者, 但此奔喪禮對十七篇爲逸禮, 內錄入於記, 其不入於記者, 又比此爲逸也. 故二逸不同, 其實祇是一篇也. 此奔喪一篇, 兼天子·諸侯, 然以士爲主, 故鄭下文注云: "未成服者, 素委貌." 是士之所服, 故知"以士爲主"也.

번역 『정의』4)에서 말하길, 정현의 『목록』5)을 살펴보면, "편명을 '분상(奔喪)'으로 정한 것은 다른 나라에 거주하고 있을 때, 상에 대한 소식을 접하여 분주히 되돌아가는 예법이기 때문이다. 「분상」편을 『별록』6)에서는 '상복지례(喪服之禮)' 항목에 포함시켰는데, 실제로는 일실된 『곡례』의 본래 편이다. 한나라가 흥성하게 된 이후 고문경전들을 얻었는데, 예학자들 또한 그 기록을 탐내어, 『예기』에 포함시켰던 것일 뿐이다. 분상례는 흉례(凶禮)에 해당한다."라고 했다. 정현이 '일례(逸禮)'라고 했는데, 『한서』「예문지(藝文志)」편에서는 "한나라가 흥성한 이후 처음으로 노(魯)나라 엄중(淹中) 지역에서 『고례』57편을 얻었다. 그 중 17개 편은 『의례』와 일치하

---

4) 『정의(正義)』는 『예기정의(禮記正義)』 또는 『예기주소(禮記注疏)』를 뜻한다. 당(唐)나라 때에는 태종(太宗)이 공영달(孔穎達) 등을 시켜서 『오경정의(五經正義)』를 편찬하였는데, 이때 『예기정의』에는 정현(鄭玄)의 주(注)와 공영달의 소(疏)가 수록되었다. 송대(宋代)에는 『오경정의』와 다른 경전(經典)에 대한 주석서를 포함한 『십삼경주소(十三經注疏)』가 편찬되어, 『예기주소』라는 명칭이 되었다.

5) 『목록(目錄)』은 정현이 찬술했다고 전해지는 『삼례목록(三禮目錄)』을 가리킨다. 『십삼경주소(十三經注疏)』에서 인용되고 있지만, 이 책은 『수서(隋書)』가 편찬될 당시에 이미 일실되어 존재하지 않았다. 『수서』「경적지(經籍志)」편에는 "三禮目錄一卷, 鄭玄撰, 梁有陶弘景注一卷, 亡."이라는 기록이 있다.

6) 『별록(別錄)』은 후한(後漢) 때 유향(劉向)이 찬(撰)했다고 전해지는 책이다. 현재는 일실되어 존재하지 않으며, 『한서(漢書)』「예문지(藝文志)」편을 통해서 대략적인 내용만을 추측해볼 수 있다.

였지만, 나머지 40편은 비부(秘府)7)에 보관하였으니, 이것을 일실된 『예』라고 부른다. 「투호례」 또한 이러한 부류에 해당한다."8)라고 했다. 또 『육예론』9)에서는 "한나라가 흥성하게 된 후 고당생10)은 『예』 17편을 얻었다. 이후 공자의 가택 벽에서 고문으로 된 『예』 57편을 얻었다. 그 중 17개 편은 고당생이 얻은 『예』 17편과 동일하였는데, 글자에 있어서는 대부분 차이가 났다."라고 했다. 이를 통해 말을 해본다면, 여기에서 말하는 「분상례」는 17개 편 이외의 것이 되어, 이미 일실되었다고 분류했는데, 어찌하여 아래 문장에 대한 정현의 주에서는 재차 일실된 「분상례」를 인용하여, 마치 이곳에서 말하는 「분상례」 이외에 별도로 일실된 『예』가 있는 것처럼 말했는가? 이것은 단지 「분상례」를 『예』 17개 편과 대비했을 때 일실된 『예』가 되며, 이미 『예기』에 편입을 시켜서 기록을 했는데, 『예기』에 편입되지 않은 것은 또한 「분상례」와 대비를 해보면 일실된 기록이 된다는 뜻이다. 그렇기 때문에 일실되었다고 한 두 말은 서로 다른 뜻이지만, 실제로는 동일한 편을 뜻한다. 「분상」이라는 편은 천자·제후에 대한 내용도 포함하고

---

7) 비부(秘府)는 고대 왕실의 도서관이다. 일종의 금서(禁書)로 분류되었던 책들을 보관해둔 곳이다. 그러나 금서만 보관되었던 것은 아니다.
8) 『한서(漢書)』「예문지(藝文志)」: 漢興, 魯高堂生傳士禮十七篇. 訖孝宣世, 后倉最明. 戴德·戴聖·慶普皆其弟子, 三家立於學官. 禮古經者, 出於魯淹中及孔氏, 與十七篇文相似, 多三十九篇. 及明堂陰陽·王史氏記所見, 多天子諸侯卿大夫之制, 雖不能備, 猶瘉倉等推士禮而致於天子之說.
9) 『육예론(六藝論)』은 정현(鄭玄)이 찬(撰)한 서적이다. 1권으로 되어 있다. 육예(六藝)에 대한 기원 및 변천 등을 설명하고, 공자(孔子)가 '육예'를 집대성한 의미에 대해서도 기술하고 있다. 그러나 이 서적은 이미 망실되어, 현재는 전해지지 않는다. 다만 공영달(孔穎達) 등이 주석한 소(疏) 부분에 일부 기록이 남아 있을 뿐이다.
10) 고당생(高堂生, ?~?) : 전한(前漢) 때의 학자이다. 춘추시대(春秋時代) 제(齊)나라의 경(卿)이었던 고혜(高傒)의 후손으로 알려져 있으며, 고혜가 채읍으로 받은 지명을 따서, 후손들의 성(姓)을 고당(高堂)으로 삼게 되었다고 전해진다. 진시황의 분서갱유 이후, 예학(禮學)의 최초 전수자로 알려져 있다. 『사기(史記)』「유림열전(儒林列傳)」의 기록에 따르면, '고당생'이 『사례(士禮)』 17편을 소분(蕭奮)에게 전수하였고, 소분은 맹경(孟卿)에게 전수하였으며, 맹경은 다시 후창(后蒼)에게 전수하여, 이후 대덕(戴德)과 대성(戴聖)에게 전수되었다.

있지만, 사 계층을 위주로 하고 있다. 그렇기 때문에 정현은 아래문장에 대한 주에서 "아직 성복(成服)[11]을 하지 않았다면, 흰색의 위모(委貌)를 착용한다."라고 한 것이니, 이것은 사가 착용하는 것이다. 그렇기 때문에 "사 계층을 위주로 한다."는 말이 사실임을 알 수 있다.

集解 按: 漢書藝文志, "禮古經五十六卷." 又云, "漢興, 高堂生傳士禮十七篇", "禮古經者, 出於魯淹中", "多三十九篇." 此引漢志云, "古禮五十七篇, 多今儀禮四十篇." 又引六藝論亦云, "古文禮五十七篇", 視今漢志所言多一篇, 未詳其說.

번역 살펴보니, 『한서』「예문지(藝文志)」편에서는 "『예』의 고문경전은 56권이다."[12]라고 했다. 또 "한나라가 흥성하게 된 후 고당생은 『사례』 17편을 전수하였다."라고 했고, "『예』의 고문경전은 노나라 엄중(淹中) 지역에서 나왔다."라고 했으며, "기존의 『예』보다 39개 편이 많았다."라고 했다.[13] 그런데 이곳에서는 『한서』「예문지」의 기록을 인용하며, "『고례』 57편은 현재의 『의례』보다 40편이 많다."라고 했다. 또 『육예론』을 인용하면서도 "고문경전 『예』는 57편이다."라고 하였는데, 현재의 『한서』「예문지」 기록과 대조를 해보면 1편이 더 많다고 언급했으니, 어느 주장이 맞는지 모르겠다.

集解 愚謂: 此篇與投壺皆儀禮之正經也. 儀禮古經五十六篇, 藏在秘府, 世莫之見, 後遂散逸. 此篇與投壺爲小戴錄入禮記, 故幸而得存. 然此篇雖爲小戴所錄, 而其中已有刪之者, 鄭注所引逸奔喪禮, 卽戴氏之所刪者, 而鄭氏尙得見之也.

---

11) 성복(成服)은 상례(喪禮)에서 대렴(大斂) 이후, 죽은 자와의 관계에 따라, 각각 규정에 맞는 상복(喪服)을 갖춰 입는다는 뜻이다.
12) 『한서(漢書)』「예문지(藝文志)」: <u>禮古經五十六卷</u>, 經十七篇.
13) 『한서(漢書)』「예문지(藝文志)」: <u>漢興, 魯高堂生傳士禮十七篇</u>. 訖孝宣世, 后倉最明. 戴德·戴聖·慶普皆其弟子, 三家立於學官. <u>禮古經者, 出於魯淹中</u>及孔氏, 與十七篇文相似, <u>多三十九篇</u>.

번역 내가 생각하기에, 「분상」편과 「투호」편은 모두 『의례』의 본래 경문이다. 『의례』의 고문경전은 56편인데, 비부(秘府)에 보관되어 세상 사람들이 그것을 열람하지 못해, 이후에는 결국 산일되어 없어졌다. 「분상」편과 「투호」편은 소대(小戴)14)에 의해 『예기』로 편입되었기 때문에 다행히 보존될 수 있었다. 그런데 「분상」편이 비록 소대에 의해 수록되었지만, 본문에는 이미 삭제된 부분이 있었으니, 정현의 주에서 인용하고 있는 일실된 「분상례」는 곧 소대가 삭제한 부분으로, 정현은 일찍이 그 기록을 얻어서 보았던 것이다.

참고 『한서(漢書)』「예문지(藝文志)·예류(禮類)」

원문 禮古經五十六卷, 經十七篇.

번역 『예』의 고문경전은 56권이 있고, 금문경전은 17편이 있다.

本注 后氏·戴氏.

번역 금문경전은 후씨나 대씨가 전수하는 문헌이다.

원문 記百三十一篇.

번역 『기』 301편이 있다.

本注 七十子後學者所記也.

번역 공자의 칠십여 제자들이 기록한 문헌이다.

원문 明堂陰陽三十三篇.

---

14) 소대(小戴)는 『소대례기(小戴禮記)』를 편찬한 한(漢)나라 때의 대성(戴聖)을 가리킨다.

번역 『명당음양』33편이 있다.

本注 古明堂之遺事.

번역 옛 명당(明堂)15)에 대해 남겨진 기록이다.

원문 王史氏二十一篇.

번역 『왕사씨』21편이 있다.

本注 七十子後學者.

번역 공자의 칠십여 제자들이 기록한 문헌이다.

附注 師古曰: 劉向別錄云六國時人也.

번역 안사고16)가 말하길, 유향17)의 『별록』에서는 "왕사씨는 육국시대 때의 인물이다."라고 했다.

원문 曲臺后倉九篇.

---

15) 명당(明堂)은 일반적으로 고대 제왕이 정교(政敎)를 베풀던 장소를 지칭하는 용어로 사용되었다. 이곳에서는 조회(朝會), 제사(祭祀), 경상(慶賞), 선사(選士), 양로(養老), 교학(敎學) 등의 국가 주요 업무가 시행되었다. 『맹자』「양혜왕하(梁惠王下)」편에는 "夫明堂者, 王者之堂也."라는 용례가 있고, 『옥태신영(玉台新詠)』「목난사(木蘭辭)」편에도 "歸來見天子, 天子坐明堂."이라는 용례가 있다. '명당'의 규모나 제도는 시대마다 다르다. 또한 '명당'이라는 건물군 중에서 남쪽의 실(室)을 가리키는 용어로도 사용되었다.

16) 안사고(顔師古, A.D.581~A.D.645) : 당(唐)나라 때의 학자이다. 자(字)는 주(籒)이다. 안지추(顔之推)의 손자이다. 훈고학(訓詁學)에 뛰어났다. 오경(五經)의 문자를 교정하여, 『오경정본(五經定本)』을 찬술하기도 하였다.

17) 유향(劉向, B.C77~A.D.6) : 전한(前漢) 때의 학자이다. 자(字)는 자정(子政)이다. 유흠(劉歆)의 부친이다. 비서성(秘書省)에서 고서들을 정리하였다. 저서로는 『설원(說苑)』・『신서(新序)』・『열녀전(列女傳)』・『별록(別錄)』 등이 있다.

번역 『곡대후창』 7편이 있다.

附注　如淳曰: 行禮射於曲臺, 后倉爲記, 故名曰曲臺記. 漢官曰大射于曲臺.

번역　여순18)이 말하길, 곡대(曲臺)에서 의례를 시행하며 활쏘기를 했는데, 후창이 기록을 했기 때문에 '곡대기(曲臺記)'라고 부른다. 『한관』에서는 "곡대에서 대사례(大射禮)19)를 시행했다."고 했다.

附注　晉灼曰: 天子射宮也. 西京無太學, 於此行禮也.

번역　진작20)이 말하길, 천자의 사궁(射宮)21)이다. 서경에는 태학이 없었으므로, 이곳에서 해당 의례를 시행했다.

원문　中庸說二篇.

---

18) 여순(如淳, ?~?) : 삼국시대(三國時代) 때의 학자이다. 자세한 이력이 남아 있지 않다.
19) 대사례(大射禮)는 제사를 지낼 때, 제사를 돕는 자들을 채택하기 위해 시행하는 활쏘기 대회이다. 천자의 경우에는 '교외 및 종묘[郊廟]'에서 제사를 지낼 때, 제후 및 군신(群臣)들과 미리 활쏘기를 하여, 적중함이 많은 자를 채택하고, 채택된 자로 하여금 천자가 주관하는 제사에 참여하도록 하는 의례(儀禮)이다. 『주례』「천관(天官)・사구(司裘)」편에는 "王大射, 則共虎侯, 熊侯, 豹侯, 設其鵠."이라는 기록이 있는데, 이에 대한 정현의 주에서는 "大射者, 爲祭祀射. 王將有郊廟之事, 以射擇諸侯及群臣與邦國所貢之士可以與祭者. …… 而中多者得與於祭."라고 풀이하였다. 한편 각 계급에 따라 '대사례'의 예법에는 차등이 있었는데, 예를 들어 천자가 시행하는 '대사례'에서는 표적으로 호후(虎侯), 웅후(熊侯), 표후(豹侯)가 사용되었고, 표적지에는 곡(鵠)을 설치했다. 그리고 제후가 시행하는 '대사례'에서는 웅후(熊侯), 표후(豹侯)가 사용되었고, 표적지에 곡(鵠)을 설치했다. 경(卿)과 대부(大夫)의 경우에는 미후(麋侯)를 사용하였고, 표적지에 곡(鵠)을 설치했다.
20) 진작(晉灼, ?~?) : 진(晉)나라 때의 학자이다. 상서랑(尙書郞)을 역임하였으며, 저서로는 『한서음의(漢書音義)』 등이 있다.
21) 사궁(射宮)은 천자가 대사례(大射禮)를 시행하던 장소이며, 또한 이곳에서 사(士)들을 시험하기도 했다. 『춘추곡량전』「소공(昭公) 8년」편에는 "以習射於射宮."이라는 기록이 있고, 『예기』「사의(射義)」편에는 "諸侯歲獻貢士於天子, 天子試之於射宮."이라는 기록이 있다.

번역 『중용설』 2편이 있다.

附註 師古曰: 今禮記有中庸一篇, 亦非本禮經, 蓋此之流.

번역 안사고가 말하길, 현재의 『예기』에는 「중용」편이 수록되어 있는데, 이 또한 본래 『예』의 경문이 아니며, 아마도 이러한 부류에 해당할 것이다.

원문 明堂陰陽說五篇.

번역 『명당음양설』 5편이 있다.

원문 周官經六篇.

번역 『주관』 경문 6편이 있다.

本注 王莽時劉歆置博士.

번역 왕망22) 때 유흠23)이 박사에 설치했다.

附註 師古曰, 卽今之周官禮也, 亡其冬官, 以考工記充之.

번역 안사고가 말하길, 현재의 『주례』에 해당하는데, 동관(冬官)에 해당하는 기록이 망실되었으므로, 『고공기』24)를 통해 보충했다.

---

22) 왕망(王莽, B.C.45~A.D.23) : 한(漢)나라 때의 인물이다. 자(字)는 거군(巨君)이다. 한나라 평제(平帝)를 독살하고, 제왕의 지위를 찬탈하였다. 신(新)나라로 국호를 명명하였다.
23) 유흠(劉歆, B.C.53~A.D.23) : 전한(前漢) 때의 경학자이다. 자(字)는 자준(子駿)이다. 후에 이름을 수(秀), 자(字)를 영숙(穎叔)으로 고쳤다. 유향(劉向)의 아들이다. 저서에는 『삼통력보(三統曆譜)』 등이 있다.
24) 『고공기(考工記)』는 『동관고공기(冬官考工記)』라고도 부른다. 공인(工人)들에 대한 공예기술(工藝技術) 서적이다. 작자는 미상이다. 강영(江永)은 『고공기』의 작자를 제(齊)나라 사람으로 추정하였고, 곽말약(郭沫若)은 춘추시대(春秋時代) 말기에 제나라에서 제작된 관서(官書)와 관련이 깊다고 추정하였다. 『주례(周禮)』는 천관(天官), 지관(地官), 춘관(春官), 하관(夏官), 추

원문　周官傳四篇.

번역　『주관』 전문 4편이 있다.

원문　軍禮司馬法百五十五篇.

번역　『군례사마법』 155편이 있다.

원문　古封禪群祀二十二篇.

번역　『고봉선군사』 22편이 있다.

원문　封禪議對十九篇.

번역　『봉선의대』 19편이 있다.

本注　武帝時也.

번역　무제(武帝) 때 작성되었다.

원문　漢封禪群祀三十六篇.

번역　『한봉선군사』 36편이 있다.

원문　議奏三十八篇.

번역　『의주』 38편이 있다.

관(秋官), 동관(冬官) 등 육관(六官)의 체제로 구성되어 있는데, 그 중 '동관'에 대한 기록이 누락되어 있어서, 한(漢)나라 무제(武帝) 때, 『고공기』를 가지고 누락된 부분을 보충하게 되었다. 그렇기 때문에 『고공기』를 또한 『동관고공기』라고도 부르는 것이다. 각종 공인들의 직책과 직무들이 기록되어 있다.

本注 石渠.

번역 석거각 회의를 통해 나온 기록이다.

원문 凡禮十三家, 五百五十五篇.

번역 『예』와 관련해서는 총 13개 학파와 555편의 기록이 있다.

本注 入司馬法一家, 百五十五篇.

번역 『사마법』1개 학파와 155편이 포함된다.

참고 『한서(漢書)』「예문지(藝文志)·예류(禮類)」

원문 易曰, "有夫婦父子君臣上下, 禮義有所錯①." 而帝王質文世有損益, 至周曲爲之防, 事爲之制②, 故曰, "禮經三百, 威儀三千③." 及周之衰, 諸侯將踰法度, 惡其害己, 皆滅去其籍, 自孔子時而不具, 至秦大壞. 漢興, 魯高堂生傳士禮十七篇. 訖孝宣世, 后倉最明. 戴德·戴聖·慶普皆其弟子, 三家立於學官. 禮古經者, 出於魯淹中④及孔氏, 與十七篇文相似, 多三十九篇. 及明堂陰陽·王史氏記所見, 多天子諸侯卿大夫之制, 雖不能備, 猶瘉倉等推士禮而致於天子之說⑤.

번역 『역』에서는 "부부·부자·군신·상하가 있은 뒤에야 예의를 둘 곳이 있다."25)라고 했다. 역대 제왕들은 질박함이나 화려함을 숭상함에 차이가 있어서 대대로 덜어내거나 더한 점이 있었는데, 주나라에 이르러서는 세세한 사안들의 방지책을 마련하고 각 사안마다 제도를 만들었다. 그렇기 때문에 "예경(禮經)은 삼백 가지이고, 위의(威儀)는 삼천 가지이다."라고

---

25) 『역』「서괘전(序卦傳)」: 有天地然後有萬物, 有萬物然後有男女, 有男女然後有夫婦, 有夫婦然後有父子, 有父子然後有君臣, 有君臣然後有上下, 有上下然後禮義有所錯.

했다. 주나라가 쇠퇴하게 되자 제후들은 법도를 어겼으며, 자신에게 해를 끼치는 것들을 미워하여, 모두들 전적들을 제거했고, 공자 때로부터 전적들이 모두 갖춰지지 않았었는데, 진(秦)나라에 이르러 더욱 붕괴되었다. 한(漢)나라가 흥성하게 되자 노(魯)나라 고당생이 『사례』 17개 편을 전수하였다. 효선제 시기가 되었을 때에는 후창이 가장 뛰어났다. 대덕·대성·경보는 모두 그의 제자이며, 세 학파를 학관에 설치했다. 『예』의 고문경전은 노나라 엄중(淹中) 및 공씨의 가택에서 나왔는데, 17개 편과 문장이 유사했지만 39개 편이 더 많았다. 『명당음양』·『왕사씨기』에 나타난 내용들은 대부분 천자·제후·경·대부에 대한 제도인데, 비록 체계적으로 기술되어 있지 않지만, 후창 등이 『사례』를 바탕으로 천자 등의 제도를 만들어낸 주장보다는 뛰어나다.

附注-① 師古曰: 序卦之辭也. 錯, 置也, 音千故反.

번역 안사고가 말하길, 「서괘전」의 말이다. '조(錯)'자는 "둔다."는 뜻이며, 그 음은 '千(천)'자와 '故(고)'자의 반절음이다.

附注-② 師古曰: 委曲防閑, 每事爲制也.

번역 안사고가 말하길, 세세하게 방지대책을 만들고 모든 사안에 제도를 마련했다는 뜻이다.

附注-③ 韋昭曰, "周禮三百六十官也. 三百, 擧成數也." 臣瓚曰, "禮經三百, 謂冠·婚·吉·凶. 周禮三百, 是官名也." 師古曰, "禮經三百, 韋說是也. 威儀三千乃謂冠·婚·吉·凶, 蓋儀禮是也."

번역 위소[26]가 말하길, "『주례』에는 360개의 관직이 수록되어 있다. 300

---

26) 위소(韋昭, A.D.204~A.D.273) : 삼국시대(三國時代) 때 오(吳)나라의 학자이다. 자(字)는 홍사(弘嗣)이다. 사마소(司馬昭)의 이름을 피휘하여, 요(曜)

이라는 말은 성수를 제시한 것이다."라고 했다. 신찬[27]이 말하길, "예경(禮經)은 삼백 가지라고 했는데, 관례(冠禮)·혼례(昏禮)·길례(吉禮)·흉례(凶禮)를 뜻한다. 『주례』는 삼백 가지라고 했는데, 이것은 관직명을 열거한 수이다."라고 했다. 안사고가 말하길, "예경은 삼백 가지라고 했는데, 위씨의 주장이 옳다. 위의는 삼천 가지라고 했는데, 관례·혼례·길례·흉례를 말하니, 아마도 『의례』가 여기에 해당할 것이다."라고 했다.

附注-④ 蘇林曰: 里名也.

번역 소림[28]이 말하길, '엄중(淹中)'은 리(里)의 이름이다.

附注-⑤ 師古曰: 瘉與愈同. 愈, 勝也.

번역 안사고가 말하길, '유(瘉)'자는 유(愈)자와 같다. '유(愈)'자는 "낫다."는 뜻이다.

    로 고쳤다. 저서로는 『국어주(國語注)』 등이 있다.
27) 신찬(臣瓚, ?~?) : 서진(西晉) 때의 학자이다. 성씨(姓氏) 및 행적에 대해서는 자세히 전해지지 않는다. 『집해음의(集解音義)』를 저술하였다고 전해지며, 책은 이미 소실되었지만, 안사고(顏師古) 등이 『한서(漢書)』의 주석을 달 때 이 책에 근거했다고 전해진다.
28) 소림(蘇林, ?~?) : 후한(後漢) 때의 학자이다. 자세한 이력이 남아 있지 않다.

• 제 1 절 •

상의 소식을 접하고 길을 떠나는 절차

【652c】

奔喪之禮, 始聞親喪, 以哭答使者盡哀. 問故, 又哭盡哀. 遂行, 日行百里, 不以夜行. 唯父母之喪, 見星而行, 見星而舍. 若未得行, 則成服而后行. 過國至竟, 哭盡哀而止. 哭辟市朝, 望其國竟哭.

직역 奔喪의 禮에서는 始히 親喪을 聞하면, 哭으로써 使者에게 答하며 哀를 盡한다. 故를 問하고, 又히 哭하여 哀를 盡한다. 遂히 行함에 日에는 百里를 行하고, 夜에 行함을 不한다. 唯히 父母의 喪이라면, 星을 見하고 行하며, 星을 見하고 舍한다. 若히 行을 得함을 未라면, 成服한 后에 行한다. 國을 過하여 竟을 至하면, 哭하여 哀를 盡하고 止한다. 哭에는 市朝를 辟하고, 그 國竟을 望하고 哭한다.

의역 분상의 예법에서는 처음 친족의 상 소식을 접하면 곡을 하여 소식을 전해 온 사자에게 답례를 하며 슬픔을 다한다. 그런 뒤 돌아가신 연유를 묻고 재차 곡을 하여 슬픔을 다한다. 마침내 길을 떠나게 되면 낮에는 100리(里)를 가고, 밤에는 길을 가지 않는다. 오직 부모의 상에서만 새벽에 별을 보고 길을 떠나며, 밤에 별을 보고서야 숙소에 머문다. 만약 일을 끝내지 못하여 아직 길을 떠나지 못했다면, 성복(成服)을 한 이후에 길을 떠난다. 그 나라를 지나 자신의 본국 국경에 당도하게 되면 곡을 하여 슬픔을 다하고서야 그친다. 곡을 할 때에는 시장이나 조정을 피하고, 본국의 국경 쪽을 바라보며 곡을 한다.

集說 始聞親喪, 總言五服之親也. 不以夜行, 避患害也. 未得行, 若奉君命而使事未竟也. 辟市朝, 爲驚衆也.

번역 "처음 친족의 상 소식을 들었다."는 말은 오복(五服)[1]에 속한 친족을 총괄적으로 말한 것이다. "밤에는 길을 떠나지 않는다."는 말은 재앙과 해악을 피하기 위해서이다. "아직 떠나지 못했다."는 말은 예를 들어 군주의 명령을 받들어서 사신으로 간 일이 아직 끝나지 않은 경우와 같다. "시장과 조정을 피한다."는 말은 여러 사람들을 놀래게 만들기 때문이다.

大全 嚴陵方氏曰: 古者吉行五十里, 今以凶變之遽, 故倍之.

번역 엄릉방씨가 말하길, 고대에는 일상적일 때 하루 동안 50리(里)를 가게 되는데, 현재는 급작스러운 흉사로 인해 2배를 가게 된다.

鄭注 親, 父母也. 以哭答使者, 驚怛之哀無辭也. 問故, 問親喪所由也. 雖非父母, 聞喪而哭, 其禮亦然也. 雖有哀戚, 猶辟害也, 晝夜之分, 別於昏明. 哭則遂行者, 不爲位. 侵晨冒昏, 彌益促也. 言"唯", 著異也. 謂以君命有爲者也. 成喪服, 得行則行. 感此念親. 爲驚衆也. 斬衰者也, 自是哭且遂行.

번역 '친(親)'자는 부모를 뜻한다. "곡으로 사자에게 답례한다."는 말은 놀라고 슬픈 마음으로 인해 말을 할 수 없기 때문이다. "까닭을 묻는다."는 말은 부모가 돌아가시게 된 연유를 묻는다는 뜻이다. 비록 부모가 아니더라도 상의 소식을 접하게 되면 곡을 하니, 그 예법이 또한 이러하다. 비록 슬픈 마음이 있더라도 여전히 해악을 피해야 하는데, 낮밤의 구분은 어둠 및 밝음과는 구별된다. "곡을 하면 마침내 길을 떠난다."는 말은 곡하는 자

---

1) 오복(五服)은 죽은 자와 친하고 소원한 관계에 따라 입게 되는 다섯 가지 상복(喪服)을 뜻한다. 참최복(斬衰服), 자최복(齊衰服), 대공복(大功服), 소공복(小功服), 시마복(緦麻服)을 가리킨다. 『예기』「학기(學記)」편에는 "師無當於五服, 五服弗得不親."이라는 기록이 있는데, 이에 대한 공영달(孔穎達)의 소(疏)에서는 "五服, 斬衰也, 齊衰也, 大功也, 小功也, 緦麻也."라고 풀이했다. 또한 '오복'에 있어서는 죽은 자와 가까운 관계일수록 중대한 상복을 입고, 복상(服喪) 기간도 늘어난다. 위의 '오복' 중 참최복이 가장 중대한 상복에 속하며, 그 다음은 자최복이고, 대공복, 소공복, 시마복 순으로 내려간다.

리를 만들 수 없기 때문이다. 동틀 무렵과 어둠이 깔릴 때를 기준으로 하는 것은 더욱 재촉하기 때문이다. '유(唯)'라고 기록한 것은 차이를 드러내기 위해서이다. 아직 길을 떠나지 못했다는 것은 군주의 명령에 따라 어떤 일을 시행하는 자를 뜻한다. 상복을 갖춰 입고서 길을 떠날 수 있으면 떠난다. 국경에 이르러 곡을 하는 것은 이러한 것에 감응하여 부모를 떠올리는 것이다. 시장과 조정을 피하는 것은 여러 사람들을 놀래게 만들기 때문이다. 국경을 바라보며 곡을 한다는 것은 참최복(斬衰服)[2]을 착용하는 대상을 뜻하니, 여기에서 곡을 하고 마침내 길을 떠나는 것이다.

釋文 奔喪, 此正字也, 說文云: "從哭·亡, 亡亦聲也." 哭, 空木反. 使, 色吏反, 注同. 怛, 都達反. 辟音避. 分, 扶問反, 又方云反. 別, 彼列反. 冒, 亡北反, 又亡報反. 著, 張慮反. 爲, 于僞反, 一音如字. 竟音境, 下同. 辟音避. 朝, 直遙反. 爲, 于僞反. 衰, 七雷反, 後皆同.

번역 '奔喪'은 정자이며, 『설문』[3]에서는 '곡(哭)'자와 '망(亡)'자로 구성되어 있으며, '망(亡)'자는 또한 소리부가 된다."라고 했다. '哭'자는 '空(공)'자와 '木(목)'자의 반절음이다. '使'자는 '色(색)'자와 '吏(리)'자의 반절음이며, 정현의 주에 나오는 글자도 그 음이 이와 같다. '怛'자는 '都(도)'자와 '達(달)'자의 반절음이다. '辟'자의 음은 '避(피)'이다. '分'자는 '扶(부)'자와 '問(문)'자의 반절음이며, 또한 '方(방)'자와 '云(운)'자의 반절음도 된다. '別'자는 '彼(피)'자와 '列(렬)'자의 반절음이다. '冒'자는 '亡(망)'자와 '北(북)'자의 반절음이며, 또한 '亡(망)'자와 '報(보)'자의 반절음도 된다. '著'자는 '張

---

2) 참최복(斬衰服)은 상복(喪服) 중 하나로, 오복(五服)에 속한다. 상복 중에서도 가장 수위가 높은 상복이다. 거친 삼베를 사용해서 만들며, 자른 부위를 꿰매지 않기 때문에 참최(斬衰)라고 부른다. 이 복장을 입게 되는 기간은 일반적으로 3년에 해당하며, 죽은 부모를 위해 입거나, 처 또는 첩이 죽은 남편을 위해 입는다.
3) 『설문해자(說文解字)』는 후한(後漢) 때의 학자인 허신(許愼)이 찬(撰)했다고 전해지는 자서(字書)이다. 『설문(說文)』이라고도 칭해진다. A.D.100년경에 완성되었다고 전해진다. 글자의 형태, 뜻, 음운(音韻)을 수록하고 있다.

(장)'자와 '慮(려)'자의 반절음이다. '爲'자는 '于(우)'자와 '僞(위)'자의 반절음이며, 다른 음은 글자대로 읽는다. '竟'자의 음은 '境(경)'이며, 아래문장에 나오는 글자도 그 음이 이와 같다. '辟'자의 음은 '避(피)'이다. '朝'자는 '直(직)'자와 '遙(요)'자의 반절음이다. '爲'자는 '于(우)'자와 '僞(위)'자의 반절음이다. '衰'자는 '七(칠)'자와 '雷(뢰)'자의 반절음이며, 이후에 나오는 이 글자는 모두 그 음이 이와 같다.

孔疏 ●"奔喪"至"盡哀". ○正義曰: 此一篇總明奔五服之喪也, 從始聞至於喪所成服之節, 今各隨文解之. 此一節論初聞之節, 五服皆然, 故鄭注云"雖非父母, 聞喪而哭, 其禮亦然". 鄭必知五服皆然者, 以下文云"日行百里, 不以夜行, 唯父母之喪, 見星而行", 別云"唯父母", 則知以前兼五服也.

번역 ●經文: "奔喪"~"盡哀". ○「분상」편은 오복(五服)에 속한 친족의 상에 대해서 분상하는 예법을 총괄적으로 나타내고 있는데, 처음 소식을 접하는 것으로부터 상을 치르는 장소에 도착해 성복(成服)을 하게 되는 절차를 나타내고 있으니, 현재는 각각의 문장에 따라서 풀이하겠다. 이곳 문단은 최초 상의 소식을 접하는 절차를 논의하고 있는데, 오복의 친족에 대해서 모두 이처럼 한다. 그렇기 때문에 정현의 주에서는 "비록 부모의 상이 아니더라도, 상의 소식을 접하면 곡을 하니, 그 예법이 또한 이러하다."라고 했다. 정현은 오복에 속한 친족에 대해 모두 이처럼 한다는 사실을 분명히 알 수 있었던 것은 아래문장에서 "낮에는 100리(里)를 가고, 밤에는 길을 가지 않으며, 오직 부모의 상에서만 새벽에 별을 보고 길을 떠난다."라고 하여, 별도로 '오직 부모의 경우'라고 했으니, 앞의 내용은 오복에 속한 친족에 대한 것도 포함한다는 사실을 알 수 있다.

孔疏 ●"遂行"至"竟哭". ○正義曰: 此一節論奔喪在路, 至其國竟奔赴之節.

번역 ●經文: "遂行"~"竟哭". ○이곳 문단은 분상을 하여 여정 중에 있고, 또 자신의 본국 국경에 도착하여 분주히 달려갈 때의 절차를 논의하고 있다.

孔疏 ●"若未得行, 則成服而后行"者, 此奉君命而使, 使事未了, 不可以己私喪廢於公事, 故成服以俟君命, 則人代己也.

번역 ●經文: "若未得行, 則成服而后行". ○이 경우는 군주의 명령을 받들어서 사신으로 간 경우이니, 사신으로 찾아간 일이 아직 끝나지 않았다면, 자신의 개인적인 상사로 인해 공적인 일을 폐지할 수 없다. 그렇기 때문에 성복(成服)을 하고서 군주의 명령을 기다리니, 다른 사람이 자신의 임무를 대신하게 된다.

孔疏 ◎注"成喪服, 得行則行". ○正義曰: 鄭云此者, 恐成服之後, 卽便得行, 故明之, 云若成服已後得行, 則可行; 若未得行, 卽不可行.

번역 ◎鄭注: "成喪服, 得行則行". ○정현이 이처럼 말한 것은 성복을 한 이후에 곧바로 길을 떠날 수 있다고 오해할 것을 염려한 것이다. 그렇기 때문에 그 사실을 명시하였으니, 만약 성복(成服)을 한 이후에 길을 떠날 수 있다면 떠나도 괜찮지만, 만약 아직 길을 떠날 수 없다면 떠나서는 안 된다.

孔疏 ◎注"感此念親". ○正義曰: 按聘禮云: 行至他國竟上而誓衆, "使次介假道". 是國竟, 行禮之處. 去時親在, 今返親亡, 故哭盡哀戚, 感此念親也. 凡聞喪, 若聞父母之喪, 其哭之不離聞喪之處, 不得爲位卽奔之也. 若有君命, 未得奔喪者, 雖父母之喪, 旣聞喪而哭, 又爲位更哭也.

번역 ◎鄭注: "感此念親". ○『의례』「빙례(聘禮)」편을 살펴보면, 행차를 하며 다른 나라의 국경에 도달하면 무리들을 조심하도록 단속시키고, "차개(次介)[4]로 하여금 길을 지나칠 수 있도록 요청한다."[5]라고 했다. 이것은 국경이 해당 의례를 시행해야 하는 장소임을 나타낸다. 그곳을 떠날 때에는 부모가 생존해 계셨는데, 현재 되돌아오니 부모가 돌아가신 상태이다. 그렇기 때문에 곡을 하여 슬픔을 다하는 것으로, 이러한 것에 감응하여 부모를 떠올리게 되는 것이다. 무릇 상의 소식을 접한다고 했는데, 만약 부모의 상 소식을 듣게 된다면, 곡을 하는 자는 상의 소식을 접한 장소에서 떠나지 않고, 곡하는 자리를 마련할 수 없으니 곧바로 분상을 한다. 만약 군주의 명령이 있어서 아직 분상을 할 수 없는 경우라면, 비록 부모의 상에서 이미 그 상의 소식을 접하여 곡을 했더라도, 또한 곡하는 자리를 마련하여 재차 곡을 하게 된다.

孔疏 ◎注"斬衰者也, 自是哭且遂行". ○正義曰: 以下云齊衰望鄉而哭, 大功望門而哭, 則知斬衰望其國竟而哭且遂行. 雖云"斬衰", 其實母之齊衰亦然也.

번역 ◎鄭注: "斬衰者也, 自是哭且遂行". ○아래문장에서 자최복(齊衰服)6)의 상에서는 고향을 바라보며 곡을 하고, 대공복(大功服)7)의 상에서는

---

4) 차개(次介)는 빈(擯)들 중 승빈(承擯)과 비슷한 역할을 하는 자로, 상개(上介)를 돕는 부관이다.
5) 『의례』「빙례(聘禮)」: 若過邦, 至于竟, <u>使次介借道</u>. 束帛將命于朝曰, "請帥." 奠幣. 下大夫取以入告, 出, 許, 遂受幣.
6) 자최복(齊衰服)은 상복(喪服) 중 하나로, 오복(五服)에 속한다. 거친 삼베를 사용해서 만들며, 자른 부위를 꿰매어 가지런하게 정리하기 때문에, '자최복'이라고 부른다. 이 복장을 입게 되는 기간에도 여러 종류가 있는데, 3년 동안 입는 경우는 죽은 계모(繼母)나 자모(慈母)를 위한 경우이고, 1년 동안 입는 경우는 손자가 죽은 조부모를 위해 입는 경우와 남편이 죽은 아내를 입는 경우 등이다. 그리고 1년 동안 '자최복'을 입는 경우, 그 기간을 자최기(齊衰期)라고도 부른다. 또 5개월 동안 입는 경우는 죽은 증조부나 증조모를 위한 경우이며, 3개월 동안 입는 경우는 죽은 고조부나 고조모를 위한 경우 등이다.
7) 대공복(大功服)은 상복(喪服) 중 하나로, 오복(五服)에 속한다. 조밀한 삼베를 사용해서 만들지만, 소공복(小功服)에 비해서는 삼베의 재질이 거칠기 때문에, '대공복'이라고 부른다. 이 복장을 입게 되는 기간은 상황에 따라 차이가 생기지만, 일반적으로 9개월이다. 당형제(堂兄弟) 및 미혼인 당자매(堂姉妹), 또는 혼인을 한 자매(姉妹) 등을 위해서 입는다.

그 집의 문을 바라보고 곡을 한다고 했으니, 참최복의 상에서는 국경을 바라보며 곡을 하고 마침내 길을 떠나는 것이다. 비록 '참최복(斬衰服)'이라고 했지만, 실제로는 자최복을 착용하는 모친의 상에서도 이처럼 한다.

集解 奔喪者, 在外聞其親屬之喪而歸也. 曰"奔"者, 著其急也. 以喪之輕重, 則有父, 有母, 有齊衰以下, 以奔之遲速, 則有聞喪卽奔, 有聞喪不得奔, 有旣殯而至, 有旣葬而至, 有除喪而後歸. 其禮各不同. 首云"奔喪之禮", 所以總目一篇之事也.

번역 경문의 "奔喪之禮"에 대하여. '분상(奔喪)'은 외지에 있다가 친족의 상사 소식을 접하고서 되돌아온다는 뜻이다. '분(奔)'이라고 말한 것은 다급함을 나타내고자 한 것이다. 상사의 경중으로 따진다면, 부친의 상이 있고 모친의 상이 있으며 자최복(齊衰服)으로부터 그 이하의 상이 있고, 분상의 더디고 빠른 정도로 따진다면, 상의 소식을 듣고서 곧바로 분상을 하는 경우가 있고, 상의 소식을 들었지만 곧바로 분상을 하지 못한 경우도 있으며, 이미 빈소를 차린 뒤에 도착한 경우가 있고, 이미 장례를 치른 이후에 도착한 경우도 있으며, 상을 끝낸 뒤에야 되돌아온 경우도 있다. 그 예법은 각각 다르다. 첫 부분에서 '분상지례(奔喪之禮)'라고 말한 것은 「분상」편에서 거론하는 사안들을 총괄적으로 나타내기 위해서이다.

集解 愚謂: 下文言"唯父母之喪", 則此言"親喪", 謂大功以上之親. 此"哭", 卽於其聞喪之所而哭也.

번역 경문의 "始聞親喪, 以哭答使者, 盡哀; 問故, 又哭盡哀."에 대하여. 내가 생각하기에, 아래문장에서 '오직 부모의 상'이라고 말했다면, 이곳에서 '친상(親喪)'이라고 한 말은 대공복(大功服)으로부터 그 이상의 친족들을 뜻한다. 이곳에서 '곡(哭)'이라고 한 말은 상의 소식을 접한 곳으로 나아가 곡을 한다는 뜻이다.

集解 右始聞喪.

번역 여기까지는 처음 상의 소식을 접했을 때의 절차이다.

集解 愚謂: 日行百里行, 兼程也. 吉行日五十里.

번역 경문의 "遂行, 日行百里, 不以夜行."에 대하여. 내가 생각하기에, 낮에 100리(里)를 간다고 한 말은 그 한계를 함께 언급한 것이다. 평상시라면 낮에는 50리를 간다.

集解 愚謂: 身, 父母之身也, 爲父母之喪而奔, 雖患不敢避也, 非是則不以父母之身疷患. 舍, 就館舍也.

번역 경문의 "唯父母之喪, 見星而行, 見星而舍."에 대하여. 내가 생각하기에, 자신의 몸은 부모가 물려준 몸이니, 부모의 상을 위해 분상을 할 때에는 비록 우려되는 것이라도 감히 피할 수 없다. 이러한 경우가 아니라면, 부모가 물려주신 몸을 우환으로 인해 해를 끼치게 할 수 없다. '사(舍)'자는 객사로 간다는 뜻이다.

集解 右行.

번역 경문의 "若未得行, 則成服而后行."에 대하여. 여기까지는 소식을 접하여 길을 떠나는 절차이다.

集解 愚謂: 凡治民之處皆曰朝.

번역 경문의 "哭辟市朝."에 대하여. 내가 생각하기에, 백성들을 다스리는 곳을 모두 '조(朝)'라고 부른다.

集解 愚謂: 過國至竟哭, 望其國竟哭, 皆謂奔父母之喪者也.

번역 경문의 "望其國竟哭."에 대하여. 내가 생각하기에, 나라를 지나 국경에 이르러 곡을 하고, 그 나라의 국경을 바라보며 곡을 한다는 것은 모두 부모의 상에 분상하는 경우를 뜻한다.

集解 右過國至望其國竟.

번역 여기까지는 다른 나라를 지나고 본국의 국경에 도착하여 바라보는 절차를 뜻한다.

참고 『예기』의 '부모지상(父母之喪)' 관련 기록

檀弓上-103c 父母之喪, 哭無時; 使必知其反也.

번역 부모의 상을 치를 때에는 곡을 할 때 특별히 정해진 시기가 없어서, 시도 때도 없이 곡을 하는 것이고, 만약 군주의 명령이 내려져서 사신의 임무를 맡게 되었다면, 되돌아왔을 때에는 반드시 제사를 지내어, 자신이 되돌아온 사실을 알게끔 해야 한다.

集說 未殯, 哭不絶聲, 殯後雖有朝夕哭之時, 然廬中思憶則哭, 小祥後哀至則哭, 此皆哭無時也. 使者, 受君之任使也. 小祥之後, 君有事使之, 不得不行, 然反必祭告, 俾親之神靈知其己反, 亦"出必告, 反必面"之義也.

번역 아직 빈소를 차리기 이전이라면 곡을 하는 소리가 끊이질 않고, 빈소를 차린 이후에는 비록 아침저녁으로 곡을 하는 규정된 시간이 있지만, 임시숙소 안에서 부모를 생각하게 되면, 시도 때도 없이 곡을 하게 되고, 소상(小祥)8)을 지낸 이후에는 애통함이 지극해지면 곡을 하게 되니, 이러

---

8) 소상(小祥)은 본래 부모 및 군주의 상(喪)에서, 부모가 죽은 지 만 1년 만에 지내는 제사이다. 이 제사가 끝나면, 자식은 3년상을 지낼 때의 복장과 생활방식을 조금씩 덜어내게 된다. 또한 '소상'은 친족 및 타인의 상에서 1

한 시기에는 모두 곡을 할 때, 특별히 정해진 시기가 없는 것이다. '사(使)'라는 것은 군주로부터 사신의 임무를 맡은 것을 뜻한다. 소상을 치른 이후, 군주에게 일이 발생하여 그를 시키게 된다면, 부득이하게 따라야만 한다. 그러나 되돌아오면 반드시 제사를 지내어 아뢰게 되니, 부모의 신령으로 하여금 자신이 되돌아온 사실을 알게끔 하는 것이며, 이것은 또한 "집밖을 나설 때에는 반드시 부모에게 그 사실을 아뢰고, 집으로 되돌아와서는 반드시 부모를 뵌다."9)라는 뜻에 해당한다.

王制-180a 父母之喪, 三年不從政, 齊衰大功之喪, 三月不從政.

번역 부모의 상을 치르는 자는 3년 동안 부역에 종사하지 않는다. 자최복과 대공복의 상을 치르는 자는 3개월 동안 부역에 종사하지 않는다.

集說 方氏曰: 莫憂於喪, …… 此王政之所宜恤者, 故皆不使之從政焉.

번역 방씨가 말하길, 상을 당한 것보다 근심스러운 것이 없으니, …… 이러한 사람들은 국가의 정책으로 마땅히 구휼해주어야 하는 자들이다. 그렇기 때문에 이들 모두에게 그들로 하여금 부역에 종사하지 않게 한 것이다.

曾子問-231b~c 曾子問曰, "昏禮, 旣納幣, 有吉日, 女之父母死, 則如之何?" 孔子曰, "壻使人弔, 如壻之父母死, 則女之家亦使人弔. 父喪, 稱父, 母喪, 稱母. 父母不在, 則稱伯父・世母. 壻已葬, 壻之伯父致命女氏曰, '某之子, 有父母之喪, 不得嗣爲兄弟, 使某致命.' 女氏許諾, 而弗敢嫁, 禮也. 壻免喪, 女之父母, 使人請, 壻弗取, 而后嫁之, 禮也."

번역 증자가 "혼례를 치를 때, 이미 신부 집안에 폐물을 보냈고 혼인할

년이 지났을 때를 가리키기도 한다.
9) 『예기』「곡례상(曲禮上)」【14d】: 夫爲人子者, <u>出必告, 反必面</u>, 所遊必有常, 所習必有業.

날짜도 정해져 있는데, 신부의 부모가 죽게 된다면 어찌해야 합니까?"라고 묻자 공자는 "사위될 사람의 집에서는 사람을 시켜서 조문을 하고, 만약 사위될 사람의 부모가 죽게 된다면, 신부 집안에서도 또한 사람을 시켜서 조문을 한다. 상대측 부친의 상에서는 본인의 부친 이름으로 조문을 하고, 상대측 모친의 상에서는 본인의 모친 이름으로 조문을 한다. 부모가 이미 죽었거나 다른 곳에 있는 경우에는 백부나 백모의 이름으로 조문을 한다. 사위될 사람이 부모에 대한 장례를 마치게 되면, 사위 집안의 백부가 신부 집안에 사양하는 말을 전달하며, '아무개의 아들이 부모의 상중에 있어서, 부부가 되는 인연을 계속 진행할 수가 없으므로, 아무개를 시켜서 사양하는 말을 전달합니다.'라고 한다. 그러면 신부 집안에서는 허락을 하되, 딸을 감히 다른 곳으로 시집보내지 않는 것이 올바른 예법이다. 사위될 사람이 상을 다 끝내고 나면, 신부의 부모는 사람을 시켜서 다시 혼례를 진행하자고 청하는데, 그런데도 사위 집안에서 받아들이지 않으면, 그 이후에야 딸을 다른 집에 시집보내는 것이 올바른 예법이다."라고 대답했다.

集說 有吉日者, 期日已定也. 彼是父喪, 則此稱父之名弔之, 彼是母喪, 則此稱母之名弔之. 父母或在他所, 則稱伯父伯母名. 如無伯父母, 則用叔父母名可知. 壻雖已葬其親, 而喪期尚遠, 不欲使彼女失嘉禮之時, 故使人致命, 使之別嫁他人. 某之子此某字, 是伯父之名. 不得嗣為兄弟者, 言繼此不得為夫婦也. 夫婦同等, 有兄弟之義, 亦親之之辭. 不曰夫婦者, 未成昏, 嫌也. 使某致命此某字, 是使者之名. 致, 如致仕之致, 謂致還其許昏之命也. 女氏雖許諾, 而不敢以女嫁於他人, 禮也. 及壻祥禫之後, 女之父母使人請壻成昏, 壻終守前說而不取, 而后此女嫁於他族, 禮也.

번역 "길일(吉日)이 있다."는 말은 혼인하기로 약조한 기일이 이미 정해졌다는 뜻이다. 저쪽 집안에 부친상이 발생하면 이쪽 집안에서는 부친의 이름으로 조문을 하고, 저쪽 집안에 모친상이 발생하면 이쪽 집안에서는 모친의 이름으로 조문을 한다. 부모가 혹여 다른 지역에 있다면, 백부나 백모의 이름으로 조문을 한다. 만일 백부와 백모가 없는 경우라면, 숙부나 숙모의 이름으로 조문할 수 있다는 사실을 이러한 용례를 통해서 유추할 수 있다. 사위될 사람이 비록 그 부모에 대해서 장례를 끝냈다고 하더라도, 상 기간이 아직도 요원하므로, 신부 집안의 여식으로 하여금 무작정 기다리게만 하여 가례(嘉禮)를 올릴 시기를 놓치지 않게끔 하고자 하기 때문에, 사람을 시켜서 사양하는 말을 전달하여, 신부 집안으로 하여금 여식을 다른 사람에게 다시 시집보내게 하는 것이다. '아무개의 아들[某之子]'이라고 할 때의 '모(某)'자는 백부의 이름이다. "형제가 되는 일을 계속하여 이어나갈 수 없다."는 말은 혼례를 계속 진행하여 부부가 될 수 없다는 뜻이다. 부부는 동등하므로, 상하(上下)나 존비(尊卑)의 구분에 해당하지 않으니, '형제'와 같은 관계를 가진다는 뜻이 있으므로, '부부'를 '형제'라고 부르는 것은 또한 친근하게 대하는 말이다. 그런데 경문에서 '부부'라는 말을 사용하지 않은 이유는 아직 혼례를 성사시킨 것이 아니므로, 그 말을 사용하지 않은 것이다. "아무개를 시켜서 사양하는 말을 전달한다."라고 할 때의 '모(某)'자는 심부름을 간 사람의 이름이다. '치(致)'자는 "관직에서 물러난다."라고 할 때의 '치'자의 뜻과 같으니, 양측 집안에서 이전에 혼례를 승인했던 언약을 사양하여 돌려준다는 뜻이다. 신부 집안에서 비록 상대편에서 보내온 사양하는 말에 승낙을 하더라도, 감히 여식을 다른 사람에게 시집보내지 않는 것이 예법에 맞는 행동이다. 사위될 사람이 죽은 부모에 대해서 대상(大祥)10)과 담제(禫祭)11)를 지낸 이후, 신부의 부모는 사람을 시켜서 사위 집안에 혼례를 다시 성사시키자고 청원을 하는데, 사위 집안에서 앞서 사양했던 말을 끝내 고수하며 받아들이지 않는다면, 그 이후에 이 여인을 다른 집안에 시집보내는 것이 올바른 예법이다.

曾子問-231d　女之父母死, 壻亦如之.

---

10) 대상(大祥)은 부모의 상(喪) 및 삼년상 등을 치를 때 그 대상이 죽은 후 만 2년 만에 탈상을 하며 지내는 제사이다.
11) 담제(禫祭)는 상복(喪服)을 벗을 때 지내는 제사이다.

번역 계속하여 공자가 대답해주기를, "만일 신부될 여자의 부모가 죽은 경우라면, 사위될 사람 또한 이처럼 한다."라고 했다.

集説 女之父母死, 女之伯父致命於男氏曰, "某之子有父母之喪, 不得嗣爲兄弟, 使某致命." 男氏許諾而不敢娶, 女免喪, 壻之父母使人請, 女家不許, 壻然後別娶也.

번역 신부의 부모가 죽은 경우에, 신부의 백부는 사위될 자의 집안에 사양하는 말을 전달하면서, "아무개의 여식이 부모의 상중에 있어서, 부부가 되는 인연을 계속 진행할 수 없으므로, 아무개를 시켜서 사양하는 말을 전달합니다."라고 한다. 남자 집안에서는 승낙을 하더라도, 감히 다른 집안에 장가들 수 없으며, 여자가 상을 다 끝내고 나서 남자의 부모가 사람을 시켜서 청원을 하게 되는데, 여자 집안에서 승낙을 하지 않으면, 남자 집안에서는 그런 연후에야 다른 집안에 장가들 수 있는 것이다.

曾子問-238c~d 曾子問曰, "父母之喪, 弗除, 可乎?" 孔子曰, "先王, 制禮, 過時, 弗擧, 禮也. 非弗能勿除也, 患其過於制也, 故君子過時, 不祭, 禮也."

번역 증자가 "군주의 상 때문에 부모에 대한 상을 제대로 치르지 못한 경우, 군주의 상이 끝나고 난 뒤에도, 부모의 상에 대해 탈상을 하지 않은 채 그대로 지나치는 것이 괜찮은 일입니까?"라고 묻자 공자는 "선왕이 예법을 제정함에, 상례와 제례에 있어서, 그 시기를 지나치게 되면 다시 소급해서 지내지 않도록 제정하였으니, 이것이 올바른 예법이다. 탈상을 하지 않은 행위는 꼭 불가능해서 그렇게 하지 않는 것은 아니지만, 만약 탈상을 행하게 된다면, 선왕이 제정한 예법을 어기게 될까봐 걱정하여 시행하지 않는 것이다. 그렇기 때문에 군자는 그 시기를 지나쳐서는 제사를 지내지 않으니, 이것이 올바른 예법이다."라고 대답했다.

集説 曾子之意, 以爲適子仕者, 除君服後, 猶得追祭二祥. 庶子仕者, 雖除君服, 不復追祭, 是終身不除父母之喪矣, 可乎. 孔子言先王制禮, 各有時節, 過時不復追擧, 禮也. 今不追除服者, 不是不能除也, 患其踰越聖人之禮制也. 且如四時之祭, 當春祭時, 或以事故阻廢, 至夏則惟行夏時之祭, 不復追補春祭矣. 故過時不祭, 禮之常也. 惟禘祫大事則不然.

번역 증자의 질문 의도는 적장자 중에서 벼슬을 하고 있는 자는 군주에 대한 상복을 벗은 이후에, 오히려 죽은 부모에 대해서 소상(小祥)과 대상(大祥)을 소급하여 제사를 지낼 수 있다. 하지만 서자 중에 벼슬을 하고 있는 자는 비록 군주에 대한 상복을 벗게 되더라도, 죽은 부모에 대해서 다시금 소급하여 제사를 지낼 수 없게 되니, 이처럼 행동하게 된다면 평생토록 부모에 대한 상을 제대로 끝내지 못하게 되는데, 그래도 괜찮은 일인가라고 생각한 것이다. 공자가 대답하길, 선왕이 예법을 제정하여 각각 정해진 시기와 절차가 규정되었으니, 그 시기를 놓치게 되면 다시금 소급하여 지내지 않는 것이 예법이다. 이곳 문장에서 언급하는 것처럼, 죽은 부모에 대해서 소급하여 제대로 탈상을 하지 않는 이유는 탈상 자체를 아예 할 수 없어서 그렇다는 말이 아니다. 다만 그러한 일들이 성인이 제정한 예제에서 벗어나게 될까 염려되기 때문이다. 또 사계절에 대한 제사와 같은 경우, 봄의 제사를 지내야 할 때, 혹여 어떠한 변고 때문에 지내지 못하게 되더라도, 여름이 되어서는 오직 여름철에 지내야 하는 제사만을 시행하지 다시금 봄의 제사를 소급하여 지내지 않는다. 그렇기 때문에 그 시기를 놓치게 되면 제사를 지내지 않는 것이 예법의 상도(常道)이다. 그러나 다만 체협(禘祫)12)과도 같은 큰 제사인 경우에는 그렇지 않다.13)

---

12) 체협(禘祫)은 고대에 제왕(帝王)이 시조(始祖)에게 지냈던 제사를 뜻하니, 일종의 성대한 제사의례를 가리킨다. 간혹 '체협'을 구분하여 각각에 의미를 부여하기도 하며, 혹은 '체협'을 합쳐서 같은 의미로 사용하기도 한다. 이 문제에 대해서 장병린(章炳麟)은 『국고논형(國故論衡)』「명해고하(明解故下)」에서 "禘祫之言, 詢詢爭論旣二千年. 若以禘祫同爲殷祭, 祫名大事, 禘名有事, 是爲禘小於祫, 何大祭之云? 故知周之廟祭有大嘗·大烝, 有秋嘗·冬烝. 禘祫者大嘗·大烝之異語."라고 주장한다. 즉 '체협'이라는 말에 대해서 의견들이 분분한데, 만약 '체협'을 모두 은(殷)나라 때의 제사라고 말하며, '협(祫)'은 '중대한 사안[大事]'이 발생했을 때 지내는 제사를 뜻하고, '체

曾子問-238d~239a 曾子問曰, "君薨旣殯, 而臣有父母之喪, 則如之何?" 孔子曰, "歸居于家, 有殷事, 則之君所, 朝夕, 否."

번역 증자가 "만약 군주가 죽게 되어 이제 막 빈소를 차렸는데, 신하에게 부모의 상이 발생했다면, 이러한 경우에는 어찌해야 합니까?"라고 묻자 공자는 "군주의 빈소에서 물러나서 되돌아가 자신의 집에 머물게 된다. 군주의 빈소에서 은사(殷事)를 치르게 되면, 군주의 시신이 있는 빈소로 가게 된다. 그러나 군주의 빈소에서 일상적으로 지내는 조석(朝夕)의 전제사 때에는 참여하지 않는다."라고 대답했다.

集說 殷盛之事, 謂朔望及薦新之奠也. 君有此事, 則往適君所, 朝夕則不往哭.

번역 '은사(殷事)'는 규모가 크고 성대한 일로, 매월 초하루와 보름 때마다 천신(薦新)14)하는 전제사를 뜻한다. 죽은 군주에 대해 이러한 은사를 치르는 일이 생기면, 군주의 시신이 있는 곳으로 가게 되며, 평일 조석(朝夕)마다 지내는 전제사 때에는 빈소에 가서 곡을 하지 않는다.

> (禘)'는 유사시에 지내게 되는 제사를 뜻한다고 한다면, '체'는 '협'보다 규모가 작은 것인데, 어떻게 대제(大祭)라고 말할 수 있겠는가? 그렇기 때문에 '체협'은 주(周)나라 때의 제사이다. 주나라 때 종묘(宗廟)에서 지내는 제사에는 대상(大嘗), 대증(大烝)이라는 용어가 있었고, 또 추상(秋嘗: 가을에 지내는 상(嘗)제사), 동증(冬烝: 겨울에 지내는 증(烝)제사라는 용어가 있었으니, '체협'은 대제(大祭)를 뜻하는 용어로, 대상이나 대증을 다르게 부른 명칭이다. 또한 『후한서(後漢書)』「장제기(章帝紀)」편에는 "其四時禘祫於光武之堂."이라는 기록이 있는데, 이에 대한 이현(李賢)의 주에서는 『속한서(續漢書)』를 인용하여, "五年再殷祭. 三年一祫, 五年一禘."라고 풀이한다. 즉 5년마다 2번의 성대한 제사를 지내게 되는데, 3년에 1번 '협'제사를 지내고, 5년에 1번 '체'제사를 지낸다.
> 13) 체협(禘祫)의 경우에는 시기를 놓치더라도 소급하여 지낸다는 뜻이다.
> 14) 천신(薦新)은 각 계절별로 생산된 신선한 음식물들을 바치는 제사를 가리킨다. 초하루와 보름마다 성대하게 지내는 전제사[奠祭]를 가리키기도 한다. 『의례』「기석례(旣夕禮)」편에는 "朔月, <u>若薦新,</u> 則不饋于下室."이란 기록이 있고, 『예기』「단궁하(檀弓上)」편에는 "<u>有薦新,</u> 如朔奠."이란 기록이 있다.

曾子問-239a 曰, "君旣啓, 而臣有父母之喪, 則如之何?" 孔子曰, "歸哭, 而反送君."

번역 계속하여 증자가 "군주의 상을 치를 때, 장례를 치르기 위하여 빈소에 매장되어 있던 영구를 꺼내게 되었는데, 신하에게 부모의 상이 발생했다면 이러한 경우에는 어찌해야 합니까?"라고 묻자 공자는 "자신의 집으로 되돌아가서 곡을 하고, 다시 군주의 영구가 있는 곳으로 되돌아와서, 군주의 영구를 전송한다."라고 대답했다.

集說 啓, 啓殯也. 歸哭, 哭親喪也. 反送君, 復往送君之葬也. 此二節, 皆對言君親之喪. 若臣有父母之喪, 旣殯而後有君喪, 則歸君所. 父母喪有殷事, 則來歸家, 朝夕亦恒在君所也. 若父母之喪旣啓而有君之喪, 則亦往哭於君所, 而反送父母之葬也. 下文君未殯而臣有父母之喪, 亦與父母之喪未殯而有君喪互推之.

번역 '계(啓)'자는 계빈(啓殯)15)이다. "되돌아가서 곡을 한다."는 말은 부모의 상에서 곡을 한다는 뜻이다. "되돌아와서 군주를 전송한다."는 말은 다시금 군주를 전송하는 장지(葬地)로 간다는 뜻이다. 이 두 절목은 모두 군주와 부모의 상을 대비시켜 말한 것이다. 그러므로 만약 신하에게 부모의 상이 먼저 발생하여 빈소를 차리게 되었는데, 그 이후에 군주의 상이 발생한다면, 군주의 시신이 있는 장소로 되돌아가는 것이다. 그리고 부모의 상에서 은사(殷事)를 치르게 되면 자신의 집으로 되돌아오게 되며, 일상적으로 조석(朝夕)마다 지내게 되는 전제사에는 참여하지 않고, 항상 군주의 시신이 있는 장소에 머물게 된다. 그리고 만약 부모의 상을 치르며 계빈을 하게 되었는데, 군주의 상이 발생한다면, 또한 군주의 시신이 있는 장소에 가서 곡을 하고, 부모를 전송하는 장지로 되돌아가는 것이다. 아래 문장에서는 군주의 상에서 아직 빈소를 차리지 않았을 때, 신하에게 부모의 상이

---

15) 계빈(啓殯)은 상례(喪禮)의 절차 중 하나이다. 장례(葬禮)를 치르기 위하여, 빈소에 임시로 가매장했던 영구를 꺼내는 절차를 뜻한다.

발생한 경우를 기록하고 있는데, 이러한 언급을 통해서 또한 부모의 상에서 아직 빈소를 차리지 않았는데, 군주의 상이 발생한 경우에 대해서도 서로 추론해볼 수 있는 것이다.

曾子問-239b 曰, "君未殯, 而臣有父母之喪, 則如之何?" 孔子曰, "歸殯, 反于君所, 有殷事, 則歸, 朝夕, 否. 大夫, 室老行事, 士則子孫行事. 大夫內子, 有殷事, 亦之君所, 朝夕, 否."

번역 계속하여 증자가 "군주에 대한 상이 발생하여 아직 빈소를 차리지도 않았는데, 신하에게 부모의 상이 발생했다면 이러한 경우에는 어찌해야 합니까?"라고 묻자 공자가 "집으로 되돌아가서 부모의 빈소를 차리고, 다시 군주의 시신이 있는 장소로 돌아오니, 신하는 부모에 대한 은사(殷事)를 치를 경우가 생기면, 자신의 집으로 되돌아가서 치르되, 일상적으로 지내는 조석(朝夕)의 전제사에는 되돌아가지 않고, 군주의 시신이 있는 장소에 그대로 머문다. 그러나 부모의 빈소에 조석으로 지내게 되는 전제사를 그만둘 수 없으므로, 대부의 경우에는 가신 중 우두머리가 그 일을 대신 시행하고, 사의 경우에는 신분이 낮으므로 대부의 예법보다 낮춰서, 자손들이 그 일을 대신 시행한다. 대부의 처는 남편의 군주에 대해서도 남편과 마찬가지로 신하된 도리로 상을 치르게 되니, 군주의 상에서 은사를 치르는 경우가 생기면, 그녀 또한 자최복(齊衰服)을 입고서, 군주의 시신이 있는 장소로 가게 되지만, 조석으로 지내는 전제사에는 참석하지 않는다."라고 대답했다.

集說 室老, 家相之長也. 室老子孫行事者, 以大夫士在君所, 殷事之時, 或朝夕恒在君所, 則親喪朝夕之奠有缺, 然奠不可廢也, 大夫尊, 故使室老攝行其事, 士卑, 則子孫攝也. 內子, 卿大夫之適妻也, 爲夫之君, 如爲舅姑服齊衰, 故殷事, 亦之君所.

번역 '실로(室老)'는 가신들 중의 우두머리이다. "실로와 자손이 일을 시행한다."는 말은 대부와 사는 군주의 시신이 있는 장소에 머물러 있기 때문에, 군주에 대한 은사(殷事)를 지낼 때나 혹은 군주에 대해 조석(朝夕)으로 지내는 전제사에서도 항상 군주의 시신이 있는 장소에 머물러 있게 된다. 따라서 부모의 상에서 조석으로 지내는 전제사에는 참석할 수 없게 된다. 그러나 전제사는 그만 둘 수 없는 것이며 대부는 신분이 높기 때문에, 실로를 시켜서 그 일을 대신 시행하도록 하고, 사는 신분이 낮기 때문에 자손들이 대신 하게 된다. '내자(內子)'는 경·대부들의 본처를 뜻하니, 마치 시부모를 위해 자최복(齊衰服)을 입는 것처럼, 남편의 군주를 위해서도 자최복을 입는다. 그렇기 때문에 남편의 군주에 대한 은사를 지낼 때에도, 그녀 또한 군주의 시신이 있는 장소로 가게 된다.

曾子問-240b 曾子問曰, "君之喪, 旣引, 聞父母之喪, 如之何?" 孔子曰, "遂, 旣封而歸, 不俟子."

번역 증자가 "군주에 대한 상을 치르면서 발인을 하게 되었는데, 갑작스럽게 부모의 상을 당하게 된다면 어찌해야 합니까?"라고 묻자 공자는 "군주에 대한 발인을 그대로 시행하되, 군주의 영구를 하관하였다면, 곧바로 자신의 집으로 되돌아가니, 군주의 아들이 돌아갈 때까지 기다리지 않는다."라고 대답했다.

集說 遂, 遂送君柩也. 旣窆而歸, 下棺卽歸也. 不俟子, 不待孝子而己先返也.

번역 '수(遂)'자는 군주의 영구 전송하는 일을 끝마친다는 뜻이다. "기폄(旣窆)을 하고서 되돌아간다."는 말은 하관을 하면 곧바로 자신의 집으로 되돌아간다는 뜻이다. "아들을 기다리지 않는다."는 말은 군주의 아들이 돌아갈 때까지 기다리지 않고, 자신이 먼저 집으로 되돌아간다는 뜻이다.

曾子問-243c~d 曾子問曰, "葬引, 至于堩, 日有食之, 則有變乎? 且不乎?"

孔子曰, "昔者, 吾從老聃, 助葬於巷黨, 及堩, 日有食之, 老聃曰, '丘, 止柩就道右, 止哭以聽變.' 旣明反而後, 行, 曰, '禮也.' 反葬而丘問之曰, '夫柩, 不可以反者也, 日有食之, 不知其已之遲數, 則豈如行哉?' 老聃曰, '諸侯朝天子, 見日而行, 逮日而舍奠, 大夫使, 見日而行, 逮日而舍, 夫柩, 不蚤出, 不莫宿, 見星而行者, 唯罪人與奔父母之喪者乎? 日有食之, 安知其不見星也. 且君子行禮, 不以人之親痁患', 吾聞諸老聃云."

번역 증자가 "장례를 치르기 위해 영구를 빈궁에서 꺼내어 길을 떠남에, 도로에 도달하여 갑작스럽게 일식이 발생한다면, 일상적인 예법에서 변경되는 사항이 있습니까? 아니면 변경하지 않고 그대로 시행하는 것입니까?"라고 묻자 공자는 "옛적에 내가 노담(老聃)을 따라서 향리16)에서 장례를 도운 적이 있었는데, 영구가 도로에 이르렀을 때에 갑작스럽게 일식이 발생하였다. 그러자 노담이 내게 말하기를, '공구(孔丘)야, 영구를 멈춰 세워서 길의 오른 쪽에 두고, 곡을 멈추고 일식이 바뀌는 것을 살펴라.'라고 했다. 해가 다시 정상적으로 되돌아온 이후에 길을 계속 가게 되니, 노담이 다시 말해주기를, '이것이 일식이 생겼을 때의 예법이다.'라고 하였다. 장지(葬地)에서 되돌아온 이후에, 나는 그 이유가 궁금하여 노담에게 묻기를, '무릇 영구는 한 번 길을 떠나면 되돌아올 수 없는 것이며, 일식이 발생한다면 그 현상이 끝나게 되는 것이 더딜지 아니면 빠를지도 알 수 없으니, 영구를 멈춰 세우는 것이 어찌 그대로 계속 길을 가는 것만 같겠습니까? 그러니 일식이 생기더라도 그냥 가는 것이 옳은 것이 아닙니까?'라고 하였다. 그러자 노담이 말하길, '제후가 천자를 찾아뵙기 위해 길을 나설 때에는 해가 뜬 것을 보고서 길을 떠나고, 해가 지는 것에 따라서 숙소로 들어가서, 함께 모셔왔던 신주(神主)에게 전제사를 올리는 것이며, 대부가 사신으로 갈 때에는 해가 뜬 것을 보고서 길을 떠나고, 해가 지는 것에 따라서 숙소로 들어가는 것이니, 무릇 영구에 있어서도 해가 뜨기 전에 일찍 출발하는 것이 아니며, 날이 저문 뒤에 숙박하는 것이 아니니, 별이 뜬 것을 보고도 길을

---

16) 경문의 항당(巷黨)을 일반적인 향리(鄕里)를 뜻하는 단어로 풀이하기도 하며, 노(魯)나라에 있었던 당(黨)의 지명(地名)으로 풀이하기도 한다.

계속 가는 경우는 오직 죄인인 경우와 부모의 상에 분상(奔喪)하는 자들 밖에 없을 것이다. 그런데 영구를 따라가는 중간에 일식이 발생한다면 날이 어두워지게 되는데, 어찌 별을 보게 되는 경우가 발생하지 않는다고 장담할 수 있겠는가? 그러므로 일식이 발생했을 때 길을 계속 가게 된다면, 죄인이나 분상하는 경우에 해당하게 될 것이다. 또한 군자가 예를 시행할 때에는 남의 부모로 하여금 우환에 빠트리게 해서는 안 된다.'라고 했다. 나는 이러한 사실들을 노담에게서 들었다."라고 대답했다.

集說 堩, 道也. 有變, 變常禮乎. 且不乎, 不變常禮乎. 柩北向而出, 道右, 則道之東也. 聽變, 聽日食之變動也. 明反, 日光復常也. 舍奠, 晚止舍而設奠於行主也. 安知其不見星, 謂日食旣而星見, 則昏暗中恐有姦慝也. 痁, 病也. 不以人之親痁患, 謂不可使人之親病於危亡之患也.

번역 '궁(堩)'자는 도로이다. '유변(有變)'이라는 말은 "일상적인 예법에서 변하는 것이 있느냐?"는 뜻이다. '차불호(且不乎)'라는 말은 "일상적인 예법에서 변하지 않느냐?"는 뜻이다. 영구는 북쪽을 향하여 길을 떠나니, 도로의 우측은 곧 도로의 동쪽이 된다. '청변(聽變)'은 일식이 끝나기를 기다린다는 뜻이다. '명반(明反)'은 해의 밝음이 일상적인 모습으로 되돌아온 것이다. '사전(舍奠)'은 저물녘에 길 가던 것을 멈춰서 숙소로 들며, 함께 따라오게 된 신주에게 전제사를 올리는 것이다. "어찌 별을 보지 못할 것을 알 수 있겠느냐?"는 말은 일식이 발생하면 별이 출현하게 되니, 어두운 가운데 간특한 일이 생기게 될까 염려된다는 말을 뜻한다. '점(痁)'자는 병들게 한다는 뜻이다. "남의 부모로 하여금 우환에 빠트리지 않는다."는 말은 남의 부모로 하여금 위태롭고 망령된 우환에 빠트릴 수 없다는 뜻이다.

喪服小記-415c 父母之喪偕, 先葬者不虞祔, 待後事. 其葬服斬衰.

번역 부모의 상이 동시에 발생하면, 모친에 대한 장례를 먼저 치르는데, 먼저 치른 자에 대해서는 곧바로 우제(虞祭)[17]와 부제(祔祭)를 지내지 않고, 부친에 대한 우제와 부제를 치른 뒤에야 모친에 대한 우제와 부제를 지낸다. 모친에 대한 장례를 치를 때에도 부친에 대한 상복인 참최복(斬衰服)을 그대로 착용한다.

集說 父母之喪偕, 卽曾子問並有喪, 言父母同時死也. 葬先輕而後重. 先葬, 葬母也. 不虞祔, 不爲母設虞祭祔祭也. 蓋葬母之明日, 卽治父葬, 葬父畢虞祔, 然後爲母虞祔, 故云待後事, 祭則先重而後輕也. 其葬母亦服斬衰者, 從重也. 以父未葬, 不敢變服也.

번역 부모의 상이 모두 일어났다는 말은 『예기』「증자문(曾子問)」편에서 말한 "상이 동시에 발생한다."[18]는 경우에 해당하니, 부모가 동시에 돌아가신 경우를 뜻한다. 장례의 경우에는 상대적으로 낮은 자를 먼저 하고 높은 자를 뒤에 한다. 먼저 장례를 치르는 것은 모친에 대한 장례를 치르는 것이다. 우제와 부제를 치르지 않는 것은 모친을 위해서 우제와 부제를 치르지 못한다는 뜻이다. 모친에 대한 장례를 치르고 난 다음 날에는 곧 부친에 대한 장례를 치르게 되고, 부친에 대한 장례가 끝나면 우제와 부제를 치르고, 그런 뒤에야 모친에 대한 우제와 부제를 치른다. 그렇기 때문에 "뒤의 일을 기다린다."라고 말한 것이니, 제사의 경우에는 높은 자를 먼저 지내고, 상대적으로 낮은 자를 뒤에 지내기 때문이다. 모친에 대한 장례를 치를 때에도 참최복을 착용하는 것은 높은 자에 대한 복장에 따르기 때문이다. 부친에 대한 장례를 아직 치르지 않았다면, 감히 상복을 바꿀 수 없다.

雜記上-496c 有父母之喪尙功衰, 而附兄弟之殤則練冠附, 於殤稱 "陽童某甫", 不名神也.

---

17) 우제(虞祭)는 장례(葬禮)를 치르고 난 뒤에 지내는 제사를 뜻한다.
18) 『예기』「증자문(曾子問)」【228a】: 曾子問曰: <u>並有喪</u>, 如之何. 何先何後. 孔子曰: 葬, 先輕而後重, 其奠也, 先重而後輕, 禮也. 自啓及葬, 不奠, 行葬, 不哀次, 反葬, 奠而後, 辭於殯, 遂修葬事. 其虞也, 先重而後輕, 禮也.

번역 부모의 상이 발생하여 여전히 공최(功衰)19)를 착용하고 있는데, 소공복(小功服)을 착용하는 형제들 중 요절한 자가 발생하여, 그에 대한 부제(祔祭)를 치르게 되면, 연관(練冠)20)을 착용하고 부제를 치르며, 요절한 자에 대해서는 '양동(陽童)인 아무개 보(甫)'라고 부르니, 이름으로 부르지 않는 것은 신령으로 대하기 때문이다.

集說 三年喪練後之衰, 升數與大功同, 故云功衰也. 此言居父母之喪, 猶尙身著功衰, 而小功兄弟之殤, 又當祔祭, 則仍用練冠而行禮, 不改服也. 祝辭稱陽童者, 庶子之殤, 祭於室之白處, 故曰陽童. 宗子爲殤, 則祭於室之奧, 故稱陰童. 童者, 未成人之稱也. 今按己是曾祖之適, 與小功兄弟同曾祖, 其死者及其父皆庶人, 不得立祖廟, 故曾祖之適孫爲之立壇而祔之. 若己是祖之適孫, 則大功兄弟之殤, 得祔祖廟, 其小功兄弟之殤, 則祖之兄弟之後也. 今以練冠而祔, 謂小功及緦麻之殤耳. 若正服大功, 則變練冠矣. 某甫者, 爲之立字而稱之, 蓋尊而神之, 則不可以名呼之也.

번역 삼년상을 치르며 연제(練祭)21)를 지낸 이후의 상복은 그 승(升)22)의 수가 대공복(大功服)을 만드는 상복의 승(升)과 같다. 그렇기 때문에 그 상복을 '공최(功衰)'라고 부른다. 이 내용은 부모의 상을 치르고 있으며 여전히 자신의 몸에 공최를 걸치고 있는데, 소공복(小功服)에 해당하는 형제

---

19) 공최(功衰)는 상복(喪服)의 한 종류이다. 참최복(斬衰服)과 자최복(齊衰服)을 입고 치르는 상(喪)에서, 소상(小祥)을 지낸 이후에 착용하는 상복이다. 상복 재질의 거친 정도가 대공복(大功服)과 같기 때문에, '공최'라고 부르게 되었다.
20) 연관(練冠)은 상(喪) 중에 착용하는 관(冠)이다. 부모의 상 중에서 1주기에 지내는 제사 때 착용을 하였다.
21) 연제(練祭)는 소상(小祥)을 뜻한다. 삼년상에서 1년째에 지내는 제사이다. 소상 때에는 연관(練冠)과 연의(練衣)를 착용하고 제사를 지내기 때문에 '연제'라고 부른다.
22) 승(升)은 옷감과 관련된 단위이다. 고대에는 포(布) 80가닥[縷]을 1승(升)으로 여겼다. 『의례』「상복(喪服)」편에서는 "冠六升, 外畢."이라는 기록이 있는데, 이에 대한 정현의 주에서는 "布八十縷爲升."이라고 풀이했다.

중 요절한 자가 발생하고, 또 마땅히 부제(祔祭)를 치러야 한다면, 곧 연관(練冠)을 착용하고서 해당 의례를 시행하며, 복장을 바꾸지 않는다는 뜻이다. 축사에서 있어서 '양동(陽童)'이라고 지칭하는 것은 서자 중 요절한 자에 대해서는 묘실(廟室) 중에서도 밝은 곳에서 제사를 지내기 때문에, '양동(陽童)'이라고 부른다. 종자(宗子)가 요절을 했다면, 묘실의 그윽한 장소에서 제사를 지내기 때문에, '음동(陰童)'이라고 부른다. '동(童)'은 아직 성인(成人)이 되지 못해서 붙이는 칭호이다. 현재의 상황을 살펴보면, 본인은 증조부의 적자이며, 소공복을 착용하게 되는 형제와는 증조부가 같은 친족인데, 죽은 형제와 그의 부친은 모두 서인의 신분이 되어, 조부의 묘(廟)를 세울 수 없다. 그렇기 때문에 증조부의 적손은 그를 위해 제단을 쌓고 그를 합사하게 된다. 만약 본인이 조부의 적손이라면, 대공복을 착용하게 되는 형제 중 요절한 자에 대해서는 조부의 묘에 합사를 할 수 있는데, 소공복을 착용하게 되는 형제 중 요절한 자에 대해서라면, 조부의 형제에서 파생된 후손이 된다. 현재 연관을 착용하고 합사를 한다고 한 것은 소공복 및 시마복(緦麻服)을 착용하는 자들 중 요절한 자에 대한 내용일 따름이다. 만약 정복(正服)으로 대공복을 착용하는 경우라면 연관을 바꾸게 된다. '아무개 보(甫)'라는 말은 그를 위해 자(字)를 붙여서 부르는 것이니, 존귀하게 대하며 신령으로 대한다면, 이름으로 그를 부를 수 없기 때문이다.

雜記下-507b 雖諸父昆弟之喪, 如當父母之喪, 其除諸父昆弟之喪也, 皆服其除喪之服, 卒事, 反喪服.

번역 비록 백부나 숙부 및 형제들의 상을 치르고 있더라도 부모의 상을 당하게 된다면, 백부나 숙부 및 형제들에 대해 상복을 제거하게 되면, 모두 제상(除喪) 때의 복장을 착용하고, 그 사안이 끝나면 다시 부모에 대한 상복을 착용한다.

集說 諸父昆弟之喪, 自始死至除服, 皆在父母服內, 輕重雖殊, 而除喪之服不廢者, 篤親愛之義也. 若遭君喪, 則不得自除私服, 曾子問言之矣.

번역 백부나 숙부 및 형제들의 상에 있어서, 그 자들이 이제 막 죽었을 때부터 제복(除服)[23]을 할 때까지는 모두 부모에 대해 복상(服喪)하는 기간에 포함되는데, 경중에 따른 차이가 비록 있더라도, 제상(除喪) 때의 복장은 폐지할 수 없으니, 친애의 뜻을 돈독하게 하기 위해서이다. 만약 군주의 상을 당하게 된다면, 본인은 개인적인 상복을 착용할 수 없으므로, 그 상복을 제거할 수 없으니, 『예기』「증자문(曾子問)」편에서 그 내용을 언급했다.[24]

雜記下-508c 父母之喪, 將祭而昆弟死, 旣殯而祭. 如同宮, 則雖臣妾葬而后祭.

번역 부모의 상을 치르며 소상(小祥)이나 대상(大祥)의 제사를 지내려고 하는데, 다른 집에 사는 형제가 죽었다면, 그에 대해 빈소를 마련한 뒤에 제사를 지낸다. 만약 같은 집에 살고 있는 자라면, 비록 신첩처럼 미천한

---

23) 제복(除服)은 소상(小祥)과 대상(大祥)을 지낼 때 입는 상복(喪服)을 뜻한다. 또는 상복을 벗는다는 뜻이다. 소상과 대상을 치르면서 상복의 수위가 낮아지게 되며, 대상까지 지내게 되면 실제적으로 복상(服喪) 기간이 끝나게 된다. 따라서 '제복'은 상복을 벗는다는 뜻이 되며, 소상과 대상을 지내면서 입게 되는 변화된 상복을 지칭하기도 하는 것이다.
24) 『예기』「증자문(曾子問)」【238b】에는 "曾子問曰: 大夫·士有私喪, 可以除之矣, 而有君服焉, 其除之也, 如之何. 孔子曰: 有君喪服於身, 不敢私服, 又何除焉. 於是乎, 有過時而弗除也, 君之喪服除而后, 殷祭, 禮也."라는 기록이 있다. 즉 "증자가 질문하기를, '대부(大夫)와 사(士)의 경우 본인이 상(喪)을 치르는 중에, 이제 곧 탈상(脫喪)을 하게 되어, 상복(喪服)을 벗을 수가 있게 되었는데, 만약 이때 군주가 죽어서 군주를 위한 상복을 입게 된다면, 본인의 탈상은 어떻게 해야 합니까?' 공자가 대답해주기를, '죽은 군주를 위해 본인이 상복을 입게 되었다면, 감히 개개인의 상복을 입을 수가 없게 되는데, 또한 어찌 탈상을 하겠는가? 그래서 탈상할 시기를 지나치게 되더라도 탈상을 하지 않는 것이다. 그러나 군주의 상이 끝나서 군주를 위해 입었던 상복을 벗은 이후에는 개인적으로 탈상을 못하였으므로, 성대한 제사를 지내서 탈상을 대신하는 것이 올바른 예법(禮法)이다.'"라는 뜻이다.

자일지라도 그에 대한 장례를 마친 뒤에 제사를 지낸다.

集說 將祭, 將行小祥或大祥之祭也. 適有兄弟之喪, 則待殯訖乃祭. 然此死者乃是異宮之兄弟耳, 若是同宮, 則雖臣妾之卑賤, 亦必待葬後乃祭, 以吉凶不可相干也. 故喪服傳云, "有死於宮中者, 則爲之三月不擧祭."

번역 '장제(將祭)'는 장차 소상(小祥)이나 대상(大祥)의 제사를 지내려고 한다는 뜻이다. 때마침 형제의 상이 발생한다면, 빈소를 마련하는 일이 끝나기를 기다린 뒤에 제사를 지낸다. 그러나 여기에서 죽었다고 말하는 자는 다른 집에 거주하는 형제일 따름이니, 만약 같은 집에 살고 있는 자라면, 비록 신첩(臣妾)처럼 미천한 자일지라도 또한 반드시 장례를 끝낼 때까지 기다린 뒤에 제사를 지내니, 길례와 흉례는 서로 간여할 수 없기 때문이다.[25] 그렇기 때문에 『의례』「상복(喪服)」편의 전문(傳文)에서는 "집안에 죽은 자가 발생한 경우라면 그를 위해 3개월 동안 제사를 시행하지 않는다."[26]라고 말한 것이다.

雜記下-515b 疏衰之喪旣葬, 人請見之則見, 不請見人. 小功請見人可也. 大功不以執摯, 唯父母之喪, 不辟涕泣而見人.

번역 자최복(齊衰服)의 상을 치를 때 이미 장례를 끝냈는데, 남이 만나보기를 청하게 되면 만나보지만, 본인이 남에 대해서 만나보기를 청하지 않는다. 소공복(小功服)의 상에서는 남에 대해 만나보기를 청해도 괜찮다. 대공복(大功服)의 상에서는 폐물을 가져가서 만나보지 않고, 오직 부모의 상에서만 눈물을 훔치지 않고 남을 만나본다.

---

25) 『예기』「상복사제(喪服四制)」【720c】: 凡禮之大體, 體天地, 法四時, 則陰陽, 順人情, 故謂之禮. 訾之者, 是不知禮之所由生也. <u>夫禮吉凶異道, 不得相干,</u> 取之陰陽也. 喪有四制, 變而從宜, 取之四時也. 有恩, 有理, 有節, 有權, 取之人情也. 恩者仁也, 理者義也, 節者禮也, 權者知也. 仁義禮知, 人道具矣.
26) 『의례』「상복(喪服)」 : 然則何以服緦也? <u>有死於宮中者, 則爲之三月不擧祭,</u> 因是以服緦也.

集說 疏衰, 齊衰也. 摯與贄同.

번역 '소최(疏衰)'는 자최복(齊衰服)을 뜻한다. '지(摯)'자는 폐물을 뜻하는 '지(贄)'자와 같다.

喪大記-538c 父母之喪, 居倚廬, 不塗, 寢苫枕出, 非喪事不言. 君爲廬, 宮之. 大夫·士, 襢之.

번역 부모의 상을 치를 때에는 임시숙소인 의려(倚廬)에 머물게 되는데, 의려의 벽에는 진흙을 바르지 않고, 거적을 깔고 자며 흙덩이를 베개로 삼고, 상사와 관련되지 않은 말은 하지 않는다. 군주의 경우 의려를 만들 때에는 의려 밖에 담장처럼 휘장을 둘러서 가린다. 대부와 사는 휘장을 치지 않고 의려를 노출시킨다.

集說 疏曰: 倚廬者, 於中門外東牆下倚木爲廬也. 不塗者, 但以草夾障, 不以泥塗飾之也. 寢苫, 臥於苫也. 枕出, 枕土塊也. 爲廬宮之者, 廬外以帷障之, 如宮牆也. 襢, 袒也, 其廬袒露, 不以帷障之也.

번역 공영달의 소에서 말하길, '의려(倚廬)'는 중문(中門) 밖 동쪽 담장 아래에 나무를 기대어 만든 임시숙소이다. '불도(不塗)'라는 말은 단지 풀을 엮어서 가리기만 하며, 진흙을 발라서 틈을 메우지 않는다는 뜻이다. '침점(寢苫)'은 거적 위에 눕는다는 뜻이다. '침괴(枕出)'는 흙덩이를 베개로 삼는다는 뜻이다. '위려궁지(爲廬宮之)'라는 말은 의려 밖에 휘장을 쳐서 가리니, 마치 건물에 담장이 있는 것처럼 한다는 뜻이다. '단(襢)'자는 "드러내다[袒]."는 뜻이니, 의려를 노출시키며 휘장으로 가리지 않는다는 뜻이다.

喪大記-539d 大夫·士, 父母之喪, 旣練而歸; 朔日·忌日, 則歸哭于宗室. 諸父·兄弟之喪, 旣卒哭而歸.

번역 서자들 중 대부나 사가 된 자가 부모의 상을 당하게 된다면, 적자의 집에 가서 상을 치르는데, 소상(小祥)을 치르게 되면 자신이 거주하는 건물로 되돌아간다. 또 매월 초하루나 부모가 돌아가신 날이 되면, 종자의 집에 마련된 빈소로 가서 곡(哭)을 한다. 제부들이나 형제의 상에 대해서라면, 졸곡(卒哭)을 끝내고 되돌아간다.

集說 命士以上, 父子皆異宮. 庶子爲大夫·士, 而遭父母之喪, 殯宮在適子家. 旣練, 各歸其宮. 至月朔與死之日, 則往哭于宗子之家, 謂殯宮也. 諸父·兄弟期服輕, 故卒哭卽歸也.

번역 명사(命士)로부터 그 이상의 계층은 부모와 자식이 모두 다른 건물에 거주한다. 서자들 중 대부나 사가 된 자가 부모의 상을 당하게 된다면, 빈소는 적자의 집에 있게 된다. 소상(小祥)을 치르게 되면 각각 그들의 집으로 되돌아간다. 매월 초하루와 부모가 돌아가신 날이 되면, 종자의 집으로 찾아가서 곡(哭)을 하니, 종자의 집에 마련된 빈소를 뜻한다. 제부들과 형제들에 대해서는 기년복(期年服)[27]을 착용하며 수위가 상대적으로 낮기 때문에, 졸곡(卒哭)을 치르면 되돌아간다.

中庸-1678上 武王末受命, 周公成文·武之德, 追王大王·王季, 上祀先公以天子之禮. 斯禮也, 達乎諸侯·大夫及士·庶人. 父爲大夫, 子爲士, 葬以大夫, 祭以士. 父爲士, 子爲大夫, 葬以士, 祭以大夫. 期之喪, 達乎大夫. 三年之喪, 達乎天子. 父母之喪, 無貴賤一也.

번역 무왕은 노년에 천명을 받으셨고, 주공은 문왕과 무왕의 덕을 완성하여 태왕과 왕계를 추존해서 천자로 높였으며, 위로는 선공에게 제사를 지내며 천자의 예법을 사용하셨다. 이러한 예법은 제후·대부·사·서인에

---

27) 기년복(期年服)은 1년 동안 상복(喪服)을 입는다는 뜻이다. 또는 그 기간 동안 입게 되는 상복을 뜻하기도 하는데, 일반적으로 자최복(齊衰服)을 가리키는 용어로 사용된다. '기년복'이라고 할 때의 '기년(期年)'은 1년을 뜻하는데, '자최복'은 일반적으로 1년 동안 입게 되는 상복이 되기 때문이다.

게 두루 통용된다. 부친이 대부였고 자식이 사였다면, 장례를 치를 때에는 대부의 예법에 따랐고 제사를 지낼 때에는 사의 예법에 따랐다. 반대로 부친이 사였고 자식이 대부였다면, 장례를 치를 때에는 사의 예법에 따랐고 제사를 지낼 때에는 대부의 예법에 따랐다. 기년상은 대부까지 통용된다. 삼년상은 천자까지 통용된다. 부모의 상에 대해서는 신분의 귀천과 상관없이 동일하게 따른다.

鄭注 末, 猶老也. "追王大王·王季"者, 以王迹起焉, 先公組紺以上至后稷也. "斯禮達於諸侯·大夫·士·庶人"者, 謂葬之從死者之爵, 祭之用生者之祿也. 言大夫葬以大夫, 士葬以士, 則"追王"者, 改葬之矣. "期之喪, 達於大夫"者, 謂旁親所降在大功者, 其正統之期, 天子諸侯猶不降也. 大夫所降, 天子諸侯絶之不爲服, 所不臣乃服之也. 承葬·祭說期·三年之喪者, 明子事父以孝, 不用其尊卑變.

번역 '말(末)'자는 노년[老]을 뜻한다. "태왕과 왕계를 추왕(追王)하다."라고 했는데, 왕가의 자취를 일으킨 것은 선공인 조감으로부터 그 위로 후직에 이른다. "이 예는 제후·대부·사·서인에게 두루 통한다."라고 했는데, 장례를 치를 때 죽은 자의 작위에 따르고, 제사를 지낼 때 제사를 모시는 자의 녹봉에 따른다는 뜻이다. 대부는 대부의 예법으로 장례를 치르고 사는 사의 예법으로 장례를 치른다고 했다면, '추왕(追王)'이라는 것은 규정을 고쳐서 장례를 치렀다는 뜻이다. "기년상(期年喪)은 대부까지 통한다."라고 했는데, 방계 친족에 대해 수위를 낮춰서 대공복(大功服)에 해당하는 경우를 뜻하는데, 직계 친족에 대해 기년상을 치르는 경우에는 천자와 제후라 할지라도 수위를 낮추지 않는다. 대부가 수위를 낮추는 대상에 대해서, 천자와 제후는 관계가 끊어져 그를 위해 상복을 착용하지 않는데, 신하로 여기지 않는 경우라면 상복을 착용한다. 장례와 제사를 받들어 지낸다고 했는데, 기년상과 삼년상을 말한 것은 자식은 효로써 부친을 섬기며, 신분의 고하에 따라 바뀌지 않는다는 사실을 나타낸 것이다.

間傳-666a　斬衰三日不食, 齊衰二日不食, 大功三不食, 小功緦麻再不食, 士與斂焉則壹不食. 故父母之喪, 旣殯食粥, 朝一溢米, 莫一溢米. 齊衰之喪, 疏食水飮, 不食菜果. 大功之喪, 不食醯醬. 小功緦麻, 不飮醴酒. 此哀之發於飮食者也.

번역　참최복(斬衰服)의 상을 치를 때에는 3일 동안 밥을 먹지 않고, 자최복(齊衰服)의 상을 치를 때에는 2일 동안 밥을 먹지 않으며, 대공복(大功服)의 상을 치를 때에는 3끼를 먹지 않고, 소공복(小功服)과 시마복(緦麻服)의 상을 치를 때에는 2끼를 먹지 않으며, 사가 염(斂)[28]에 참여하게 되면 1끼를 먹지 않는다. 그렇기 때문에 부모의 상을 치를 때에는 빈소 마련하는 일이 끝나야 죽을 먹는데, 아침에는 1일(溢)만큼의 쌀을 사용하고, 저녁에도 1일만큼의 쌀을 사용한다. 자최복의 상을 치를 때에는 거친 밥을 먹고 물을 마시지만 채소와 과일은 먹지 않는다. 대공복의 상에서는 식초나 장을 먹지 않는다. 소공복과 시마복의 상에서는 단술을 마시지 않는다. 이것은 애통함이 음식을 통해 드러나는 것이다.

集說　一溢二十四分升之一也. 疏食, 粗飯也.

번역　1일(溢)[29]은 24분의 1승(升)[30]이다. 소사(疏食)는 거친 밥을 뜻한다.

間傳-666a~b]　父母之喪, 旣虞卒哭, 疏食水飮, 不食菜果. 期而小祥, 食菜果. 又期而大祥, 有醯醬. 中月而禫, 禫而飮醴酒. 始飮酒者, 先飮醴酒. 始食肉者, 先食乾肉.

---

28) 염(斂)은 시신에 옷을 입혀서 관에 안치하는 것을 뜻한다.
29) 일(溢)은 한 손에 담을 수 있는 양을 뜻한다. 『소이아(小爾雅)』「광량(廣量)」편에는 "一手之盛謂之溢."이라는 기록이 있다.
30) 승(升)은 용량을 재는 단위이다. 지역 및 각 시대마다 다소 차이를 보이는데, 고대에는 10합(合)을 1승(升)으로 여겼고, 10승(升)을 1두(斗)로 여겼다. 『한서(漢書)』「율력지상(律曆志上)」편에는 "合侖爲合, 十合爲升."이라는 기록이 있다.

번역 부모의 상을 치를 때 우제(虞祭)와 졸곡(卒哭)을 끝내면 거친 밥을 먹고 물을 마시되 채소와 과일은 먹지 않는다. 1년이 지나서 소상(小祥)을 치르면 채소와 과일을 먹는다. 다시 1년이 자나서 대상(大祥)을 치르면 밥상에 식초와 장을 함께 차린다. 1개월의 간격을 두어 담제(禫祭)를 치르는데, 담제를 치르게 되면 단술을 마신다. 처음 술을 마실 때에는 우선적으로 단술을 마신다. 또 처음 고기를 먹을 때에는 우선적으로 말린 고기를 먹는다.

集說 中月, 間一月也. 前篇中一以上亦訓爲間. 二十五月大祥, 二十七月而禫也.

번역 '중월(中月)'은 1달의 간격을 둔다는 뜻이다. 앞에서 '1세대를 걸러서 그 이상의 대상'[31]이라고 했을 때에도 '중(中)'자를 간(間)자의 뜻으로 풀이했다. 25개월째에 대상(大祥)을 치르고, 27개월째에 담제(禫祭)를 치른다.

間傳-666b~c 父母之喪, 居倚廬, 寢苫枕塊, 不說絰帶. 齊衰之喪, 居堊室, 苄翦不納. 大功之喪, 寢有席. 小功緦麻, 牀可也. 此哀之發於居處者也.

번역 부모의 상을 치를 때에는 의려(倚廬)에 거처하고, 거적을 깔고 자며 흙덩이를 베개로 삼으며, 질(絰)과 대(帶)를 풀지 않는다. 자최복(齊衰服)의 상을 치를 때에는 악실(堊室)에 거처하고, 하(苄)로 짠 자리를 깔고 자는데 그 끝을 잘라서 가지런하게만 하고 안으로 집어넣지 않는다. 대공복(大功服)의 상을 치를 때에는 침소에 자리를 깐다. 소공복(小功服)과 시마복(緦麻服)의 상을 치를 때에는 침상에서 자더라도 괜찮다. 이것은 애통함이 거처를 통해 드러나는 것이다.

集說 倚廬堊室, 見喪大記. 苄, 蒲之可爲席者, 但翦之使齊, 不編納其頭而藏於內也.

---

31) 『예기』「상복소기(喪服小記)」【416c】: 士大夫不得祔於諸侯, 祔於諸祖父之爲士大夫者. 其妻祔於諸祖姑, 妾祔於妾祖姑, 亡則中一以上而祔, 祔必以其昭穆.

번역 의려(倚廬)와 악실(堊室)32)에 대한 설명은 『예기』「상대기(喪大記)」편에 나온다. '하(芐)'자는 부들 중에서 자리로 짤 수 있는 것을 뜻하는데, 단지 끝부분을 잘라서 가지런하게만 하며, 끝을 엮어서 안으로 집어넣지 않는다.

喪服四制-723b 父母之喪: 衰冠・繩纓・菅屨, 三日而食粥, 三月而沐, 期十三月而練冠, 三年而祥. 比終茲三節者, 仁者可以觀其愛焉, 知者可以觀其理焉, 彊者可以觀其志焉. 禮以治之, 義以正之. 孝子, 弟弟, 貞婦, 皆可得而察焉.

번역 부모의 상에 대해 말해보자면, 상복과 그에 따른 관을 쓰고, 새끼줄을 엮은 끈을 달며, 관구(菅屨)를 신게 되는데, 부모가 돌아가신 후 3일 째에 처음으로 죽을 마시고, 3개월째에 처음으로 목욕을 하며, 1년을 넘겨 13개월째가 되면 소상(小祥)을 치르며 연관(練冠)을 쓰고, 3년째가 되면 대상(大祥)을 치른다. 이러한 세 마디를 끝내는데 미쳐서는 인(仁)한 자는 이를 통해서 그 사람의 친애하는 마음을 관찰할 수 있고, 지(知)한 자는 이를 통해서 그 이치를 관찰할 수 있으며, 강(彊)한 자는 이를 통해서 그 뜻을 관찰할 수 있다. 예(禮)로써 다스리고, 의(義)로써 바르게 한다. 자식은 효자답고, 동생은 동생답고, 부인은 정숙하다는 것은 모두 이를 통해서 확인할 수 있는 것이다.

集說 比, 及也. 三月, 一節也. 練, 一節也. 祥, 一節也. 非仁者不足以盡愛親之道, 故於仁者觀其愛; 非知者不足以究居喪之理, 故於知者觀其理; 非强者不足以守行禮之志, 故於强者觀其志. 一說, 理, 治也, 謂治斂殯葬祭之事, 惟知者能無悔事也, 故曰觀其理. 篇首言仁義禮知爲四制之本, 此獨曰禮以治之, 義以正之者, 蓋恩亦兼義, 權非悖禮也. 孝子, 弟弟, 貞婦, 專言門內之治, 而不

---

32) 악실(堊室)은 상중(喪中)에 임시로 거처하던 가옥으로, 네 벽면에 흰색의 회칠을 하였다.

及君臣者, 亦章首專言父母之喪, 而恩制爲四制之首故也.

번역 '비(比)'자는 "~에 이르다[及]."는 뜻이다. 3개월째가 한 마디가 된다. 소상(小祥)을 치르는 것이 한 마디가 된다. 대상(大祥)을 치르는 것이 한 마디가 된다. 인(仁)한 자가 아니라면 부모를 친애하는 도리를 모두 다 드러낼 수가 없다. 그렇기 때문에 인(仁)한 자에 대해서는 그 친애함을 관찰한다고 한 것이다. 지(知)한 자가 아니라면, 상을 치르는 이치를 탐구할 수 없다. 그렇기 때문에 지(知)한 자에 대해서는 그 이치를 관찰한다고 한 것이다. 강(强)한 자가 아니라면 예법을 시행하려는 뜻을 고수할 수가 없다. 그렇기 때문에 강(强)한 자에 대해서는 그 뜻을 관찰한다고 한 것이다. 일설에서는 '이(理)'자를 "다스린다[治]."는 뜻으로 풀이하니, 즉 염(斂)을 하고 빈(殯)을 하며 장례를 치르고 제사를 지내는 일들을 다스리는 것에 있어서, 오직 지(知)한 자만이 회한을 남기는 일이 없을 수 있다. 그렇기 때문에 그 다스림을 관찰한다고 말했다고 주장한다. 편의 첫 머리에서는 인(仁)·의(義)·예(禮)·지(知)가 사제(四制)의 근본이 된다고 했는데, 이곳에서는 유독 "예(禮)로써 다스리고, 의(義)로써 바르게 한다."라고만 말했다. 그 이유는 아마도 은정이라는 것은 또한 의(義)를 겸비하고 있고, 권도는 예(禮)를 어긋나게 하는 것이 아니기 때문이다. 자식은 효자답고, 동생은 동생답고, 부인은 정숙하다는 것은 집안에서의 다스림에 대해서만 언급한 것으로 군주와 신하에 대한 사안은 언급하지 않았는데, 이 또한 이장의 앞부분에서 부모에 대한 상(喪)만을 언급하고, 은정에 따른 제도가 사제(四制) 중에서도 으뜸이 되기 때문일 것이다.

그림 1-1　■ 참최복(斬衰服) 착용 모습

※ 출처: 『삼재도회(三才圖會)』「의복(衣服)」 3권

● 그림 1-2 ■ 참최복(斬衰服) 각부 명칭

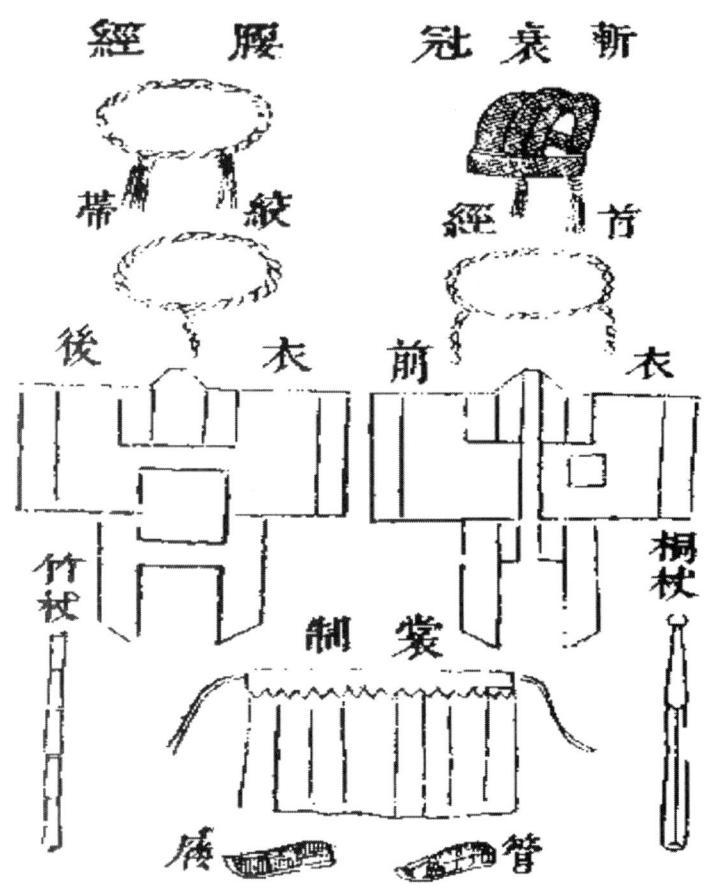

※ 출처: 『삼재도회(三才圖會)』「의복(衣服)」 3권

• 제 2 절 •

상가(喪家)에 도착하여 곡(哭)·용(踊)하는 절차

【652c~d】

至於家, 入門左, 升自西階, 殯東西面坐, 哭盡哀, 括髮袒. 降堂東卽位, 西鄕哭, 成踊. 襲絰于序東, 絞帶反位, 拜賓成踊, 送賓反位.

직역 家에 至하면, 門左로 入하고, 升하길 西階로 自하여, 殯의 東에서 西面하고 坐하며, 哭하여 哀를 盡하고, 髮을 括하고 袒한다. 堂에서 降하여 東하여 位에 卽하고, 西鄕하여 哭하며, 踊을 成한다. 序東에서 襲하고 絰하며, 絞帶하고 位에 反하여, 賓에게 拜하고 踊을 成하며, 賓을 送하고 位에 反한다.

의역 상사가 발생한 집에 당도하게 되면 문의 좌측으로 들어가고, 당상(堂上)에 올라갈 때에는 서쪽 계단을 이용하여, 빈소의 동쪽에서 서쪽을 바라보며 앉고, 곡을 해서 슬픔을 다하고, 머리를 묶고서 단(袒)을 한다. 당하(堂下)로 내려와서 동쪽으로 나아가 자신의 자리로 가고, 서쪽을 향해서 곡을 하며, 용(踊)의 절차를 마무리한다. 서(序)의 동쪽에서 습(襲)을 하고 요질을 차며, 교대(絞帶)를 하고서 자신의 자리로 되돌아오고, 빈객에게 절을 하여 용(踊)의 절차를 마무리하고, 빈객을 전송한 뒤에 자신의 자리로 되돌아온다.

集說 此言奔父喪之禮. 爲人子者, 升降不由阼階. 今父新死, 未忍異於生, 故入自門左, 升自西階也. 在家而親死則笄纚, 小斂畢乃括髮, 此自外而至, 故卽括髮而袒衣也. 鄭云已殯者位在下, 此奔喪在殯後, 故自西階降而卽其堂下東之位也. 襲絰者, 掩其袒而加要絰也. 序東者, 在堂下而當堂上序牆之東也.

不散麻者, 亦異於在家之節也. 此絞帶卽襲絰之絰, 非象革帶之絞帶也. 絰重, 象革帶之絞帶輕. 反位, 復先所卽之位也. 凡拜賓, 皆就賓之位而拜之, 拜竟, 則反己之位而哭踊也. 成踊, 說見前.

번역 이 문장은 부친의 상에 분상하는 예법을 뜻한다. 자식은 오르고 내릴 때 동쪽 계단을 이용하지 않는다.[1] 현재 부친이 이제 막 돌아가셔서 차마 살아계셨을 때와 차이를 둘 수 없기 때문에, 들어갈 때에는 문의 좌측을 이용하며, 올라갈 때에는 서쪽 계단을 이용하는 것이다. 집에 머물러 있을 때 부모가 돌아가신다면 비녀를 꼽고 머리싸개를 하며, 소렴(小斂)[2]을 끝냈다면 머리를 묶는데, 이곳에서 말하는 상황은 외지로부터 집으로 온 경우이다. 그렇기 때문에 곧바로 머리를 묶고 옷을 단(袒)[3]한다. 정현은 이미 빈소를 마련했다면 그 자리는 당하(堂下)에 있게 된다고 했으니, 이곳에서 분상을 한 시기는 빈소를 차린 이후가 된다. 그렇기 때문에 서쪽 계단을 통해 당하로 내려가서, 곧 당하의 동쪽에 있는 자리로 나아가는 것이다. '습질(襲絰)'은 단(袒)한 것을 가리고 요질(要絰)을 찬다는 뜻이다. '서동(序東)'은 당하에서도 당상의 서쪽 담장 동쪽에 해당하는 장소이다. 마질(麻絰)의 끝을 흩트리지 않는 것은 또한 집에 머물러 있을 때의 절차와 차이를 두기 때문이다. '교대(絞帶)'는 곧 습(襲)[4]하고 요질을 찬다고 했을 때의 요질에 해당하니, 혁대(革帶)의 교대(絞帶)를 나타내는 것이 아니다. 요질은 중대한 복식이니, 혁대의 교대가 상대적으로 덜 중요함을 나타낸다. '반

---

1) 『예기』「곡례상(曲禮上)」【35d】: 居喪之禮, 毀瘠不形, 視聽不衰. <u>升降, 不由阼階, 出入, 不當門隧.</u>
2) 소렴(小斂)은 상례(喪禮) 절차 중 하나이다. 죽은 자의 시신을 목욕시키고, 의복을 착용시키며, 그 위에 이불 등으로 감싸는 절차를 뜻한다.
3) 단(袒)은 상중(喪中)에 남자들이 취하는 복장 방식이다. 상의 중 좌측 어깨 쪽을 드러내는 방법이다. 한편 일반적인 의례절차에서도 단(袒)의 복장 방식을 취하는 경우가 있다.
4) 습(襲)은 고대에 의례를 시행할 때 하는 복장 방식 중 하나이다. 겉옷으로 안에 입고 있던 옷들을 완전히 가리는 방식이다. 한편 '습'은 비교적 성대한 의식 때 시행하는 복장 방식으로도 사용되어, 안에 있고 있는 옷을 드러내지 않음으로써, 공경의 뜻을 표하기도 했다.

위(反位)'는 앞서 나아갔던 자리로 가는 것이다. 무릇 빈객에게 절을 할 때에는 모두 빈객의 자리로 나아가서 절을 하고, 절이 끝나면 자신의 자리로 되돌아와서 곡을 하고 용(踊)5)을 한다. '성용(成踊)'에 대해서는 앞에 그 설명이 나온다.6)

大全 嚴陵方氏曰: 入門左, 與客入門而左之左同. 升自西階, 則未忍踐阼階而爲之主故也.

번역 엄릉방씨가 말하길, "문으로 들어서서 좌측으로 간다."는 말은 "빈객은 문으로 들어서면 좌측으로 간다."7)라고 할 때의 좌측이라는 뜻과 의미가 같다. 올라갈 때 서쪽 계단을 이용하는 것은 차마 동쪽 계단을 밟아서 자신을 주인으로 자처할 수 없기 때문이다.

鄭注 "括髮袒"者, 去飾也. 未成服者, 素委貌・深衣. 已成服者, 固自喪服矣. 已殯者位在下. 襲, 服衣也. 不於又哭乃絰者, 發喪已踊日, 節於是可也. 其

---

5) 용(踊)은 상중(喪中)에 취하는 행동으로, 곡(哭)에 맞춰서 발을 구르는 행위이다.
6) 『예기』「잡기상(雜記上)」【505d~506a】에는 "上客臨曰, '寡君有宗廟之事, 不得承事, 使一介老某相執綍.' 相者反命曰, '孤須矣.' 臨者入門右, 介者皆從之, 立于其左東上. 宗人納賓, 升受命于君. 降曰, '孤敢辭吾子之辱. 請吾子之復位.' 客對曰, '寡君命某毋敢視賓客, 敢辭.' 宗人反命曰, '孤敢固辭吾子之辱. 請吾子之復位.' 客對曰, '寡君命某毋敢視賓客, 敢固辭.' 宗人反命曰, '孤敢固辭吾子之辱. 請吾子之復位.' 客對曰, '寡君命使臣某毋敢視賓客, 是以敢固辭. 固辭不獲命, 敢不敬從.' 客立于門西, 介立于門左東上. 孤降自阼階拜之, 升, 哭, 與客拾踊三. 客出, 送于門外拜稽顙."이라는 기록이 있고, 이에 대한 진호(陳澔)의 『집설(集說)』에서는 "主君自阼階降而拜之, 主客俱升堂哭而更踊者三, 所謂成踊也."라고 풀이했다. 즉 "조문을 받는 나라의 군주는 동쪽 계단을 통해 내려가서 그에게 절을 하고, 상주와 빈객 모두 당(堂)에 올라가서 곡을 하며 번갈아 용(踊)을 하길 세 차례 하니, 이것을 '성용(成踊)'이라고 부른다."라는 뜻이다.
7) 『예기』「곡례상(曲禮上)」【18d】: 主人入門而右, <u>客入門而左</u>. 主人就東階, 客就西階. 客若降等, 則就主人之階. 主人固辭, 然後客復就西階.

未小斂而至, 與在家同耳. 不散帶者, 不見尸柩. 凡拜賓者就其位, 旣拜, 反位, 哭踊.

번역 "머리를 묶고 단(袒)을 한다."는 말은 장식을 제거한다는 뜻이다. 아직 성복(成服)을 하지 않은 경우에는 흰색의 위모(委貌)[8]를 쓰고 심의(深衣)를 착용한다. 이미 성복을 한 경우라면 진실로 상복을 착용하게 된다. 이미 빈소를 차린 경우에는 그 자리가 당하(堂下)에 있게 된다. '습(襲)'은 옷을 껴입는다는 뜻이다. 이 시기에 재차 곡을 하고 질(絰)을 두르지 않는 것은 상이 발생한 후 이미 해당하는 날짜를 벗어났으니, 이 시기에 간략히 하는 것이 옳다. 아직 소렴(小斂)을 하지 않았는데 도착한 경우라면, 집에 머물러 있을 때와 동일하게 할 따름이다. 대(帶)의 끝을 흩트리지 않는 것은 시신을 실은 영구를 보지 않았기 때문이다. 무릇 빈객에게 절을 할 때에는 그의 자리로 나아가고, 절을 끝내면 자신의 자리로 되돌아와서 곡을 하고 용(踊)을 한다.

釋文 括, 古活反. 袒, 徒早反. 去, 羌呂反. 鄕, 許亮反, 下西鄕同. 絞, 古卯反, 下同, 徐戶交反. 成踊音勇. 散, 悉但反.

번역 '括'자는 '古(고)'자와 '活(활)'자의 반절음이다. '袒'자는 '徒(도)'자와 '早(조)'자의 반절음이다. '去'자는 '羌(강)'자와 '呂(려)'자의 반절음이다. '鄕'자는 '許(허)'자와 '亮(량)'자의 반절음이며, 아래에 나오는 '西鄕'의 '鄕'자도 그 음이 이와 같다. '絞'자는 '古(고)'자와 '卯(묘)'자의 반절음이며, 아래문장에 나오는 글자도 그 음이 이와 같고, 서음(徐音)은 '戶(호)'자와 '交(교)'자의 반절음이다. '成踊'에서의 '踊'자는 그 음이 '勇(용)'이다. '散'자는 '悉(실)'자와 '但(단)'자의 반절음이다.

孔疏 ●"至於"至"如初". ○正義曰: 此一節明父母之喪, 奔至於家哭, 及袒

---

8) 위모(委貌)는 검은색의 명주로 짠 관(冠)이다. '위(委)'자는 안정시킨다는 뜻으로, 이 관을 착용하여 용모를 안정시키기 때문에 '위모'라고 부른다.

踊成服之節, 明父母之喪, 奔入中門之左也.

번역 ●經文: "至於"~"如初". ○이곳 문단은 부모의 상에서 분상을 하여 집에 도착해서 곡을 하고, 단(袒)·용(踊)·성복(成服)하는 절차를 나타내고 있으며, 부모의 상에서는 분상을 하여 중문(中門)9)의 좌측으로 들어간다는 사실을 나타낸다.

孔疏 ●"升自西階"者, 曲禮云: "爲人子者, 升降不由阼階." 今父母新死, 未忍異於生, 故不忍當阼階也, 故"升自西"也.

번역 ●經文: "升自西階". ○『예기』「곡례(曲禮)」편에서는 "자식은 오르고 내릴 때 동쪽 계단을 이용하지 않는다."10)라고 했다. 현재의 상황은 부모가 이제 막 돌아가셔서, 차마 살아계셨을 때와 차이를 둘 수 없는 것이다. 그렇기 때문에 차마 동쪽 계단을 이용할 수 없다. 그래서 "오르길 서쪽을 통한다."라고 했다.

孔疏 ●"括髮袒"者, 喪已經日, 不笄纚, 故卽括髮袒也. 若尋常在家, 親始喪, 則笄纚, 至明日小斂畢乃括髮. 此所"奔"者, 謂主人也. 故下云"奔喪者非

---

9) 중문(中門)은 내(內)와 외(外) 사이에 있는 문을 뜻한다. 궁(宮)에 있어서는 혼문(閽門)을 뜻하기도 한다. 또 천자(天子)의 궁성(宮城)에는 다섯 개의 문이 있었다고 전해지는데, 가장 밖에 있는 문부터 순차적으로 나열해보면, 고문(皐門), 치문(雉門), 고문(庫門), 응문(應門), 노문(路門)이다. 이러한 다섯 개의 문들 중 노문(路門)은 가장 안쪽에 있으므로, 내문(內門)로 여기고, 고문(皐門)은 가장 밖에 있으므로, 외문(外門)으로 여긴다. 따라서 나머지 치문(雉門), 고문(庫門), 응문(應門)은 내외(內外)의 사이에 있으므로, 이 세 개의 문을 '중문'으로 여기기도 한다. 『주례』「천관(天官)·혼인(閽人)」편에는 "掌守王宮之中門之禁."이라는 기록이 있는데, 이에 대한 손이양(孫詒讓)의 『정의(正義)』에서는 "此中門實不專屬雉門. 當兼庫·雉·應三門言之. 蓋五門以路門爲內門, 皐門爲外門, 餘三門處內外之間, 故通謂之中門."이라고 풀이했다. 한편 정중앙에 있는 문을 '중문'이라고도 부른다.
10) 『예기』「곡례상(曲禮上)」【35d】: 居喪之禮, 毁瘠不形, 視聽不衰. <u>升降, 不由阼階</u>, 出入, 不當門隧.

主人, 則主人爲之拜賓". 此旣親拜賓, 故知主人也. 此謂奔父之喪. 若母之喪, 又哭則免. 此下文云"又哭括髮袒", 故知爲父也. 此謂未成服也, 故下云"三日成服."

번역 ●經文: "括髮袒". ○상사를 치르며 이미 해당 날짜를 경과하였으니, 비녀를 꼽지 않고 머리싸개를 하지 않는다. 그렇기 때문에 곧바로 머리를 묶고 단(袒)을 한다. 만약 일반적으로 집에 머물러 있는 경우, 부모가 이제 막 돌아가셨다면, 비녀를 꼽고 머리싸개를 하며, 그 다음날 소렴(小斂)이 끝나게 되면 곧 머리를 묶는다. 이곳에서 분상을 한다고 했던 자는 주인을 뜻한다. 그렇기 때문에 아래문장에서 "분상을 하는 자가 주인이 아니라면, 주인은 그를 위해 빈객에게 절을 한다."라고 한 것이다. 이곳에서는 이미 직접 빈객에게 절을 한다고 했기 때문에, 이 사람이 주인이 됨을 알 수 있다. 이곳의 내용은 부친의 상에 분상하는 경우를 뜻한다. 만약 모친의 상에 분상을 한다면, 또한 곡을 하게 되면 면(免)[11]을 한다. 이곳 아래문장에서는 "또한 곡을 하고 머리를 묶고서 단(袒)을 한다."라고 했다. 그렇기 때문에 부친의 상을 치르는 상황임을 알 수 있다. 이곳의 내용은 아직 성복(成服)을 하지 않은 상황을 뜻한다. 그렇기 때문에 아래문장에서 "3일이 지난 뒤에 성복을 한다."라고 했다.

孔疏 ●"襲絰于序東"者, 謂在堂下當序牆之東, 非謂堂上之序東也.

번역 ●經文: "襲絰于序東". ○당하(堂下)에서도 서(序)의 담장 동쪽에 해당하는 장소이니, 당상의 서(序) 동쪽을 뜻하는 말이 아니다.

孔疏 ◎注"未成服者, 素委貌·深衣". ○正義曰: 知"素委貌·深衣"者, 按曾子問篇云: 壻親迎女, 在塗遭喪, "女改服, 布深衣, 縞總". 女人之"縞總", 似男子之素冠, 故知"布深衣", "素冠". 又小記云"遠葬者比反哭者, 皆冠, 及郊而後免", 明知在路皆冠也. 此"素委貌", 謂士·庶人, 若大夫已上, 則素弁也.

---

11) 면(免)은 면포(免布)나 면복(免服)과 같은 뜻이다.

번역 ◎鄭注: "未成服者, 素委貌·深衣." ○정현이 "흰색의 위모(委貌)를 쓰고 심의(深衣)를 착용한다."라고 했는데, 이 말이 사실임을 알 수 있는 이유는 『예기』「증자문(曾子問)」편을 살펴보면, 사위가 직접 아내를 맞이할 때, 처가에서 떠나 도로에 있는데 상의 소식을 접하게 되면, "여자는 혼례를 치르면서 입었던 화려한 복장을 바꿔 입으니, 거친 베로 만든 심의(深衣)로 갈아입고, 하얀 명주실로 머리를 묶는다."[12]라고 했다. 여자가 하얀 명주실로 머리를 묶는 것은 남자가 흰색의 관을 쓰는 것과 유사하다. 그렇기 때문에 "포로 된 심의를 착용한다."라는 말과 "흰색의 관을 쓴다."라는 말이 사실임을 알 수 있다. 또 『예기』「상복소기(喪服小記)」편에서는 "장지가 멀리 떨어진 경우, 장례를 치를 때에는 반곡(反哭)[13]을 할 때까지 모두 관을 쓰고 장례를 치르고 교외에 도달한 이후에는 면(免)을 한다."[14]라고 했으니, 도로에 있을 때에는 모두 관을 쓴다는 사실을 분명히 알 수 있다. 이곳에서는 "흰색의 위모(委貌)를 쓴다."라고 했는데, 이것은 사와 서인의 계층을 뜻하니, 만약 대부로부터 그 이상의 계층이라면 흰색의 변(弁)을 쓴다.

孔疏 ◎注云"已殯者位在下". ○正義曰: 按士喪禮: 小斂訖, 降自西階卽位. 故知殯畢位在下. 小斂之後, 未殯之前, 雖降在堂下, 仍更升堂. 至旣殯之後, 則長在阼階之下, 故云旣殯位在下也.

번역 ◎鄭注: 云"已殯者位在下". ○『의례』「사상례(士喪禮)」편을 살펴보면, 소렴(小斂)을 끝내게 되면, 내려갈 때 서쪽 계단을 이용하여 자신의 자리로 나아간다고 했다. 그러므로 빈소 차리는 일이 끝나면, 자리가 당하

---

12) 『예기』「증자문(曾子問)」【232a】: 曾子問曰, "親迎, 女在塗, 而壻之父母死, 如之何." 孔子曰, "<u>女改服, 布深衣, 縞總, 以趨喪. 女在塗, 而女之父母死, 則女反.</u>"
13) 반곡(反哭)은 장례(葬禮) 절차 중 하나이다. 장지(葬地)에 시신을 안치한 이후, 상주(喪主)는 신주(神主)를 받들고 되돌아와서 곡(哭)을 하는데, 이것을 '반곡'이라고 부른다.
14) 『예기』「상복소기(喪服小記)」【422b】: <u>遠葬者, 比反哭者皆冠, 及郊而後免反哭.</u>

(堂下)에 있게 됨을 알 수 있다. 소렴을 치른 이후로부터 아직 빈소를 차리기 이전이라면, 비록 내려와서 당하에 있더라도, 곧 재차 당상(堂上)으로 올라가게 된다. 그리고 빈소를 다 차린 이후가 되면, 장자의 자리는 동쪽 계단 아래가 된다. 그렇기 때문에 "이미 빈소를 차린 경우에는 그 자리가 당하에 있게 된다."라고 했다.

孔疏 ◎注"襲服"至"哭踊". ○正義曰: 云"不於又哭乃絰"者, 按士喪禮: 小斂訖, "奉尸侇于堂", 降, 成踊, 乃絰於序東. 在家小斂, 當奔之禮又哭, 旣小斂著絰, 則合又哭乃絰, 故云"不於又哭乃絰者, 發喪已踰日, 節於是可也". 云"其未小斂而至, 與在家同耳"者, 謂威儀節度與在家同, 其帶絰等, 自用其奔喪日數也. 云"不散帶者, 不見尸柩"者, 以士喪禮云: 旣小斂, 帶絰散麻, 三日乃絞垂. 今奔喪初至, 則絞帶與在家異, 故云"不散麻者, 不見尸柩"也. 知此"絞帶", 非象革帶之"絞帶", 而必以爲絰之散垂而絞之者, 以雜記云: "親者終其麻帶絰之日數." 彼"帶絰", 謂絰之垂者, 是主人成絰之後, 明知此"絞帶", 亦謂絰之散垂而絞之, 故不以爲象革帶之"絞帶"也. 且要帶爲重, 象革帶之絞帶爲輕, 此絞當擧重者, 不應擧輕之絞帶, 故以爲絞絰之垂者.

번역 ◎鄭注: "襲服"~"哭踊". ○정현이 "이 시기에 재차 곡을 하고 질(絰)을 두르지 않는다."라고 했는데, 『의례』「사상례(士喪禮)」편을 살펴보면, 소렴(小斂)을 끝낸 뒤에 "시신을 받들어서 당상(堂上)으로 옮긴다."라고 했고, 내려와서 용(踊)의 절차를 마무리하면, 곧 서(序)의 동쪽에서 질(絰)을 두른다고 했다. 집에 머물러 있는 자들이 소렴을 하는 시기라면 분상의 예법을 시행한 자들은 재차 곡을 하고, 소렴을 끝내서 질(絰)을 차게 된다면 함께 재차 곡을 하고 질(絰)을 두른다. 그렇기 때문에 "이 시기에 재차 곡을 하고 질(絰)을 두르지 않는 것은 상이 발생한 후 이미 해당하는 날짜를 벗어났으니, 이 시기에 간략히 하는 것이 옳다."라고 말한 것이다. 정현이 "아직 소렴(小斂)을 하지 않았는데 도착한 경우라면, 집에 머물러 있을 때와 동일하게 할 따름이다."라고 했는데, 예법에 따른 행동거지와 규범이 집에 머물러 있을 때와 동일하다는 뜻이니, 대(帶)나 질(絰) 등은 분상을 한 날짜에 따르게 된다. 정현이 "대(帶)의 끝을 흩트리지 않는 것은 시신을 실은 영구를 보지 않았기 때문이다."라고 했는데,「사상례」편에서는 이미 소렴을 끝냈다면, 대(帶)와 질(絰)은 마의 끝을 흩트리고, 3일이 지나게 되면 매듭을 지어서 내려트린다고 했기 때문이다. 현재 분상을 하여 처음 집에 도착했다면, 대(帶)의 끝을 묶어 집에 머물러 있던 자들과 차이를 둔다. 그렇기 때문에 "대(帶)의 끝을 흩트리지 않는 것은 시신을 실은 영구를 보지 않았기 때문이다."라고 말한 것이다. 이곳에서 말한 '교대(絞帶)'가 혁대의 교대(絞帶)를 나타내는 것이 아님을 알 수 있고, 이것이 분명 질(絰)의 끝을 흩트려 내려트리고서 묶는 것임을 알 수 있는 이유는 『예기』「잡기(雜記)」편에서 "관계가 친밀한 자는 본인이 마(麻)로 된 요질(要絰)을 차고 그 끝을 흩트려 늘어트리는 기간을 채우고서야 성복을 한다."[15]라고 했기 때문이다. 「잡기」편에서 말한 '대질(帶絰)'은 질(絰)의 끝을 늘어트린 것을 뜻하는데, 이것은 주인이 질(絰)을 찬 이후가 되므로, 이곳에서 '교대(絞帶)'라고 한 말 또한 질(絰)의 끝을 흩트려 늘어트리고 묶은 것을 뜻함을 알 수 있다. 그렇기 때문에 혁대의 '교대(絞帶)'를 나타내지 않는다고 여긴 것이다. 또 요대(要帶)는 중요한 복식이므로, 혁대의 교대가 상대적으로 덜 중요한 것임을 나타내니, 이곳에서 말한 교(絞)는 마땅히 중요한 것을 제시한 것이므로, 덜 중요한 교대를 제시할 수 없다. 그렇기 때문에 질(絰)의 끝을 늘어트린 것을 묶는다고 여긴 것이다.

集解 愚謂: 此謂未成服而奔喪者也. 入門左, 變於吉也. 升自西階, 居喪之禮不由阼階也. 始至卽括髮·袒者, 至在殯後者之禮也. 經不著殯前至者之禮, 蓋始至笄·縰·深衣, 明日乃袒·括髮, 與在家者之禮同. 但未小斂至者, 成服與在家者同日; 旣小斂, 未殯至者, 則終其散麻之日數, 其成服與在家者異日也. 降自西階, 堂東卽位, 卽阼階東, 西面之位也. 經, 首經·要帶也. 絞帶, 絞苴麻爲之. 吉時有大帶, 有革帶, 凶時有要経象大帶, 又有絞帶以象革帶也. 要

---

15)『예기』「잡기상(雜記上)」【497a】: 未服麻而奔喪, 及主人之未成経也, 疏者與主人皆成之, <u>親者終其麻帶経之日數</u>.

絰自大功以上, 初喪皆散垂, 至成服乃絞之. 其象革帶之帶, 初服時卽絞之, 故謂之絞帶. 蓋吉服之革帶輕於大帶, 凶服之絞帶亦輕於要絰也.

번역 내가 생각하기에, 이곳 내용은 아직 성복(成服)을 하지 않고서 분상하는 경우를 뜻한다. 문의 좌측으로 들어가는 것은 길한 시기에서 변화를 주기 위해서이다. 당상(堂上)에 오를 때 서쪽 계단을 이용하는 것은 상을 치르는 예법에서는 동쪽 계단을 이용하지 않기 때문이다. 처음 도착하면 곧 머리를 묶고 단(袒)을 한다고 했는데, 빈소를 마련한 뒤에 도착한 경우의 예법이다. 경문에서는 빈소를 마련하기 이전에 도착한 경우의 예법은 기술하지 않았는데, 아마도 처음 도착하여 비녀를 꼽고 머리싸개를 하며 심의(深衣)를 착용하고, 다음날이 되면 단(袒)을 하고 머리를 묶어서 집에 머물러 있을 때의 예법과 동일하게 했을 것이다. 다만 아직 소렴(小斂)을 하지 않았는데 도착한 경우라면, 성복(成服)을 하는 것이 집에 머물러 있는 자들과 동일한 날에 하게 되며, 이미 소렴을 마쳤고 아직 빈소를 마련하기 이전에 도착한 경우라면, 마(麻)의 끝을 흩트려 늘어뜨리는 날수를 채우게 되어, 성복을 하는 시점이 집에 머물러 있던 자들과 차이를 보이게 된다. 당하(堂下)로 내려갈 때 서쪽 계단을 이용하고, 당의 동쪽에서 자리로 나아간다고 했다면, 곧 동쪽 계단의 동쪽으로 나아가 서쪽을 바라보는 장소에 위치하는 것이다. '질(絰)'자는 수질과 요질을 뜻한다. '교대(絞帶)'는 저마(苴麻)를 묶어서 만들게 된다. 길한 시기에는 대대(大帶)를 차고 혁대(革帶)를 차는데, 흉한 시기에는 요질(要絰)을 차게 되어 대대를 대신하게 되며, 또 교대(絞帶)를 하여 혁대를 대신하게 된다. 요질의 경우 대공복(大功服)으로부터 그 이상의 경우에는 초상 때 모두 끝을 흩트려 늘어뜨리게 되고, 성복(成服)을 한 이후에야 묶는다. 이것은 혁대의 대(帶)를 나타내게 되는데, 최초의 복식을 갖출 때 곧바로 묶는다고 했기 때문에 '교대(絞帶)'라고 부른 것이다. 무릇 길한 시기의 복장에서 혁대는 대대보다 덜 중요하고, 흉복에 있어서 교대는 또한 요질보다 덜 중요하다.

集解 鄭氏云, "不散帶者, 不見尸柩." 此誤以絞帶爲絞要絰也. 士喪記"小斂", "旣馮尸, 主人袒·髽髮, 絞帶, 衆主人布帶." 主人小斂卽絞帶, 而衆主人又用布, 此皆象革帶之帶也. 奔喪者至三日乃成服, 未成服之先, 要絰亦散垂, 其絞者特象革帶之帶耳, 正與士喪記同, 非以不見尸柩不散帶也. 雜記"凡異居, 始聞兄弟之喪"章, 孔疏之支謬, 皆鄭氏此語啓之也. 又鄭氏謂"未小斂而至, 與在家同", 蓋士小斂之前, 則死日也. 奔喪者若以小斂前至, 則始至笄·纚·深衣, 至小斂而括髮, 小斂後拜賓而襲·絰, 皆與在家者同日. 疏乃謂"帶·絰自用其奔喪日數", 此因雜記言"親者終其麻帶絰之日數", 故生此說, 不知雜記所言, 自謂至在小斂後者也.

번역 정현은 "대(帶)의 끝을 흩트리지 않는 것은 시신을 실은 영구를 보지 않았기 때문이다."라고 했는데, 이것은 교대(絞帶)를 요질(要絰)을 묶는다는 뜻으로 잘못 이해했기 때문이다. 『의례』「사상례(士喪禮)」편의 기문(記文)에서는 "소렴(小斂)을 치른다."라고 했고, "시신에 대해 기대는 일이 끝나면, 주인은 단(袒)을 하고 머리를 묶고 교대(絞帶)를 하며, 나머지 형제들은 포(布)로 된 대(帶)를 찬다."라고 했다. 주인은 소렴을 하게 되면 교대(絞帶)를 하게 되는데, 나머지 형제들은 또한 포(布)를 이용해서 그것을 만드니, 이 모두는 혁대의 대(帶)를 나타낸다. 분상을 하는 자는 3일째가 되면 성복(成服)을 하는데, 아직 성복을 하기 이전에는 요질(要絰)에 대해서 또한 그 끝을 흩트려 늘어트리니, 묶는 것은 단지 혁대의 대(帶)를 나타낼 따름으로, 바로 「사상례」편의 기문과 동일하다. 따라서 이것은 시신을 실은 영구를 보지 못해서 끝을 흩트리지 않는 것이 아니다. 『예기』「잡기(雜記)」편에서는 "무릇 다른 지역에 거주하고 있는데 처음 형제의 상(喪) 소식을 듣게 되었다."[16]라고 한 장에서, 공영달[17]의 소에서는 지리멸렬하고 잘못

---

16) 『예기』「잡기상(雜記上)」【496d】: 凡異居始聞兄弟之喪, 唯以哭對可也. 其始麻散帶絰.
17) 공영달(孔穎達, A.D.574~A.D.648) : =공씨(孔氏). 당대(唐代)의 경학자이다. 자(字)는 중달(仲達)이고, 시호(諡號)는 헌공(憲公)이다. 『오경정의(五經正義)』를 찬정(撰定)하는데 중심적인 역할을 했다.

된 설명을 하고 있는데, 이 모두는 정현이 이러한 말을 한 데에서 비롯된다. 또 정현은 "아직 소렴(小斂)을 하지 않았는데 도착한 경우라면, 집에 머물러 있을 때와 동일하게 할 따름이다."라고 했는데, 사가 소렴을 하기 이전은 곧 죽은 당일에 해당한다. 분상을 하는 자가 만약 소렴 이전에 도착한다면, 처음 도착했을 때 비녀를 꼽고 머리싸개를 하며 심의(深衣)를 착용하고, 소렴을 하게 되면 머리를 묶고, 소렴을 끝낸 뒤에는 빈객에게 절을 하고 습(襲)과 질(絰)을 하게 되는데, 이것은 집안에 머물러 있던 자들과 동일한 날짜에 한다. 공영달의 소에서는 "대(帶)와 질(絰)은 분상을 한 날짜에 따르게 된다."라고 했는데, 이것은 「잡기」편에서 "관계가 친밀한 자는 마(麻)로 된 요질(要絰)을 차는 날을 채운다."[18]는 말을 한 데에 연유하여 이러한 설명을 고안해낸 것이다. 그러나 이것은 「잡기」편에서 언급한 내용의 뜻을 몰라서, 제멋대로 소렴을 치른 이후에 도착한 경우라고 한 것이다.

集解 愚謂: 反位, 反阼階東之位也. 反位, 拜賓, 謂於反位之時而拜賓, 拜賓而後反位也. 士喪禮小斂後, "主人拜賓", 而後 "卽位, 踊, 襲·絰于序東". 此於襲·絰後乃拜賓者, 變於在家者之禮也. 若有大夫, 則袒而拜之, 不待襲也. 送賓, 送之於殯宮門外.

번역 내가 생각하기에, '반위(反位)'는 동쪽 계단 밑의 동쪽에 있는 자신의 자리로 되돌아온다는 뜻이다. "자신의 자리로 되돌아옴에 빈객에게 절을 한다."는 것은 자신의 자리로 되돌아올 때 빈객에게 절을 한다는 뜻이니, 빈객에게 절을 한 이후에 자신의 자리로 되돌아가는 것이다. 『의례』 「사상례(士喪禮)」편에서는 소렴(小斂)을 끝낸 이후에 "주인이 빈객에게 절을 한다."라고 했고, 그 이후에 "자신의 자리로 나아가서 용(踊)을 하고, 서(序)의 동쪽에서 습(襲)과 질(絰)을 두른다."라고 했다. 이곳의 내용은 습(襲)과 질(絰)을 두른 이후에 곧 빈객에게 절을 하는 것이니, 집에 머물러 있을 때의

---

18) 『예기』「잡기상(雜記上)」【497a】: 未服麻而奔喪, 及主人之未成絰也, 疏者與主人皆成之, <u>親者終其麻帶絰之日數</u>.

예법에서 변화를 주는 것이다. 만약 빈객 중 대부가 있다면, 단(袒)을 하고서 그에게 절을 하며, 습(襲)을 할 때까지 기다리지 않는다. 빈객을 전송하는 것은 빈소의 문밖에서 전송한다는 뜻이다.

그림 2-1 ■ 계(笄)와 리(纚)

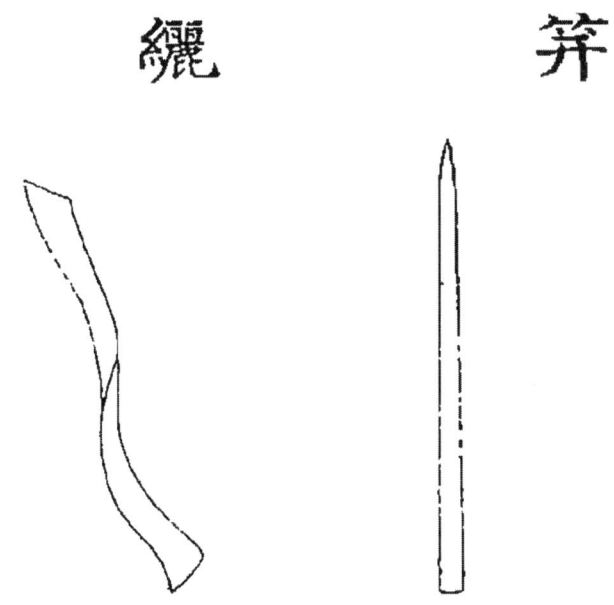

※ 출처: 『삼례도집주(三禮圖集注)』 3권

■ 그림 2-2 ■ 면(免)과 괄발(括髮)

※ 출처: 『삼례도(三禮圖)』 3권

그림 2-3 ■ 저질(苴絰)과 요질(腰絰)

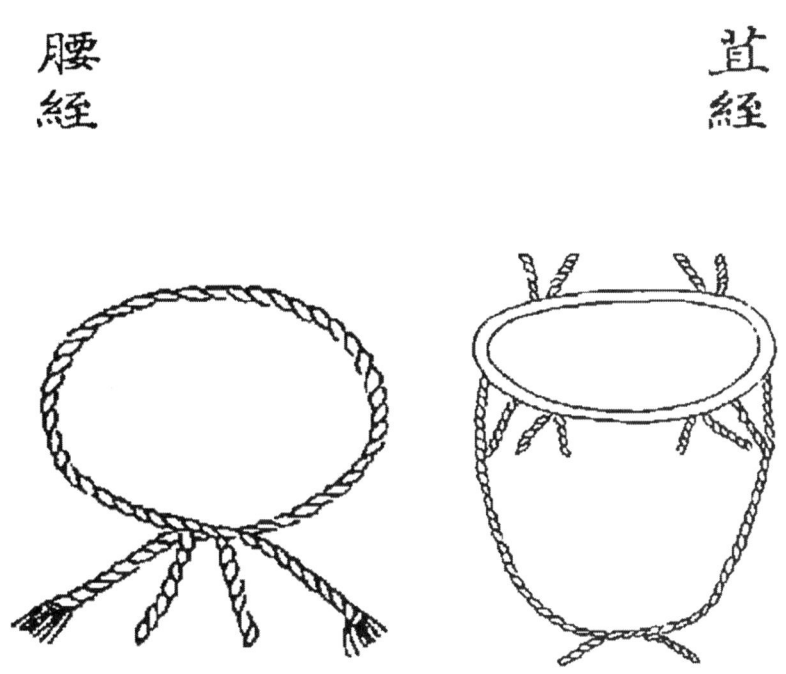

※ 출처: 『삼례도집주(三禮圖集注)』 15권

그림 2-4 ■ 허리띠 : 대(帶)·혁대(革帶)·대대(大帶)

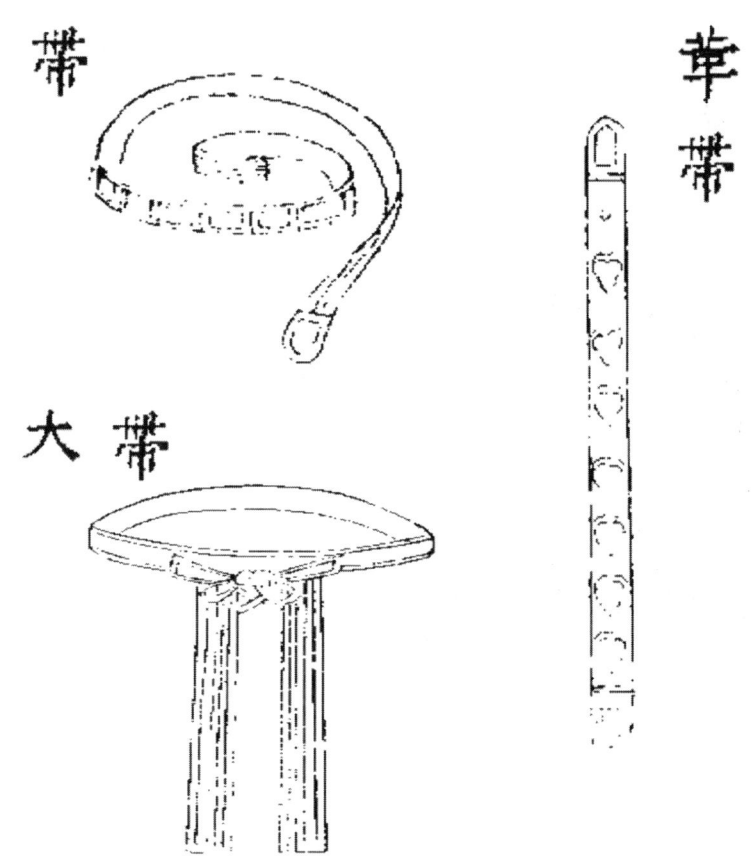

◎ 혁대(革帶): 가죽으로 만든 허리띠로, 대(帶)와 혁대는 옷과 연결하여 결속함
　대대(大帶): 주로 예복(禮服)에 착용하는 것으로, 혁대에 결속함

※ 출처: 『삼재도회(三才圖會)』「의복(衣服)」 2권

그림 2-5 ■ 위모(委貌)

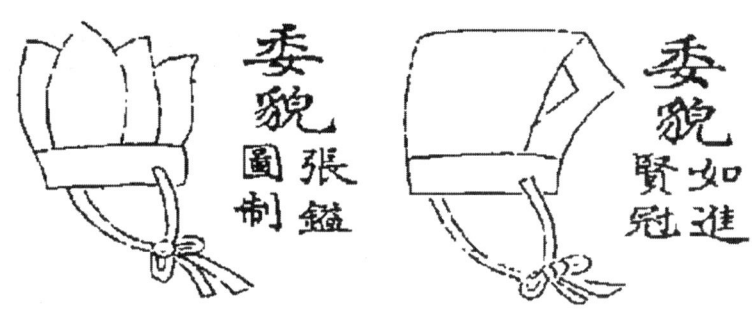

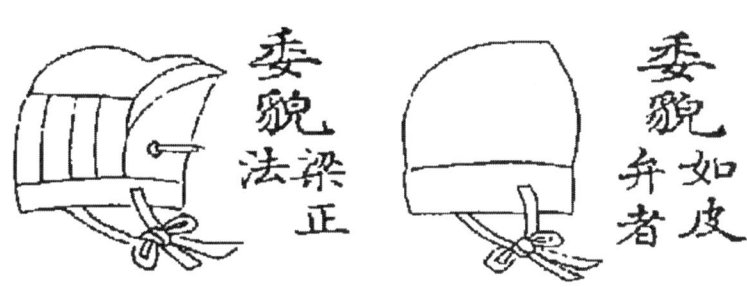

※ 출처: 『삼례도집주(三禮圖集注)』 3권

그림 2-6   ■ 심의(深衣)

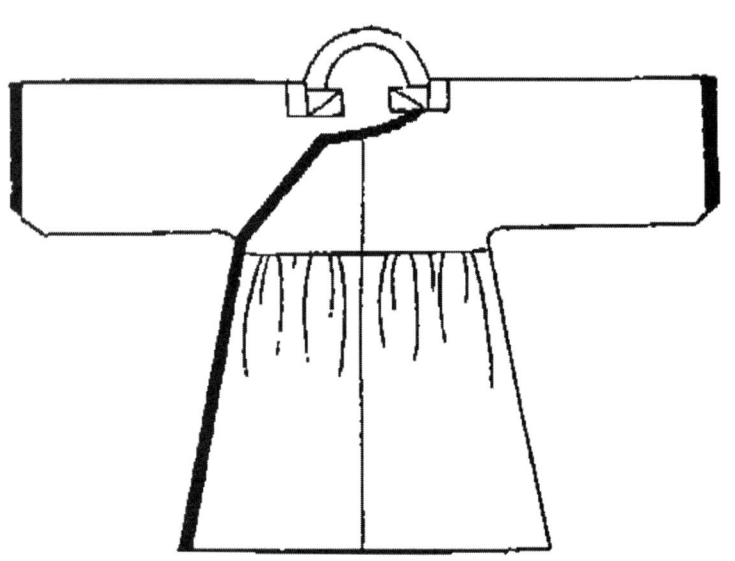

※ 출처:『삼례도집주(三禮圖集注)』3권

그림 2-7　■ 피변(皮弁)과 작변(爵弁)

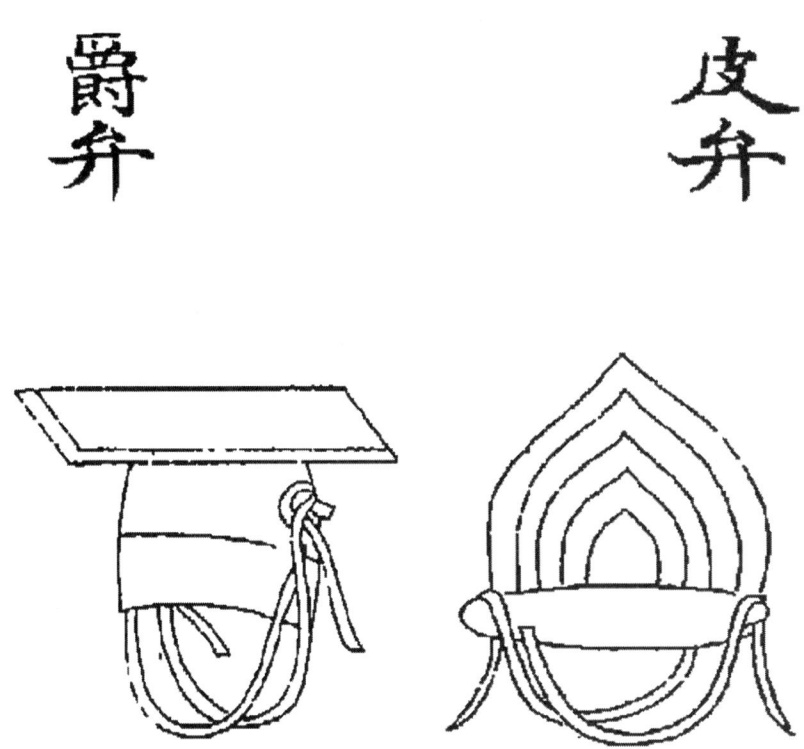

※ 출처: 『삼례도집주(三禮圖集注)』 3권

• 제3절 •

성복(成服)까지의 절차

【653a】

有賓後至者, 則拜之成踊送賓, 皆如初. 衆主人兄弟皆出門, 出門哭止, 闔門, 相者告就次. 於又哭, 括髮袒成踊. 於三哭, 猶括髮袒成踊. 三日成服, 拜賓送賓皆如初.

직역 賓에 後至한 者가 有하면, 拜하고 成踊하며 賓을 送하길 皆히 初와 如라. 衆主人과 兄弟는 皆히 門을 出하고, 門을 出하면 哭을 止하며, 門을 闔하면, 相者는 次에 就하길 告한다. 又哭함에, 髮을 括하고 袒하며 成踊한다. 三哭함에, 猶히 髮을 括하고 袒하며 成踊한다. 三日에 成服하고, 賓에 拜하고 賓을 送하길 皆히 初와 如라.

의역 뒤늦게 도착한 빈객이 있다면, 그에게 절을 하고 용(踊)의 절차를 마무리하며 빈객을 전송하는 일들을 모두 앞서 했던 것처럼 한다. 나머지 형제들과 친족 형제들은 모두 문밖으로 나오고, 문을 나서면 곡하는 것을 그치며, 문을 닫게 되면 의례 진행을 돕는 자는 임시숙소에 나아가도록 알린다. 다음날 두 번째 곡을 할 때에는 머리를 묶고 단(袒)을 하며 용(踊)의 절차를 마무리한다. 그 다음날 세 번째 곡을 할 때에는 역시 머리를 묶고 단(袒)을 하며 용(踊)의 절차를 마무리한다. 그 다음날 삼일 째가 되면 성복(成服)을 하고, 빈객에게 절하고 빈객을 전송하는데, 모두 앞서 했던 것처럼 한다.

集說 皆如初者, 如先次之拜賓成踊, 與送賓反位也. 次, 倚廬也, 在中門外. 又哭, 明日之朝也. 三哭, 又其明日之朝也. 皆升堂而括髮且袒, 如始至時. 三日, 三哭之明日也.

번역 "모두 처음처럼 한다."는 말은 앞서 빈객에게 절을 하고 용(踊)의 절차를 마무리하는 것과 빈객을 전송하고 자신의 자리로 되돌아오는 것처럼 한다는 뜻이다. '차(次)'는 의려(倚廬)¹⁾이니, 중문(中門) 밖에 위치한다. '우곡(又哭)'은 다음날 아침에 곡하는 때를 뜻한다. '삼곡(三哭)'은 또 그 다음날 아침에 곡하는 때를 뜻한다. 모두 당상(堂上)에 올라가서 머리를 묶고 단(袒)을 하니, 처음 도착했을 때처럼 한다. '삼일(三日)'은 세 차례 곡을 한 다음날을 뜻한다.

鄭注 次, 倚廬也. 又哭, 至明日朝也. 三哭, 又其明日朝也. 皆升堂括髮袒, 如始至. 必又哭·三哭者, 象小斂·大斂時也. 雜記曰: "士三踊." 其夕哭從朝. 夕哭不括髮, 不袒, 不踊, 不以爲數. 三日, 三哭之明日也, 旣哭, 成其²⁾喪服, 杖於序東.

번역 '차(次)'는 의려(倚廬)를 뜻한다. '우곡(又哭)'은 다음날 아침을 뜻한다. '삼곡(三哭)'은 또 그 다음날 아침을 뜻한다. 모두 당상(堂上)에 올라가서 머리를 묶고 단(袒)을 하니, 처음 도착했을 때처럼 한다. 반드시 두 번째 곡을 하고 세 번째 곡을 하는 것은 소렴(小斂)과 대렴(大斂)³⁾의 시기를 상징하기 때문이다. 『예기』「잡기(雜記)」편에서는 "사의 상에서 용(踊)을 하게 되면 세 차례 한다."⁴⁾라고 했다. 저녁에 곡을 하여 다음날 아침까지

---

1) 의려(倚廬)는 상중(喪中)에 머물게 되는 임시 거처지이다. '의려'는 또한 '의(倚)', '려(廬)', '악실(堊室)', '사려(舍廬)' 등으로 부르기도 한다.
2) '기(其)'자에 대하여. '기'자 뒤에는 본래 '복(服)'자가 기록되어 있었는데, 완원(阮元)의 『교감기(校勘記)』에서는 "혜동(惠棟)의 『교송본(校宋本)』에는 '기'자 뒤에 '복'자가 없고, 『송감본(宋監本)』·『악본(岳本)』·위씨(衛氏)의 『집설(集說)』·『고문(考文)』에서 인용하고 있는 『족리본(足利本)』에도 동일하게 기록하고 있다. 따라서 이곳 판본에는 '복'자가 연문으로 잘못 들어간 것이며, 『민본(閩本)』·『감본(監本)』·『모본(毛本)』·『가정본(嘉靖本)』에도 동일하게 잘못 기록되어 있다. 살펴보니 공영달의 소(疏)에도 '기'자 뒤에 '복'자가 없다."라고 했다.
3) 대렴(大斂)은 상례(喪禮) 절차 중 하나이다. 소렴(小斂)을 끝낸 뒤에, 시신을 관에 안치하는 절차이다.

하는 것이다. 저녁에 곡을 할 때에는 머리를 묶지 않고 단(袒)을 하지 않으며 용(踊)을 하지 않으므로, 그 수치에 포함시키지 않는다. '삼일(三日)'은 세 번째 곡을 한 다음날을 뜻하니, 이미 곡을 했다면, 상복을 갖춰서 입게 되고, 서(序)의 동쪽에서 지팡이를 잡게 된다.

釋文 闔, 戶臘反. 相, 息亮反, 下相者皆同. 倚, 於綺反. 不以數也, 色主反, 本亦作"不以爲數". 數, 色具反.

번역 '闔'자는 '戶(호)'자와 '臘(랍)'자의 반절음이다. '相'자는 '息(식)'자와 '亮(량)'자의 반절음이며, 아래문장에 나오는 '相者'의 '相'자는 모두 그 음이 이와 같다. '倚'자는 '於(어)'자와 '綺(기)'자의 반절음이다. '不以數也'에서의 '數'자는 '色(색)'자와 '主(주)'자의 반절음이며, 판본에 따라서는 또한 '不以爲數'자로도 기록한다. '數'자는 '色(색)'자와 '具(구)'자의 반절음이다.

孔疏 ●"送賓皆如初"者, 謂前送賓畢而反位, 後送賓亦畢而反位, 故云"皆如初"也.

번역 ●經文: "送賓皆如初". ○앞에서는 빈객을 전송하는 일이 끝나면 자신의 자리로 되돌아온다고 했고, 이후에도 빈객을 전송하는 일이 끝나면 자신의 자리로 돌아오기 때문에 "모두 처음처럼 한다."라고 했다.

孔疏 ●"於又哭, 括髮袒, 成踊. 於三哭, 猶括髮袒, 成踊"者, 括髮袒, 皆在堂上, 殯東西面, 成踊則在堂下之東西面位也.

번역 ●經文: "於又哭, 括髮袒, 成踊. 於三哭, 猶括髮袒, 成踊". ○머리를 묶고 단(袒)을 하는 것은 모두 당상(堂上)에서 하게 되니, 빈소의 동쪽에서 서쪽을 바라보며, 용(踊)의 절차를 마무리하게 되면, 당하의 동쪽에서 서쪽

---

4) 『예기』「잡기상(雜記上)」【502c】: 公七踊, 大夫五踊, 婦人居間; 士三踊, 婦人皆居間.

을 바라보며 서 있게 된다.

孔疏 ●"三日成服, 拜賓·送賓, 皆如初"者, 謂於堂下之東拜賓成踊, 送賓反位, 故云"皆如初"也.

번역 ●經文: "三日成服, 拜賓·送賓, 皆如初". ○당하(堂下)의 동쪽에서 빈객에게 절을 하고 용(踊)의 절차를 마무리하며, 빈객을 전송하고 자신의 자리로 되돌아온다. 그렇기 때문에 "모두 처음처럼 한다."라고 했다.

孔疏 ◎注"又哭"至"爲數". ○正義曰: 知又哭·三哭"皆升堂, 括髮袒"者, 約士喪禮小斂·大斂主人皆升堂, 故知此"皆升堂"也. 引"雜記云: 士三踊. 其夕哭從朝. 夕哭, 不括髮·不袒·不踊"者, 彼云"三踊", 夕無踊, 唯稱"三踊". 此云三哭而不踊, 故知夕雖哭而不踊. 故數"夕哭"但云"三哭". "不袒"者, 以小記篇云: "三日五哭三袒." 旣云"三袒", 故知夕不袒也.

번역 ◎鄭注: "又哭"~"爲數". ○우곡(又哭)과 삼곡(三哭) 때 정현의 말처럼 "모두 당상(堂上)에 올라가서 머리를 묶고 단(袒)을 한다."는 것임을 알 수 있는 이유는 『의례』「사상례(士喪禮)」편을 요약해보면, 소렴(小斂)과 대렴(大斂) 때에는 주인이 모두 당상에 올라가게 된다. 그렇기 때문에 이곳에서 "모두 당상에 올라간다."라고 한 말이 사실임을 알 수 있다. 정현이 『예기』「잡기(雜記)」편을 인용하여, "사의 상에서 용(踊)을 하게 되면 세 차례 한다."라고 말하고, "저녁에 곡을 하여 다음날 아침까지 하는 것이다. 저녁에 곡을 할 때에는 머리를 묶지 않고 단(袒)을 하지 않으며 용(踊)을 하지 않는다."라고 했는데, 「잡기」편에서 "세 차례 용(踊)을 한다."라고 했고, 저녁에는 용(踊)을 하지 않는다. 그렇기 때문에 단지 '삼용(三踊)'이라고 말한 것이다. 이곳에서는 세 차례 곡을 한다고 했고 용(踊)을 하지 않는다고 했기 때문에, 저녁에 비록 곡을 하더라도 용을 하지 않는다는 사실을 알 수 있다. 그러므로 저녁에 곡하는 것을 셈하여 단지 '삼곡(三哭)'이라고 말한 것이다. "단(袒)을 하지 않는다."고 했는데, 『예기』「상복소기(喪服小

記)」편에서는 "3일 동안 다섯 차례 곡(哭)을 하고, 세 차례 단(袒)을 한다."[5]라고 했기 때문이다. 이미 "세 차례 단(袒)을 한다."라고 했기 때문에, 저녁에는 단(袒)을 하지 않는다는 사실을 알 수 있다.

孔疏 ◎注"旣哭, 成其喪服, 杖於序東". ○正義曰: 知在"序東"者, 約士喪禮文.

번역 ◎鄭注: "旣哭, 成其喪服, 杖於序東". ○정현의 말처럼 '서(序)의 동쪽'에서 하게 됨을 알 수 있는 이유는 『의례』「사상례(士喪禮)」편의 기록을 요약한 것이기 때문이다.

集解 衆主人, 大功以上之親. 兄弟, 小功以下之親也. 主人出送後至之賓, 殯宮事畢, 則衆主人・兄弟皆出也. 闔門, 闔殯宮門也. 次, 倚廬也.

번역 '중주인(衆主人)'은 대공복(大功服) 이상의 친족을 뜻한다. '형제(兄弟)'는 소공복(小功服)[6] 이하의 친족을 뜻한다. 주인이 밖으로 나와서 뒤늦게 도착한 빈객을 전송하고, 빈소에서 치러야 하는 일들이 모두 끝난다면, 중주인 및 형제는 모두 밖으로 나온다. '합문(闔門)'은 빈소의 문을 닫는다는 뜻이다. '차(次)'자는 의려(倚廬)를 뜻한다.

集解 愚謂: 初至三日, 皆升堂鄕殯而哭者, 象在家者襲及大・小斂三時之

---

5) 『예기』「상복소기(喪服小記)」【422d】: 奔父之喪, 括髮於堂上, 袒降踊, 襲絰于東方. 奔母之喪, 不括髮, 袒於堂上降踊, 襲免于東方. 絰卽位成踊, 出門哭止, 三日而五哭三袒.
6) 소공복(小功服)은 상복(喪服) 중 하나로, 오복(五服)에 속한다. 조밀한 삼베를 사용해서 만들며, 대공복(大功服)에 비해서 삼베의 재질이 조밀하기 때문에, '소공복'이라고 부른다. 이 복장을 입게 되는 기간은 상황에 따라 차이가 생기지만, 일반적으로 5개월이 된다. 백숙(伯叔)의 조부모나 당백숙(堂伯叔)의 조부모, 혼인하지 않은 당(堂)의 자매(姊妹), 형제(兄弟)의 처 등을 위해서 입는다.

哭也. 其夕哭, 但卽阼階下位, 不升堂也.

번역 내가 생각하기에, 처음 도착한 날로부터 3일째가 되는 시기까지는 모두 당상(堂上)에 올라가서 빈소를 향하여 곡을 하니, 집에 머물러 있을 때 습(襲)·대렴(大斂)·소렴(小斂)을 하며 세 차례 곡하는 것을 상징한다. 저녁에 곡을 할 때에는 단지 동쪽 계단 아래의 자리로 나아가서 하니, 당상에 올라가지 않는다.

集解 愚謂: 鄭知成服於序東者, 以小斂襲·絰于序東決之也. 然則凡成服者皆於此矣. 若婦人, 則成服於西房與. 凡奔大功以上之喪, 小斂前至者, 成服與在家者同日; 小斂後至者, 成服與在家者異日. 雜記曰, "未服麻而奔喪, 及主人之未成絰也, 疏者與主人遂成之, 親者終其麻帶絰之日數", 是也.

번역 내가 생각하기에, 정현이 서(序)의 동쪽에서 성복(成服)을 한다는 사실을 알 수 있었던 것은 소렴(小斂)을 하며 습(襲)과 질(絰)을 서(序)의 동쪽에서 한다는 사실을 통해 판단했던 것이다. 그렇다면 무릇 성복을 하는 경우에는 모두 이곳에서 하게 된다. 만약 부인의 경우라면, 서쪽 방(房)에서 성복을 했을 것이다. 무릇 대공복(大功服) 이상의 친족상에 분상을 할 때, 소렴 이전에 도착한 경우라면, 성복을 하는 것이 집에 머물러 있던 자들과 동일한 날에 하고, 소렴을 한 이후에 도착한 경우에는 성복을 하는 것이 집안에 머물러 있던 자들과 다른 날에 한다. 『예기』「잡기(雜記)」편에서는 "다른 지역에 거주하지만 그 거리가 매우 가까워서, 상의 소식을 접하고 아직 마(麻)로 된 질(絰)을 두르지 않은 상태에서 곧바로 분상을 하는 경우, 상가에 도착한 시기가 주인이 아직 소렴을 하지 않아서 질(絰)을 두르지 않은 시기라면, 관계가 소원한 자는 주인과 함께 성복을 하고, 관계가 친밀한 자는 마(麻)로 된 요질(要絰) 차는 날을 채운다."7)라고 한 말이 이러한 사실을 나타낸다.

---

7) 『예기』「잡기상(雜記上)」【497a】: 未服麻而奔喪, 及主人之未成絰也, 疏者與主人皆成之, 親者終其麻帶絰之日數.

集解 右至家成服.

번역 여기까지는 집에 도착하여 성복(成服)하는 절차를 뜻한다.

참고 『예기』「잡기상(雜記上)」기록

경문-497a 未服麻而奔喪, 及主人之未成絰也, 疏者與主人皆成之, 親者終其麻帶絰之日數.

번역 다른 지역에 거주하지만 그 거리가 매우 가까워서, 상(喪)의 소식을 접하고 아직 마(麻)로 된 질(絰)을 두르지 않은 상태에서 곧바로 분상을 하는 경우, 상가에 도착한 시기가 주인이 아직 소렴(小斂)을 하지 않아서 질(絰)을 두르지 않은 시기라면, 관계가 소원한 자는 주인과 함께 성복(成服)을 하고, 관계가 친밀한 자는 본인이 마(麻)로 된 요질(要絰)을 차고 그 끝을 흩트려 늘어뜨리는 기간을 채우고서야 성복을 한다.

鄭注 疏者, 謂小功以下也. 親者, 大功以上也. 疏者及主人之節則用之, 其不及, 亦自用其日數.

번역 '소(疏)'는 소공복(小功服)으로부터 그 이하의 관계에 속한 자들을 뜻한다. '친(親)'은 대공복(大功服)으로부터 그 이상의 관계에 속한 자들을 뜻한다. 관계가 소원한 자는 주인이 따르는 절차에 따라 해당 예법을 사용하며, 그 기간에 도착하지 못했을 때에도 스스로 그 기간에 따라 예법을 적용한다.

集說 若聞訃未及服麻而卽奔喪者, 以道路旣近, 聞死卽來, 此時主人未行小斂, 故未成絰. 小功以下謂之疏. 疏者值主人成服之節, 則與主人皆成之. 大功以上謂之親, 親者奔喪而至之時, 雖值主人成服, 己必自終竟其散麻帶絰之日數, 而後成服者也.

번역 만약 부고를 듣고서 아직 마(麻)로 된 질(経)을 차기 이전에 곧바로 분상을 한 자라면, 거리가 가까워서 그가 죽었다는 소식을 접하고 곧바로 찾아온 것인데, 이 시기에 상주가 아직 소렴(小斂)을 시행하지 않았기 때문에 아직 질(経)을 두르고 있지 않은 것이다. 소공복(小功服)으로부터 그 이하의 관계에 있는 친족을 '소(疏)'라고 부른 것이니, 관계가 소원한 자는 상주가 성복(成服)을 하는 절차에 따르므로, 주인과 함께 모두 질(経)을 두르게 된다. 대공복(大功服)으로부터 그 이상의 관계에 있는 친족을 '친(親)'이라고 부른 것이니, 관계가 친밀한 자는 분상을 하여 상가에 도착했을 때, 비록 주인이 성복하는 시기에 따라야 하지만, 본인은 반드시 마(麻)로 된 요질(要経)을 차고 그 끝을 흩트려 늘어트려 놓는 기간을 채운 뒤에야 성복을 한다.

集解 此謂聞喪卽奔者也. 聞喪卽奔, 故在外不服麻. 成経, 謂成服而絞要経也. 及主人之未成経, 謂至在主人小斂加麻之後, 成服之前也. 疏者, 小功以下. 親者, 大功以上也. 疏者與主人皆成之, 謂與主人同日成服也. 親者終其麻帶経之日數, 謂以至家之日加麻散帶, 至三日而後成服, 不用主人三日成服之期也.

번역 이 내용은 상(喪)의 소식을 접하고 곧바로 분상을 한 경우이다. 상의 소식을 접하고 곧바로 분상을 했기 때문에 외지에서 마(麻)로 된 질(経)을 차지 못한 것이다. '성질(成経)'은 성복(成服)을 하고 요질(要経)을 두른다는 뜻이다. "상주가 아직 성질을 하기 이전에 도착했다."는 말은 도착한 시점이 상주가 소렴(小斂)을 하여 마(麻)로 된 질(経)을 두른 이후와 성복을 하기 이전에 해당한다는 뜻이다. '소(疏)'는 소공복(小功服)으로부터 그 이하의 관계에 있는 자를 뜻한다. '친(親)'은 대공복(大功服)으로부터 그 이상의 관계에 있는 자를 뜻한다. "관계가 소원한 자는 상주와 함께 모두 성복을 한다."는 말은 상주와 같은 날에 성복을 한다는 뜻이다. "관계가 친밀한 자는 마(麻)로 된 요질(要絰)을 차는 날을 채운다."는 말은 상가에 도착한 날 마(麻)로 된 요질을 차고 그 끝을 늘어트리며, 3일이 지난 뒤에야 성복을 하니, 주인이 3일이 지난 뒤에 성복을 하는 시기에 따르지 않는다는 뜻이다.

그림 3-1 ■ 의려(倚廬)

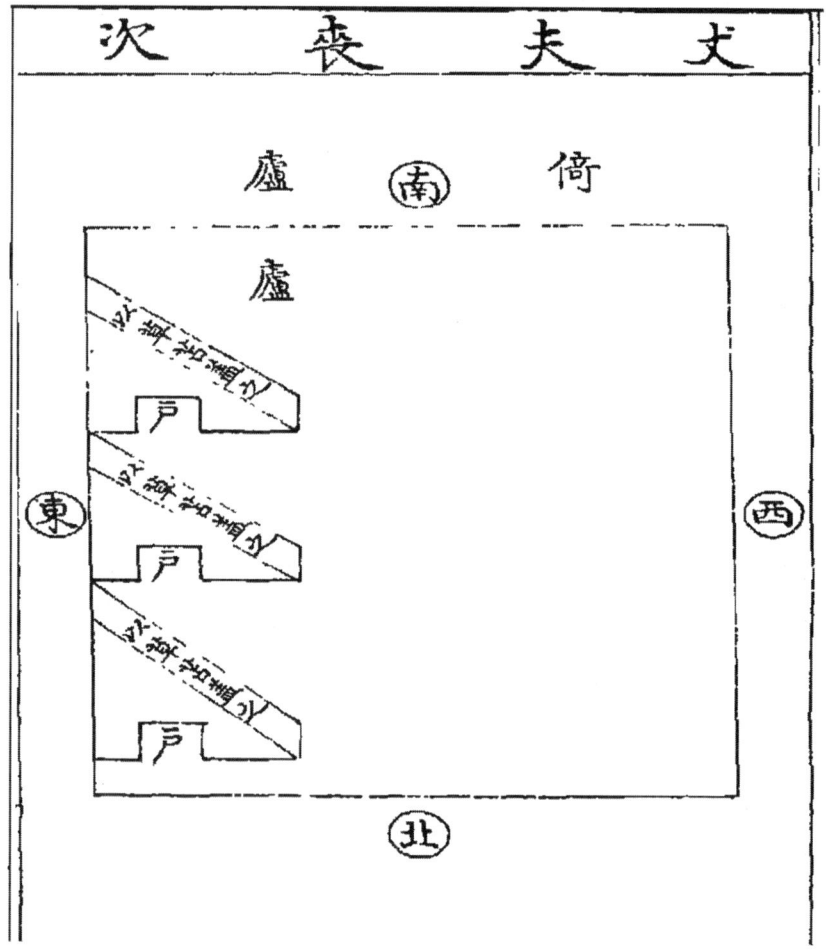

※ 출처: 『가산도서(家山圖書)』

제3장 성복(成服)까지의 절차   75

● 그림 3-2 ■ 의려(倚廬)

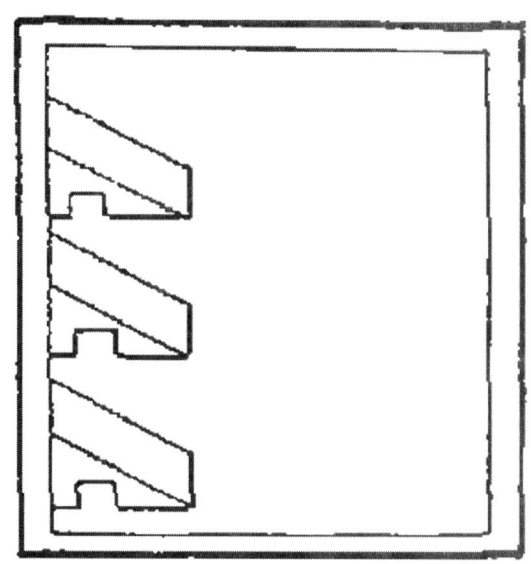

※ 출처: 『삼례도집주(三禮圖集注)』 15권

• 제 4 절 •

친족이 분상으로 왔을 때의 절차

【653b】

奔喪者非主人, 則主人爲之拜賓送賓. 奔喪者自齊衰以下, 入門左, 中庭北面, 哭盡哀, 免麻于序東, 卽位袒, 與主人哭成踊. 於又哭・三哭, 皆免袒. 有賓, 則主人拜賓送賓. 丈夫婦人之待之也, 皆如朝夕哭, 位無變也.

직역 奔喪한 者가 主人이 非라면, 主人은 之를 爲하여 賓에게 拜하고 賓을 送한다. 奔喪한 者가 齊衰로 自하여 下라면, 門左로 入하고 中庭하여 北面하며, 哭하여 哀를 盡하고, 序東에서 免하고 麻하면, 位에 卽하여 袒하고, 主人과 與하여 哭하고 成踊한다. 又哭과 三哭에서도 皆히 免하고 袒한다. 賓이 有라면, 主人은 賓에게 拜하고 賓을 送한다. 丈夫와 婦人이 之를 待함에, 皆히 朝夕의 哭과 如하며, 位에는 變이 無하다.

의역 분상을 하는 자가 주인이 아니라면, 주인은 그를 위해서 빈객에게 절을 하고 빈객을 전송한다. 분상을 하는 자가 자최복(齊衰服)으로부터 그 이하의 상복을 착용하는 자라면, 문의 좌측으로 들어가고, 마당에서 북쪽을 바라보며 곡을 하여 슬픔을 다하고, 서(序)의 동쪽에서 면(免)을 하고 마(麻)로 된 질(絰)을 차면, 자신의 자리로 나아가서 단(袒)을 하고, 주인과 함께 곡을 하고 용(踊)의 절차를 마무리한다. 두 번째 곡을 하고 세 번째 곡을 할 때에도 모두 면(免)을 하고 단(袒)을 한다. 빈객이 있게 되면, 주인은 빈객에게 절을 하고 빈객을 전송한다. 남자와 여자가 분상하는 자를 기다림에, 모두 아침저녁으로 곡하던 것과 같이하며, 자리를 바꾸지 않는다.

集說 非主人, 其餘或親或疎之屬也. 故下云齊衰以下, 亦入自門之左, 而不升階, 但於中庭北面而哭也. 免麻, 謂加免于首, 加絰于要也. 上文言襲絰于序東, 此言免麻于序東, 輕重雖殊, 皆是堂下序墻之東, 凡袒與襲不同位也. 待之, 謂待此奔喪者, 以其非賓客, 故不變所哭之位也.

번역 주인이 아니라면, 그 나머지 친족 중 친근한 관계이거나 소원한 관계에 있는 자들을 뜻한다. 그렇기 때문에 아래문장에서 "자최복(齊衰服)으로부터 그 이하의 상복을 착용하는 자는 또한 문의 좌측을 통해 들어가고, 계단에 오르지 않고 단지 마당에서 북쪽을 바라보며 곡을 한다."라고 말한 것이다. '면마(免麻)'는 머리에 면(免)을 하고, 허리에 질(絰)을 두른다는 뜻이다. 앞 문장에서는 서(序)의 동쪽에서 습(襲)을 하고 질(絰)을 두른다고 했고, 이곳에서는 서(序)의 동쪽에서 면마를 한다고 했는데, 경중의 차이는 있지만, 모두 당하(堂下)의 서(序) 담장 동쪽에서 하는 것이며, 무릇 단(袒)과 습(襲)을 할 때에는 자리를 동일하게 하지 않는다. 기다린다는 것은 분상을 하는 자를 기다린다는 뜻이니, 그는 빈객이 아니기 때문에, 곡하는 자리를 바꾸지 않는 것이다.

鄭注 不升堂哭者, 非父母之喪, 統於主人也. 麻, 亦絰帶也. 於此言"麻"者, 明所奔喪雖有輕者, 不至喪所, 無改服也. 凡袒者於位, 襲於序東, 袒·襲不相因位. 此麻乃袒, 變於爲父母也. 又哭·三哭, 亦入門左, 中庭北面, 如始至時也. 待奔喪者無變, 嫌賓客之也. 於賓客, 以哀變爲敬, 此骨肉, 哀則自哀矣. 於此乃言"待之", 明奔喪者至三哭猶不以序入也.

번역 당상(堂上)에 올라가서 곡을 하지 않는 것은 부모의 상이 아니라면 주인에게 통솔되기 때문이다. '마(麻)'는 질(絰)과 대(帶)를 뜻한다. 이곳에서 '마(麻)'라고 했다면, 분상을 하는 자 중에 비록 수위가 낮은 상복을 착용하는 자가 있더라도, 상을 치르는 장소에 도착하지 않았다면, 복장을 바꾸지 않는다는 사실을 나타낸다. 단(袒)은 자신의 자리에서 하게 되고, 습(襲)은 서(序)의 동쪽에서 하니, 단(袒)과 습(襲)은 서로 동일한 자리에서 하지 않기 때문이다. 이곳에서는 마(麻)를 하면 곧 단(袒)을 한다고 했으니, 부모의 상을 치르는 자와 다르게 하기 때문이다. 두 번째 곡을 하고 세 번째 곡을 할 때에도 문의 좌측으로 들어가고, 마당에서 북쪽을 바라보아서 처음 도착했을 때처럼 한다. 분상하는 자를 기다릴 때에는 변화가 없으니, 빈객처럼 대한다는 혐의를 받기 때문이다. 빈객에 대해서는 슬픔에서 변화된 모습을 보이는 것을 공경함으로 삼는데, 여기에서 말한 자는 골육지친으로, 애통하다면 애통함을 그대로 나타낸다. 문장의 후반부에 "그를 기다린다."라고 했으니, 분상을 하는 자가 세 번째 곡을 할 때에도 여전히 순서에 따라 들어가지 않음을 나타낸다.

釋文 爲, 于僞反, 注"變於爲父", 下注"爲母"皆同. 齊音咨, 下同. 免音問, 下及注皆同.

번역 '爲'자는 '于(우)'자와 '僞(위)'자의 반절음이며, 정현의 주에 나오는 '變於爲父'에서의 '爲'자와 아래 정현의 주에 나오는 '爲母'에서의 '爲'자도 모두 그 음이 이와 같다. '齊'자의 음은 '咨(자)'이며, 아래문장에 나오는 글자도 그 음이 이와 같다. '免'자의 음은 '問(문)'이며, 아래문장 및 정현의 주에 나오는 글자도 그 음이 모두 이와 같다.

孔疏 ●"奔喪"至"變也". ○正義曰: 此一節明奔齊衰以下之喪.

번역 ●經文: "奔喪"~"變也". ○이곳 문단은 자최복(齊衰服)으로부터 그 이하의 상에 분상하는 것을 나타내고 있다.

孔疏 ◎注"不升"至"母也". ○正義曰: "不升堂哭者, 非父母之喪, 統於主人"者, 解前文奔喪"升自西階". 此云"中庭北面", 故云"不升堂哭者, 非父母之喪, 統屬於主人". 以主人待奔之人, 但在東階之下不升堂, 故奔喪者在中庭北面, 繼統於主人也. 主人唯饋奠有事之時乃升堂, 若尋常無事, 恒在堂下也. 下文云"奔母之喪", 則前經"升自西階"者, 是奔父之喪. 此云"奔母之喪"者, 其實奔父母喪, 亦升自西階, 故下經"奔母之喪", 直云"西面哭", 不云"升", 從上文也. 云"於此言麻者, 明所奔喪雖有輕者, 不至喪所, 無改服也"者, 熊氏及沈氏以父母之喪, 來至喪所, 乃改服襲経帶. 若齊衰以下之喪, 亦至喪所乃免麻而改服也. 今此齊衰來至喪所, 若不稱麻, 恐是輕喪在路之上已改服著麻, 故於此至家乃稱"麻", 欲明所奔之喪, 雖有輕喪, 不來至喪所, 無道路之上改服著麻, 故云"明所奔喪, 雖有輕者, 不至喪所, 無改服也". 皇氏以爲謂奔齊衰之喪, 不至喪所, 謂不升堂. 全不解注意, 其義非也. 此麻則帶経變文耳. 云"凡袒者於位, 襲於序東, 袒·襲不相因位"者, 此奔齊衰之喪, 經云"免麻于序東, 卽位袒", 是袒在於位也. "免麻于序東", 麻, 卽襲也. 序東在位北隱映於序, 是"袒·襲不相因位"也. 云"此麻乃袒, 變於爲父母也"者, 以此經先云"免麻", 乃云"卽位袒". 按: 上文父母之喪, 先云"括髮袒", 乃云"襲経于序東", 是與父母異也, 故云"此麻乃袒, 變於爲父母也".

번역 ◎鄭注: "不升"~"母也". ○정현이 "당상(堂上)에 올라가서 곡을 하지 않는 것은 부모의 상이 아니라면 주인에게 통솔되기 때문이다."라고 했는데, 앞의 경문에서 분상을 할 때 "올라갈 때 서쪽 계단을 이용한다."라고 한 말을 풀이한 것이다. 이곳에서는 "마당에서 북쪽을 바라본다."라고 했다. 그렇기 때문에 "당상에 올라가서 곡을 하지 않는 것은 부모의 상이 아니라면 주인에게 통솔되기 때문이다."라고 말한 것이다. 주인은 분상하는 자를 기다린 것이지만, 동쪽 계단 아래에 있으며 당상으로 올라가지 않는다. 그렇기 때문에 분상을 하는 자는 마당에서 북쪽을 바라보니, 주인에게 통솔되기 때문이다. 주인은 오직 궤전(饋奠)[1]을 하여 시행해야 할 일이 있을 때에만 당상으로 올라가니, 평상시 특별한 일이 없다면 항상 당하(堂下)에 있게 된다. 아래문장에서 "모친의 상에 분상을 한다."라고 했다면, 앞의 경문에서 "올라갈 때 서쪽 계단을 이용한다."라고 한 말은 부친의 상에 분상하는 경우에 해당한다. 이곳에서 "모친의 상에 분상을 한다."라고 했지만, 실제로 부모의 상에 분상을 하게 되면 또한 서쪽 계단을 이용해서

---

1) 궤전(饋奠)은 상중(喪中)에 시행하는 전제사[奠祭]를 가리킨다.

당상으로 올라간다. 그렇기 때문에 아래경문에서는 "모친의 상에 분상을 한다."라고 했고, 단지 "서쪽을 바라보며 곡을 한다."라고 하여, '승(升)'이라고 말하지 않았으니, 앞의 내용을 통해서 알 수 있기 때문이다. 정현이 "이곳에서 '마(麻)'라고 했다면, 분상을 하는 자 중에 비록 수위가 낮은 상복을 착용하는 자가 있더라도, 상을 치르는 장소에 도착하지 않았다면, 복장을 바꾸지 않는다는 사실을 나타낸다."라고 했는데, 웅안생[2] 및 심중[3]은 부모의 상이 발생하여 찾아와 상이 발생한 곳까지 도착한다면, 복장을 바꿔서 습(襲)을 하고 질(絰)과 대(帶)를 찬다고 했다. 만약 자최복(齊衰服)으로부터 그 이하의 상이라면 또한 상을 치르는 장소에 도착하여 곧 면(免)과 마(麻)를 하여 복장을 바꾸게 된다고 여겼다. 현재 이곳에서는 자최복을 착용하는 자가 찾아와서 상을 치르는 장소에 도착했다고 했는데, 만약 '마(麻)'라고 말하지 않았다면, 수위가 가벼운 상에서는 도로에서 이미 복장을 바꿔 마(麻)를 착용한다고 오해하게 된다. 그렇기 때문에 이곳에서 집에 도착했다고 했을 때 곧 '마(麻)'라고 말한 것이니, 상사에 분상을 할 때에는 비록 수위가 낮은 상일지라도 상을 치르는 장소에 도착하지 않았다면 도로에서 복장을 바꿔서 마(麻)를 착용하는 일이 없음을 나타내고자 한 것이다. 그렇기 때문에 "분상을 하는 자 중에 비록 수위가 낮은 상복을 착용하는 자가 있더라도, 상을 치르는 장소에 도착하지 않았다면, 복장을 바꾸지 않는다는 사실을 나타낸다."라고 말한 것이다. 황간[4]은 자최복의 상에 분상

---

2) 웅안생(熊安生, ?~A.D.578) : =웅씨(熊氏). 북조(北朝) 때의 경학자이다. 자(字)는 식지(植之)이다. 『주례(周禮)』, 『예기(禮記)』, 『효경(孝經)』 등 많은 전적에 의소(義疏)를 남겼지만, 모두 산일되어 남아 있지 않다. 현재 마국한(馬國翰)의 『옥함산방집일서(玉函山房輯佚書)』에 『예기웅씨의소(禮記熊氏義疏)』 4권이 남아 있다.
3) 심중(沈重, A.D.500~A.D.583) : 남북조시대 때 남조 양(梁)나라의 학자이다. 자(字)는 덕후(德厚)·자후(子厚)이다. 저서로는 『예기의(禮記義)』·『의례의(儀禮義)』·『주례의(周禮義)』 등이 있다.
4) 황간(皇侃, A.D.488~A.D.545) : =황씨(皇氏). 남조(南朝) 때 양(梁)나라의 경학자이다. 『주례(周禮)』, 『의례(儀禮)』, 『예기(禮記)』 등에 해박하여, 『상복문구의소(喪服文句義疏)』, 『예기의소(禮記義疏)』, 『예기강소(禮記講疏)』 등을 지었지만, 현재는 전해지지 않는다. 그 일부가 마국한(馬國翰)의 『옥

을 하는 경우를 뜻한다고 했고, 상을 치르는 장소에 이르지 않는다는 말은 당상에 올라가지 않는다는 뜻이라고 했다. 그러나 이 말은 정현의 주에 나타난 의미와는 전혀 맞지 않으니, 그 주장은 잘못되었다. 이곳에서 마(麻)라고 한 것은 대(帶)와 질(絰)에 대해서 글자를 바꿔 쓴 것일 뿐이다. 정현이 "단(袒)은 자신의 자리에서 하게 되고, 습(襲)은 서(序)의 동쪽에서 하니, 단(袒)과 습(襲)은 서로 동일한 자리에서 하지 않기 때문이다."라고 했는데, 이 내용은 자최복의 상에 분상을 하는 경우이고, 경문에서는 "서(序)의 동쪽에서 면(免)과 마(麻)를 하면 자신의 자리로 나아가서 단(袒)을 한다."라고 했으니, 이것은 단(袒)을 하는 곳이 자신의 자리가 됨을 나타낸다. 또 "서(序)의 동쪽에서 면(免)과 마(麻)를 한다."라고 했는데, 마(麻)를 하게 되면 곧 습(襲)을 한다. 서(序)의 동쪽은 자리의 북쪽 중 서(序)에서 은은하게 빛이 비추는 곳이니, 이것이 "단(袒)과 습(襲)은 서로 동일한 자리에서 하지 않는다."는 뜻에 해당한다. 정현이 "이곳에서는 마(麻)를 하면 곧 단(袒)을 한다고 했으니, 부모의 상을 치르는 자와 다르게 하기 때문이다."라고 했는데, 이곳 경문에서는 먼저 "면(免)과 마(麻)를 한다."라고 했고, 곧바로 "자리로 나아가서 단(袒)을 한다."라고 했다. 살펴보니, 앞의 문장에서 부모의 상을 치를 때에는 먼저 "머리를 묶고 단(袒)을 한다."라고 했고, 곧바로 "서(序)의 동쪽에서 습(襲)과 질(絰)을 한다."라고 했으니, 이것은 부모의 상을 치르는 경우와 차이가 남을 나타낸다. 그렇기 때문에 "이곳에서는 마(麻)를 하면 곧 단(袒)을 한다고 했으니, 부모의 상을 치르는 자와 다르게 하기 때문이다."라고 말한 것이다.

孔疏 ◎注"又哭"至"時也". ○正義曰: 鄭知"又哭・三哭, 如始至時"者, 以上奔父之喪, 又哭・三哭, 皆括髮袒・成踊如初至, 則知齊衰以下之喪, 又哭・三哭, 皆如初至時.

번역 ◎鄭注: "又哭"~"時也". ○정현이 "두 번째 곡을 하고 세 번째 곡

함산방집일서(玉函山房輯佚書)』에 수록되어 있다.

을 할 때에도 처음 도착했을 때처럼 한다."라고 했는데, 이 말이 사실임을 알 수 있었던 이유는 앞에서는 부친의 상에 분상을 하며, 두 번째 곡을 하고 세 번째 곡을 할 때에도 모두 머리를 묶고 단(袒)을 하며 용(踊)의 절차를 마무리하는데 처음 도착했을 때처럼 한다고 했으니, 자최복(齊衰服)으로부터 그 이하의 상에서 두 번째 곡을 하고 세 번째 곡을 할 때에도 모두 처음 도착했을 때처럼 함을 알 수 있다.

孔疏 ◎注"待奔"至"入也". ○正義曰: "待奔喪者無變, 嫌賓客之"者, 釋所云不變義也. 禮以變爲敬, 若有客則拜賓, 與之成踊, 示敬賓, 故變也. 今此奔者是骨肉之恩, 哀則哀矣, 則不須爲變, 明不如賓客也. 云"於此乃言待之, 明奔喪者至三哭猶不以序入也"者, 言主人男女待此奔者, 應就初哭成踊下而言之, 今方於三哭以後言之者, 若平常五屬入哭, 則與主人爲次, 重者前, 輕者後. 今奔喪者急哀, 但獨入哭, 不俟主人爲次序, 非唯初至如此, 至主人又哭・三哭皆然, 故於三哭之下, 明其待之無變, 明悉如初, 至三哭猶不以常禮次序以入. 此謂男子奔喪, 故待之無變. 若婦人奔喪, 則待異於男子, 與賓客同. 故下文"婦人奔喪", "東髽卽位, 與主人拾踊", 注云: "拾, 更也. 主人與之更踊, 賓客之." 是待婦人爲賓客禮, 以婦人外成適他族故也. 雖以賓客待之, 亦爲異於賓客之禮, 故雜記云: "婦人奔喪, 入自闈門, 升自側階." 注: "入自闈門, 升自側階, 異於女賓." 若女賓則喪大記篇云: "寄公夫人, 入自大門." 今此入闈門, 是異於女賓, 以婦人雖是外成, 以奔夫屬, 不得全同女賓故也.

번역 ◎鄭注: "待奔"~"入也". ○정현이 "분상하는 자를 기다릴 때에는 변화가 없으니, 빈객처럼 대한다는 혐의를 받기 때문이다."라고 했는데, 변화를 주지 않는다고 말한 이유를 풀이한 것이다. 예에서는 변화를 주는 것을 공경의 뜻으로 삼는다. 만약 빈객이 있다면 빈객에게 절을 하고 그와 함께 용(踊)의 절차를 마무리하여, 빈객을 공경한다는 뜻을 드러낸다. 그렇기 때문에 변화를 준다. 이곳에서 분상을 한다고 한 자는 골육지친에 해당하니, 슬프면 슬픔을 드러내게 되어 변화를 줄 필요가 없고, 이것은 빈객처럼 대하지 않는다는 뜻을 나타낸다. 정현이 "여기에서 그를 기다린다고 했으니, 분상을 하는 자가 세 번째 곡을 할 때에도 여전히 순서에 따라 들어가지 않음을 나타낸다."라고 했는데, 주인 및 남녀들이 분상하는 자를 기다리는 것은 처음 곡을 하며 용(踊)의 절차를 마무리한다는 문장 뒤에서 말해야 하는데도, 이곳에서는 세 번째 곡을 한다고 한 구문 뒤에 언급했다. 만약 일반적인 오속(五屬)[5]의 친족이 들어와서 곡을 한다면, 주인과 더불어서 차례를 정하여, 수위가 높은 상복을 착용한 자가 앞에 위치하고 낮은 상복을 착용한 자가 뒤에 위치한다. 현재 분상을 한 자는 애통한 마음에 다급하여, 단지 홀로 들어와서 곡을 하므로, 주인과 함께 차례를 정할 때까지 기다리지 않으니, 처음 도착했을 때에만 이처럼 하는 것이 아니며, 주인이 두 번째 곡을 하고 세 번째 곡을 할 때에도 모두 이처럼 한다. 그렇기 때문에 세 번째 곡을 한다는 구문 뒤에 기록하여, 그를 기다림에 변화가 없다는 뜻을 드러내며, 모두 처음처럼 하며 세 번째 곡을 할 때까지 여전히 일반적인 예법에 따라 순서를 정하여 들어가지 않는 뜻을 드러낸다. 이 내용은 남자가 분상한 경우를 뜻한다. 그렇기 때문에 그를 기다리며 변화를 주지 않는다. 만약 부인이 분상을 한다면, 남자를 기다리는 것과 차이를 보이니, 빈객에 대한 경우와 동일하게 한다. 그렇기 때문에 아래문장에서 "부인이 분상을 한다."라고 했고, "동쪽으로 가서 좌(髽)의 방식으로 머리를 틀면 자리로 나아가서, 주인과 함께 번갈아 용(踊)을 한다."라고 한 것이며, 정현의 주에서는 "'습(拾)'자는 번갈아[更]라는 뜻이다. 주인은 그녀와 더불어 번갈아 용(踊)을 하여 빈객으로 대우한다."라고 한 것이니, 이것은 부인을 대할 때 빈객에 대한 예법으로 함을 나타내며, 부인은 집을 벗어나 다른 씨족에게 시집을 갔기 때문이다. 비록 빈객으로 대우를 하더라도 또한 일반 빈객을 대하는 예법과는 차이를 둔다. 그렇기 때문에 『예기』「잡기(雜記)」편에서는 "부인이 분상을 하게 되면 위문(闈門)[6]을 통해서 들어가고,

---

5) 오속(五屬)은 서로를 위해 상복(喪服)을 입어야 하는 친족을 뜻한다. 상복은 참최복(斬衰服), 자최복(齊衰服), 대공복(大功服), 소공복(小功服), 시마복(緦麻服)이 있는데, 친족들은 각각의 친소(親疎) 관계에 따라 위의 다섯 가지 상복을 착용하게 되므로, '오속'이라고 부른다.
6) 위문(闈門)은 궁실(宮室)이나 종묘(宗廟)의 측면에 있는 작은 문을 뜻한다.

측면의 계단을 통해서 당(堂)으로 올라간다."7)라고 했고, 정현의 주에서는 "위문을 통해서 들어가고, 측면의 계단을 통해서 당상으로 올라가는 것은 여자 빈객과 차이를 두기 위해서이다."라고 한 것이다. 만약 일반적인 여자 빈객이라면, 『예기』「상대기(喪大記)」편에서는 "기공(寄公)8)의 부인은 대문을 통해 들어간다."라고 했다. 이곳에서는 위문으로 들어간다고 했으니, 여자 빈객과 차이를 두는 것으로, 부인은 비록 외부로 시집을 갔지만, 남편의 친족에 대해 분상을 하면 전적으로 여자 빈객과 동일하게 할 수 없기 때문이다.

集解 非主人, 謂衆子也. 此著其異者, 其餘禮與主人同.

번역 경문의 "奔喪者非主人, 則主人爲之拜賓送賓."에 대하여. 주인이 아니라는 말은 적장자를 제외한 여러 아들들을 뜻한다. 이것은 차이점을 드러낸 것이니, 그 외의 나머지 예법은 주인과 동일하다.

集解 右奔喪者非主人.

번역 여기까지는 분상을 한 자가 주인이 아닌 경우를 뜻한다.

集解 愚謂: 殯在西階. 中庭, 西階下南北之中也. 北面, 鄕殯也. 入門左, 與奔父母之喪同; 中庭北面, 與奔父母之喪異. 衆主人在家, 免於房, 絰於序東, 此旣不升堂, 故其免與絰皆於序東. 免・麻一時爲之, 又旣麻乃袒, 皆異於爲父母也. 旣成踊, 乃襲.

---

7) 『예기』「잡기하(雜記下)」【519a】: 婦人非三年之喪, 不踰封而弔; 如三年之喪, 則君夫人歸. 夫人其歸也, 以諸侯之弔禮. 其待之也, 若待諸侯然. 夫人至, <u>入自闈門, 升自側階</u>, 君在阼. 其他如奔喪禮然.
8) 기공(寄公)은 자신의 나라를 잃고, 다른 나라에 위탁해서 지내는 제후를 뜻한다. 후대에는 지위를 잃고 떠돌아다니게 된 사람들을 지칭하는 용어로도 사용했다.

번역 내가 생각하기에, 빈소는 서쪽 계단 위에 있다. '중정(中庭)'은 서쪽 계단 아래에서 남북 방향의 중앙을 뜻한다. 북쪽을 바라보는 것은 빈소를 향하는 것이다. 문의 좌측으로 들어가는 것은 부모의 상에 분상하는 것과 동일하며, 마당에서 북쪽을 바라보는 것은 부모의 상에 분상하는 것과 차이가 난다. 나머지 아들 중 집에 머물러 있던 자는 방(房)에서 면(免)을 하고, 서(序)의 동쪽에서 질(絰)을 두르는데, 여기에서는 이미 당상(堂上)으로 올라가지 않는다고 했다. 그렇기 때문에 면(免)과 질(絰)을 하는 것을 모두 서(序)의 동쪽에서 하는 것이다. 면(免)과 마(麻)는 동시에 시행하는 것이며, 또한 이미 마(麻)를 했다면 곧 단(袒)을 하게 되니, 이 모두는 부모의 상을 치르는 경우와 차이가 난다. 이미 용(踊)의 절차를 마무리했다면, 곧 습(襲)을 한다.

集解 愚謂: 朝夕哭之位, 丈夫在阼階下, 婦人在阼階上. 在家者皆先卽朝夕哭位, 奔喪者乃入至中庭北面哭也. 孔疏謂"奔喪者急哀, 但獨入哭, 不俟主人爲次序", 非也. 喪禮於弔賓, 皆卽朝夕哭位以待之, 未嘗爲之變也. 此乃特言之者, 嫌骨肉之親始至待之或異也.

번역 경문의 "丈夫・婦人之待之也, 皆如朝夕哭位, 無變也."에 대하여. 내가 생각하기에, 아침저녁으로 곡을 하는 자리는 남자는 동쪽 계단 아래가 되며 부인은 동쪽 계단 위가 된다. 집에 머물러 있던 자들은 모두 우선적으로 아침저녁으로 곡하는 자리로 나아가게 되며, 분상을 한 자는 들어와서 마당에서 북쪽을 바라보며 곡을 한다. 공영달의 소에서는 "분상을 한 자는 애통한 마음에 다급하여, 단지 홀로 들어와서 곡을 하므로, 주인과 함께 차례를 정할 때까지 기다리지 않는다."라고 했는데, 잘못된 주장이다. 상례에서는 조문을 온 빈객에 대해서 모두 아침저녁으로 곡하는 자리로 나아가 그를 대하니, 일찍이 변화를 준 적이 없다. 이곳에서 특별한 언급한 것은 골육지친이 처음 도착하여 그를 대할 때 혹여 차이가 있지 않을까 의심할 수 있기 때문이다.

集解 右齊衰以下奔喪.

번역 여기까지는 자최복(齊衰服)으로부터 그 이하의 자가 분상한 경우를 뜻한다.

참고 『예기』「잡기하(雜記下)」 기록

경문-519a 婦人非三年之喪, 不踰封而弔; 如三年之喪, 則君夫人歸. 夫人其歸也, 以諸侯之弔禮. 其待之也, 若待諸侯然. 夫人至, 入自闈門, 升自側階, 君在阼. 其他如奔喪禮然.

번역 제후의 부인은 친부모에 대한 상이 아니라면, 국경을 넘어가 자신의 형제에 대해서 조문을 하지 않는다. 만약 부모의 상이라면, 제후의 부인은 본국으로 되돌아간다. 부인이 본국으로 돌아갈 때에는 제후가 조문하는 예법에 따른다. 조문을 받는 나라에서도 그녀를 대함에 제후를 대하는 예법에 따른다. 부인이 도착하면, 위문(闈門)을 통해서 들어가고, 측면의 계단을 통해서 당(堂)으로 올라가되, 제후는 당하로 내려와서 그녀를 맞이하지 않고, 동쪽 계단 위에 서 있게 된다. 나머지 예법은 분상의 예법처럼 따른다.

鄭注 踰封, 越竟也. 或爲越疆. 奔父母喪也. 謂夫人行道車服, 主國致禮. 女子子, 不自同於女賓也. 宮中之門曰闈門, 爲相通者也. 側階, 亦旁階也. 他, 謂哭・踊・髽・麻. 闈門, 或爲帷門.

번역 '유봉(踰封)'은 특정 지역을 벗어난다는 뜻이다. 혹은 국경을 벗어난다는 뜻도 된다. 부모의 상에 분상(奔喪)을 한다는 뜻이다. 부인이 도로에서 이동할 때에는 수레와 해당 의복을 착용하며, 조문을 받는 나라에서도 예를 다한다는 뜻이다. 딸자식은 제 스스로 여자 빈객과 동일하게 따를 수 없다. 건물 안에 있는 문을 '위문(闈門)'이라고 부르니, 건물 사이로 오가

기 위한 것이다. '측계(側階)' 또한 측면에 있는 계단을 뜻한다. '타(他)'는 곡(哭)과 용(踊) 및 머리 트는 방식인 좌(髽)와 마(麻)를 이용해 질(絰)을 만드는 부류를 뜻한다. '위문(闈門)'을 다른 판본에서는 '유문(帷門)'이라고도 기록한다.

集說 三年之喪, 父母之喪也. 女嫁者爲父母期, 此以本親言也. 踰封, 越疆也. 言國君夫人奔父母之喪, 用諸侯弔禮, 主國待之, 亦用待諸侯之禮. 闈門, 非正門, 宮中往來之門也. 側階, 非正階, 東房之房階也. 此皆異於女賓. 主國君在阼階上, 不降迎也. 奔喪, 謂哭踊髽麻之類.

번역 '삼년지상(三年之喪)'은 부모의 상을 뜻한다. 여자가 시집을 가게 되면 자신의 부모를 위해서 기년상(期年喪)을 치르는데, '삼년지상(三年之喪)'은 본래의 친족 관계에 따라 말한 것이다. '유봉(踰封)'은 국경을 넘어간다는 뜻이다. 즉 제후의 부인이 부모의 상에 분상(奔喪)을 하게 되면 제후가 조문하는 예법을 사용하고, 상을 당한 나라에서 그녀를 대할 때에도 또한 제후를 대하는 예법을 사용한다는 뜻이다. '위문(闈門)'은 정문이 아니니, 건물 안에서 왕래할 때 사용하는 문이다. '측계(側階)'는 정식 계단이 아니니, 동쪽 방(房)에 있는 방의 계단이다. 이러한 내용들은 모두 여자 빈객의 경우와 차이를 보인다. 상을 당한 나라의 군주는 동쪽 계단 위에 있고, 내려가서 그녀를 맞이하지 않는다. '분상(奔喪)'은 곡(哭)과 용(踊) 및 머리를 트는 방식인 좌(髽)와 마(麻)를 이용해 질(絰)을 만드는 부류를 뜻한다.

참고 『예기』「상대기(喪大記)」 기공부인(寄公夫人) 기록

경문-529a~b 夫人爲寄公夫人出, 命婦爲夫人之命出, 士妻不當斂, 則爲命婦出.

번역 제후의 부인은 조문을 온 기공(寄公)의 부인을 위해서 방밖으로

나오고, 경과 대부의 부인은 제후 부인의 명령을 받들고 온 사신을 위해서 방밖으로 나오며, 사의 처는 소렴(小斂)을 하는 시기가 아니라면, 조문을 온 명부(命婦)9)를 위해서 방밖으로 나온다.

鄭注 出, 拜之於堂上也. 此時寄公夫人·命婦位在堂上, 北面. 小斂之後, 尸西, 東面.

번역 '출(出)'은 당상(堂上)에서 그녀들에게 절을 한다는 뜻이다. 이러한 시기에 기공(寄公)의 부인과 명부(命婦)들은 당상에 위치하여 북쪽을 바라본다. 소렴(小斂)을 한 이후라면 시신의 서쪽에 위치하여 동쪽을 바라보게 된다.

集說 婦人不下堂, 此謂自房而出拜於堂上也.

번역 부인들은 당하(堂下)로 내려가지 않으니, 이 내용은 방으로부터 밖으로 나와서 당상(堂上)에서 절을 한다는 뜻이다.

경문-529c 君拜寄公國賓, 大夫士, 拜卿大夫於位, 於士旁三拜. 夫人亦拜寄公夫人於堂上, 大夫內子士妻, 特拜命婦, 氾拜衆賓於堂上.

번역 군주의 상에서 소렴(小斂)이 끝나면 세자는 밖으로 나와서 기공(寄公)과 국빈(國賓)에게 절을 하고, 선대 군주의 신하인 대부와 사에 대해서도 절을 하는데, 경과 대부에 대해서는 그 자리에 나아가서 절을 하지만, 사에 대해서라면 두루 세 차례 절을 할 따름이다. 부인 또한 기공의 부인에 대해서 당상(堂上)에서 절을 하고, 대부의 내자(內子)10)와 사의 처에 대해서도 절을 하는데, 내자와 명부(命婦)에 대해서는 개개인마다 절을 하고,

---

9) 명부(命婦)는 고대 봉호(封號)를 부여받은 여자들을 뜻한다. 궁중에 머물며 비(妃)나 빈(嬪)의 신분을 가진 여자들은 내명부(內命婦)라고 부르고, 신하의 처가 된 자들은 외명부(外命婦)라고 부른다.

10) 내자(內子)는 경과 대부의 본처를 지칭하는 용어이다.

사의 처에 대해서라면 당상에서 그들에 대해 두루 절을 할 따름이다.

鄭注 衆賓, 謂士妻也. 尊者皆特拜, 拜士與其妻皆旅之.

번역 '중빈(衆賓)'은 사의 처를 뜻한다. 존귀한 자에 대해서는 모두 개개인마다 절을 하는데, 사와 그의 처에 대해 절을 할 때에는 모두 무리를 묶어서 두루 절한다.

集說 君, 謂遭喪之嗣君也. 寄公與國賓入弔, 固拜之矣, 其於大夫士也, 卿大夫則拜之於位, 士則旁三拜而已. 旁, 謂不正向之也. 士有上中下三等, 故共三拜. 大夫士皆先君之臣, 俱當服斬, 今以小斂畢而出庭列位, 故嗣君出拜之. 夫人亦拜寄公夫人於堂上矣, 其於卿大夫之內子士之妻, 則亦拜之. 但內子與命婦則人人各拜之. 衆賓, 則士妻也. 汎拜之而已, 亦旁拜之比也.

번역 '군(君)'자는 상을 당한 세자를 뜻한다. 기공(寄公)과 국빈(國賓)이 들어와서 조문을 하였으므로, 그들에게 절을 하는 것이며, 또한 세자가 대부와 사에게 절을 할 때, 경과 대부에게 한다면 그 자리에서 절을 하고, 사에게 한다면 두루 세 차례 절을 할 따름이다. '방(旁)'은 그들 개개인을 향해서 하지 않는다는 뜻이다. 사에는 상·중·하 세 등급이 있다. 그렇기 때문에 모두 세 차례 절을 한다. 대부와 사는 모두 선대 군주의 신하이니, 모두 참최복(斬衰服)을 착용해야만 하는데, 현재 소렴(小斂)을 끝내고서 마당으로 나와 신분에 따라 나열되어 자리를 잡고 있으니, 세자도 밖으로 나와서 그들에게 절을 한다. 부인 또한 기공의 부인에게 당상(堂上)에서 절을 하는데, 경과 대부의 내자(內子) 및 사의 처에 대해서도 또한 절을 한다. 다만 내자와 명부(命婦)의 경우에는 개개인에게 각각 절을 한다. '중빈(衆賓)'은 사의 처를 뜻한다. 그녀들에 대해서는 두루 절을 할 따름이니, 또한 세자가 하는 '방배지(旁拜之)'와 비견된다.

그림 4-1 ■ 자최복(齊衰服) 착용 모습

※ 출처: 『삼재도회(三才圖會)』「의복(衣服)」3권

제4장 친족이 분상으로 왔을 때의 절차   91

● 그림 4-2   ■ 자최복(齊衰服) 각부 명칭

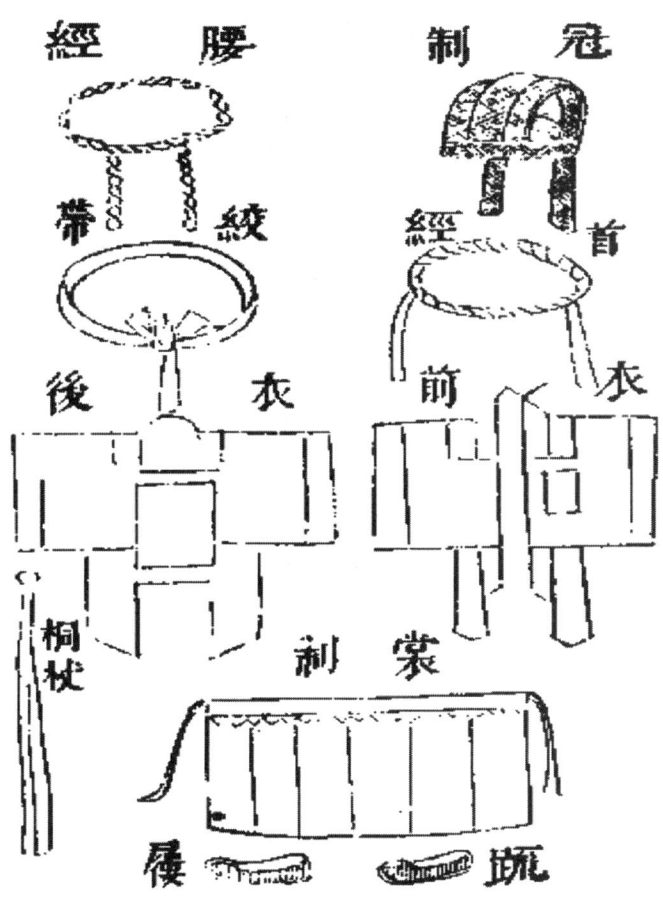

※ 출처: 『삼재도회(三才圖會)』「의복(衣服)」 3권

● 그림 4-3 ◼ 대공복(大功服) 착용 모습

※ 출처: 『삼재도회(三才圖會)』「의복(衣服)」 3권

그림 4-4 ■ 대공복(大功服) 각부 명칭

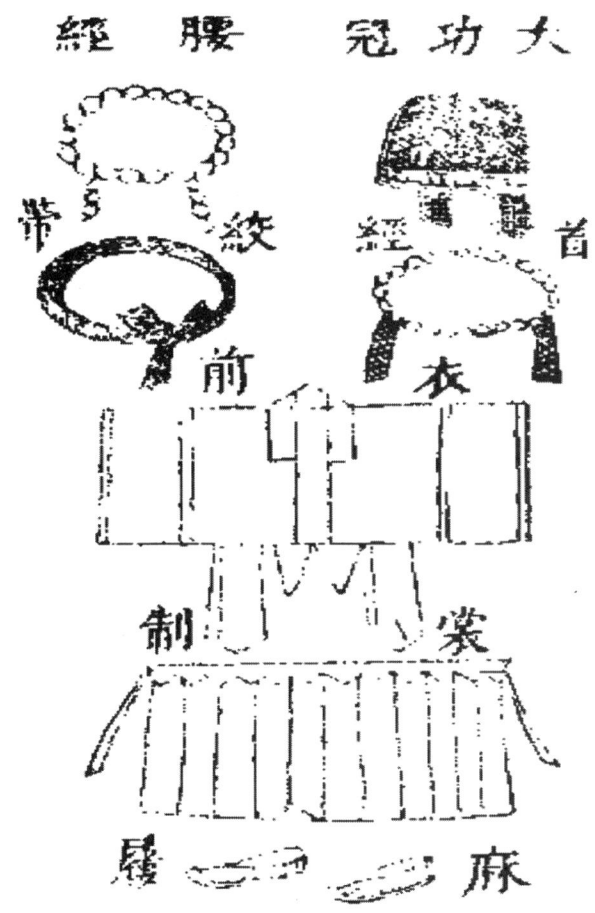

※ 출처: 『삼재도회(三才圖會)』「의복(衣服)」 3권

그림 4-5 ■ 소공복(小功服) 착용 모습

※ 출처: 『삼재도회(三才圖會)』「의복(衣服)」 3권

그림 4-6 ■ 소공복(小功服) 각부 명칭

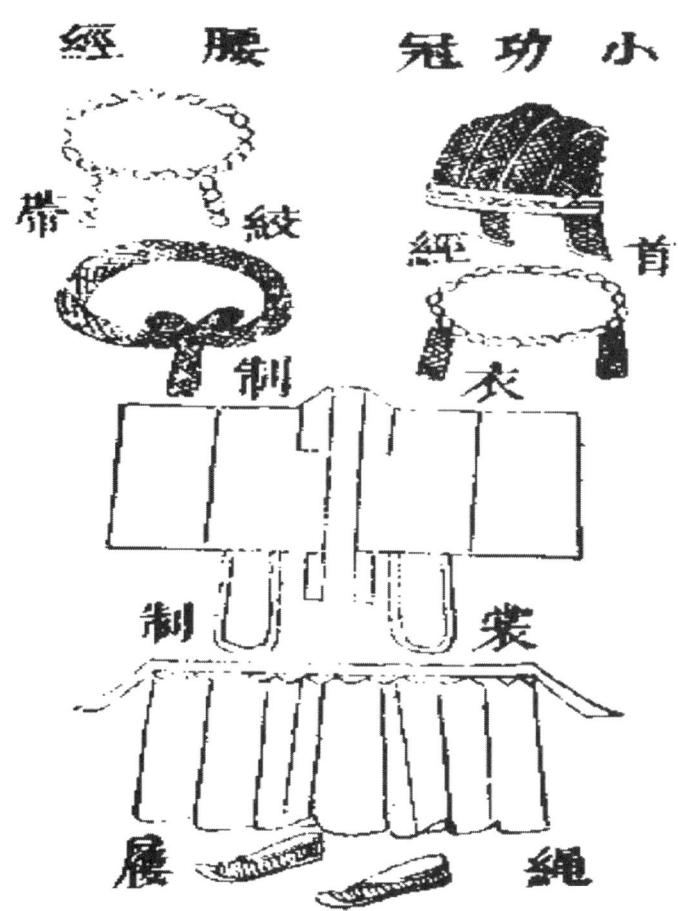

※ 출처: 『삼재도회(三才圖會)』「의복(衣服)」 3권

그림 4-7 ■ 시마복(緦麻服) 착용 모습

※ 출처: 『삼재도회(三才圖會)』「의복(衣服)」3권

그림 4-8　■　시마복(緦麻服) 각부 명칭

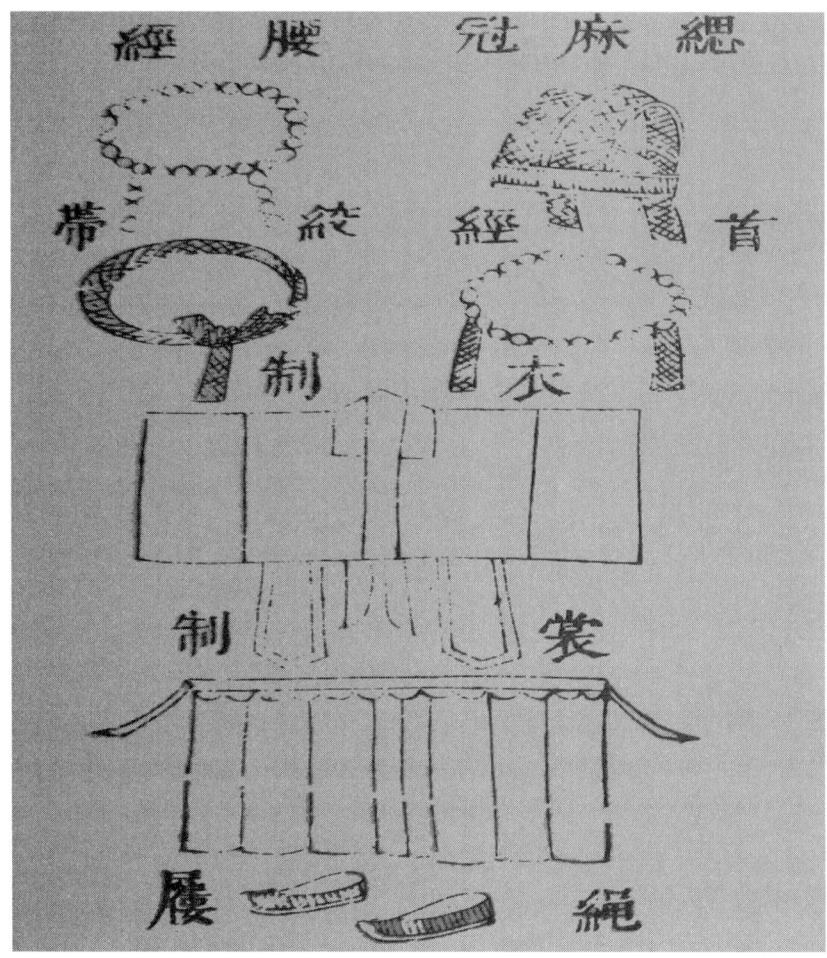

※ 출처: 『삼재도회(三才圖會)』「의복(衣服)」 3권

• 제 5 절 •

모친의 상에 분상으로 왔을 때의 절차

【653c】

奔母之喪, 西面哭, 盡哀, 括髮袒, 降堂東卽位, 西鄕哭成踊, 襲免絰于序東. 拜賓送賓, 皆如奔父之禮. 於又哭, 不括髮.

직역 母의 喪에 奔하면, 西面하여 哭하여, 哀를 盡하고, 髮을 括하고 袒하며, 堂에서 降하여 東하여 位에 卽하고, 西鄕하여 哭하고 成踊하며, 序東에서 襲免絰한다. 賓에게 拜하고 賓을 送함은 皆히 父에 奔하는 禮와 如하다. 又哭에는 髮을 不括한다.

의역 모친의 상에 분상을 하게 되면, 서쪽을 바라보며 곡을 하여 슬픔을 다하고, 머리를 묶고서 단(袒)을 하며, 당하(堂下)로 내려와서 동쪽으로 이동하여 자신의 자리로 나아가고, 서쪽을 바라보며 곡을 하고 용(踊)의 절차를 마무리하며, 서(序)의 동쪽에서 습(襲)·면(免)·질(絰)을 한다. 빈객에게 절을 하고 빈객을 전송하는 일은 모두 부친의 상에 분상했을 때의 예법과 동일하게 따른다. 두 번째 곡을 할 때에는 머리를 묶지 않는다.

集說 父喪襲絰于序東, 此言襲免絰于序東, 卽加免, 輕於父也.

번역 부친의 상에서는 서(序)의 동쪽에서 습(襲)과 질(絰)을 두르는데, 이곳에서는 서(序)의 동쪽에서 습(襲)을 하고 면(免)을 하며 질(絰)을 두른다고 했으니, '면(免)'이 추가된 것으로, 부친의 상보다 낮추기 때문이다.

제5장 모친의 상에 분상으로 왔을 때의 절차

集說 疏曰: 此謂適子, 故云拜賓送賓, 皆如奔父之禮也.

번역 공영달의 소에서 말하길, 이 내용은 적자에 대한 것이다. 그렇기 때문에 빈객에게 절을 하고 빈객을 전송하는 것을 모두 부친의 상에 분상하는 예법과 동일하게 한다고 했다.

鄭注 爲母於又哭而免, 輕於父也, 其他則同.

번역 모친의 상을 치를 때에는 두 번째 곡을 할 때 면(免)을 하니, 부친의 상보다 낮추기 때문이며, 나머지 절차는 동일하게 치른다.

釋文 而免, 本或作"而不免"者, 非.

번역 '而免'을 판본에 따라서는 또한 '而不免'으로 기록한 것도 있는데 잘못된 기록이다.

孔疏 ●"奔母"至"括髮". ○正義曰: 此一經論奔母之喪節也. 此謂適子, 故經云"拜賓·送賓, 皆如奔父之禮". 若庶子, 則亦主人爲之拜賓送賓.

번역 ●經文: "奔母"~"括髮". ○이곳 경문은 모친의 상에 분상하는 예법을 논의하고 있다. 이 내용은 적자에 대한 것이다. 그렇기 때문에 경문에서는 "빈객에게 절을 하고 빈객을 전송하는 일은 모두 부친의 상에 분상하는 예법과 동일하게 한다."라고 했다. 만약 서자의 경우라면 또한 주인이 그를 위해서 빈객에게 절을 하고 빈객을 전송하게 된다.

孔疏 ◎注"爲母於又哭而免, 輕於爲父也". ○正義曰: 此文"又哭不括髮", 與喪服小記篇云"又哭而免", 其理雖同, 其日則異. 於喪服小記, 據在家小斂之後, 又哭之時, 不括髮而免也. 此則從外奔喪至內, 乃不括髮而免也.

번역 ◎鄭注: "爲母於又哭而免, 輕於爲父也". ○이곳 경문에서는 "두 번

째 곡을 할 때에는 머리를 묶지 않는다."라고 했는데, 『예기』「상복소기(喪服小記)」편에서 "재차 곡을 하며 면(免)을 한다."라고 한 말과 그 이치는 동일하지만 날짜에 있어서는 차이가 있다. 「상복소기」편에서는 집에 머물러 있을 때 소렴을 한 이후 두 번째 곡을 하는 시기에 기준을 둔 것이므로, 머리를 묶지 않고 면(免)을 한다. 이곳의 내용은 외지로부터 분상을 하여 집안으로 온 경우이니, 머리를 묶지 않고 면(免)을 하는 것이다.

集解 奔母喪之禮, 皆與奔父喪同, 其異者, 卽位後改括髮而免耳. 襲·免·絰於序東, 謂於東序之東, 襲衣而著免加絰也. 又哭, 謂明日又明日之哭也. 又哭不括髮, 則免而已. 上旣云"免於序東"矣, 此又云"不括髮"者, 嫌明日又明日之哭, 升堂向殯時亦括髮, 至卽位後乃免, 故又明之, 言又哭升堂時卽免, 與初至時異也. 鄭氏於此註及小記註, 皆以又哭爲堂下卽位之哭, 誤也.

번역 모친의 상에 분상하는 예법은 모두 부친의 상에 분상하는 예법과 동일하지만, 차이가 있는 점은 자리로 나아간 이후에 머리를 고쳐서 묶고 면(免)을 하는 것뿐이다. 서(序)의 동쪽에서 습(襲)·면(免)·질(絰)을 한다는 말은 동쪽 서(序)의 동쪽에서 옷을 습(襲)하고, 면(免)을 하고 그 위에 질(絰)을 두른다는 뜻이다. '우곡(又哭)'은 다음날과 또 그 다음날에 곡을 한다는 뜻이다. 우곡에 머리를 묶지 않는다면 면(免)만 할 따름이다. 앞에서는 이미 "서(序)의 동쪽에서 면(免)을 한다."라고 했고, 이곳에서 재차 "머리를 묶지 않는다."라고 한 것은 다음날과 또 그 다음날 곡할 때에 당상(堂上)에 올라가서 빈소를 향해 있을 때 또한 머리를 묶고, 자신의 자리로 나아간 이후에야 면(免)을 한다고 오해할 수도 있기 때문에, 재차 명시를 한 것이니, 우곡에서는 당상에 올라갈 때 면(免)을 하여 처음 도착했을 때와는 차이를 둔다는 의미이다. 정현은 이곳 주석과 『예기』「상복소기(喪服小記)」편의 주석에서 모두 우곡은 당하(堂下)에서 자신의 자리로 나아가 곡을 하는 것이라고 여겼는데, 잘못된 주장이다.

集解 右奔母之喪.

번역 여기까지는 모친의 상에 분상하는 예법을 뜻한다.

참고 『예기』「상복소기(喪服小記)」 기록

경문-407a 斬衰括髮以麻. 爲母括髮以麻, 免而以布.

번역 돌아가신 부친을 위해 참최복(斬衰服)을 착용할 때에는 머리를 묶을 때 마(麻)를 사용한다. 돌아가신 모친을 위해서도 머리를 묶을 때 마(麻)를 사용하고, 면(免)을 하면 포(布)를 사용한다.

鄭注 母服輕, 至免可以布代麻也. 爲母, 又哭而免.

번역 모친에 대한 상복은 상대적으로 수위가 낮으니, 면(免)을 하게 되면, 포(布)로 마(麻)를 대신할 수 있다. 돌아가신 모친을 위해서는 또한 곡(哭)을 하고 면(免)을 한다.

孔疏 ◎注"母服"至"而免". ○正義曰: "又哭", 是小斂拜賓竟後, 卽堂下位哭踊時也. 故士喪禮云: "卒小斂, 主人髻髮袒." 此是初括髮哭踊之時也. 又云: "男女奉尸侇于堂訖, 主人降自西階, 東卽位. 主人拜賓, 卽位踊, 襲絰于序東, 復位." 此是"又哭"之節. 若爲父, 於此時猶括髮, 若爲母, 於此時以免代括髮, 故云"爲母, 又哭而免".

번역 ◎鄭注: "母服"~"而免". ○정현이 "또한 곡(哭)을 한다."라고 했는데, 소렴(小斂)을 하고 빈객에게 절을 하는 절차가 끝난 후, 곧 당하(堂下)에 있는 자리로 나아가서 곡(哭)과 용(踊)을 하는 시기를 뜻한다. 그렇기 때문에 『의례』「사상례(士喪禮)」편에서는 "소렴을 끝내면, 주인은 상투를 틀고 단(袒)을 한다."[1]라고 한 것이니, 최초 괄발을 하고 곡(哭)과 용(踊)을 하는 시기를 뜻한다. 또 "남녀는 시신을 받들어서 당(堂)으로 인도하며, 그 일이 끝나면 상주는 서쪽 계단을 통해 내려가고, 동쪽으로 이동하여 자신의 자리로 나아간다. 상주는 빈객에게 절을 하고, 곧 자리로 나아가서 용(踊)을 하며, 서(序)의 동쪽에서 습(襲)과 질(絰)을 차며, 재차 자신의 자리로 돌아온다."[2]라고 했다. 이 말은 "또한 곡(哭)을 한다."는 절차에 해당한다. 만약 부친의 상례를 치르는 경우라면, 이 시기에도 여전히 괄발(括髮)을 하고 있고, 모친의 상례를 치르는 경우라면, 이 시기에 면(免)으로 괄발을 대체하게 된다. 그렇기 때문에 "돌아가신 모친을 위해서는 또한 곡(哭)을 하고 면(免)을 한다."라고 말한 것이다.

集說 斬衰, 主人爲父之服也. 親始死, 子服布深衣, 去吉冠而猶有笄纚, 徒跣扱深衣前衽於帶. 將小斂, 乃去笄纚, 著素冠. 斂訖, 去素冠, 而以麻自項而前交於額上, 郤而繞於紒, 如著幓頭然. 幓頭, 今人名掠髮, 此謂括髮以麻也. 母死亦然, 故云爲母括髮以麻. 言此禮與喪父同也. 免而以布, 專言爲母也. 蓋父喪小斂後, 拜賓竟, 子卽堂下之位, 猶括髮而踊, 母喪則此時不復括髮, 而著布免以踊, 故云免而以布也. 笄纚, 說見內則. 免, 見檀弓.

번역 '참최(斬衰)'는 상주(喪主)가 돌아가신 부친을 위해 착용하는 상복이다. 부친이 이제 막 돌아가셨을 때, 자식은 포(布)로 된 심의(深衣)를 착용하고, 길관(吉冠)[3]을 제거하지만, 여전히 비녀와 머리를 묶는 쇄(纚)는

---

1) 『의례』「사상례(士喪禮)」: 卒斂, 徹帷. 主人西面憑尸, 踊無筭. 主婦東面憑, 亦如之. 主人髺髮袒, 衆主人免于房.
2) 『의례』「사상례(士喪禮)」: 士擧, 男女奉尸, 侇于堂, 幠用夷衾. 男女如室位, 踊無筭. 主人出于足, 降自西階. 衆主人東卽位. 婦人阼階上, 西面. 主人拜賓, 大夫特拜, 士旅之. 卽位踊, 襲絰于序東, 復位.
3) 길관(吉冠)은 길복(吉服)을 착용할 때 쓰는 관(冠)이다. '길복'은 제례(祭禮)나 의례(儀禮)를 시행할 때 착용하는 제복(祭服)과 예복(禮服)을 가리킨다. 신분의 등급 및 제사의 종류의 따라서 '길복'이 변화되는데, '길관' 또한 각 길복에 따라 변화된다. 한편 일상적으로 쓰는 '관' 또한 '길관'이라고 부른다. 길흉(吉凶)에 의해 각 시기를 구분하게 되면, 상사(喪事)나 재앙 등을 당했을 때에는 흉(凶)에 해당하고, 그 나머지 시기는 길(吉)한 시기에 해당

놔두고, 맨발을 하고 심의의 앞자락을 걷어서 대(帶)에 꼽는다. 소렴(小斂)을 치르게 되면, 비녀와 쇄(繼)를 제거하고, 소관(素冠)4)을 착용한다. 소렴이 끝나면, 소관을 제거하고, 마(麻)로 된 천을 이용해서 목덜미로부터 앞으로 빼서 이마에서 교차를 시키며, 상투에 두르게 되니, 마치 망건을 착용한 것처럼 두르는 것이다. '삼두(縿頭)'에 대해서 오늘날의 사람들은 '약발(掠髮)'이라고 부르니, 이곳에서 "마(麻)를 이용해서 머리를 묶는다."고 한 말에 해당한다. 모친이 돌아가셨을 때에도 또한 이처럼 한다. 그렇기 때문에 "돌아가신 모친을 위해서는 마(麻)를 이용해서 머리를 묶는다."라고 말한 것이다. 즉 이러한 경우의 예법은 돌아가신 부친의 상례를 치르는 것과 동일하다는 뜻이다. "면(免)을 하면 포(布)를 이용한다."는 말은 전적으로 돌아가신 모친을 위해 상을 치르는 경우만을 언급한 것이다. 아마도 부친의 상례에서는 소렴을 끝낸 뒤에, 빈객에게 절하는 절차를 마치면, 자식은 당하(堂下)의 자리로 나아가는데, 여전히 머리를 묶은 상태에서 용(踊)을 하게 되고, 모친의 상례를 치르는 경우라면, 이 시기에 재차 머리를 묶지 않고, 포(布)로 된 천을 착용하고 면(免)을 하여 용(踊)을 한다. 그렇기 때문에 "면(免)을 하면 포(布)를 이용한다."라고 말한 것이다. '계(筓)'와 '쇄(繼)'에 대해서는 그 설명이 『예기』「내칙(內則)」편에 나온다.5) '면(免)'에 대해서는 그 설명이 『예기』「단궁(檀弓)」편에 나온다.

하기 때문이다.
4) 소관(素冠)은 상사(喪事)나 흉사(凶事)의 일을 접했을 때 쓰게 되는 흰색 관(冠)이다.
5) 『예기』「내칙(內則)」【345b】에서는 "子事父母, 鷄初鳴, 咸盥漱, 櫛縰筓總, 拂髦, 冠緌纓, 端韠紳, 搢笏."이라고 했고, 이에 대한 진호(陳澔)의 『집설(集說)』에서는 "縰, 黑繒韜髮者, 以縰韜髮作髻訖, 卽橫揷筓以固髻."라고 했다. 즉 "'쇄(縰)'자는 검은색의 비단으로 머리카락을 감싸는 것으로, 쇄(縰)를 이용하여 머리카락을 감싸서, 머리다발을 묶는 일이 끝나면, 곧 가로로 비녀를 꼽아서, 머리다발을 고정시킨다."라는 뜻이다.

그림 5-1   ■ 쇄(縰)와 총(總)

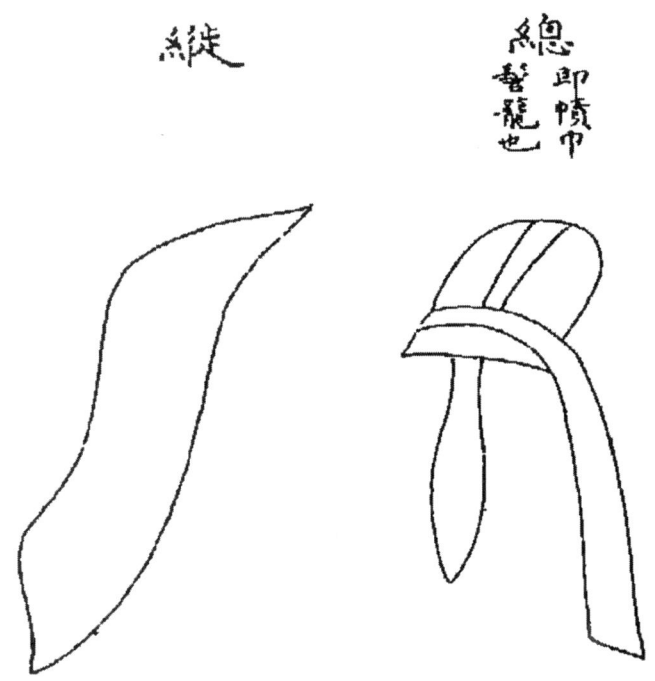

※ 출처: 『삼례도(三禮圖)』 2권

• 제 6 절 •

부인이 분상으로 왔을 때의 절차

【653d】

婦人奔喪, 升自東階, 殯東西面坐, 哭盡哀. 東髽卽位, 與主人拾踊.

직역 婦人이 奔喪하면, 升하길 東階로 自하며, 殯의 東에서 西面하며 坐하고, 哭하여 哀를 盡한다. 東에서 髽하면 位로 卽하여, 主人과 與하여 拾히 踊한다.

의역 부인이 분상을 하게 되면, 올라갈 때 동쪽을 향해 있는 측면의 계단을 이용하며, 빈소의 동쪽에서 서쪽을 바라보며 앉고, 곡을 하여 슬픔을 다한다. 동쪽의 서(序)에서 좌(髽)의 방식으로 머리를 틀며 자신의 자리로 나아가서 주인과 함께 번갈아가며 용(踊)을 한다.

集說 婦人, 謂姑姊妹女子子. 東階, 東面階, 非阼階也. 婦人入者由闈門, 闈門, 是東邊之門. 東階, 卽雜記所謂側階也. 髽, 說見小記. 東髽, 髽於東序, 不髽於房, 變於在室者也. 拾, 更也, 主人與之更踊, 賓客之也.

번역 '부인(婦人)'은 고모・자매・딸자식을 뜻한다. '동계(東階)'는 동쪽을 바라보는 계단이니, 동쪽 계단이 아니다. 부인이 들어갈 때에는 위문(闈門)을 이용하는데, '위문(闈門)'은 동쪽 측면에 있는 문이다. '동계(東階)'는 『예기』「잡기(雜記)」편에서 말한 '측면의 계단[側階]'[1])을 뜻한다. '좌(髽)'에

---

1) 『예기』「잡기하(雜記下)」【519a】: 婦人非三年之喪, 不踰封而弔; 如三年之喪, 則君夫人歸. 夫人其歸也, 以諸侯之弔禮. 其待之也, 若待諸侯然. 夫人至, 入自闈門, 升自側階, 君在阼. 其他如奔喪禮然.

대해서는 그 설명이 『예기』「상복소기(喪服小記)」편에 나온다.[2] '동좌(東髽)'는 동쪽 서(序)에서 좌(髽)의 방식으로 머리를 튼다는 뜻이니, 방(房)에서 좌(髽)의 방식으로 머리를 틀지 않는 것은 집에 머물러 있던 자들과 차이를 두기 때문이다. '겹(拾)'자는 번갈아[更]라는 뜻으로, 주인은 그녀와 함께 번갈아가며 용(踊)을 하니, 빈객으로 대우하기 때문이다.

大全 嚴陵方氏曰: 婦人質弱, 不勝事, 故其禮略於男子.

번역 엄릉방씨가 말하길, 부인은 본래 연약하므로 상사의 임무를 감당할 수 없다. 그렇기 때문에 그 예법이 남자보다 간략한 것이다.

鄭注 婦人, 謂姑·姊妹·女子子也. 東階, 東面階也. 婦人入者由闈門. 東髽, 髽於東序, 不髽於房, 變於在室者也. 去纚大紒曰"髽". 拾, 更也. 主人與之更踊, 賓客之.

번역 '부인(婦人)'은 고모·자매·딸자식을 뜻한다. '동계(東階)'는 동쪽을 바라보는 계단이다. 부인이 들어갈 때에는 위문(闈門)을 이용한다. '동좌(東髽)'는 동쪽 서(序)에서 좌(髽)의 방식으로 머리를 튼다는 뜻인데, 방(房)에서 좌(髽)의 방식으로 머리를 틀지 않는 것은 집에 머물러 있던 자들과 차이를 두기 때문이다. 머리싸개를 제거하고 크게 상투를 트는 것을 '좌(髽)'라고 부른다. '겹(拾)'자는 번갈아[更]라는 뜻이다. 주인은 그녀와 함께 번갈아가며 용(踊)을 하니, 빈객으로 대우하기 때문이다.

---

2) 『예기』「상복소기(喪服小記)」【407c】에는 "男子冠而婦人笄, 男子免而婦人髽. 其義爲男子則免, 爲婦人則髽."라는 기록이 있고, 이에 대한 진호(陳澔)의 『집설(集說)』에서는 "髽有二, 斬衰則麻髽, 齊衰則布髽, 皆名露紒."라고 풀이했다. 즉 "좌(髽)의 방식에는 두 종류가 있으니, 참최복(斬衰服)을 착용하는 경우라면, 마(麻)를 이용해서 좌(髽)의 방식으로 머리를 틀고, 자최복을 착용하는 경우라면, 포(布)를 이용해서 좌(髽)의 방식으로 머리를 트는데, 이 모두를 '노계(露紒)'라고 부른다."는 뜻이다.

釋文 髽, 側瓜反. 拾, 其劫反, 注同. 闈音違, 舊音暉. 去, 起呂反. 纚, 色買・所綺二反. 紒音計. 更音庚, 下同.

번역 '髽'자는 '側(측)'자와 '瓜(과)'자의 반절음이다. '拾'자는 '其(기)'자와 '劫(겁)'자의 반절음이며, 정현의 주에 나오는 글자도 그 음이 이와 같다. '闈'자의 음은 '違(위)'이며, 구음(舊音)은 '暉(휘)'이다. '去'자는 '起(기)'자와 '呂(려)'자의 반절음이다. '纚'자는 '色(색)'자와 '買(매)'자의 반절음이고 또 '所(소)'자와 '綺(기)'자의 반절음도 된다. '紒'자의 음은 '計(계)'이다. '更'자의 음은 '庚(경)'이며, 아래문장에 나오는 글자도 그 음이 이와 같다.

孔疏 ●"婦人"至"拾踊". ○正義曰: 此婦人奔喪之禮也.

번역 ●經文: "婦人"~"拾踊". ○이곳 문장은 부인이 분상하는 예법에 해당한다.

孔疏 ◎注"婦人"至"客之". ○正義曰: "婦人入者由闈門", 知入自闈門者, 雜記篇云: "以諸侯夫人奔喪, 入自闈門." 明卿・大夫以下婦人皆從闈門入也. 闈門, 謂東邊之門. 云"髽於東序"者, 以男子之免在東序, 故知婦人亦髽於東序, 旣掩映之處, 在堂上也. 男子則堂下也. 經云"升自東階"者, 謂東面之階, 故雜記云: "升自側階." 云"不髽於房, 變於在室"者, 熊氏云"亦未殯之前, 婦人髽於室", 故士喪禮云"婦人髽於室". 若旣殯之後, 室中是神之所處, 婦人在堂, 當髽於東房. 今此婦人始來奔喪, 故"髽於東序"耳. 此文據天子・諸侯之禮. 按大記云: "婦人髽帶麻于房中." 注云: "天子諸侯之禮. 房中, 則西房也." 云"去纚大紒曰髽"者, 鄭注士喪禮云: 髽之異於髻髮者, 旣去纚而以髮爲大紒, 如今婦人露紒其象也.

번역 ◎鄭注: "婦人"~"客之". ○정현이 "부인이 들어갈 때에는 위문(闈門)을 이용한다."라고 했는데, 위문으로 들어간다는 사실을 알 수 있는 이유는 『예기』「잡기(雜記)」편에서 "제후의 부인이 분상을 하게 되면 위문으로 들어간다."3)라고 했기 때문이니, 이 말은 경·대부로부터 그 이하 계층의 부인들도 모두 위문을 통해 들어가게 됨을 나타낸다. '위문(闈門)'은 동쪽 측면에 있는 문을 뜻한다. 정현이 "동쪽 서(序)에서 좌(髽)의 방식으로 머리를 튼다."라고 했는데, 남자는 동쪽 서(序)에서 면(免)을 하기 때문에 부인 또한 동쪽 서(序)에서 좌(髽)의 방식으로 머리를 튼다는 사실을 알수 있으니, 이곳은 이미 은은하게 빛이 비추는 곳이며, 당상(堂上)에 있다. 남자의 경우에는 당하(堂下)에서 한다. 경문에서는 "동계(東階)를 통해 올라간다."라고 했는데, 이것은 동쪽을 바라보는 계단을 뜻한다. 그렇기 때문에 「잡기」편에서는 "측면의 계단을 통해 올라간다."라고 했다. 정현이 "방(房)에서 좌(髽)의 방식으로 머리를 틀지 않는 것은 집에 머물러 있던 자들과 차이를 두기 때문이다."라고 했는데, 웅안생은 "또한 아직 빈소를 차리기 이전에는 부인은 실(室)에서 좌(髽)의 방식으로 머리를 튼다."라고 했다. 그러므로 『의례』「사상례(士喪禮)」편에서는 "부인은 실(室)에서 좌(髽)의 방식으로 머리를 튼다."4)라고 한 것이다. 만약 이미 빈소를 마련한 뒤라면 실(室)은 신이 머무는 곳이니, 부인은 당상(堂上)에 있게 되므로, 동쪽 방(房)에서 좌(髽)의 방식으로 머리를 틀어야 한다. 현재 이곳에서 말한 부인은 처음 찾아와서 분상을 한 경우이다. 그렇기 때문에 "동쪽의 서(序)에서 좌(髽)의 방식으로 머리를 튼다."라고 한 것일 뿐이다. 이곳의 문장은 천자와 제후의 예법을 제시한 것이다. 『예기』「상대기(喪大記)」편을 살펴보면, "부인은 방안에서 좌(髽)의 방식으로 머리를 틀고, 마(麻)로 된 허리띠를 찬다."5)라고 했고, 정현의 주에서는 "천자와 제후의 예법을 뜻한다. '방중(房中)'은 서쪽 방(房)을 뜻한다."라고 했다. 정현은 "머리싸개를 제거하고

---

3) 『예기』「잡기하(雜記下)」【519a】: 婦人非三年之喪, 不踰封而弔; 如三年之喪, 則君夫人歸. 夫人其歸也, 以諸侯之弔禮. 其待之也, 若待諸侯然. 夫人至, 入自闈門, 升自側階, 君在阼. 其他如奔喪禮然.

4) 『의례』「사상례(士喪禮)」: 主人髺髮袒, 衆主人免于房. 婦人髽于室.

5) 『예기』「상대기(喪大記)」【529b】: 小斂, 主人卽位于戶內, 主婦東面乃斂. 卒斂, 主人馮之踊, 主婦亦如之. 主人袒, 說髦, 括髮以麻. 婦人髽帶麻于房中. 徹帷, 男女奉尸夷于堂, 降拜.

크게 상투를 트는 것을 '좌(髽)'라고 부른다."라고 했는데, 「사상례」편에 대한 정현의 주에서는 좌(髽)가 상투를 트는 것과 다른 점은 머리싸개를 제거하고 머리카락으로 큰 상투를 틀게 되니, 현재 부인들이 노계(露紒)6)를 하는 것이 그 모양이 된다고 했다.

集解 愚謂: 婦人非父母·兄弟之喪不奔. 東階, 東房北下之階也, 亦謂之側階. 雜記夫人奔喪, "升自側階", 是也. 升自側階, 則出自東房也. 東髽, 謂就堂上東序而髽也. 凡踊皆拾, 婦人居間.

번역 내가 생각하기에, 부인은 부모 및 형제의 상이 아니라면 분상을 하지 않는다. 동계(東階)는 동쪽 방(房) 북쪽 아래에 있는 계단을 뜻하며 또한 '측계(側階)'라고도 부른다. 『예기』「잡기(雜記)」편에서 제후의 부인이 분상을 했을 때, "측계로 올라간다."라고 한 말이 이러한 사실을 나타낸다. 측계를 통해 올라간다면, 나올 때에는 동쪽 방(房)에서 나오는 것이다. '동좌(東髽)'는 당상(堂上)의 동쪽 서(序)로 나아가서 좌(髽)의 방식으로 머리를 튼다는 뜻이다. 무릇 용(踊)을 할 때에는 모두 번갈아 하는데, 부인의 경우에는 주인과 빈객 중간에 하게 된다.7)

集解 鄭氏云, "主人與之拾踊, 賓客之", 非也. 經於主人奔喪, 但云"成踊", 蓋主人踊則衆主人以下隨之皆踊可知. 於齊衰以下奔喪, 云"與主人哭成踊", 於婦人奔喪, 云"與主人拾踊", 蓋以齊衰以下及婦人之奔喪, 主人或不與之俱踊, 故特言之. 奔喪者, 主人無不與之俱踊, 豈由賓客之而然乎?

번역 정현은 "주인은 그녀와 번갈아가며 용(踊)을 하니, 빈객으로 대우

---

6) 노계(露紒)는 좌(髽)를 트는 방식 중 하나이다. 좌(髽)를 틀 때 마(麻)를 이용하는 경우도 있고 포(布)를 이용하는 경우도 있는데, '노계'는 이 두 방식을 총칭하는 명칭이다. 또한 '노계'는 마(麻)나 포(布)를 사용하는 좌(髽)의 방식과 구별되어, 별도로 좌(髽)를 트는 방식 중 하나라고도 주장한다.
7) 『예기』「잡기상(雜記上)」【502c】: 公七踊, 大夫五踊, 婦人居間; 士三踊, 婦人皆居間.

하는 것이다."라고 했는데, 잘못된 주장이다. 경문에서는 주인이 분상을 한 경우에 대해 단지 "용(踊)의 절차를 마무리한다."라고 했으니, 주인이 용(踊)을 하게 되면 나머지 형제들로부터 그 이하의 자들은 그를 따라서 모두 용(踊)을 하게 됨을 알 수 있다. 자최복(齊衰服)으로부터 그 이하의 상에 분상을 했을 때에는 "주인과 더불어서 곡을 하고 용(踊)의 절차를 마무리한다."라고 했고, 부인이 분상을 했을 때에는 "주인과 더불어서 번갈아가며 용(踊)을 한다."라고 했는데, 자최복으로부터 그 이하의 상과 부인이 분상을 하는 경우, 주인이 혹시 그들과 함께 용(踊)을 하지 않는다고 오해할 수도 있기 때문에 특별히 언급한 것이다. 분상을 한 자에 대해서 주인이 그들과 더불어서 함께 용(踊)을 하지 않는 경우가 없는데, 어찌 빈객으로 대우하여 이처럼 했다고 하겠는가?

集解 右婦人奔喪.

번역 여기까지는 부인이 분상하는 것을 뜻한다.

참고 『예기』「상대기(喪大記)」기록

경문-529b 小斂, 主人卽位于戶內, 主婦東面乃斂. 卒斂, 主人馮之踊, 主婦亦如之. 主人袒, 說髦, 括髮以麻. 婦人髽, 帶麻于房中. 徹帷, 男女奉尸夷于堂, 降拜.

번역 소렴(小斂)을 치르게 되면, 상주는 방문 안쪽의 자리로 나아가고, 주부는 동쪽을 바라보고서 곧 소렴을 시행한다. 소렴을 끝내면 상주는 시신을 부여잡고 용(踊)을 하며, 주부 또한 이처럼 한다. 주부는 단(袒)을 하고, 다팔머리를 풀며, 마(麻)를 이용해서 머리카락을 묶는다. 부인은 좌(髽)의 방식으로 머리를 틀고, 방안에서 마(麻)로 된 허리띠를 찬다. 당(堂)에 쳤던 휘장을 걷고, 상주와 주부 및 남녀의 친족들은 시신을 받들어서 당

(堂)으로 옮기고, 상주는 당하(堂下)로 내려와서 빈객에게 절을 한다.

鄭注 士既殯, 說髦, 此云小斂, 蓋諸侯禮也. 士之既殯, 諸侯之小斂, 於死者但三日也. 婦人之髽・帶麻於房中, 則西房也. 天子・諸侯有左右房. 夷之言尸也, 於遷尸, 主人・主婦以下從而奉之, 孝敬之心. 降拜, 拜賓也.

번역 사의 예법에서는 빈소를 마련한 뒤에 다팔머리를 푼다고 했는데, 이곳에서는 소렴(小斂)이라고 했으니, 아마도 제후의 예법인 것 같다. 사가 빈소를 마련하는 것과 제후가 소렴을 하는 것은 죽은 자를 기준으로는 단지 3일이 지난 시점이 된다. 부인이 방에서 좌(髽)의 방식으로 머리를 틀고 마(麻)로 된 허리띠를 두른다고 했다면, 이곳은 서쪽 방에 해당한다. 천자와 제후의 경우에는 좌우측에 모두 방이 있다. '이(夷)'자는 '시신[尸]'을 뜻하며, 시신을 옮길 때 상주와 주부로부터 그 이하의 사람들은 그를 따라서 시신을 받들게 되니, 효와 공경의 마음을 나타내는 것이다. 내려가서 절을 하는 것은 빈객에게 절을 한다는 뜻이다.

集說 檀弓云, "小斂於戶內." 馮之踊者, 馮尸而踊也. 髦, 幼時翦髮爲之, 年雖成人, 猶垂于兩邊. 若父死脫左髦, 母死脫右髦. 親沒不髦, 謂此也. 髽, 亦用麻, 如男子括髮以麻也. 帶麻, 麻帶也, 謂婦人要絰. 小斂畢, 卽徹去先所設帷堂之帷. 諸侯大夫之禮, 賓出乃徹帷, 此言士禮耳. 夷, 陳也. 小斂竟, 相者擧尸出戶, 往陳于堂, 而孝子男女親屬, 並扶捧之也. 降拜, 適子下堂而拜賓也.

번역 『예기』「단궁(檀弓)」편에서는 "방문의 안쪽에서 소렴(小斂)을 한다."[8]라고 했다. '빙지용(馮之踊)'은 시신을 부여잡고 용(踊)을 한다는 뜻이다. '모(髦)'는 어렸을 때 머리카락을 잘라서 만든 다팔머리인데, 나이가 비록 성인(成人)에 해당하더라도 여전히 양쪽 측면으로 머리카락을 늘어트린

---

8) 『예기』「단궁상(檀弓上)」【88a】: 從者又問諸子游曰: "禮與?" 子游曰: "飯於牖下, 小斂於戶內, 大斂於阼, 殯於客位, 祖於庭, 葬於墓, 所以卽遠也. 故喪事有進而無退." 曾子聞之曰: "多矣乎予出祖者!"

다. 만약 부친이 돌아가셨다면 좌측의 다팔머리를 풀어서 늘어트리고, 모친이 돌아가셨다면 우측의 다팔머리를 풀어서 늘어트린다. "부모가 돌아가시게 되면, 모(髦)의 머리 방식을 하지 않는다."[9]라고 한 말은 바로 이러한 뜻을 나타낸다. '좌(髽)'의 머리 방식 또한 마(麻)를 사용해서 만들게 되는데, 이것은 남자가 머리카락을 묶을 때 마(麻)를 사용하는 것과 같다. '대마(帶麻)'는 마(麻)로 만든 허리띠를 뜻하니, 부인이 차는 요질(要絰)을 의미한다. 소렴(小斂)을 끝내면 곧 당(堂)에 쳤던 휘장을 우선적으로 제거한다. 제후와 대부의 예법에서 빈객이 밖으로 나오면 휘장을 걷는다고 했으니, 이곳의 내용은 사에게 적용되는 예법일 뿐이다. '이(夷)'자는 "놓아둔다[陳]."는 뜻이다. 소렴이 끝나면 의례를 돕는 자는 시신을 들어서 방문 밖으로 나가고, 당(堂)으로 가서 시신을 놓아두는데, 자식과 남녀의 친족들은 모두 시신을 받들게 된다. '강배(降拜)'는 적자가 당하(堂下)로 내려와서 빈객에게 절을 한다는 뜻이다.

集解 愚謂: 此篇凡言諸侯之禮, 皆著言"君"・"夫人", 此但言"主人"・"主婦", 則謂上下之達禮也. 斂, 謂以衣・衾斂尸也. 衣少謂之小斂, 衣多謂之大斂. 小斂之時, 主人卽位於戶內西面, 主婦卽位於戶內東面. 於主人言"戶內", 於主婦言"東面", 互見之也. 袒者, 袒左袖扱於右腋之下也. 凡禮事皆左袒, 主人有事於尸, 乃袒, 小斂之袒, 爲將奉尸侇於堂也. 士喪禮"旣殯說髦", 此小斂說髦, 禮俗不同, 記者各據所聞言之. 曲禮居喪之禮, "皆如其國之故, 謹脩其法而審行之", 謂此類是也. 括髮以麻者, 初死笄・纚而未有他服, 至是主人乃散垂其髮, 而以麻約之, 謂之括髮, 衆主人則用布而謂之免. 蓋始變飾爲成服之漸也. 括髮乃袒, 自首及身, 事之次也. 或先言"括髮", 或先言"袒", 由文便爾. 髽, 去纚而露紒也. 婦人之髽, 猶男子之括髮與免也. 帶・麻, 加要帶與麻絰也. 房中, 註疏以爲西房, 是也. 知房爲西房者, 士喪禮"衆主人免於房", 此爲東房, 故知婦人之帶・麻宜在西房也. 又士喪禮云"婦人髽於室", 此不言者, 文略也. 此時男子尙未加絰, 而婦人已帶・麻者, 蓋男子之絰帶, 饌於東方, 故

---

9) 『예기』「옥조(玉藻)」【379d】: 五十不散送, <u>親沒不髦</u>.

降階卽位後乃加之, 婦人之髽在室, 其帶在房, 二事相連爲之, 故先於男子也.

번역 내가 생각하기에, 「상대기」편은 대체로 제후의 예법을 언급할 때 모두 '군(君)'과 '부인(夫人)'이라고 기록하는데, 이곳에서는 단지 '주인(主人)'과 '주부(主婦)'라고만 말했으니, 상하 계층에게 모두 통용되는 예법임을 뜻한다. '염(斂)'은 의복과 이불로 시신을 가리는 것이다. 의복을 적게 사용하면 '소렴(小斂)'이라고 부르고, 의복을 많이 사용하면 '대렴(大斂)'이라고 부른다. 소렴을 치를 때 상주는 방문 안의 자리로 나아가서 서쪽을 바라보게 되고, 주부는 방문 안의 자리로 나아가서 동쪽을 바라보게 된다. 상주에 대해서 '호내(戶內)'라고 말하고, 주부에 대해서 '동면(東面)'이라고 말한 것은 상호 그 뜻을 나타내도록 기록한 것이다. '단(袒)'이라는 것은 좌측 소매를 접어서 우측 겨드랑이 밑에 꼽는 것이다. 무릇 의례 절차를 시행할 때에는 모두 좌측 소매에 대해서 단(袒)을 하는데, 상주는 시신에 대해서 처리해야 할 일이 있어서 곧 단(袒)을 한 것이니, 소렴에서의 단(袒)은 시신을 받들어서 당(堂)으로 옮기기 위한 것이다. 『의례』「사상례(士喪禮)」편에서는 "빈소를 마련한 뒤에 다팔머리를 푼다."라고 했는데, 이곳에서는 소렴을 끝내고서 다팔머리를 푼다고 했으니, 예법에 따른 풍속이 다르기 때문이며, 『예기』를 기록한 자가 각각 자신이 들었던 내용에 근거해서 말을 한 것이다. 『예기』「곡례(曲禮)」편에서는 상을 치르는 예법에 대해서, "모든 경우에 있어서 그의 이전 나라의 오래된 예법대로 따르며, 그 예법을 조심스럽게 살펴서 신중하게 시행한다."[10]라고 했으니, 바로 이러한 부류를 뜻할 것이다. 머리를 묶을 때 마(麻)를 사용한다는 말은 초상 때 비녀를 꼽고 머리싸개인 리(纚)를 사용할 때에는 아직 다른 복식을 취하지 않는데, 이 시점이 되면 상주는 곧 머리카락을 풀어서 늘어트리고, 마(麻)를 이용해서 묶으니, 이것을 '괄발(括髮)'이라고 부르며, 뭇 아들들은 포(布)를 이용해서 묶으니, 이것을 '면(免)'이라고 부른다. 무릇 최초 복식에 변화를 주는 것은 성복(成服)을 점진적으로 시행하기 위해서이다. 괄발을

---

10) 『예기』「곡례하(曲禮下)」【48d~49a】: 君子行禮, 不求變俗. 祭祀之禮, 居喪之服, 哭泣之位, 皆如其國之故, 謹修其法而審行之.

하면 단(袒)을 하는 것은 머리로부터 몸에 이르는 것으로 그 사안의 순서에 따른 것이다. 어떤 경우에는 '괄발(括髮)'을 먼저 말하고, 또 어떤 경우에는 '단(袒)'을 먼저 말했는데, 이것은 문장을 기록할 때 편리에 따른 것일 뿐이다. '좌(髽)'는 머리싸개를 제거하고 노계(露紒)를 하는 것이다. 부인이 좌(髽)의 방식으로 머리를 트는 것은 남자가 괄발을 하고 면(免)을 하는 것과 같다. 대(帶)와 마(麻)는 요대(要帶)와 마(麻)로 만든 질(絰)을 뜻한다. '방중(房中)'에 대해서 정현의 주와 공영달의 소에서는 모두 서쪽 방이라고 여겼는데, 이 말은 옳다. '방(房)'이 서쪽 방에 해당한다는 사실을 알 수 있는 이유는 「사상례」편에서 "뭇 아들들은 방에서 면(免)을 한다."라고 했는데, 이것은 동쪽 방을 뜻한다. 그러므로 부인들이 대(帶)와 마(麻)로 만든 질(絰)을 차는 것은 마땅히 서쪽 방에서 해야 한다. 또 「사상례」편에서는 "부인들은 실(室)에서 좌(髽)를 튼다."라고 했는데, 이곳에서 언급을 하지 않은 것은 문장을 생략했기 때문이다. 이 시기에 남자들은 오히려 질(絰)을 아직 차지 않았는데, 부인들은 이미 대(帶)와 마(麻)로 만든 질(絰)을 차게 된다. 그 이유는 아마도 남자가 차는 질(絰)과 대(帶)는 동쪽에 진열해두기 때문에, 계단을 내려가서 자신의 자리로 나아간 뒤에야 차게 되며, 부인들이 좌(髽)를 틀 때에는 실(室)에서 하는데, 그녀들의 대(帶)는 방안에 있으니, 두 사안을 연속해서 시행하는 것이다. 그렇기 때문에 남자보다 먼저 차게 된다.

集解 愚謂: 此與上節相承, 此爲士禮, 則上節不專爲諸侯禮亦明矣. 奉尸夷于堂, 正尸於兩楹之間也.

번역 내가 생각하기에, 이 내용은 앞의 문단과 서로 연결되므로, 이곳의 내용은 사의 예법이 되니, 앞의 문단이 전적으로 제후의 예법이 되지 않는다는 사실이 또한 명백해진다. 시신을 받들어서 당(堂)으로 옮기는 것은 양쪽 기둥 사이에 시신을 놓고 위치를 바로잡는다는 뜻이다.

참고 『예기』「상복소기(喪服小記)」 노계(露紒)에 대한 주석

경문-407c 男子冠而婦人笄, 男子免而婦人髽. 其義爲男子則免, 爲婦人則髽.

번역 남자는 길(吉)한 때나 상(喪)을 당했을 때, 관(冠)을 쓰지만 부인은 비녀를 꼽는다. 상중(喪中)에 남자가 면(免)을 하게 되면, 부인은 좌(髽)의 방식으로 머리를 튼다. 이처럼 하는 의미는 남자의 경우에는 면(免)을 하고, 부인의 경우에는 좌(髽)의 방식으로 머리를 틀게 하여, 남녀를 구별한 것이다.

孔疏 ●"男子免而婦人髽"者, 吉時首飾既異, 今遭齊衰之喪, 首飾亦別, 當襲斂之節, 男子著免, 婦人著髽, 故云"男子免而婦人髽免"者, 鄭注士喪禮云: "以布廣一寸, 自項中而前, 交於額上, 却繞紒也, 如著幓頭矣." "髽"者, 形有多種, 有麻·有布·有露紒也, 其形有異, 同謂之"髽"也. 今辨男女, 並何時應著此免·髽之服. 男子之免, 乃有兩時, 而唯一種. 婦人之髽, 則有三, 別其麻髽之形, 與括髮如一, 其著之以對男子括髮時也. 前云"斬衰括髮以麻", 則婦人于時髽亦用麻也. 何以知然? 按喪服: "女子子在室, 爲父髽衰三年." 鄭玄云: "髽, 露紒也, 猶男子之括髮. 斬衰, 括髮以麻, 則髽亦用麻. 以麻者, 自項而前, 交於額上, 卻繞紒, 如著幓頭焉." 依如彼注, 既云猶男子括髮, 男子括髮先去冠縱用麻, 婦人亦去笄縱用麻, 故云"猶"也. 又同云"用麻", 不辨括髮形異, 則知其形如一也. 以此證據, 則知有麻髽以對男括髮時也. 又知有布髽者, 按此云"男子免"對"婦人髽", 男免既用布, 則婦人髽不容用麻也. 是知男子爲母免時, 則婦人布髽也. 又若成服後, 男或對賓必踊免, 則婦人理自布髽對之. 知有露紒髽者, 喪服傳云: "布總·箭笄·髽·衰, 三年." 明知此服並以三年, 三年之內, 男不恒免, 則婦人不用布髽, 故知恒露紒也. 故鄭注喪服云: "髽, 露紒也." 且喪服所明, 皆是成服後, 不論未成服麻布髽也. 何以然? 喪服既不論男子之括免, 則不容說女服之未成義也. 既言髽衰三年, 益知恒髽是露紒也. 又就齊衰輕期, 髽無麻布, 何以知然? 按檀弓: "南宮縚之妻之姑之喪, 夫子誨之髽曰: '爾無從從爾, 爾無扈扈爾.'" 是但戒其高大, 不云有麻布別物, 是知露紒悉名髽也. 又按奔喪云: "婦人奔喪, 東髽." 鄭云: "謂姑・姊・妹女子子也. 去纚大紒曰髽." 若如鄭旨, 旣謂是 "姑・姊・妹女子子" 等, 還爲本親父母等, 唯云 "去纚大紒", 不言 "布麻", 當知期以下無麻布也. 然露紒恒居之髽, 則有筓, 何以知之? 按筓以對冠, 男在喪恒冠, 婦則恒筓也. 故喪服: "婦爲舅姑, 惡筓有首以髽." 鄭云: "言以髽, 則髽有著筓者明矣." 以兼此經注, 又知恒居筓而露紒髽也. 此三髽之殊, 是皇氏之說. 今考校以爲止有二髽, 一是斬衰麻髽, 二是齊衰布髽, 皆名露紒. 必知然者, 以喪服 "女子子在室爲父箭筓・髽・衰", 是斬衰之髽用麻. 鄭注以爲露紒, 明齊衰髽用布, 亦謂之露紒髽也.

번역 ●經文: "男子免而婦人髽". ○남녀는 길(吉)한 때 머리에 하는 장식이 이미 다른데, 현재 자최복(齊衰服)을 착용해야 하는 상(喪)을 당했다면, 머리의 장식 또한 구별이 되어야 하니, 습(襲)과 염(斂)을 하는 절차에서 남자는 면(免)을 해야 하고, 부인은 좌(髽)의 방식으로 머리를 틀어야 한다. 그렇기 때문에 "남자는 면(免)을 하고 부인은 좌(髽)의 방식으로 머리를 튼다."라고 말한 것인데, 『의례』「사상례(士喪禮)」편에 대한 정현의 주에서는 "너비 1촌(寸)이 되는 포(布)를 이용해서, 목에서부터 앞으로 둘러서 이마 앞에서 교차를 시키고, 상투에 둘러서 결속을 하니, 삼두(穆頭)를 착용하는 경우와 같다."[11]라고 했다. '좌(髽)'라는 것은 그 형태가 여러 종류이며, 마(麻)・포(布)・노계(露紒) 등을 이용하게 되는데, 그 형태에는 차이점이 있지만, 모두 '좌(髽)'라고 부른다. 현재 남녀를 분별할 때에는 어떤 경우에 이러한 면(免)과 좌(髽)의 방식을 따르느냐로 구별한다. 남자가 면(免)을 할 때에는 두 시기가 있지만, 한 종류일 뿐이다. 부인이 좌(髽)를 하는 경우에는 세 가지가 있고, 마(麻)로 좌(髽)를 트는 형태와 구별이 되는데, 머리를 묶어서 튼다는 점에서는 동일하니, 이러한 머리 방식으로 틀어서, 남자가 머리를 묶을 때와 대비를 시킨다. 앞에서는 "참최복(斬衰服)을 착용

---

11) 이 문장은 『의례』「사상례(士喪禮)」편의 "主人髻髮, 袒, 衆主人免于房."이라는 기록에 대한 정현의 주이다.

하면, 머리를 묶으며 마(麻)를 이용한다."라고 했으니, 부인은 이러한 경우 좌(髽)를 틀면서 또한 마(麻)를 이용한다. 어떻게 이러한 사실을 알 수 있는가? 『의례』「상복(喪服)」편을 살펴보면, "딸자식이 아직 시집을 가지 않은 상태라면, 돌아가신 부친을 위해서 좌(髽)를 하고 상복을 입고서 3년 동안 복상한다."[12]라고 했고, 정현은 "좌(髽)는 노계(露紒)이니, 남자가 머리를 묶는 방식과 같다. 참최복을 착용하면, 머리를 묶으며 마(麻)를 이용하니, 좌(髽)를 할 때에도 또한 마(麻)를 이용한다. 마(麻)를 이용해서 묶을 때에는 목에서부터 앞으로 돌려서, 이마 앞에서 교차를 하고, 상투에 둘러서 묶으니, 삼두(糝頭)를 착용하는 경우와 같다."라고 했다. 이러한 정현의 주에 따른다면, 이미 남자가 머리를 묶는 방식과 같다고 했는데, 남자가 머리를 묶을 때에는 우선 관(冠)을 제거하고, 머리싸개인 쇄(縱)를 착용할 때 마(麻)로 된 것을 사용하니, 부인 또한 비녀를 제거하고 쇄(縱)를 착용할 때 마(麻)로 된 것을 사용한다. 그렇기 때문에 "같다[猶]."라고 말한 것이다. 또한 동일하게 "마(麻)를 사용한다."라고 했고, 머리를 묶는 형태의 차이점은 구별하지 않았으니, 그 형태가 동일했음을 알 수 있다. 이러한 사실에 따라 증명을 해보면, 마(麻)로 좌(髽)를 하여, 남자가 머리를 묶을 때와 대비를 시키게 됨을 알 수 있다. 또 포(布)로 좌(髽)를 하는 경우도 있는데, 이곳 문장을 살펴보면, "남자는 면(免)을 한다."라는 구문을 "부인은 좌(髽)를 한다."라고 한 구문과 대비를 시켰는데, 남자가 면(免)을 할 때 이미 포(布)를 사용한다면, 부인은 좌(髽)를 할 때 마(麻)로 된 것을 사용할 수 없다. 이러한 기록을 통해서 남자가 돌아가신 모친을 위해 면(免)을 할 때라면, 부인은 포(布)로 좌(髽)를 하게 됨을 알 수 있다. 만약 성복(成服)을 한 이후라면, 남자는 간혹 빈객을 대하며, 반드시 용(踊)을 하며 면(免)을 해야 하니, 부인은 제 스스로 포(布)로 좌(髽)를 하여 상대가 되도록 한다. 노계(露紒)로 좌(髽)를 하는 경우도 있다는 사실을 알 수 있는 이유는 「상복」편의 전문(傳文)에서 "포(布)로 총(總)을 하고, 전(箭)으로 만든 비녀를 꼽으며, 좌(髽)를 하고 상복을 착용하여, 3년간 복상한다."라고 했으니, 이러한

---

12) 『의례』「상복(喪服)」: 女子子在室爲父, 布總, 箭筓, 髽, 衰, 三年.

복장방식은 3년 동안 착용하게 된다는 사실을 명확히 알 수 있는데, 3년이라는 기간 동안 남자는 항상 면(免)을 하지 않으니, 부인도 포(布)로 좌(髽)를 하는 방식만 고수하지 않게 된다. 그렇기 때문에 항상 노계(露紒)를 사용하게 된다. 그래서 「상복」편에 대한 정현의 주에서는 "좌(髽)는 노계(露紒)이다."라고 한 것이다. 또 「상복」편에서 언급하는 내용들은 모두 성복을 한 이후의 상황이므로, 아직 성복을 하지 않았을 때 마(麻)나 포(布)를 이용한 좌(髽)에 대해서는 논의하지 않았다. 어째서 그러한가? 「상복」편에서는 남자가 머리를 묶고 면(免)을 하는 것을 논의하지 않았으니, 여자가 아직 성복을 하지 않았을 때의 절차를 논의할 수 없는 것이다. 이미 좌(髽)를 하고 상복을 착용하여 3년을 복상한다고 했으니, 항상 틀게 되는 좌(髽)에서는 노계(露紒)를 사용한다는 사실을 더욱 알 수 있다. 또 자최복(齊衰服)을 착용할 때에는 상복의 수위가 낮아서 기년상(期年喪)을 치르니, 좌(髽)를 할 때 마(麻)나 포(布)를 이용하지 않는다. 어떻게 이러한 사실을 알 수 있는가? 『예기』「단궁(檀弓)」편에서는 "남궁도(南宮縚)의 아내가 시어머니 상(喪)을 당했는데, 공자는 그녀에게 좌(髽)를 트는 방법에 대해서 가르쳐주며, '너는 좌(髽)를 틀 때, 너무 높게 틀지 말고, 너무 넓게 틀지도 말아야 한다!'"13)라고 했으니, 이 기록에서는 단지 높고 넓게 트는 것에 대해서만 주의를 주었고, 마(麻)나 포(布) 외의 다른 사물을 사용하는 것에 대해서는 언급하지 않았다. 따라서 이 기록을 통해 노계(露紒)로 트는 방식을 모두 좌(髽)라고 부른다는 사실을 알 수 있다. 또 『예기』「분상(奔喪)」편을 살펴보면, "부인이 분상을 하면, 동쪽 서(序)에서 좌(髽)를 한다."14)라고 했고, 정현은 "고모·자·매·딸자식에 대한 내용이다. 리(纚)를 제거하고, 크게 상투를 트는 것을 '좌(髽)'라고 부른다."라고 했다. 이와 같은 정현의 뜻대로라면, 이미 이 내용은 '고모·자·매·딸자식' 등에 대한 내용을 뜻하고, 다시금 본가의 친부모 등을 위해서 상을 치를 때에는 단지 "리(纚)를

---

13) 『예기』「단궁상(檀弓上)」【77a】: <u>南宮縚之妻之姑之喪, 夫子誨之髽, 曰: "爾毋從從爾! 爾毋扈扈爾!</u> 蓋榛以爲笄, 長尺而總八寸."

14) 『예기』「분상(奔喪)」【653d】: <u>婦人奔喪, 升自東階, 殯東, 西面坐, 哭盡哀, 東髽</u>, 卽位, 與主人拾踊.

제거하고, 크게 상투를 튼다."라고만 했으며, 포(布)나 마(麻) 등을 언급하지 않았으니, 기년상 이하의 경우에는 마(麻)나 포(布)를 이용하는 방법이 없었음을 알 수 있다. 그런데 노계(露紒)를 이용하는 방법이 항시 거처할 때의 좌(髽)라고 한다면, 비녀가 포함되는데, 어떻게 이러한 사실을 알 수 있는가? 살펴보니, 여자가 비녀를 꼽는 것은 남자가 관(冠)을 쓰는 것과 대비가 되고, 남자는 상(喪)을 치르는 중에 항상 관(冠)을 쓰고 있으니, 부인의 경우라면 항상 비녀를 꼽게 된다. 그렇기 때문에 『의례』「상복(喪服)」편에서는 "부인은 돌아가신 시부모를 위해서 상을 치를 때에는 조악한 비녀를 머리에 꼽아서 좌(髽)를 튼다."15)라고 한 것이고, 정현은 "이로써 좌(髽)를 튼다고 했다면, 좌(髽)를 할 때에는 비녀를 꼽게 됨이 분명하다."라고 한 것이다. 이것을 통해 이곳에 나온 경문과 주석의 내용을 포괄해보면, 또한 평상시 거처할 때 비녀를 꼽고 노계로 좌(髽)를 튼다는 사실을 알 수 있다. 이곳에 나온 세 가지 좌(髽)의 차이점은 황간의 주장이다. 현재 기록들을 고찰하여 교정을 해보니, 단지 두 가지 좌(髽)만 있다고 여겨진다. 첫 번째는 참최복에 하는 마(麻)의 좌(髽)이고, 두 번째는 자최복에 하는 포(布)의 좌(髽)이며, 이 모두는 '노계(露紒)'라고 부른다. 이러한 사실을 분명히 알 수 있는 이유는 「상복」편에서 "딸자식 중 아직 시집을 가지 않은 여자는 돌아가신 부친을 위해서 전계(箭笄)를 꼽고, 좌(髽)를 틀며, 상복을 입는다."라고 했으니, 이것은 참최복에 하는 좌(髽)에서 마(麻)를 사용한다는 사실을 나타낸다. 그리고 정현의 주에서는 이것을 노계라고 여겼으니, 자최복에 하는 좌(髽)에서는 포(布)를 사용하게 되며, 이 또한 노계의 좌(髽)라고 부를 수 있음을 나타낸다.

集說 吉時男子首有吉冠, 婦人首有吉笄. 若親始死, 男去冠, 女則去笄. 父喪成服也, 男以六升布爲冠, 女則箭篠爲笄. 若喪母, 男則七升布爲冠, 女則榛木爲笄, 故云男子冠而婦人笄也. 男子免而婦人髽者, 言今遭齊衰之喪, 當男子著免之時, 婦人則髽其首也. 髽有二, 斬衰則麻髽, 齊衰則布髽, 皆名露紒.

---

15) 『의례』「상복(喪服)」: 女子子適人者爲其父母, <u>婦爲舅姑, 惡笄有首以髽</u>.

其義爲男子則免爲婦人則髽者, 言其義不過以此免與髽分別男女而已.

번역 길(吉)한 시기라면 남자는 머리에 길한 때 쓰는 관(冠)을 착용하고, 부인은 머리에 길한 때 꼽는 비녀를 착용한다. 만약 부모가 이제 막 돌아가신 때라면, 남자는 관(冠)을 제거하고, 여자는 비녀를 제거한다. 부친의 상(喪)에서 성복(成服)을 했다면, 남자는 6승(升)의 포(布)로 관(冠)을 만들어 착용하고, 여자는 전소(箭篠) 나무로 비녀를 만들어서 꼽는다. 만약 모친의 상(喪)이라면, 남자는 7승(升)의 포로 관(冠)을 만들어 착용하고, 여자는 개암나무[榛]로 비녀를 만들어서 꼽는다. 그렇기 때문에 "남자는 관(冠)을 쓰고 부인은 비녀를 꼽는다."라고 말한 것이다. "남자는 면(免)을 하고 부인은 좌(髽)를 한다."는 말은 자최복(齊衰服)의 상(喪)을 당하게 되어, 남자가 면(免)을 해야 할 때가 되면, 부인은 머리를 좌(髽)의 방법으로 튼다는 뜻이다. 좌(髽)의 방식에는 두 종류가 있으니, 참최복(斬衰服)을 착용하는 경우라면, 마(麻)를 이용해서 좌(髽)의 방식으로 머리를 틀고, 자최복을 착용하는 경우라면, 포(布)를 이용해서 좌(髽)의 방식으로 머리를 트는데, 이 모두를 '노계(露紒)'라고 부른다. '기의위남자즉면위부인즉좌(其義爲男子則免爲婦人則髽)'라는 말은 그 의미는 이러한 면(免)과 좌(髽)의 방법으로 남녀를 구별하는데 불과하다는 뜻일 뿐이다.

集解 愚謂: 男子冠而婦人笄者, 吉時男子有冠, 喪自成服之後亦有冠, 婦人吉時有笄, 喪自成服之後亦有笄, 婦人之笄與男子之冠相當也. 男子免而婦人髽者, 初喪, 男子有免, 則婦人有髽, 婦人之髽與男子之免相當也. 髽, 露紒也. 始死將斬衰, 婦人去笄而纚, 齊衰以下, 骨笄而纚. 小斂後, 男子旣免則斬衰, 婦人去纚而髽, 而以麻繞額, 齊衰以下, 去笄纚而髽, 而以布繞額, 皆如男子括髮與免之爲也. 去纚則髮露, 髽髽然, 故謂之髽. 婦人之麻髽, 所以當男子之括髮, 婦人之布髽, 所以當男子之免. 於男子但言"免", 而不言"括髮"者, 避文繁也. 又括髮散垂其髮, 而以麻約之, 免則髮不散垂, 婦人之髽, 雖有麻布之異, 而其髮皆不散垂, 與男子之免同, 故曰"男子免而婦人髽"也. 其義, 爲男子則免, 爲婦人則髽者, 言免與髽之義無他, 特以爲男女之別而已也.

번역 내가 생각하기에, "남자는 관(冠)을 쓰고, 부인은 비녀를 꼽는다."는 말은 길(吉)한 시기에, 남자는 관(冠)을 쓰게 되는데, 상(喪)을 치르며, 성복(成服)을 한 이후에도 관(冠)을 착용하고, 부인은 길한 시기에 비녀를 꼽는데, 상(喪)을 치르며, 성복을 한 이후에도 비녀를 꼽게 되어, 부인이 꼽는 비녀는 남자가 착용하는 관(冠)에 해당한다는 뜻이다. "남자는 면(免)을 하고, 부인은 좌(髽)를 한다."는 말은 초상 때 남자가 면(免)을 한다면, 부인은 좌(髽)를 하니, 부인이 하는 좌(髽)는 남자가 하는 면(免)에 해당한다는 뜻이다. '좌(髽)'는 노계(露紒)이다. 이제 막 돌아가셨을 때, 참최복(斬衰服)을 입게 되면, 부인은 비녀와 리(纚)를 제거하고, 자최복(齊衰服)으로부터 그 이하의 상복을 착용할 경우, 뼈로 만든 비녀를 꼽고 리(纚)로 머리를 감싼다. 소렴(小斂)을 치른 이후에, 남자가 이미 면(免)을 했다면, 참최복을 착용하고, 부인은 리(纚)를 제거하고 좌(髽)를 하며, 마(麻)를 이용해서 이마를 두르고, 자최복으로부터 그 이하의 상복을 입는 경우라면, 비녀와 리(纚)를 제거하고 좌(髽)를 하며, 포(布)로 이마를 두르게 되니, 이 모두는 남자가 머리를 묶고 면(免)을 하는 행위와 같다. 리(纚)를 제거한다면, 머리카락이 노출되어, 아무렇게나 튼 상투처럼 되기 때문에, '좌(髽)'라고 부른다. 부인이 마(麻)로 좌(髽)를 하는 것은 남자가 머리를 묶는 방법에 해당하고, 부인이 포(布)로 좌(髽)를 하는 것은 남자가 면(免)을 하는 방법에 해당한다. 남자에 대해서 단지 '면(免)'이라고 했고, "머리를 묶는다."는 말을 하지 않은 이유는 문장을 번잡하게 쓰는 것을 피하기 위해서이다. 또 머리를 묶고서, 남은 머리카락을 늘어트리고, 마(麻)를 이용해서 묶는데, 면(免)을 하게 되면, 머리카락을 흩트려 늘어트리지 않고, 부인이 좌(髽)를 할 때, 비록 마(麻)나 포(布)를 사용하는 차이점이 있지만, 머리카락에 대해서는 모두 흩트려 늘어트리지 않으니, 남자가 하는 면(免)과 동일하다. 그렇기 때문에 "남자는 면(免)을 하고 부인은 좌(髽)를 한다."라고 말한 것이다. "그 뜻은 남자가 면(免)을 한다면, 부인은 좌(髽)를 한다."는 말은 면(免)과 좌(髽)를 하는 의미에는 다른 이유가 없고, 단지 남자와 여자의 구별을 두기 위해서일 뿐이라는 뜻이다.

集解 愚謂: 皇氏謂"婦人之髽有麻髽·布髽·露紒髽", 爲三, 孔氏則謂"止有麻·布二髽", 皇氏之說爲是. 蓋未成服之前, 斬衰婦人有麻髽, 以對男子之括髮, 齊衰以下, 婦人有布髽, 以對男子之免, 此爲二髽. 然齊斬婦人又有成服後之髽. 喪服"妻爲夫", "妾爲君", "女子子在室爲父, 皆布總·箭筓·髽·衰, 三年", 此以髽終喪者也. 喪服記"女子子適人者爲其父母, 婦爲舅姑, 惡筓有首以髽, 卒哭, 子折筓首以筓", 此婦則以髽終喪, 子則以髽卒哭者也. 髽由露髻得名, 未成服之髽有麻·布而無筓·總, 旣成服之髽有筓·總而無麻·布, 而皆無韜髮之纚, 無纚則紒露, 故皆名爲髽. 鄭氏註喪服"髽·衰三年"云: "髽猶男子之括髮. 斬衰括髮以麻, 則髽亦以麻矣." 此以釋髽則可, 以釋三年之髽則不可. 男子括髮之麻, 免之布, 成服則除矣. 男子不以括髮終喪, 婦人豈以麻髽終喪哉? 然露紒髽唯施於成服以後, 而皇氏謂期以下無麻布爲露紒髽, 則又非是. 未成服之前, 男子自齊衰以下悉免, 則婦人自齊衰以下悉髽, 免皆用布, 則髽亦皆用布. 故婦人之布髽, 正期以下未成服時之服也, 若期以下髽無麻·布, 則布髽何所施乎?

번역 내가 생각하기에, 황간은 "부인이 좌(髽)를 하는 것에는 마(麻)를 이용한 좌(髽), 포(布)를 이용한 좌(髽), 노계(露紒)를 이용한 좌(髽)가 있다."라고 하여, 3종류라고 여겼고, 공영달은 "단지 마(麻)와 포(布)를 이용하는 두 가지 좌(髽)가 있다."라고 했는데, 황간의 주장이 옳다. 아직 성복(成服)을 하기 이전이라면, 참최복(斬衰服)을 착용하는 부인은 마(麻)로 좌(髽)를 해서, 남자가 머리를 묶는 것과 대비가 되도록 했을 것이고, 자최복(齊衰服)으로부터 그 이하의 상복을 착용하는 경우라면, 부인은 포(布)를 이용해서 좌(髽)를 하여, 남자가 면(免)을 하는 것과 대비가 되도록 했을 것이니, 이것이 두 가지 좌(髽)가 된다. 그런데 자최복을 착용하는 부인에게는 또한 성복을 한 이후에 좌(髽)를 하는 방법이 있게 된다. 『의례』「상복(喪服)」편에서 "부인이 죽은 남편을 위한 경우이다."라고 했고, "첩이 죽은 부군을 위한 경우이다."라고 했으며, "딸자식 중 아직 시집을 가지 않은 여자가 돌아가신 부친을 위한 경우에는 모두 포(布)로 된 총(總)을 묶고, 전계(箭筓)를 꼽으며, 좌(髽)를 하고, 상복을 입고서, 3년간 복상한다."라고 했는데, 이 말은 좌(髽)를 하고 복상기간을 끝낸다는 뜻이다. 「상복」편의 기문(記文)에서는 "딸자식 중 시집을 간 여자가 돌아가신 자신의 부모를 위해 상을 치르는 경우, 며느리가 돌아가신 시부모를 위한 경우에는 조악한 비녀를 머리에 꼽고서 좌(髽)를 하며, 졸곡을 한 뒤에 자식은 꼽았던 비녀를 빼고, 다시 새로운 비녀를 꼽는다."라고 했는데, 이것은 부인의 경우 좌(髽)의 방식으로 상을 끝내고, 자식의 경우 좌(髽)를 하고서 졸곡을 한다는 뜻을 나타낸다. '좌(髽)'는 상투를 노출시킨다는 뜻에서 명칭이 정해졌는데, 아직 성복을 하기 이전의 좌(髽)에는 마(麻)나 포(布)를 이용하는 방법이 있지만, 비녀나 총(總)을 이용하는 방법이 없고, 이미 성복을 한 이후의 좌(髽)에는 비녀와 총(總)을 이용하는 방법은 있지만, 마(麻)나 포(布)를 이용하는 방법은 없으며, 이 모든 방법에 있어서, 머리카락을 감싸는 리(纚)는 없으며, 리(纚)가 없다면, 상투가 노출된다. 그렇기 때문에 이 모두에 대해서 '좌(髽)'라고 한 것이다. 「상복」편의 "좌(髽)를 틀고, 상복을 입고서 삼년 동안 복상한다."라는 기록에 대해, 정현의 주에서는 "좌(髽)는 남자가 머리를 묶는 것과 같다. 참최복을 착용하고 머리를 묶으며 마(麻)를 사용한다면, 좌(髽)를 틀 때에도 또한 마(麻)를 이용한다."라고 했다. 이 내용을 통해 좌(髽)를 풀이하는 경우는 옳지만, 이 내용을 통해 삼년 동안 하게 되는 좌(髽)를 풀이한다면, 옳지 않다. 남자는 머리를 묶으며 마(麻)를 이용하고, 면(免)을 할 때에는 포(布)를 이용하는데, 성복을 하게 되면 제거한다. 남자는 단순히 머리를 묶는 방식으로 복상기간을 끝내지 않는데, 부인이 어찌 마(麻)를 이용한 좌(髽)의 방식으로 복상기간을 끝내겠는가? 그러므로 노계(露紒)를 하는 좌(髽)는 다만 성복을 한 이후에 실시를 한다. 그런데 황간은 기년상으로부터 그 이하의 경우에는 마(麻)나 포(布)를 이용함이 없어서, 노계의 좌(髽)를 한다고 했는데, 이 말은 또한 잘못되었다. 아직 성복을 하기 이전이라면, 남자는 자최복을 착용해야 하는 자로부터 그 이하의 계층은 모두 면(免)을 하니, 부인은 자최복을 착용해야 하는 여자로부터 그 이하의 계층은 모두 좌(髽)를 하며, 면(免)에서 모두 포(布)를 사용한다면, 좌(髽)에서도 또한 포(布)를 사용한다. 그렇기 때문에 부인이 포(布)를 사용해서 하는 좌(髽)는 바로 기년상으로부터 그 이하의 경우에, 아직 성복을 하지 않았을 때 착용하는 복장이다. 만약 기년상으로부터 그 이하의 경우, 좌(髽)를 할 때 마(麻)나 포(布)를 사용하지 않는다면, 포(布)를 이용한 좌(髽)의 방법은 언제 시행하겠는가?

참고 『예기』「단궁상(檀弓上)」 좌(髽)의 기록

경문-77a 南宮縚之妻之姑之喪, 夫子誨之髽, 曰: "爾毋從從爾! 爾毋扈扈爾! 蓋榛以爲笄, 長尺而總八寸."

번역 남궁도(南宮縚)의 아내는 공자(孔子)의 조카가 되는데, 그녀의 시어머니가 죽자, 공자는 그녀에게 좌(髽)를 트는 방법에 대해서 가르쳐주며, "너는 좌(髽)를 틀 때, 너무 높게 틀지 말고, 너무 넓게 틀지도 말아야 한다! 무릇 기년복(期年服)을 착용할 때에는 개암나무로 만든 비녀를 꼽게 되니, 그 길이는 1척(尺)으로 만들고, 머리를 묶고 난 뒤, 남은 머리를 늘어트릴 때에는 그 길이가 8촌(寸)이 되어야 한다."라고 했다.

鄭注 南宮縚, 孟僖子之子南宮閱也, 字子容, 其妻孔子兄女. 誨, 敎. 爾, 女也. 從從, 謂大高. 扈扈, 謂大廣. 爾, 語助. 總, 束髮垂爲飾, 齊衰之總八寸.

번역 '남궁도(南宮縚)'는 맹희자(孟僖子)의 아들인 남궁열(南宮閱)이며, 자(字)는 자용(子容)이고, 그의 아내는 공자(孔子) 형의 딸이다. '회(誨)'자는 "가르친다[敎]."는 뜻이다. '이(爾)'자는 너[女]라는 뜻이다. '종종(從從)'은 너무 높다는 뜻이다. '호호(扈扈)'는 너무 넓다는 뜻이다. 구문 끝에 있는 '이(爾)'자는 어조사이다. '총(總)'은 머리카락을 묶고 난 뒤 남은 머리카락을 늘어트리는 치장 방법이며, 자최복(齊衰服)을 착용할 때의 총(總)은 8촌(寸)으로 한다.

孔疏 ●"曰, 爾母從從爾, 爾母扈扈爾"者, 上"爾"爲女, 下"爾"語辭, 言期之髽稍輕, 自有常法. 女造髽時, 無得從從而大高, 又無得扈扈而大廣. 既教以作髽, 又教以笄總之法, 其笄用木無定, 故教之云, 蓋用榛木爲笄, 其長尺, 而束髮垂餘之總垂八寸.

번역 ●經文: "曰, 爾母從從爾, 爾母扈扈爾". ○앞의 '이(爾)'자는 너[女]라는 뜻이고, 뒤의 '이(爾)'자는 어조사이니, 즉 이 말은 기년복(期年服)을 착용할 때의 좌(髽)하는 방법은 조금 그 수위가 낮아지게 되지만, 그 자체로도 일정한 법도가 있다는 뜻이다. 네가 좌(髽)의 머리 방식을 틀 때, 너무 높게 해서도 안 되며, 또한 너무 넓게 해서도 안 된다는 의미이다. 이미 그녀에게 좌(髽)에 대해서 가르쳐주었기 때문에, 또한 비녀를 꼽으며 총(總)을 하는 예법에 대해서도 가르쳐준 것이니, 비녀를 만들 때 사용되는 나무에는 일정하게 정해진 규정이 없기 때문에, 가르쳐주면서 다음과 같이 말한 것이다. 무릇 개암나무를 이용해서 비녀를 만들게 되면, 그 길이는 1척(尺)으로 하고, 머리카락을 묶고서 나머지 머리를 늘어트리는 총(總)은 8촌(寸)의 길이로 늘어트린다.

孔疏 ◎注"從從"至"大廣". ○正義曰: "從從", 是高之貌狀, 故楚辭·招隱云: "山氣巃嵸兮石嵯峨." 則"巃嵸", 是高也. 扈扈猶廣也, 爾雅·釋山云: "卑而大扈." 郭云: "扈是廣貌也." 此云無得高廣者, 謂無得如斬衰高廣也.

번역 ◎鄭注: "從從"~"大廣". ○'종종(從從)'은 높이 솟아 있는 모양을 뜻한다. 그렇기 때문에 『초사(楚辭)』「초은사(招隱士)」편에서는 "산의 기운이 높고, 그 돌이 높고 험하다."라고 했는데, '롱종(巃嵸)'이라는 말은 곧 높다는 뜻이 된다. '호호(扈扈)'은 넓다는 뜻이다. 『이아』「석산(釋山)」편에서는 "낮고도 대호(大扈)하다."라고 하였는데, 이에 대한 곽박의 주에서는 "'호(扈)'자는 넓은 모양을 뜻한다."라고 했다. 이곳 문장에서 높게도 할 수 없고 넓게도 할 수 없다고 한 말은 참최복(斬衰服)을 입을 때의 방식처럼 높거나 넓게 할 수 없다는 뜻이다.

孔疏 ◎注"總束"至"八寸". ○正義曰: 按喪服傳云"總六升, 長六寸", 謂斬衰也. 故此齊衰長八寸也, 以二寸爲差也. 以下亦當然, 無文以言之. 喪服箭笄長一尺, 吉笄長尺二寸, 榛笄長尺, 斬衰・齊衰笄同二尺, 降於吉笄二寸也. 但惡笄或用櫛, 或用榛, 故喪服有櫛笄, 故夫子稱"蓋"以疑之.

번역 ◎鄭注: "總束"~"八寸". ○『의례』「상복(喪服)」편의 전문(傳文)을 살펴보면, "총(總)은 6승(升)으로 하고, 길이는 6촌(寸)으로 한다."16)라고 했는데, 이러한 규정은 참최복(斬衰服)에 대한 규정이다. 그렇기 때문에 여기에서 말한 자최복(齊衰服)의 경우에는 그 길이를 8촌(寸)으로 하여, 2촌(寸)의 차등을 둔 것이다. 그 이하의 상복에서도 또한 이처럼 하는데, 그 내용에 대해서 언급할 수 있는 기록이 남아 있지 않다. 『의례』「상복」편에서는 작은 대나무로 만든 비녀는 그 길이가 1척(尺)이고, 길(吉)한 때 꼽게 되는 비녀는 그 길이가 1척(尺) 2촌(寸)이라고 했으니, 개암나무로 만든 비녀의 길이는 1척(尺)이고, 참최복(斬衰服)과 자최복에 착용하는 비녀는 동일하게 1척(尺)으로 만드니, 길(吉)한 때 꼽게 되는 비녀보다도 2촌(寸) 만큼 줄이는 것이다. 다만 상복에 착용하는 비녀의 경우 어떤 경우에는 '빗을 만드는 나무[櫛]'를 이용해서 만들기도 하고, 또 어떤 경우에는 개암나무[榛]를 이용해서 만들기도 한다. 그렇기 때문에『의례』「상복」편에는 '즐계(櫛笄)'라는 말이 있는 것이고,17) 공자도 '개(蓋)'자를 언급하여, 추측을 했던 것이다.

集說 縚妻, 夫子兄女也. 姑死, 夫子敎之爲髽. 從從, 高也. 扈扈, 廣也. 言爾髽不可太高, 不可太廣, 又敎以笄總之法. 笄卽簪也. 吉笄尺二寸, 喪笄一尺. 斬衰之笄用箭竹, 竹之小者也. 婦爲舅姑皆齊衰不杖, 期當用榛木爲笄也. 束髮謂之總, 以布爲之, 旣束其本末而總之, 餘者垂於髻後, 其長八寸也.

---

16) 『의례』「상복(喪服)」: 傳曰, <u>總六升, 長六寸</u>. 箭笄長尺, 吉笄尺二寸.
17) 『의례』「상복(喪服)」: 惡笄者, <u>櫛笄</u>也. 折笄首者, 折吉笄之首也. 吉笄者, 象笄也.

번역 '도처(綯妻)'는 공자(孔子) 형의 딸을 뜻한다. 그녀의 시어머니가 죽자, 공자는 그녀에게 교육을 하여, 좌(髽)의 머리모양을 하도록 했던 것이다. '종종(從從)'은 높다는 뜻이다. '호호(扈扈)'는 넓다는 뜻이다. 즉 이 말은 너의 좌(髽)하는 머리모양을 너무 높게 해서는 안 되고, 너무 넓게 해서도 안 된다고 말한 것이며, 또한 비녀를 꼽고 머리를 묶는 법도를 가르친 것이다. '계(笄)'는 비녀[簪]를 뜻한다. 길(吉)한 때 꼽게 되는 비녀는 그 길이가 1척(尺) 2촌(寸)이고, 상(喪)을 당했을 때 꼽는 비녀는 그 길이가 1척(尺)이다. 참최복(斬衰服)에 꼽게 되는 비녀는 전죽(箭竹)을 사용해서 만드니, '전죽(箭竹)'이라는 것은 대나무 중에서도 그 크기가 작은 것을 뜻한다. 부인은 시부모를 위해서 모두 자최복(齊衰服)을 착용하며 지팡이는 잡지 않으니, 기년상(期年喪)을 치를 때에는 마땅히 개암나무[榛]를 이용해서 비녀를 만들어야 한다. 머리카락을 묶는 것을 '총(總)'이라고 부르고, 포(布)를 이용해서 만드는데, 이러한 도구와 방식을 통해서, 이미 머리카락의 처음과 끝을 묶어서 감싸게 되며, 묶을 수 없는 나머지 머리카락들은 상투를 튼 곳 뒤로 내려트리게 되니, 그 길이는 8촌(寸)이 된다.

集解 賈氏公彥曰: "斬衰總六寸." 南宮綯之妻, 爲姑總八寸, 以下雖無文, 大功當與齊衰同八寸, 小功緦麻同一尺, 吉總當尺二寸. "斬衰箭笄長尺." 南宮綯之妻, 爲姑榛笄亦一尺, 則大功以下不容更差降, 故五服略爲一節, 皆一尺而已.

번역 가공언[18]이 말하길, "참최복(斬衰服)에는 총(總)을 6촌(寸)으로 한다."라고 했다. 남궁도(南宮綯)의 부인은 시어미를 위해 총(總)을 8촌(寸)으로 했고, 그 아래 수위에 대해서는 비록 관련 기록이 없지만, 대공복(大功服)을 착용할 때에는 마땅히 자최복(齊衰服)을 착용할 때와 동일하게 하여, 총(總)을 8촌(寸)으로 했을 것이며, 소공복(小功服)과 시마복(緦麻服)에서

---

18) 가공언(賈公彥, ?~?) : 당(唐)나라 때의 유학자이다. 정현(鄭玄)을 존숭하였다. 예학(禮學)에 조예가 깊었다. 『주례소(周禮疏)』, 『의례소(儀禮疏)』 등의 저서를 남겼으며, 이 저서들은 『십삼경주소(十三經注疏)』에 포함되었다.

는 모두 1척(尺)으로 했을 것이다. 그리고 길(吉)한 때의 총(總)은 마땅히 그 길이가 1척(尺) 2촌(寸)이 되었을 것이다. "참최복을 착용할 때 가는 대나무로 만든 비녀는 그 길이를 1척(尺)으로 한다."라고 했다. 남궁도의 부인은 시어미를 위해서 개암나무로 만든 비녀의 길이를 또한 1척(尺)으로 했다고 했으니, 대공복으로부터 그 이하의 상복(喪服)에서는 다시금 차등을 두지 않았다. 그렇기 때문에 오복(五服)에서는 대략적으로 동일한 규정을 따랐던 것이니, 모든 상복에 있어서 비녀의 길이는 1척(尺)이 될 따름이다.

참고 『예기』「잡기상(雜記上)」 기록

경문-502c 公七踊, 大夫五踊, 婦人居間; 士三踊, 婦人皆居間.

번역 제후의 상에서 용(踊)을 하게 되면 7차례 하고, 대부의 상에서 용(踊)을 하게 되면 5차례 하는데, 부인이 용(踊)을 할 때에는 먼저 용(踊)을 하는 상주와 뒤에 용(踊)을 하는 빈객 중간에 한다. 또 사의 상에서 용(踊)을 하게 되면 3차례 하는데, 부인은 모두 상주와 빈객 중간에 용(踊)을 한다.

鄭注 公, 君也. 始死及小斂·大斂而踊, 君·大夫·士一也, 則皆三踊矣. 君五日而殯, 大夫三日而殯, 士二日而殯. 士小斂之朝不踊, 君·大夫大斂之朝乃不踊. 婦人居間者, 踊必拾, 主人踊, 婦人踊, 賓乃踊.

번역 '공(公)'은 제후를 뜻한다. 어떤 자가 이제 막 죽었을 때와 소렴(小斂) 및 대렴(大斂) 때 용(踊)을 하는데, 이것은 제후·대부·사가 모두 동일하니, 총 3차례 용(踊)을 하는 것이다. 다만 제후는 죽은 이후 5일째에 빈소를 마련하고, 대부는 3일째에 빈소를 마련하며, 사는 2일째에 빈소를 마련한다. 사의 경우 소렴을 하는 날 아침에는 용(踊)을 하지 않고, 제후와 대부는 대렴을 하는 날 아침에 용(踊)을 하지 않는다. '부인거간(婦人居間)'이라는 말은 용(踊)은 반드시 교대로 하게 되어 있으니, 주인이 먼저 용(踊)을 하고, 그 다음에 부인이 용(踊)을 하며, 이후에야 빈객이 용(踊)을 한다는 뜻이다.

孔疏 ●"婦人皆居間"者, 謂婦人與丈夫更踊也. 男子先踊, 踊畢而婦人踊, 踊畢, 賓乃踊. 婦人居賓主之中間也. 又云"皆居間"者, 言皆於貴賤, 婦人悉居賓主間也. 然親始死及動尸·擧柩, 哭踊無數. 今云七·五·三者, 謂爲禮有節之踊. 每踊輒三者, 三爲九而謂爲一也.

번역 ●經文: "婦人皆居間". ○부인과 남자는 번갈아가며 용(踊)을 한다는 뜻이다. 남자가 먼저 용(踊)을 하는데, 용(踊)하는 것이 끝나면 부인이 용(踊)을 하고, 부인이 하는 용(踊)이 끝나면, 그제야 빈객이 용(踊)을 한다. 따라서 부인이 하는 용(踊)은 빈객과 주인 중간에 하게 된다. 또 "모두 그 사이에 있다."라고 했는데, 이것은 신분의 차이에 상관없이 부인들은 모두 빈객과 주인 중간에 용(踊)을 한다는 뜻이다. 그런데 부모가 이제 막 돌아가셨거나 시신을 운반하거나 영구를 움직이게 되면, 곡(哭)과 용(踊)을 함에 정해진 횟수가 없다. 그런데도 이곳에서 7·5·3차례 한다고 언급을 한 것은 예법에 따라 절도를 맞추는 용(踊)을 뜻한다. 매번 용(踊)을 할 때에는 번번이 3차례 하게 되니, 용(踊)을 3차례 하게 되어 9차례 발을 구르게 되고, 이것을 1번이라고 부른다.

集說 國君五日而殯, 自死至大斂凡七次踊者. 始死, 一也. 明日襲, 二也. 襲之明日之朝, 三也. 又明日之朝, 四也. 其日旣小斂, 五也. 小斂明日之朝, 六也. 明日大斂時, 七也. 大夫三日而殯, 凡五次踊者. 始死, 一也. 明日襲之朝, 二也. 明日之朝, 及小斂, 四也. 小斂之明日大斂, 五也. 士二日而殯, 凡三次踊者. 始死, 一也. 小斂時, 二也. 大斂時, 三也. 凡踊, 男子先踊, 踊畢而婦人乃踊, 婦人踊畢, 賓乃踊, 是婦人居主人與賓之中間, 故云居間也. 然記者固云動尸擧柩, 哭踊無數, 而此乃有三五七之限者, 此以禮經之常節言, 彼以哀心之泛感言也. 又所謂無數者, 不以每踊三跳, 九跳爲三踊之限也.

번역 제후는 죽은 이후 5일째에 빈소를 마련하니, 죽었을 때로부터 대렴(大斂)을 할 때까지 모두 7차례 용(踊)을 한다. 이제 막 죽었을 때 하는 것이 첫 번째 용(踊)이다. 그 다음날 습(襲)을 하며 하는 것이 두 번째 용(踊)이다. 습(襲)을 한 다음날 아침에 하는 것이 세 번째 용(踊)이다. 또 그 다음날 아침에 하는 것이 네 번째 용(踊)이다. 그날 소렴(小斂)을 마친 뒤에 하는 것이 다섯 번째 용(踊)이다. 소렴을 한 다음날 아침에 하는 것이 여섯 번째 용(踊)이다. 다음날 대렴을 할 때 하는 것이 일곱 번째 용(踊)이다. 대부는 죽은 이후 3일째에 빈소를 마련하니, 모두 5차례 용(踊)을 한다. 이제 막 죽었을 때 하는 것이 첫 번째 용(踊)이다. 다음날 습(襲)을 하는 아침에 하는 것이 두 번째 용(踊)이다. 그 다음날 아침과 소렴을 할 때 하는 것이 세 번째와 네 번째 용(踊)이다. 소렴을 한 다음날 대렴을 할 때 하는 것이 다섯 번째 용(踊)이다. 사는 죽은 이후 2일째에 빈소를 마련하니, 모두 3차례 용(踊)을 한다. 이제 막 죽었을 때 하는 것이 첫 번째 용(踊)이다. 소렴을 할 때 하는 것이 두 번째 용(踊)이다. 대렴을 할 때 하는 것이 세 번째 용(踊)이다. 무릇 용(踊)에 있어서 남자가 먼저 용(踊)을 하고, 용(踊)하는 것이 끝나면 부인이 곧 용(踊)을 하며, 부인이 용(踊)하는 것을 끝내면 빈객이 용(踊)을 하니, 이것은 부인이 하는 용(踊)이 주인과 빈객이 하는 용(踊) 중간에 있다는 것을 나타낸다. 그렇기 때문에 "사이에 있다."라고 말한 것이다. 그런데『예기』「문상(問喪)」편에서는 "시신을 운반하고 영구를 움직일 때 하는 곡(哭)과 용(踊)에는 정해진 수치가 없다."[19]고 했는데, 이곳에서는 3·5·7 등의 제한이 있다고 했다. 그 이유는 이곳 내용은『예경』에 기록된 항상된 규정을 기준으로 말한 것이며,「문상」편은 범범히 느끼게 되는 애통한 마음에 기준을 두어 말했기 때문이다. 또 이른바 "정해진 수치가 없다."는 말은 매번 용(踊)을 할 때 세 차례 발을 구르게 되어, 아홉 차례 발을 구르는 것으로 세 차례 용(踊)을 하는 제한으로 삼지 않는다는 뜻이다.

---

19)『예기』「문상(問喪)」【658a】: 三日而斂, 在牀曰尸, 在棺曰柩. <u>動尸擧柩, 哭踊無數</u>. 惻怛之心, 痛疾之意, 悲哀志懣氣盛, 故袒而踊之, 所以動體安心下氣也.

集解 愚謂: 諸侯五日而殯, 五日爲五踊, 加以小斂·大斂時又踊爲七. 大夫三日而殯, 三日爲三踊, 加以小斂·大斂時又踊爲五. 士亦三日而殯, 始死踊, 小斂·大斂之朝不踊, 至斂時皆踊爲三也. 以此差而上之, 則天子七日而殯, 當九踊也. 觀此踊數, 則君大夫殯日皆數死日明矣.

번역 내가 생각하기에, 제후는 5일째에 빈소를 마련하니, 5일 동안 5차례 용(踊)을 하는데, 소렴(小斂)과 대렴(大斂)을 치를 때에도 또한 용(踊)을 하여 총 7차례 용(踊)을 하게 된다. 대부는 3일째에 빈소를 마련하니, 3일 동안 3차례 용(踊)을 하는데, 소렴과 대렴 때 재차 용(踊)을 하는 것까지 포함하여 총 5차례 용(踊)을 하게 된다. 사 또한 3일째에 빈소를 마련지만, 이제 막 죽었을 때 용(踊)을 하고, 소렴과 대렴을 치르는 날 아침에는 용(踊)을 하지 않으며, 소렴과 대렴을 치를 때에는 모두 용(踊)을 하므로, 총 3차례 용(踊)을 하게 된다. 이러한 차등으로 거슬러 올라가면, 천자는 7일째에 빈소를 마련하니, 마땅히 9차례 용(踊)을 하게 된다. 여기에서 말하는 용(踊)의 횟수를 살펴보니, 군주와 대부는 빈소를 차리는 날에 있어서, 그 자가 죽었을 때의 날까지도 함께 셈하게 됨이 분명하다.

• 제 7 장 •

적장자가 장례를 치른 이후 분상으로 왔을 때의 절차

【653d~654a】

奔喪者不及殯, 先之墓. 北面坐, 哭盡哀. 主人之待之也, 卽位於墓左, 婦人墓右. 成踊, 盡哀, 括髮. 東卽主人位, 絰絞帶哭成踊. 拜賓, 反位成踊. 相者告事畢.

직역 奔喪한 者가 殯에 不及하면, 先히 墓로 之한다. 北面하고 坐하여, 哭하여 哀를 盡한다. 主人이 之를 待함에, 墓의 左에서 位에 卽하고, 婦人은 墓의 右로 한다. 成踊하고, 哀를 盡하며, 髮을 括한다. 東하여 主人의 位로 卽하여, 絰하고 絞帶하며 哭하여 成踊한다. 賓에게 拜하고, 位로 反하여 成踊한다. 相者는 事가 畢함을 告한다.

의역 적장자가 분상을 함에 영구가 빈소에 머물러 있을 시기까지도 당도하지 못했다면, 우선적으로 장례를 치른 묘(墓)로 가게 된다. 묘에서 북쪽을 바라보며 앉아서 곡을 하여 슬픔을 다한다. 적장자를 제외한 나머지 형제들은 그를 기다리고, 그가 도착하면 묘의 좌측에 있는 자신들의 자리로 나아가고, 부인들은 우측에 있는 자리로 나아간다. 용(踊)의 절차를 마무리하고 슬픔을 다하며 머리를 묶는다. 동쪽으로 나아가 주인의 자리로 나아가서 질(絰)을 하고 교대(絞帶)를 하며 곡을 하고 용(踊)의 절차를 마무리한다. 빈객에게 절을 하고 자신의 자리로 되돌아와서 용(踊)의 절차를 마무리한다. 의례의 진행을 돕는 자는 그 사안이 모두 끝났다고 아뢴다.

集說 不及殯, 葬後乃至也. 尸柩旣不在家, 則當先哭墓. 此奔喪者是適子, 故其衆主人之待之者, 與婦人皆往墓所, 就墓所分左右之位. 奔者括髮, 而於東偏卽其主人之位. 禮畢, 則相者以畢事告.

번역 "빈소에 미치지 못했다."는 말은 장례를 치른 이후에야 도착했다는 뜻이다. 시신을 실은 영구가 이미 그 집에 있지 않다면, 우선적으로 묘(墓)에서 곡을 해야만 한다. 여기에서 분상을 한다고 한 자는 적자에 해당한다. 그렇기 때문에 그의 여러 형제들이 그를 기다리고, 부인들과 함께 모두 묘소로 가게 되며, 묘소에서는 좌우로 나뉜 자리로 나아가게 된다. 분상을 하는 자는 머리를 묶는데, 동쪽에서 하는 것은 곧 주인의 자리가 되기 때문이다. 의례 절차가 끝나게 되면, 의례 진행을 돕는 자가 그 사안이 끝났다고 아뢴다.

大全 嚴陵方氏曰: 男子於墓左, 婦人於墓右, 所以辨陰陽之義.

번역 엄릉방씨가 말하길, 남자가 묘(墓)의 좌측에 위치하고 부인이 우측에 위치하는 것은 음양의 뜻에 따라 변별하는 것이다.

大全 山陰陸氏曰: 告事畢者, 於此後非無事也, 之墓之事畢爾.

번역 산음육씨[1]가 말하길, "일이 끝났다고 아뢴다."는 말은 이 시기 이후에 치러야 하는 절차가 없다는 뜻이 아니며, 묘(墓)로 찾아가는 일이 끝났다는 뜻일 따름이다.

鄭注 "主人之待之", 謂在家者也. 哭於墓, 爲父母則袒. "告事畢"者, 於此後無事也.

---

1) 산음육씨(山陰陸氏, A.D.1042~A.D.1102) : =육농사(陸農師)·육전(陸佃). 북송(北宋) 때의 유학자이다. 자(字)는 농사(農師)이며, 호(號)는 도산(陶山)이다. 어려서 집안이 매우 가난했다고 전해지며, 왕안석(王安石)에게 수학하였으나 왕안석의 신법에 대해서는 반대하였다. 저서로는 『비아(埤雅)』, 『춘추후전(春秋後傳)』, 『도산집(陶山集)』 등이 있다.

번역 "주인이 그를 기다린다."라고 했는데, 집에 머물러 있던 자들을 뜻한다. 묘(墓)에서 곡을 할 때 부모의 상이라면 단(袒)을 한다. "일이 끝났다고 아뢴다."는 이 시기 이후에 치러야 하는 절차가 없다는 뜻이다.

釋文 相, 息亮反, 下同. 爲, 于僞反.

번역 '相'자는 '息(식)'자와 '亮(량)'자의 반절음이며, 아래문장에 나오는 글자도 그 음이 이와 같다. '爲'자는 '于(우)'자와 '僞(위)'자의 반절음이다.

孔疏 ●"奔喪"至"之禮". ○正義曰: 此一節論旣葬之後, 奔父母之喪禮.

번역 ●經文: "奔喪"~"之禮". ○이곳 문단은 장례를 치른 이후에 부모의 상에 분상하는 예법을 논의하고 있다.

孔疏 ●"主人之待之也, 卽位於墓左, 婦人墓右"者, 主人, 謂先在家者, 非謂適子也. 此奔喪者自是適子, 故經云"拜賓, 反位, 成踊". 若非適子, 則不得拜賓也.

번역 ●經文: "主人之待之也, 卽位於墓左, 婦人墓右". ○'주인(主人)'은 앞서 집에 머물러 있던 자들을 뜻하니, 적장자를 뜻하는 말이 아니다. 이곳에서 분상을 했다고 하는 자는 적장자에 해당한다. 그렇기 때문에 경문에서는 "빈객에게 절을 하고 자신의 자리로 되돌아와서 용(踊)의 절차를 마무리한다."라고 했다. 만약 적장자가 아니라면, 빈객에게 절을 할 수 없다.

孔疏 ◎注"主人"至"事也". ○正義曰: 鄭注嫌經云主人是適子, 故云"主人, 謂在家者". 必知然者, 以奔喪者親自拜賓, 是奔喪者身爲主人, 不得待者爲主人, 故云謂在家者也. 云"哭於墓, 爲父母則袒"者, 以下文云"除喪而后歸, 則之墓, 哭, 成踊, 東括髮袒". 除喪畢尙"括髮袒", 明葬後歸爲父母袒可知也. 云"告事畢者, 於此後無事也", 釋所以墓所初哭成踊, 則告事畢者, 以墓所旣括髮絰絞帶拜賓之後, 於此墓所更無事也.

번역 ◎鄭注: "主人"~"事也". ○정현의 주에서는 경문에서 말한 '주인(主人)'이 적장자를 가리킨다고 오해할 것을 염려했기 때문에, "'주인(主人)'은 집에 머물러 있던 자들을 뜻한다."라고 한 것이다. 이렇다는 사실을 명확히 알 수 있는 이유는 분상을 하는 자가 직접 빈객에게 절을 했으니, 이것은 분상을 한 자 본인이 주인이 됨을 뜻하며, 장례를 치를 때 그를 기다려서 주인의 역할을 수행토록 할 수 없는 상황이기 때문에 "집에 머물러 있던 자들을 뜻한다."라고 말한 것이다. 정현이 "묘(墓)에서 곡을 할 때 부모의 상이라면 단(袒)을 한다."라고 했는데, 아래문장에서 "상을 끝낸 뒤에 되돌아간다면 묘로 가서 곡을 하고 용(踊)의 절차를 마무리하며, 동쪽에서 머리를 묶고 단(袒)을 한다."라고 했기 때문이다. 상을 끝냈는데도 여전히 "머리를 묶고 단(袒)을 한다."라고 했으니, 장례를 치른 이후 되돌아갈 때에는 부모를 위해서 단(袒)을 하게 됨을 알 수 있다. 정현이 "'일이 끝났다고 아뢴다.'는 이 시기 이후에 치러야 하는 절차가 없다는 뜻이다."라고 했는데, 묘소에서 최초 곡을 하고 용(踊)의 절차를 마무리 하게 되면, 일이 끝났다고 아뢰는 이유를 풀이한 것이니, 묘소에서 이미 머리를 묶고 질(絰)을 차고 교대(絞帶)를 하여 빈객에게 절을 한 이후에는 묘소에서 재차 시행할 일이 없기 때문이다.

集解 愚謂: 此亦聞喪卽奔, 而以道遠, 葬後乃至也. 主人, 在家之子也. 括髮不言"袒", 文略也. 下文"除喪而後歸"者, 其在墓尙袒, 則未除喪者可知. 括髮而後東卽主人位, 則括髮卽於北面時爲之也. 告事畢, 告以於墓無事, 可以歸也.

번역 내가 생각하기에, 이 내용 또한 상의 소식을 접하고서 곧바로 분상을 했지만, 거리가 멀어서 장례를 치른 이후에 도착한 경우이다. '주인(主人)'은 집에 남아있던 아들을 뜻한다. 머리를 묶는데 '단(袒)'을 언급하지 않은 것은 문장을 간략히 기록했기 때문이다. 아래문장에서 "상을 끝낸 후에 되돌아간다."라고 했는데, 묘(墓)에서 여전히 단(袒)을 한다면, 아직 상을 끝내지 않았을 때에도 단(袒)을 하게 됨을 알 수 있다. 머리를 묶은 이후 동쪽으로 가서 주인의 자리로 나아간다면, 머리를 묶는 것은 곧 북쪽을 바라보고 있을 때 하게 된다. 일이 끝났다고 아뢴다는 말은 묘에서 할 일이 더 이상 없음을 아뢰는 것이니, 되돌아갈 수 있다.

【654a~b】

遂冠歸, 入門左, 北面哭盡哀, 括髮袒成踊. 東卽位, 拜賓成踊. 賓出, 主人拜送. 有賓後至者, 則拜之成踊, 送賓如初. 衆主人兄弟皆出門, 出門哭止, 相者告就次. 於又哭括髮成踊. 於三哭猶括髮成踊. 三日成服. 於五哭, 相者告事畢.

직역 遂히 冠하여 歸하여, 門左로 入하고, 北面하여 哭하여 哀를 盡하고, 髮을 括하고 袒하며 成踊한다. 東하여 位에 卽하고, 賓에게 拜하여 成踊한다. 賓이 出하면, 主人은 拜하여 送한다. 賓에 後至한 者가 有하면, 拜하고 成踊하며, 賓을 送함에는 初와 如한다. 衆主人과 兄弟가 皆히 門을 出하고, 門을 出하면 哭을 止하며, 相者가 次에 就하길 告한다. 又哭에는 髮을 括하고 成踊한다. 三哭에는 猶히 髮을 括하고 成踊한다. 三日에 成服한다. 五哭에는 相者가 事가 畢함을 告한다.

의역 묘소에서 일이 끝나면 관을 착용하고 되돌아오며, 문의 좌측으로 들어가고, 북쪽을 바라보며 곡을 하여 슬픔을 다하고, 머리를 묶고 단(袒)을 하며 용(踊)의 절차를 마무리한다. 동쪽으로 가서 자신의 자리로 나아가고, 빈객에게 절을 하여 용(踊)의 절차를 마무리한다. 빈객이 나가면, 주인은 절을 하며 그를 전송한다. 뒤늦게 도착한 빈객이 있다면, 그에게 절을 하여 용(踊)의 절차를 마무리하고, 빈객을 전송하는 일은 앞서 했던 것처럼 한다. 나머지 형제들과 친족형제들은 모두 문 밖으로 나오고, 문을 나서면 곡하는 것을 그치며, 의례 진행을 돕는 자는 임시숙소에 나아가도록 알린다. 두 번째 곡을 할 때에는 머리를 묶고 용(踊)의 절차를 마무리한다. 세 번째 곡을 할 때에도 여전히 머리를 묶고 용(踊)의 절차를 마무리한다. 삼일 째가 되면 성복(成服)을 한다. 다섯 번째 곡을 하면 의례 진행을 돕는 자는 일이 모두 끝났음을 아뢴다.

集說 遂冠而歸者, 不可以括髮行於道路也. 冠, 謂素委貌. 入門出門, 皆謂殯宮門也. 五哭者, 初至象始死爲一哭, 明日象小斂爲二哭, 又明日象大斂爲三哭, 又明日成服之日爲四哭, 又明日爲五哭. 皆數朝哭, 不數夕哭. 鄭云, "旣期而至者則然, 故相者告事畢. 若未期, 則猶朝夕哭, 不五哭而畢也." 哭雖五, 而括髮成踊則止於三. 下文免成踊亦同.

번역 "마침내 관을 쓰고 되돌아간다."라고 했는데, 머리만 묶은 상태로는 도로에서 이동할 수 없기 때문이다. '관(冠)'은 흰색의 위모(委貌)를 뜻한다. 문으로 들어서고 나간다고 한 것은 모두 빈소의 문을 뜻한다. '오곡(五哭)'이라는 것은 처음 도착했을 때 이제 막 돌아가셨을 때를 대신하여 첫 번째 곡을 하고, 그 다음날에는 소렴(小斂)을 대신하여 두 번째 곡을 하며, 또 그 다음날에는 대렴(大斂)을 대신하여 세 번째 곡을 하고, 또 그 다음날에는 성복(成服)하는 날이 되어 네 번째 곡을 하고, 또 그 다음날에는 다섯 번째 곡을 하는 것을 뜻한다. 이 모두는 아침에 곡하는 것만 셈한 것이니, 저녁에 곡하는 것은 셈하지 않는다. 정현은 "이미 기한을 넘긴 상태에서 도착했다면 이처럼 한다. 그렇기 때문에 의례 진행을 돕는 자가 일이 끝났음을 아뢴다. 만약 아직 기한을 넘기지 않은 상태라면, 여전히 아침과 저녁마다 곡을 하여 다섯 번째 곡을 하고 마치지 않는다."라고 했다. 곡을 비록 다섯 번째까지 하더라도, 머리를 묶고 용(踊)의 절차를 마무리한다면, 세 번째에서 그친다. 아래문장에서 면(免)을 하고 용(踊)의 절차를 마무리한다는 것 또한 이와 같다.

鄭注 又哭·三哭不袒者, 哀戚已久, 殺之也. 逸奔喪禮說不及殯日, 於又哭猶括髮, 卽位不袒. "告事畢"者, 五哭而不復哭也. 成服之朝爲四哭, 此謂旣期乃後歸至者也. 其未期, 猶朝夕哭, 不止於五哭.

번역 두 번째 곡을 하고 세 번째 곡을 할 때 단(袒)을 하지 않는 것은 애통함이 이미 오래도록 지속되어 경감되기 때문이다. 일실된 「분상례」편에서는 빈소가 마련되었을 때 도착하지 못했다면, 두 번째 곡을 할 때에도 여전히 머리를 묶지만, 자리로 나아가게 되면 단(袒)을 하지 않는다고 했다. "일이 끝났다고 아뢴다."는 말은 다섯 번째 곡을 하게 되어 재차 곡을 하지 않는다는 뜻이다. 성복(成服)을 한 날 아침에 네 번째 곡을 하니, 이것은 이미 기한을 넘긴 이후에 되돌아온 경우를 뜻한다. 아직 기한을 넘기지 않았다면, 아침과 저녁마다 곡을 하여, 다섯 번째 곡을 하는 데에만 그치지 않는다.

釋文 冠音官. 袒音但. 殺, 色界反, 下哀殺同. 復, 扶又反. 期音基, 下同.

번역 '冠'자의 음은 '官(관)'이다. '袒'자의 음은 '但(단)'이다. '殺'자는 '色(색)'자와 '界(계)'자의 반절음이며, 아래문장에 나오는 '哀殺'의 '殺'자도 그 음이 이와 같다. '復'자는 '扶(부)'자와 '又(우)'자의 반절음이다. '期'자의 음은 '基(기)'이며, 아래문장에 나오는 글자도 그 음이 이와 같다.

孔疏 ●"三日成服, 於五哭, 相者告事畢"者, "三日成服", 謂來奔喪日後三日, 通奔日則爲四日, 於此日成服, 則五哭矣.

번역 ●經文: "三日成服, 於五哭, 相者告事畢". ○경문의 "三日成服"에 대하여. 찾아와 분상을 한 날로부터 그 뒤의 3일째가 되는 날을 뜻하니, 분상을 해서 도착한 날까지 합하면 4일째가 되며, 이 시기에 성복(成服)을 한다면, 다섯 번째 곡을 하게 된다.

孔疏 ●"相者告事畢", 謂成服之日爲四哭, 成服明日之朝爲五哭. 此謂旣葬已後而來歸, 故唯五哭, 相者告事畢, 不復哭也.

번역 ●經文: "相者告事畢". ○성복을 한 날 네 번째 곡을 하고, 성복을 한 다음날 아침에 다섯 번째 곡을 한다는 뜻이다. 이 내용은 이미 장례를 마친 이후에 되돌아온 경우이다. 그렇기 때문에 다섯 번째 곡을 하는 것이니, 의례 진행을 돕는 자가 일이 모두 끝났다고 아뢰는 것은 재차 곡을 하지 않기 때문이다.

孔疏 ◎注"又哭"至"五哭". ○正義曰: "又哭·三哭不袒者, 哀戚已久, 殺之也", 今經云又哭·三哭, 但云"括髮", 不云"袒"者, 旣葬已後, 哀情稍殺故也. 云"成服之朝爲四哭"者, 以初至象始死爲一哭, 明日象小斂爲二哭, 又明日象大斂爲三哭, 又明日成服之日爲四哭, 又明日爲五哭, 皆數朝哭, 不數夕哭, 故爲五也. 云"此謂旣期乃後歸至者也", 若其未期之前, 在家者猶朝夕哭, 則知奔喪者亦朝夕哭. 今云"五哭, 相者告事畢", 明是旣期已后, 故朔望朝哭而已. 故鄭云"其未期, 猶朝夕哭, 不止於五哭也".

번역 ◎鄭注: "又哭"~"五哭". ○정현이 "두 번째 곡을 하고 세 번째 곡을 할 때 단(袒)을 하지 않는 것은 애통함이 이미 오래도록 지속되어 경감되기 때문이다."라고 했는데, 이곳 경문에서는 두 번째 곡을 하고 세 번째 곡을 한다고 말하며, 단지 "머리를 묶는다."라고만 했고, '단(袒)'에 대해서는 언급하지 않았다. 그 이유는 이미 장례를 치른 이후이니 애통한 정감이 보다 줄어들었기 때문이다. 정현이 "성복(成服)을 한 날 아침에 네 번째 곡을 한다."라고 했는데, 최초 도착했을 때에는 이제 막 돌아가셨을 때를 대신하여 첫 번째 곡을 하고, 그 다음날에는 소렴(小斂)을 대신하여 두 번째 곡을 하며, 또 그 다음날에는 대렴(大斂)을 대신하여 세 번째 곡을 하고, 또 그 다음날에는 성복(成服)하는 날이 되어 네 번째 곡을 하고, 또 그 다음날에는 다섯 번째 곡을 하는데, 이 모두는 아침에 곡하는 것만 셈한 것이며, 저녁에 곡하는 것은 셈하지 않는다. 그렇기 때문에 다섯 번째가 된다. 정현이 "이것은 이미 기한을 넘긴 이후에 되돌아온 경우를 뜻한다."라고 했는데, 만약 아직 기한을 넘기기 이전이라면, 집에 있을 때에는 여전이 아침저녁마다 곡을 하니, 분상을 한 자 또한 아침저녁으로 곡을 하게 됨을 알 수 있다. 그런데 이곳에서는 "다섯 번째 곡을 하면, 의례의 진행을 돕는 자가 일이 끝났음을 아뢴다."라고 했으니, 이것은 이미 기한을 넘긴 이후에 도착한 경우를 나타낸다. 그렇기 때문에 초하루와 보름마다 아침에 곡을 할 따름이다. 그래서 정현은 "아직 기한을 넘기지 않았다면, 아침과 저녁마다 곡을 하여, 다섯 번째 곡을 하는 데에만 그치지 않는다."라고 했다.

集解 冠者, 行道不可無飾也. 不升堂者, 柩已葬也. 北面, 哭盡哀, 鄕所殯之處, 而深哀其不復見也. 言主人拜賓, 兼容奔喪者, 非主人之禮也.

번역 관(冠)을 쓰는 것은 도로를 이동할 때에는 장식을 꾸미지 않을 수 없기 때문이다. 당상(堂上)으로 올라가지 않는 것은 시신에 대해 이미 장례를 치렀기 때문이다. 북쪽을 바라보고 곡을 하여 슬픔을 다하는 것은 빈소가 차려졌던 곳을 향하여, 다시 볼 수 없음을 애통해 하는 것이다. 주인이 빈객에게 절을 한다고 한 것은 분상을 한 자가 주인이 아닌 경우의 예법까지도 나타내고자 했기 때문이다.

集解 又哭不言"袒", 文略也. 成服日又哭爲四哭, 至明日又哭爲五哭. 五哭, 謂於殯宮卽位之哭也. 是時在家者已卒哭矣, 故五日而奔喪者, 殯宮之哭可以止, 此後朝夕哭皆於次而已. 告事畢者, 告以於殯宮無事也.

번역 두 번째 곡을 할 때에는 '단(袒)'을 언급하지 않았는데, 문장을 생략해서 기록했기 때문이다. 성복(成服)을 한 날에도 재차 곡을 하니 네 번째 곡이 되고, 그 다음날이 되면 재차 곡을 하여 다섯 번째 곡이 된다. '오곡(五哭)'은 빈소에서 자신의 자리로 나아가 곡하는 것을 뜻한다. 이 시기에 집에 머물러 있던 자들은 이미 졸곡(卒哭)[2]을 한 상태이다. 그렇기 때문에 5일째가 되어 분상을 한 자는 빈소에서 곡하는 것을 그칠 수 있으니, 이후로 아침과 저녁마다 하는 곡은 모두 임시숙소에서 할 따름이다. 일이 끝났

---

2) 졸곡(卒哭)은 우제(虞祭)를 지낸 뒤에 지내는 제사이다. 이 제사를 지내게 되면, 수시로 곡(哭)하던 것을 멈추고, 아침과 저녁때에만 한 번씩 곡을 하게 된다. 그렇기 때문에 '졸곡'이라고 부르게 된 것이다.

음을 아뢴다는 말은 빈소에서 시행할 일이 없다고 아뢰는 것이다.

集解 鄭氏云, "又哭三哭不袒者, 哀戚已久殺之也", 非也. 袒輕而括髮重, 袒有不括髮, 括髮未有不袒者. 果哀久而殺, 何以殺其輕者, 而重者反不殺乎? 又鄭氏曰, "逸奔喪禮說, 不及殯日, 於又哭猶括髮, 卽位不袒", 疑此"不袒"之文, 乃鄭氏自以意足成之, 非逸禮本文也. 下文齊衰者奔喪不及殯, 於又哭三哭皆免袒, 則爲父括髮, 安有不袒者乎?

번역 정현이 "두 번째 곡을 하고 세 번째 곡을 할 때 단(袒)을 하지 않는 것은 애통함이 이미 오래도록 지속되어 경감되기 때문이다."라고 했는데, 잘못된 주장이다. 단(袒)은 상대적으로 덜 중요한 방식이고, 머리를 묶는 것은 중요한 방식이니, 단(袒)을 할 때에는 머리를 묶지 않는 경우는 있어도, 머리를 묶었는데 단(袒)을 하지 않는 경우는 없다. 만약 애통함이 오래도록 지속되어 경감이 되었다면, 어찌하여 상대적으로 덜 중요한 것을 줄이고, 중요한 것은 오히려 줄이지 않는단 말인가? 또 정현은 "일실된「분상례」편에서는 빈소가 마련되었을 때 도착하지 못했다면, 두 번째 곡을 할 때에도 여전히 머리를 묶지만, 자리로 나아가게 되면 단(袒)을 하지 않는다고 했다."라고 했는데, 아마도 이곳에 나온 "단(袒)을 하지 않는다."라는 기록은 정현이 자신의 의견을 개입시켜 보충한 문장이니, 일실된『예』의 본문은 아닐 것이다. 아래문장에서 자최복(齊衰服)을 착용하고 분상을 한 자가 빈소를 마련한 시기까지 도착하지 못했을 때, 두 번째 곡을 하고 세 번째 곡을 할 때에도 모두 면(免)과 단(袒)을 한다고 했으니, 부친의 상을 치르며 머리를 묶는데, 어찌 단(袒)을 하지 않는 경우가 있겠는가?

• 제8장 •

모친의 장례를 치른 이후 분상으로 왔을 때의 절차

【654c】

爲母所以異於父者, 壹括髮, 其餘免以終事, 他如奔父之禮.

직역 母를 爲함에 父에서 異한 所以의 者는 壹히 髮을 括하고, 그 餘는 免하여 事를 終하니, 他는 父에 奔하는 禮와 如하다.

의역 모친의 상에 분상을 할 때 부친의 상에 분상하는 것과 차이가 나는 것은 한 차례 머리를 묶고, 나머지 절차에서는 면(免)을 하고서 일을 끝내니, 나머지 절차는 부친의 상에 분상하는 예법과 동일하다.

集說 疏曰: 壹括髮, 謂歸入門哭時也. 及殯壹括髮, 不及殯亦壹括髮.

번역 공영달의 소에서 말하길, 한 차례 머리를 묶는다는 것은 되돌아와 문으로 들어가서 곡을 할 때를 뜻한다. 빈소를 마련할 때 도착했다면 한 차례 머리를 묶고, 빈소를 마련할 때 도착하지 못했더라도 또한 한 차례 머리를 묶는다.

大全 嚴陵方氏曰: 入門而哭, 於母止於一括髮, 於父則不一焉, 此隆殺之別也.

번역 엄릉방씨가 말하길, 문으로 들어가서 곡을 할 때 모친에 대해서라면 한 차례 머리를 묶는데 그치지만, 부친에 대해서라면 한 차례만 하지 않으니, 이것이 높이거나 낮춤에 따른 구별이다.

제8장 모친의 장례를 치른 이후 분상으로 왔을 때의 절차 **143**

鄭注 壹括髮, 謂歸入門哭時也. 於此乃言爲母異於父者, 明及殯·不及殯其異者同.

번역 한 차례 머리를 묶는다는 것은 되돌아와 문으로 들어가서 곡을 할 때를 뜻한다. 이곳에서는 모친의 상에 분상을 하는 경우 부친과 차이를 보이는 점을 언급했으니, 빈소를 마련할 때 도착하거나 도착하지 못했을 때의 차이점도 동일하다는 사실을 나타낸다.

釋文 爲, 于僞反, 注及下"爲父"同.

번역 '爲'자는 '于(우)'자와 '僞(위)'자의 반절음이며, 정현의 주 및 아래 문장에 나오는 '爲父'의 '爲'자도 그 음이 이와 같다.

孔疏 ◎注"壹括"至"者同". ○正義曰: "壹括髮, 謂歸1)入門哭時"者, 鄭恐"壹括髮", 是墓所括髮, 入門則不括髮, 故明之云"壹括髮, 謂入門哭時"者, 謂以筵几在堂, 不應入門, 遂不括髮, 故云"謂入門時"也. 云"於此乃言爲母異於父者, 明及殯·不及殯其異者同", 釋爲母異於父, 應從上文及殯奔母之喪而言之. 今乃於不及殯後始言"爲母異於父"之意, 若及殯則言"異於父", 恐不包不及殯. 若不及殯處而言之, 則及殯之處灼然可知, 是擧後總明前也. 故云"明及殯·不及殯其異者同", 謂及殯壹括髮, 不及殯亦壹括髮. 是異於父者, 其事同也.

번역 ◎鄭注: "壹括"~"者同". ○정현이 "한 차례 머리를 묶는다는 것은 되돌아와 문으로 들어가서 곡을 할 때를 뜻한다."라고 했는데, 정현은 "한 차례 머리를 묶는다."라고 한 말이 묘소에서 머리를 묶고, 문으로 들어서게 되면 머리를 묶지 않는다고 오해할 것을 염려했기 때문에, 그 사실을 명시하여 "한 차례 머리를 묶는다는 것은 문으로 들어가서 곡을 할 때를 뜻한

---

1) '귀(歸)'자에 대하여. 『십삼경주소(十三經注疏)』 북경대 출판본에서는 "'귀'자는 본래 '부(婦)'자로 기록되어 있었는데, 정현의 주 기록에 근거하여 글자를 수정하였다."라고 했다.

다."라고 말한 것이니, 자리와 안석이 당상(堂上)에 있으면 문으로 들어가서는 안 되므로, 결국 머리를 묶지 않게 된다. 그렇기 때문에 "문으로 들어갈 때를 뜻한다."고 했다. 정현이 "이곳에서는 모친의 상에 분상을 하는 경우 부친과 차이를 보이는 점을 언급했으니, 빈소를 마련할 때 도착하거나 도착하지 못했을 때의 차이점도 동일하다는 사실을 나타낸다."라고 했는데, 모친의 상에 분상을 했을 때, 부친의 상에 분상하는 것과 차이나는 점을 풀이한 것이니, 마땅히 앞 문장에서 빈소를 차릴 때 모친의 상에 분상을 한다는 내용과 연관시켜 말해야 한다. 그런데 이곳에서는 빈소가 마련된 시점까지 도착하지 못했다는 기록 이후 비로소 "모친의 상에 분상할 때 부친의 상에 분상하는 것과 차이가 있다."라고 말한 뜻은 만약 빈소를 마련할 때 도착했다는 기록에서 "부친의 상에 분상하는 것과 차이를 보인다."라고 했다면, 빈소를 마련할 때 도착하지 못한 경우는 포함하지 못하게 된다. 또 빈소를 마련할 때 도착하지 못한 경우를 언급하며 이 말을 했다면, 빈소를 마련할 때 도착한 경우도 분명히 알 수 있으니, 이것은 뒤의 것을 들어서 앞의 것까지 총괄적으로 나타낸 것이다. 그렇기 때문에 "빈소를 마련할 때 도착하거나 도착하지 못했을 때의 차이점도 동일하다는 사실을 나타낸다."라고 말한 것이니, 빈소를 마련할 때 도착을 하더라도 한 차례 머리를 묶고, 빈소를 마련할 때 도착하지 못하더라도 또한 한 차례 머리를 묶는다는 뜻이다. 이것은 부친의 상에 분상하는 경우와 차이를 보인다는 점에서 그 사안이 동일하다는 사실을 뜻한다.

集解 愚謂: 爲母之異於父者, 前旣著之矣, 又言此者, 嫌不及殯者之禮或異也.

번역 내가 생각하기에, 모친의 상에 분상하는 경우 부친의 상에 분상하는 것과 차이를 보이는 것은 앞에서 이미 제시를 했는데, 재차 이러한 말을 한 것은 빈소를 마련할 때 도착하지 못했을 때의 예법이 혹여 차이를 보이지 않을까 의심할 수도 있기 때문이다.

제8장 모친의 장례를 치른 이후 분상으로 왔을 때의 절차   **145**

集解 右奔父母喪不及殯.

번역 여기까지는 부모의 상에 분상을 할 때 빈소가 마련된 시기까지 도착하지 못한 경우를 뜻한다.

그림 8-1 ■ 궤(几)

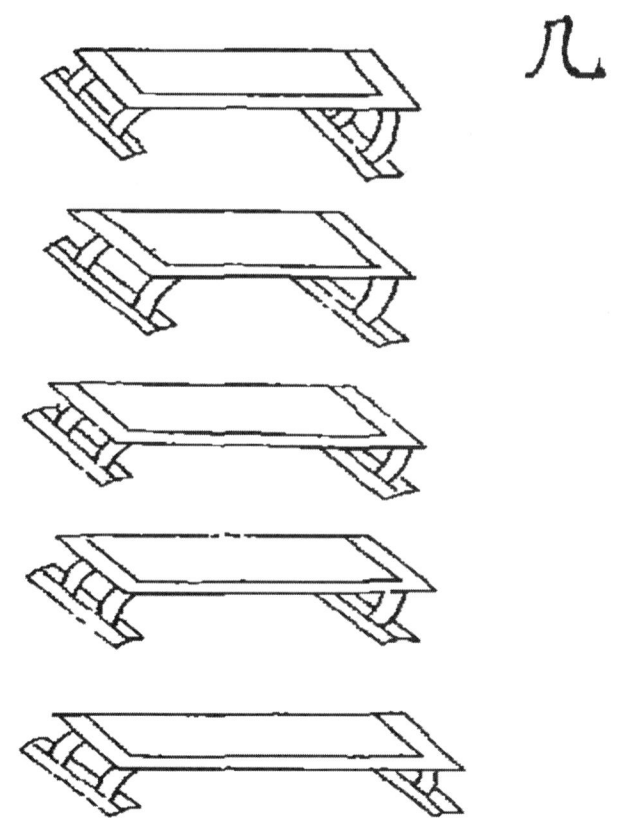

※ 출처: 『삼례도집주(三禮圖集注)』 8권

146 譯註 禮記集說大全 奔喪 附『正義』·『訓纂』·『集解』

● 그림 8-2 ■ 연(筵)

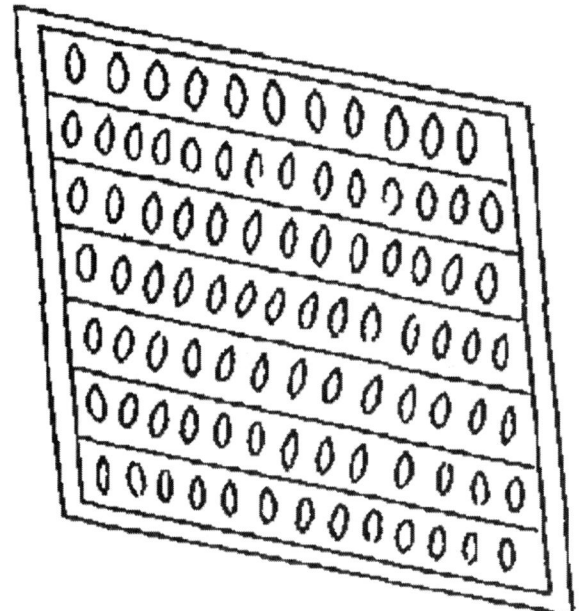

※ 출처:『삼례도집주(三禮圖集注)』8권

• 제9장 •

친족이 장례를 치른 이후 분상으로 왔을 때의 절차

【654c~d】

齊衰以下不及殯, 先之墓. 西面哭盡哀. 免麻于東方, 卽位與主人哭成踊, 襲. 有賓, 則主人拜賓送賓. 賓有後至者, 拜之如初. 相者告事畢. 遂冠歸, 入門左, 北面哭盡哀, 免袒成踊. 東卽位, 拜賓成踊. 賓出, 主人拜送. 於又哭, 免袒成踊. 於三哭, 猶免袒成踊. 三日成服. 於五哭, 相者告事畢.

직역 齊衰로부터 下로 殯에 不及하면, 先히 墓로 之한다. 西面하고 哭하여 哀를 盡한다. 東方에서 免하고 麻하면, 位에 卽하여 主人과 與하여 哭하고 成踊하며, 襲한다. 賓이 有라면, 主人이 賓에게 拜하고 賓을 送한다. 賓에 後至한 者가 有하면, 拜하길 初와 如한다. 相者는 事가 畢함을 告한다. 遂히 冠하여 歸하여, 門左로 入하고, 北面하여 哭하여 哀를 盡하고, 免하고 袒하며 成踊한다. 東하여 位에 卽하고, 賓에게 拜하면 成踊한다. 賓이 出하면, 主人은 拜하여 送한다. 又哭에는 免하고 成踊한다. 三哭에는 猶히 免하고 成踊한다. 三日에는 成服한다. 五哭에는 相者가 事가 畢함을 告한다.

의역 자최복 이하의 상복을 착용하는 자가 영구가 빈소에 머물러 있을 시기까지도 당도하지 못했다면, 우선적으로 장례를 치른 묘(墓)로 가게 된다. 묘에서 서쪽을 바라보며 곡을 하여 슬픔을 다한다. 동쪽에서 면(免)을 하고 마(麻)를 하며, 자신의 자리로 나아가 주인과 함께 곡을 하고 용(踊)의 절차를 마무리하고 습(襲)을 한다. 빈객이 있다면 주인은 빈객에게 절을 하고 빈객을 전송한다. 빈객 중 뒤늦게 도착한 자가 있다면, 그에게 절을 하며 앞서 했던 것처럼 한다. 의례의 진행을 돕는 자는 일이 모두 끝났음을 아뢴다. 묘소에서 일이 끝나면 관을 착용하고 되돌아오며, 문의 좌측으로 들어가고 북쪽을 바라보며 곡을 하여 슬픔을 다하고, 면(免)을 하고 단(袒)을 하며 용(踊)의 절차를 마무리한다. 동쪽으로 가서 자신의 자리로 나아가고 주인이 빈객에게 절을 하면 자신은 용(踊)의 절차를 마무리한다. 빈객이 나가면, 주인이 절을 하며 그를 전송한다. 두 번째 곡을 할 때에는 면(免)을 하고 용(踊)의 절차를 마무리한다. 세 번째 곡을 할 때에도 여전히 면(免)을 하고 용(踊)의 절차를 마무리한다. 삼일 째가 되면 성복(成服)을 한다. 다섯 번째 곡을 하면 의례 진행을 돕는 자는 일이 모두 끝났음을 아뢴다.

集說 疏曰: 齊衰以下, 有大功小功緦麻, 月日多少不同. 若奔在葬後, 而三月之外, 大功以上, 則有免麻東方, 三日成服. 若小功緦麻, 則不得有三日成服. 小功以下不稅, 無追服之理. 若葬後通葬前未滿五月, 小功則亦三日成服. 其緦麻者, 止臨喪節而來, 亦得三日成服也. 東卽位拜賓成踊者, 東卽位, 謂奔喪者於東方就哭位; 拜賓, 則是主人代之拜. 此奔喪者當主人代拜賓時, 己則成踊也. 又曰: 經直言免麻于東方卽位, 不稱袒, 而下云成踊襲; 襲則有袒理, 經若言袒, 恐齊衰以下皆袒, 故不得總言袒而稱襲者, 容齊衰重得爲之襲也. 又按上文爲父不及殯, 於又哭括髮成踊, 不言袒, 今齊衰以下之喪, 經文於又哭三哭乃更言袒, 故知二袒字衍文也.

번역 공영달의 소에서 말하길, 자최복(齊衰服) 이하의 상복 중에는 대공복(大功服)·소공복(小功服)·시마복(緦麻服)[1]이 있어서 착용하는 기간에 차이가 난다. 만약 분상을 한 시점이 장례를 치른 이후가 되어 3개월이 넘었다면, 대공복 이상의 경우에는 동쪽에서 면(免)과 마(麻)를 하게 되며, 3일째에 성복(成服)을 한다. 만약 소공복이나 시마복인 경우라면 3일째에 성복을 할 수 없는 경우도 있다. 소공복 이하는 태(稅)[2]를 하지 않으니,

---

1) 시마복(緦麻服)은 상복(喪服) 중 하나로, 오복(五服)에 속한다. 가장 조밀한 삼베를 사용해서 만든다. 이 복장을 입게 되는 기간은 상황에 따라서 차이가 있지만, 일반적으로 3개월이 된다. 친족의 백숙부모(伯叔父母)나 친족의 형제(兄弟)들 및 혼인하지 않은 친족의 자매(姉妹) 등을 위해서 입는다.
2) 태(稅)는 시간이 이미 경과를 하였는데, 비로소 그의 죽음에 대한 소식을 접하게 되어, 그 기간을 미루어서 그를 위해 상복(喪服)을 착용하는 것을

기간을 미루어 복상하는 이치가 없다. 만약 장례를 치른 이후가 장례를 치르기 이전까지 합하여 5개월을 채우지 않았다면, 소공복을 착용하는 경우에도 3일째에 성복을 한다. 시마복의 경우 단지 상을 치르는 절차에만 임하고 돌아오니, 또한 3일째에 성복을 할 수 있다. 동쪽으로 가서 자신의 자리로 나아가 빈객에게 절을 하고 용(踊)의 절차를 마무리한다고 했는데, 동쪽으로 가서 자신의 자리로 나아간다는 것은 분상을 하는 자가 동쪽에서 곡을 하는 자리로 나아가는 것을 뜻하며, 빈객에게 절을 한다면, 이것은 주인이 그를 대신해서 절을 하는 것을 뜻한다. 여기에서 말한 분상하는 자는 주인이 대신하여 빈객에게 절을 할 때 본인은 용(踊)의 절차를 마무리하게 된다. 또 말하길, 경문에서는 단지 동쪽에서 면(免)과 마(麻)를 하고 자리로 나아간다고 했으며, 단(袒)이라고 하지 않았고, 아래문장에서는 용(踊)의 절차를 마무리하고 습(襲)을 한다고 했다. 습(襲)을 한다면 단(袒)을 하는 이치가 포함되는데, 경문에서 만약 단(袒)이라고 언급했다면, 아마도 자최복 이하의 경우에는 모두 단(袒)을 하게 된다고 오해할 수 있다. 그렇기 때문에 총괄적으로 단(袒)이라고 말할 수 없어서 습(襲)이라고 말한 것이니, 자최복처럼 비교적 수위가 높은 상복을 착용하는 경우에도 습(襲)을 할 수 있다는 뜻도 나타내는 것이다. 또 앞 문장을 살펴보니 부친의 상에 분상을 하며 빈소가 마련된 시점까지 도착하지 못했을 때, 두 번째 곡을 할 때 머리를 묶고 용(踊)의 절차를 마무리한다고 했고, 단(袒)을 언급하지 않았다. 그런데 이곳에서 자최복 이하의 상을 언급하며, 경문에서는 두 번째 곡을 하고 세 번째 곡을 한다는 기록에 대해 재차 단(袒)을 언급했다. 그렇기 때문에 여기에 기록된 2개의 단(袒)자가 연문에 해당한다는 사실을 알 수 있다.

大全 嚴陵方氏曰: 奔父母之喪, 之墓而哭, 則北面, 齊衰以下, 則西面者, 蓋北方重陰以示哀之隆, 西方少陰以示哀之殺.

뜻한다.

번역 엄릉방씨가 말하길, 부모의 상에 분상을 하여 묘소로 찾아가서 곡을 한다면 북쪽을 바라보게 되고, 자최복 이하의 경우라면 서쪽을 바라보는데, 그 이유는 북쪽은 중음(重陰)이 되어 애통함이 크다는 것을 드러내며, 서쪽은 소음(少陰)이 되어 애통함이 상대적으로 적다는 것을 드러내기 때문이다.

鄭注 不北面者, 亦統於主人. 不言袒, 言襲者, 容齊衰親者或袒可. 爲父, 於又哭括髮而不袒. 此又哭‧三哭皆言袒. "袒", 衍字也.

번역 북쪽을 바라보지 않는 것은 또한 주인에게 통솔되기 때문이다. 단(袒)을 언급하지 않고 습(襲)을 언급한 것은 자최복의 친족 중 간혹 단(袒)을 해도 괜찮은 경우까지도 포함하기 위해서이다. 부친의 상에 분상을 하는 경우라면, 두 번째 곡을 하며 머리를 묶고 단(袒)을 하지 않는다. 이곳에서는 두 번째 곡을 하고 세 번째 곡을 한다고 했을 때 모두 단(袒)을 한다고 했으니, '단(袒)'자는 연문이다.

孔疏 ●"齊衰"至"事畢". ○正義曰: 此一節明旣葬之後, 奔齊衰以下喪禮. 但齊衰以下有大功‧小功‧緦麻, 日月多少不同. 若奔在葬後而三月之外, 大功以上, 則有免麻東方, 三日成服. 若小功‧緦麻之喪, 則不得有三日成服. 小功以下不稅, 無追服之理. 若葬後通葬前未滿五月, 小功則亦三日成服. 其緦麻之喪, 止臨喪節而來, 亦得三日成服也.

번역 ●經文: "齊衰"~"事畢". ○이곳 문단은 장례를 마친 이후에 자최복(齊衰服) 이하의 상에 분상하는 예법을 나타내고 있다. 다만 자최복 이하에는 대공복(大功服)‧소공복(小功服)‧시마복(緦麻服)이 있어서 착용하는 기간에 차이가 난다. 만약 분상을 한 시점이 장례를 치른 이후가 되어 3개월이 넘었다면, 대공복 이상의 경우에는 동쪽에서 면(免)과 마(麻)를 하게 되며, 3일째에 성복(成服)을 한다. 만약 소공복이나 시마복의 상이라면 3일째에 성복을 할 수 없는 경우도 있다. 소공복 이하는 태(稅)를 하지 않으니, 기간을 미루어 복상하는 이치가 없다. 만약 장례를 치른 이후가 장례를 치르기 이전까지 합하여 5개월을 채우지 않았다면 소공복을 착용하는 경우에도 3일째에 성복을 한다. 시마복의 상에서는 단지 상을 치르는 절차에만 임하고 돌아오니, 또한 3일째에 성복을 할 수 있다.

孔疏 ●"東卽位, 拜賓, 成踊"者, "東卽位", 謂奔喪者於東方就哭位. "拜賓", 謂主人代之拜賓. "成踊", 謂奔喪者於主人拜賓之時而成踊. 凡言"成踊", 每一節有三踊, 凡三節九踊, 乃謂之"成"也.

번역 ●經文: "東卽位, 拜賓, 成踊". ○"동쪽으로 가서 자신의 자리로 나아간다."는 것은 분상을 하는 자가 동쪽에서 곡을 하는 자리로 나아가는 것을 뜻한다. "빈객에게 절을 한다."는 것은 주인이 그를 대신해서 절을 한다는 뜻이다. "용(踊)의 절차를 마무리한다."는 것은 분상하는 자는 주인이 빈객에게 절을 할 때 용(踊)의 절차를 마무리한다는 뜻이다. '성용(成踊)'이라고 한 말은 매 한 마디에 3차례 용(踊)을 한다는 뜻으로, 총 3마디에 9차례 용(踊)을 하면, 이것을 '성(成)'이라고 부른다.

孔疏 ◎注"不言袒, 言襲者, 容齊衰親者或袒可". ○正義曰: 今按經文直言"免麻于東方, 卽位", 不稱"袒", 而下云"成踊, 襲". 下旣稱"襲", 則有袒理. 經若言"袒", 恐齊衰以下皆袒, 故不得總言"袒"也. 經稱"襲"者, 容有齊衰重爲之得襲, 故言"襲".

번역 ◎鄭注: "不言袒, 言襲者, 容齊衰親者或袒可". ○이곳 경문을 살펴보니, 단지 "동쪽에서 면(免)과 마(麻)를 하고 자리로 나아간다."고 했으며, '단(袒)'이라고 하지 않았고, 아래문장에서는 "용(踊)의 절차를 마무리하고 습(襲)을 한다."고 했다. 아래문장에서 이미 '습(襲)'이라고 지칭했다면 단(袒)을 하는 이치가 포함된다. 그런데 경문에서 만약 '단(袒)'이라고 언급했다면, 아마도 자최복 이하의 경우에는 모두 단(袒)을 하게 된다고 오해할 수 있다. 그렇기 때문에 총괄적으로 단(袒)이라고 말할 수 없다. 경문에서

'습(襲)'이라고 말한 것은 자최복처럼 비교적 수위가 높은 상복을 착용하는 경우에도 습(襲)을 할 수 있다는 뜻도 나타내고자 해서이다. 그렇기 때문에 '습(襲)'이라고 했다.

孔疏 ◎注"爲父"至"字也". ○正義曰: 知"爲父, 於又哭括髮而不袒"者, 按上文爲父不及殯, "歸3)入門左, 北面哭盡哀, 括髮袒", 下文云"相者告就次, 於又哭括髮成踊", 不言"袒", 是爲父於又哭括髮而不袒也. 云"又哭·三哭皆言袒, '袒', 衍字也"者, 今齊衰以下之喪, 經文於又哭·三哭乃更言"袒", 輕喪而袒非其宜, 故知經之"袒", 衍餘之字也.

번역 ◎鄭注: "爲父"~"字也". ○정현이 "부친의 상에 분상을 하는 경우라면, 두 번째 곡을 하며 머리를 묶고 단(袒)을 하지 않는다."라고 했는데, 이 말이 사실임을 알 수 있는 이유는 앞 문장을 살펴보면, 부친의 상에 분상을 하며 빈소가 마련된 시점까지 도착하지 못했을 때, "되돌아와 문의 좌측으로 들어가고 북쪽을 바라보며 곡을 하여 슬픔을 다하고, 머리를 묶고 단(袒)을 한다."라고 했으며, 아래문장에서는 "의례 절차를 돕는 자가 임시숙소로 나아가길 아뢰고, 두 번째 곡을 할 때 머리를 묶고 용(踊)의 절차를 마무리한다."고 했고, '단(袒)'을 언급하지 않았다. 이것은 부친의 상에 분상을 할 때에는 두 번째 곡을 할 때 머리를 묶고 단(袒)을 하지 않는다는 사실을 나타낸다. 정현이 "두 번째 곡을 하고 세 번째 곡을 한다고 했을 때 모두 단(袒)을 한다고 했으니, '단(袒)'자는 연문이다."라고 했는데, 현재 자최복(齊衰服) 이하의 상에 대해서, 경문에서는 두 번째 곡을 하고 세 번째 곡을 한다는 기록에서 재차 '단(袒)'을 언급했다. 수위가 낮은 상에서 단(袒)을 하는 것은 마땅한 처사가 아니다. 그렇기 때문에 경문에 기록된 '단(袒)'자가 연문으로 들어간 글자임을 알 수 있다.

---

3) '귀(歸)'자에 대하여. 『십삼경주소(十三經注疏)』 북경대 출판본에서는 "'귀'자는 본래 '부(婦)'자로 기록되어 있었는데, 정현의 주 기록에 근거하여 글자를 수정하였다."라고 했다.

集解 愚謂: 於成踊言"襲", 則卽位時亦袒可知.

번역 내가 생각하기에, 용(踊)의 절차를 마무리한다는 것에 대해 '습(襲)'이라고 했다면, 자신의 자리로 나아갈 때에는 또한 단(袒)을 하게 됨을 알 수 있다.

集解 拜賓者, 亦主人.

번역 빈객에게 절을 한다는 것은 또한 주인이 한다는 뜻이다.

集解 愚謂: 稅與不稅, 以聞喪之日爲斷. 若奔喪至家, 雖在葬後, 而聞喪在先, 則至家之日, 其免絰成服之禮, 皆不異也.

번역 내가 생각하기에, 태(稅)를 하거나 하지 않는 것은 상의 소식을 접한 시점으로 판단하는 것이다. 만약 분상을 하여 집에 도착했는데, 비록 그 시기가 장례를 치른 이후이지만, 상의 소식을 들은 것이 그 이전이라면, 집에 도착한 날 면(免)을 하고 질(絰)을 하며 성복(成服)을 하는 예법에 모두 차이가 없다.

集解 右奔齊衰以下之喪不及殯.

번역 여기까지는 자최복(齊衰服) 이하의 상에 분상을 했는데 빈소가 마련된 시점까지 도착하지 못했을 때를 뜻한다.

참고 『예기』「단궁하(檀弓下)」용(踊) 기록

경문-114a 辟踊, 哀之至也. 有算, 爲之節文也.

번역 가슴을 치고 발을 구르는 것은 애통함이 지극해서 나타나는 행위이다. 그러나 너무 지나치게 되면, 생명을 해치게 되므로, 정해진 수치를 둔 것이니, 이것은 그 행위에 대해서 절제를 하여 법식을 꾸민 것이다.

鄭注 算, 數也.

번역 '산(算)'자는 수치[數]를 뜻한다.

孔疏 ●"辟踊"至"文也". ○正義曰: 撫心爲辟, 跳躍爲踊. 孝子喪親, 哀慕至懣, 男踊女辟, 是哀痛之至極也. 若不裁限, 恐傷其性, 故辟踊有算, 爲準節文章. 準節之數, 其事不一. 每一踊三跳, 三踊九跳, 都爲一節. 士舍死日三日而殯, 凡有三踊. 初死日襲, 襲而踊. 明日小斂, 小斂而踊. 又明日大斂, 大斂又踊. 凡三日爲三踊也. 大夫五踊, 舍死日四日而殯, 初死日一踊, 明日襲又一踊, 至三日小斂朝一踊, 至小斂時又一踊, 至四日大斂朝不踊. 當大斂時又一踊, 凡四日爲五踊. 諸侯七踊, 舍死日六日而殯, 初死日一, 明日襲又一, 至三日小斂朝一, 當小斂時又一, 四日無事一, 五日又一, 至六日朝不踊, 亦當大斂時又一, 凡六日七踊. 周禮王九踊, 舍死日八日而殯, 死日一, 明日襲一, 其間二日爲二, 至五日小斂爲二, 其間二日又二, 至八日大斂, 則其朝不踊也, 大斂時又一, 凡八日九踊. 故云"爲之節文"也. 故雜記云: "公七踊, 大夫五踊, 士三踊." 鄭注云"士小斂之朝不踊, 君大夫大斂之朝乃不踊", 是也.

번역 ●經文: "辟踊"~"文也". ○가슴을 두드리는 것을 '벽(辟)'이라고 하며, 발을 구르는 것을 '용(踊)'이라고 한다. 자식은 부모의 상(喪)을 치를 때, 애통하고 그리워하는 마음이 지극히 빈번하게 나타나게 되어, 남자들은 발을 구르고, 여자들은 가슴을 치게 되는데, 이것은 바로 지극한 애통함 때문이다. 만약 절제를 하여 제한을 두지 않는다면, 아마도 그 생명을 해치게 될까 염려되기 때문에, 가슴을 치고 발을 구르는 것에 대해서도 정해진 수치를 두어, 법도와 꾸밈을 가미하게 된다. 법도에 따른 수치는 그 사안에 따라 일률적이지 않다. 매번 1차례 용(踊)을 할 때 3번 발을 구르게 되고, 3차례 용(踊)을 하여 9번 발을 구르는데, 이것을 모두 1절(節)로 삼는다. 사(士)는 자신의 집에서 죽은 날로부터 3일이 지난 시점에 빈소를 차리는데, 모든 경우에 있어서 3차례 용(踊)을 한다. 이제 막 죽었을 때, 그 날 습(襲)을 하는데, 습(襲)을 하게 되면 용(踊)을 한다. 그 다음날에는 소렴(小斂)을 하는데, 소렴(小斂)을 하게 되면 용(踊)을 한다. 또 그 다음날에는 대렴(大斂)을 하는데, 대렴 때에도 또한 용(踊)을 한다. 따라서 총 3일 동안 3차례 용(踊)을 하는 것이다. 대부(大夫)는 5차례 용(踊)을 한다. 그가 집에서 죽은 날로부터 4일이 지난 시점에 빈소를 차리는데, 이제 막 죽었을 때 1차례 용(踊)을 하고, 그 다음날 습(襲)을 하면서 또한 1차례 용(踊)을 하며, 3일째가 되어 소렴(小斂)을 하는 날 아침에도 1차례 용(踊)을 하고, 소렴을 치를 때에도 또한 1차례 용(踊)을 하며, 4일째가 되어 대렴(大斂)을 할 경우, 아침에는 용(踊)을 하지 않는다. 대렴을 치를 때가 되면 또한 1차례 용(踊)을 한다. 따라서 모두 4일 동안 5차례 용(踊)을 하는 것이다. 제후(諸侯)의 경우에는 7차례 용(踊)을 한다. 그가 집에서 죽은 날로부터 6일이 지난 시점에 빈소를 차리는데, 이제 막 죽었을 때 1차례 용(踊)을 하고, 그 다음날 습(襲)을 하고 또한 1차례 용(踊)을 하며, 3일째가 되는 날 소렴(小斂)을 하는데, 그 날 아침에 1차례 용(踊)을 하고, 소렴을 치를 때에도 또한 1차례 용(踊)을 하며, 4일째에는 특별히 시행하는 일이 없지만 1차례 용(踊)을 하고, 5일째에도 특별히 시행하는 일이 없지만 또한 1차례 용(踊)을 하며, 6일째가 되는 날 아침에는 용(踊)을 하지 않고, 또한 대렴(大斂)을 시행할 때 재차 1차례 용(踊)을 한다. 따라서 총 6일 동안 7차례 용(踊)을 하는 것이다. 『주례』에 따르면 천자(天子)는 9차례 용(踊)을 하는데, 그의 집에서 죽은 날로부터 8일째가 되는 날 빈소를 차리게 된다. 죽은 날 1차례 용(踊)을 하고, 그 다음날 습(襲)을 하며 1차례 용(踊)을 하고, 그 다음 2일 동안 2차례 용(踊)을 하며, 5일째가 되어 소렴(小斂)을 할 때에는 2차례 용(踊)을 하고, 그 뒤 2일 동안 또한 2차례 용(踊)을 하며, 8일째 되는 날 대렴(大斂)을 하게 되면, 그 날 아침에는 용(踊)을 하지 않고, 대렴을 치를 때 또한 1차례 용(踊)을 한다. 따라서 총 8일 동안 9차례 용(踊)을 한다. 그렇기 때문에 "그것에 절문(節文)을 정했다."라고 말한 것이다. 그래서 『예기』「잡기(雜記)」편에서는 "공(公)은 7차례 용(踊)을 하고, 대부(大夫)는 5차례 용(踊)을 하며, 사(士)는 3차례 용(踊)을 한다."[4]라고 했는데, 이 문장에 대한 정현의 주에서는 "사(士)는 소렴을 하는 날 아침에 용(踊)을 하지 않고 군주와 대부는 대렴을 하는 날 아침에 용을 하지 않는다."라고 한 말이 이러한 사실을 나타낸다.

集解 愚謂: 有算之義有二. 一是每踊三者三爲一節; 一是天子至士多少有差. 故疏云 "準節之數, 其事非一" 也.

번역 내가 생각하기에, 수치를 정한 뜻에는 두 가지 의미가 있다. 첫 번째는 용(踊)을 할 때마다 3번씩 3번 하는 것을 1절(節)로 삼는다는 뜻이다. 두 번째는 천자(天子)로부터 사(士)에 이르기까지 수치에 차등이 있다는 뜻이다. 그렇기 때문에 공영달(孔穎達)의 소(疏)에서는 "법도에 따른 수치는 그 사안에 따라 일률적이지 않다."라고 말한 것이다.

---

4) 『예기』「잡기상(雜記上)」【502c】: 公七踊, 大夫五踊, 婦人居間. 士三踊, 婦人皆居間.

• 제 10 장 •

곧바로 분상하지 못했을 때의 절차

【655b】

聞喪不得奔喪, 哭盡哀. 問故, 又哭盡哀. 乃爲位, 括髮袒成踊. 襲絰絞帶卽位, 拜賓反位成踊. 賓出, 主人拜送于門外, 反位. 若有賓後至者, 拜之成踊送賓如初. 於又哭, 括髮袒成踊. 於三哭, 猶括髮袒成踊. 三日成服. 於五哭, 拜賓送賓如初.

직역 喪을 聞하고 奔喪을 不得하면, 哭하여 哀를 盡한다. 故를 問하고, 又히 哭하여 哀를 盡한다. 이에 位를 爲하여, 髮을 括하고 袒하며 成踊한다. 襲하고 絰하며 絞帶하고 位에 卽하고, 賓에게 拜하고 位에 反하여 成踊한다. 賓이 出하면, 主人은 門外에서 拜하여 送하고, 位에 反한다. 若히 賓에 後至한 者가 有하면, 拜하고 成踊하며 賓을 送하길 初와 如라. 又哭함에, 髮을 括하고 袒하며 成踊한다. 三哭함에, 猶히 髮을 括하고 袒하며 成踊한다. 三日에 成服한다. 五哭함에, 賓에게 拜하고 賓을 送하며 初와 如라.

의역 상의 소식을 접했지만 곧바로 분상을 하지 못한다면, 곡을 하여 슬픔을 다한다. 그런 뒤 돌아가신 연유를 묻고 재차 곡을 하여 슬픔을 다한다. 그리고 곧 자리를 마련하여 머리를 묶고 단(袒)을 하며 용(踊)의 절차를 마무리한다. 습(襲)하고 질(絰)을 하며 교대(絞帶)를 하고서 자리로 나아가고, 빈객에게 절을 하며 자리로 되돌아와서 용(踊)의 절차를 마무리한다. 빈객이 밖으로 나가면, 주인은 문밖에서 절을 하며 전송하고, 자신의 자리로 되돌아온다. 만약 뒤늦게 도착한 빈객이 있다면, 그에게 절을 하고 용(踊)의 절차를 마무리하며 빈객을 전송하는데, 앞서 했던 것처럼 한다. 두 번째 곡을 할 때에는 머리를 묶고 단(袒)을 하며 용(踊)

의 절차를 마무리한다. 세 번째 곡을 할 때에는 여전히 머리를 묶고 단(袒)을 하며 용(踊)의 절차를 마무리한다. 삼일 째가 되면 성복(成服)을 한다. 다섯 번째 곡을 할 때에는 빈객에게 절을 하고 빈객을 전송하는데, 앞서 했던 것처럼 한다.

集說 篇首言, 若未得行, 則成服而後行, 此乃詳言其節次, 餘見前章.

번역 「분상」편 첫 부분에서 만약 "만약 일을 끝내지 못하여 아직 길을 떠나지 못했다면, 성복(成服)을 한 이후에 길을 떠난다."1)라고 했는데, 이곳에서는 그 절차를 상세하게 설명한 것이니, 나머지 설명은 앞에 나온다.

大全 山陰陸氏曰: 乃爲位, 乃者, 難詞也. 著爲位於此, 不得已也.

번역 산음육씨가 말하길, '내위위(乃爲位)'에서 '내(乃)'자는 난사이다. 이곳에 자리를 마련한다고 한 것은 부득이함을 나타낸다.

鄭注 聞父母喪而不得奔, 謂以君命有事, 不然者, 不得爲位. 位有鄭列之處, 如於家朝夕哭位矣. 不於又哭, 乃経者, 喪至此踰日, 節於是可也. 不言"就次"者, 當從其事, 不可以喪服廢公職也. 其在官, 亦告就次. 言"五哭"者, 以迫公事, 五日哀殺, 亦可以止.

번역 부모의 상 소식을 들었지만 분상을 할 수 없다는 것은 군주의 명령을 받들어서 일을 처리하고 있다는 뜻이며, 그렇지 않다면 자리를 마련하지 못하는 경우를 뜻한다. 자리를 마련할 때에는 무용수들이 대열을 짜서 위치하는 것처럼 정해진 장소가 있게 되니, 마치 집에서 아침저녁으로 곡을 하는 자리와 같은 것이다. 두 번째 곡을 할 때 하지 않고 곧 질(経)을 한다는 것은 상사의 절차가 이 시기에 이르러 해당하는 날짜를 벗어났으니,

---

1) 『예기』「분상」【652c】: 奔喪之禮, 始聞親喪, 以哭答使者盡哀. 問故, 又哭盡哀. 遂行, 日行百里, 不以夜行. 唯父母之喪, 見星而行, 見星而舍. <u>若未得行, 則成服而后行</u>. 過國至竟, 哭盡哀而止. 哭辟市朝, 望其國竟哭.

이 시기에 간략히 하는 것이 옳다. "임시숙소로 나아간다."라고 말하지 않은 것은 마땅히 자신이 부여받은 일을 시행해야 하며, 자신이 착용해야 하는 상복으로 인해 공적인 업무를 폐지할 수 없기 때문이다. 관부에 머물러 있다면 또한 임시숙소로 나아가야 한다고 아뢰게 된다. '오곡(五哭)'을 언급한 것은 공적인 업무를 처리하는 것이 급하며, 5일째가 되면 애통함이 줄어들게 되므로, 또한 이 시기에 곡을 그칠 수 있다.

釋文 鄭, 子短反. 處, 昌慮反, 下之處同.

번역 '鄭'자는 '子(자)'자와 '短(단)'자의 반절음이다. '處'자는 '昌(창)'자와 '慮(려)'자의 반절음이며, 아래문장에 나오는 '處'자도 그 음이 이와 같다.

孔疏 ●"聞喪"至"如初". ○正義曰: 此一節明聞喪不得奔, 於所聞之處發喪成服之禮.

번역 ●經文: "聞喪"~"如初". ○이곳 문단은 상의 소식을 접하고도 곧바로 분상을 하지 못하여, 소식을 접한 곳에서 상례의 절차를 시행하며 성복(成服)하는 예법을 나타내고 있다.

孔疏 ●"聞喪不得奔"者, 謂以君命有事, 其事未了, 故不得奔喪也.

번역 ●經文: "聞喪不得奔". ○군주의 명에 따라 부여받은 임무가 있고, 그 임무가 아직 완료되지 않았기 때문에 곧바로 분상을 하지 못한다는 뜻이다.

孔疏 ●"乃爲位"者, 謂以君命使, 故得爲位, 如朝夕哭位矣.

번역 ●經文: "乃爲位". ○군주의 명령에 따라 일을 하고 있기 때문에 자리를 마련할 수 있으니, 아침저녁으로 곡하던 자리처럼 만든다는 뜻이다.

孔疏 ●"襲·絰·絞帶, 卽位"者, 於此聞喪之日, 覆哭踊畢, 襲所袒之衣, 著首絰絞帶之垂, 卽東方之位.

번역 ●經文: "襲·絰·絞帶, 卽位". ○이처럼 상의 소식을 들었을 때, 재차 곡을 하고 용(踊)의 절차를 마무리하면, 단(袒)을 하게 되는 옷을 습(襲)하고, 머리에는 질(絰)을 두르고 대(帶)의 늘어트린 끈을 묶고서, 동쪽의 자리로 나아가게 된다.

孔疏 ●"三日成服, 於五哭, 拜賓·送賓如初"者, 三日成服通數聞喪爲四日. 五哭, 謂成服之明日哭也. 於此哭時有賓來, 卽拜而迎之, 去卽送之, 皆如初. 於五哭訖, 亦可以止者也. 不云"相者告事畢", 禮文略也.

번역 ●經文: "三日成服, 於五哭, 拜賓·送賓如初". ○3일째에 성복(成服)을 하는데, 상의 소식을 접한 날까지 합하면 4일째가 된다. '오곡(五哭)'은 성복을 하는 다음날 곡을 한다는 뜻이다. 곡을 할 때 빈객이 찾아오게 되면, 나아가서 절을 하고 그를 맞이하며, 그가 떠나게 되면 전송하니, 모두 앞서 했던 것처럼 한다. 다섯 번째 곡을 하는 일이 끝나면 또한 곡을 그칠 수 있다. "의례 진행을 돕는 자가 일이 모두 끝났음을 아뢴다."라고 말하지 않은 것은 『예기』의 문장이 간략히 기록되었기 때문이다.

孔疏 ◎注"聞父"至"可也". ○正義曰: 知"聞父母喪而不得奔, 謂以君命有事"者, 若非君命有事, 則不得爲位, 當須速奔. 今"乃爲位", 故知"以君命有事"也. 云"不於又哭乃絰者, 喪至此踰日, 節於是可也"者, "不於又哭", 謂不於明日之又哭. 此經云"又哭", 謂當日之中, 對初聞喪之哭乃爲又哭. 於此哭後, 乃絰絞帶, 與明日又哭別也. 初聞喪, 象始死. 明日又哭, 象小斂時也. 士喪禮云"小斂乃絰", 則此亦當又哭乃絰. 今於聞喪之日卽絰帶者, 以喪至此赴者至, 踰其日節, 故於是聞喪之日可加絰帶也.

번역 ◎鄭注: "聞父"~"可也". ○정현이 "부모의 상 소식을 들었지만 분상을 할 수 없다는 것은 군주의 명령을 받들어서 일을 처리하고 있다는 뜻이다."라고 했는데, 이 말이 사실임을 알 수 있는 이유는 만약 군주의 명령에 따라 일을 처리하고 있지 않다면, 자리를 마련할 수 없으니, 마땅히 신속히 분상을 해야만 한다. 현재 "이에 자리를 마련한다."라고 했다. 그렇기 때문에 "군주의 명령을 받들어서 일을 처리하고 있다."는 말이 사실임을 알 수 있다. 정현이 "두 번째 곡을 할 때 하지 않고 곧 질(絰)을 한다는 것은 상사의 절차가 이 시기에 이르러 해당하는 날짜를 벗어났으니, 이 시기에 간략히 하는 것이 옳다."라고 했는데, "두 번째 곡을 할 때 하지 않는다."는 말은 다음날 재차 곡을 할 때 하지 않는다는 뜻이다. 이곳 경문에서는 '우곡(又哭)'이라고 했으니, 곡을 하는 당일을 뜻하는데, 최초 상의 소식을 접하여 곡을 한 것과 대비를 하면 두 번째 곡을 하는 것이 된다. 우곡을 하게 되면 질(絰)을 하고 교대(絞帶)를 하니, 그 다음날 두 번째 곡을 하는 것과는 구별된다. 최초 상의 소식을 접했을 때에는 부모가 이제 막 돌아가셨을 때를 대신하여 곡을 한다. 그 다음날 두 번째 곡을 하는 것은 소렴(小斂) 때 곡을 하지 못한 것을 대신해서 하는 것이다. 『의례』「사상례(士喪禮)」편에서는 "소렴을 하게 되면 질(絰)을 찬다."라고 했으니, 이곳에서도 마땅히 두 번째 곡을 할 때 질(絰)을 차야 한다. 그런데 이곳에서는 상의 소식을 접한 당일에 곧바로 질(絰)과 대(帶)를 찬다고 했으니, 상사를 진행하며 부고를 알려온 자가 도착한 시기가 되면 해당 시기의 절차를 벗어난 것이다. 그렇기 때문에 상의 소식을 접한 당일에 질(絰)과 대(帶)를 찰 수 있다.

孔疏 ◎注"其在"至"以止". ○正義曰: 在官, 謂在官府館舍, 館舍是賓之所專有, 由館舍之中而作廬, 故知禮畢亦告就次. 云"言五哭者, 以迫公事, 五日哀殺, 亦可以止"者, 此經唯云"五哭", 不云"哀止". 知"可以止"者, 若成服之後, 恒常有哭, 何須特云"五哭"之文? 明五哭之後, 不復朝夕有哭, 故以"五哭"斷之.

번역 ◎鄭注: "其在"~"以止". ○'재관(在官)'은 관부의 숙소에 있다는 뜻이니, '관사(館舍)'는 빈객이 전적으로 사용하는 공간이므로, 관사 안에 임시숙소를 만들 수 있다. 그렇기 때문에 해당 의례가 끝나면 또한 임시숙소로 나아가야 한다고 아뢰게 된다. 정현이 "'오곡(五哭)'을 언급한 것은 공적인 업무를 처리하는 것이 급하며, 5일째가 되면 애통함이 줄어들게 되므로, 또한 이 시기에 곡을 그칠 수 있다."라고 했는데, 이곳 경문에서는 단지 '오곡(五哭)'이라고만 했고, "애통함이 그친다."라고 말하지 않았다. 그런데도 "이 시기에 곡을 그칠 수 있다."라고 한 말이 사실임을 알 수 있는 이유는 성복(成服)을 한 이후에는 항상 곡을 하게 되므로, 어찌 '오곡(五哭)'이라는 말을 할 필요가 있겠는가? 이것은 곧 오곡을 한 이후에는 재차 아침 저녁으로 곡을 하지 않는다는 사실을 나타낸다. 그렇기 때문에 '오곡(五哭)'으로 그 시기를 나눈 것이다.

訓纂 金氏榜曰: 經凡三言"絞帶", 卽喪服傳所謂"絞帶者, 繩帶". 鄭君云"象革帶", 是也. 齊衰以下, 不言"絞帶", 明其皆布帶也. 未成服, 男子大功以上皆散帶垂, 奔喪卽位, 経于序東, 與在家者同. 其要経皆散帶垂, 三日成服絞之. 此與絞帶異物, 故喪服經"斬衰苴経"下, 更出"絞帶", 明要経無絞帶名. 雜記 "凡異居, 始聞兄弟之喪", "其始麻, 散帶経". 又曰, "未服麻而奔喪, 及主人之未成経也, 疏者與主人皆成之, 親者終其麻帶経之日數".

번역 금방[2]이 말하길, 경문에서는 총 세 차례 '교대(絞帶)'를 언급했으니, 이것은 『의례』「상복(喪服)」편의 전문(傳文)에서 "교대(絞帶)는 마(麻)를 꼬아서 만든 줄로 된 대(帶)이다."[3]라고 한 것에 해당한다. 정현은 "혁대(革帶)를 상징한다."라고 했는데, 이 말은 옳다. 자최복(齊衰服) 이하의 상에서는 '교대(絞帶)'를 언급하지 않았으니, 모두 포(布)로 된 대(帶)를 찬다는 사실을 나타낸다. 아직 성복(成服)을 하지 않았다면, 남자 중 대공복(大功)服 이상의 상복을 착용하는 자는 모두 대(帶)의 끝을 흩트려 늘어뜨리

---

2) 금방(金榜, A.D.1735~A.D.1801) : 청(淸)나라 때의 학자이다. 자(字)는 예중(蘂中)·보지(輔之)이다. 한림원수찬(翰林院修撰) 등을 지냈으며, 외조부(外祖父)가 죽자 복상(服喪)을 하고, 이후 두문불출하며 오로지 독서와 저술에만 전념하였다. 대진(戴震)과 동학(同學)했으며, 『예전(禮箋)』 등을 저술하였다.

3) 『의례』「상복(喪服)」: 絞帶者, 繩帶也.

고, 분상을 하여 자신의 자리로 나아가게 되면 서(序)의 동쪽에서 질(絰)을 두르니, 집에 머물러 있는 경우와 동일하다. 요질(要絰)의 경우 모두 대(帶)의 끝을 흩트려 늘어뜨리고, 3일째가 되어 성복을 하게 되면 끝을 묶는다. 이것은 교대라고 한 것과 다른 것이다. 그렇기 때문에 「상복」편의 경문에서는 "참최복(斬衰服)에는 저질(苴絰)을 두른다."라고 한 구문 뒤에 재차 '교대(絞帶)'라고 기록한 것이니,[4] 이것은 요질에는 교대라는 명칭이 없다는 사실을 나타낸다. 『예기』「잡기(雜記)」편에서는 "무릇 다른 지역에 거주하고 있는데 처음 형제의 상(喪) 소식을 들었다."라고 했고, "처음 마(麻)로 만든 요질(要絰)을 착용할 때에는 끝을 매듭짓지 않고 흩트려 놓는다."라고 했다.[5] 또 "상(喪)의 소식을 접하고 아직 마(麻)로 된 질(絰)을 두르지 않은 상태에서 곧바로 분상을 하는 경우, 상가에 도착한 시기가 주인이 아직 소렴(小斂)을 하지 않아서 질(絰)을 두르지 않은 시기라면, 관계가 소원한 자는 주인과 함께 성복을 하고, 관계가 친밀한 자는 본인이 마(麻)로 된 요질을 차고 그 끝을 흩트려 늘어뜨리는 기간을 채우고서야 성복을 한다."[6]라고 했다.

集解 愚謂: 凡聞喪不得奔喪, 乃爲位; 聞喪卽奔者, 哭不爲位也. 爲位, 敍列親疏, 而己卽阼階下西面之位也. 上言"乃爲位", 指其將爲位之事; 下言"卽位", 正言爲位之禮也. 襲·絰·絞帶乃卽位, 又變於至家者之禮也. 袒·括髮·成踊在堂上, 襲·絰·絞帶於序東, 不言者, 蒙前可知也. 卽位拜賓, 反位成踊者, 謂於卽位之時先拜賓, 而後反位成踊也.

번역 내가 생각하기에, 무릇 상의 소식을 접하고도 곧바로 분상을 하지 못하는 경우에는 곧 자리를 마련하지만, 상의 소식을 접하고 곧바로 분상

---

4) 『의례』「상복(喪服)」: 喪服. 斬衰裳, 苴絰·杖·絞帶, 冠繩纓, 菅屨者.
5) 『예기』「잡기상(雜記上)」【496d】: 凡異居始聞兄弟之喪, 唯以哭對可也. 其始麻散帶絰.
6) 『예기』「잡기상(雜記上)」【497a】: 未服麻而奔喪, 及主人之未成絰也, 疏者與主人皆成之, 親者終其麻帶絰之日數.

을 하는 경우에는 곡을 하며 자리를 마련하지 않는다. 자리를 마련하는 것은 친소관계에 따라 친족들을 차례대로 정렬시키고, 본인은 동쪽 계단 아래에서 서쪽을 바라보는 자리로 나아가는 것을 뜻한다. 앞에서는 "이에 자리를 마련한다."라고 했는데, 이것은 장차 자리를 마련하게 된다는 사안을 가리키며, 뒤에서 "자리로 나아간다."는 말은 바로 자리를 마련하는 예를 뜻한다. 습(襲)·질(絰)·교대(絞帶)를 하게 되면 자리로 나아가니, 이 또한 분상을 하여 집에 도착한 자의 예법과 달리하는 것이다. 단(袒)을 하고 머리를 묶으며 용(踊)의 절차를 마무리하는 것은 당상(堂上)에서 하고, 습(襲)·질(絰)·교대는 서(序)의 동쪽에서 하는데, 이것을 언급하지 않은 이유는 앞의 문장을 통해서 이러한 사실을 알 수 있기 때문이다. 자리로 나아가 빈객에게 절을 하고, 자신의 자리로 되돌아와서 용(踊)의 절차를 마무리하는 것은 자신의 자리로 나아갈 때 먼저 빈객에게 절을 하고, 이후에 자신의 자리로 되돌아와서 용(踊)의 절차를 마무리한다는 뜻이다.

集解 愚謂: 五哭, 謂爲位之哭也. 五哭之後, 哭於喪次而已.

번역 내가 생각하기에, '오곡(五哭)'은 자리를 마련해서 곡하는 것을 뜻한다. 다섯 번째 곡을 한 이후에는 상중에 머무는 임시숙소에서만 곡을 할 따름이다.

集解 右聞喪不得奔喪.

번역 여기까지는 상의 소식을 접하고도 곧바로 분상하지 못하는 경우를 뜻한다.

참고 『예기』「잡기상(雜記上)」 기록

경문-496d 凡異居始聞兄弟之喪, 唯以哭對可也. 其始麻散帶絰.

제10장 곧바로 분상하지 못했을 때의 절차

번역 무릇 다른 지역에 거주하고 있는데 처음 형제의 상 소식을 듣게 된다면, 오직 곡을 하며 부고를 알려온 자를 대해야 옳다. 대공복(大功服) 이상의 관계에 있는 형제를 위해 처음 마(麻)로 만든 요질(要絰)을 착용할 때에는 끝을 매듭짓지 않고 흩트려 놓는다.

鄭注 惻怛之痛, 不以辭言爲禮也. 與居家同也. 凡喪, 小斂而麻.

번역 측은하고 애통한 마음 때문에 다른 말을 건네는 것을 예의로 삼지 않는다. 요질(要絰)을 흩트려 놓는 것은 같은 집에 거주하는 형제에 대한 경우와 동일하다. 무릇 상에 있어서 소렴(小斂)을 하게 되면 마(麻)로 된 질(絰)과 대(帶)를 찬다.

孔疏 ●"其始麻, 散帶絰"者, 此謂大功以上, 兄弟其初聞喪, 始服麻之時, 散垂要之帶絰. 若小功以下服麻, 則糾垂不散也.

번역 ●經文: "其始麻, 散帶絰". ○이것은 대공복(大功服) 이상의 관계에 있는 자들을 뜻하니, 형제에 대해 처음으로 상(喪)의 소식을 듣게 된다면, 처음에는 마(麻)로 된 것을 착용하는데, 이때 허리에 차는 질대(絰帶)는 그 끝을 흩트려서 늘어트린다. 만약 소공복(小功服) 이하의 관계에 있는 형제에 대해서 마(麻)로 된 것을 착용한다면, 끝을 꼬아서 흩트려 놓지 않는다.

孔疏 ◎注"與居"至"而麻". ○正義曰: 按士喪禮小斂襲絰于序東, 是凡士喪, 小斂而麻也. 又士喪禮三日絞垂, 此云"始麻散帶絰", 是與居家同.

번역 ◎鄭注: "與居"~"而麻". ○『의례』「사상례(士喪禮)」편을 살펴보면 소렴(小斂)을 하여 서(序)의 동쪽에서 습(襲)과 질(絰)을 차는데,[7] 이것은 모든 사 계층의 상에서 소렴을 하며 마(麻)로 된 질(絰)을 찬다는 사실을 나타낸다. 또 「사상례」편에서는 3일이 지난 뒤에 질(絰)의 늘어트린 부분

---

7) 『의례』「사상례(士喪禮)」: 卽位踊, 襲絰于序東, 復位.

을 꼬아서 매듭을 짓는다고 했으니,8) 이것은 "처음에 마(麻)로 된 대(帶)와 질(絰)은 끝을 늘어트린다."는 사실을 나타내므로, 같은 집에 거주하는 형제의 상과 동일하게 한다.

集說 兄弟異居而訃至, 唯以哭對其來訃之人, 以哀傷之情重, 不暇他言也. 其帶絰之麻始皆散垂, 謂大功以上之兄弟, 至三日而後絞之也. 小功以下不散垂.

번역 형제가 다른 지역에 거주하여 부고를 알려온 경우, 오직 곡만 하며 부고를 알리기 위해 찾아온 자를 응대하니, 애통한 마음이 무거워서 다른 말을 할 겨를이 없기 때문이다. 마(麻)로 만든 요질(要絰)을 찰 때 처음에는 모두 끝을 흩트려 놓는다. 즉 대공복(大功服)으로부터 그 이상의 관계에 있는 형제에 있어서는 3일이 지난 뒤에야 매듭을 짓는다는 뜻이다. 소공복(小功服)으로부터 그 이하의 관계에 있는 친족에 대해서는 끝을 흩트려 놓지 않는다.

集解 愚謂: 其始麻, 散帶絰者, 謂始服麻之時, 其要絰散之而不糾, 而加首以絰也. 奔喪禮, 凡聞喪卽奔喪者, 至家而襲・絰・絞帶, 三日而成服; 聞喪不得奔喪者, 聞喪卽襲・絰・絞帶, 亦三日而成服. 此聞喪卽服麻, 乃不得奔喪而成服於外者, 其始帶散麻, 至三日成服, 乃絞其帶也.

번역 내가 생각하기에, 처음 마(麻)로 된 것을 찼을 때에는 대(帶)의 질(絰)을 흩트려 늘어트린다고 했는데, 이것은 처음으로 마(麻)로 된 질(絰)을 찰 때, 요질(要絰)의 경우에는 끝을 흩트려 놓고 매듭을 짓지 않으며, 머리에는 질(絰)을 쓴다는 뜻이다. 분상(奔喪)의 예법에 따르면, 무릇 상(喪)의 소식을 접하면 곧바로 상을 당한 장소로 달려가게 되는데, 그 집에 도착하면 습(襲)과 질(絰)을 하며 대(帶)를 묶고, 3일이 지난 뒤에 성복(成

---

8) 『의례』「기석례(旣夕禮)」: 旣殯, 主人說髦. 三日絞垂. 冠六升, 外縪, 纓條屬厭.

服)을 하며, 상의 소식을 접했는데도 분상을 할 수 없는 경우라면, 상의 소식을 접한 즉시 습(襲)과 질(絰)을 하며 대(帶)를 묶고, 또한 3일이 지난 뒤에 성복을 한다. 이곳에서는 상의 소식을 접하고 곧바로 마(麻)로 된 것을 착용했다고 했으니, 분상을 하지 못하여 외지에서 성복을 한 경우이며, 처음에 대(帶)로 찬 마(麻)의 질(絰)은 그 끝을 흩트려 놓았다가 3일이 되어 성복을 하게 되면, 대(帶)의 늘어트렸던 부분을 꼬아서 매듭을 짓는다.

集解 孔氏云, "案奔喪禮聞喪卽襲·絰·絞帶不散者, 彼謂有事未得奔喪, 故不散麻, 此卽奔喪, 故散麻." 其說非也. 凡聞喪卽奔者, 其服皆深衣, 此聞喪卽加麻, 散帶, 其爲不得卽奔喪者明矣. 又孔氏云 "奔喪禮聞喪則襲·絰, 至卽絞帶, 不散帶者, 彼謂奔喪來遲, 不見尸柩, 此奔喪來至猶散帶者, 以見尸柩故也", 則其說尤不可曉. 奔喪禮襲·絰·絞帶皆於一時爲之, 初無聞喪襲·絰, 至而絞帶之事. 此"麻, 散帶絰", 特謂在外初聞喪之服, 疏乃謂 "至家猶散麻", 不知於何見之.

번역 공영달은 "분상의 예법을 살펴보면, 상(喪)을 당한 소식을 접하면 곧 습(襲)과 질(絰)을 하고 대(帶)를 묶고 끝을 늘어트리지 않는다고 했는데, 이것은 어떤 일 때문에 곧바로 분상을 하지 못한 경우이므로, 마(麻)의 끝을 늘어트리지 않는다고 한 것이며, 이곳에서 말한 것은 분상을 하는 경우이기 때문에 마(麻)의 끝을 늘어트리는 것이다."라고 했다. 그러나 이 주장은 잘못된 말이다. 무릇 상의 소식을 접하게 되어 곧바로 달려가는 경우, 그 복장은 모두 심의(深衣)가 되는데, 이곳에서는 상의 소식을 접하고 곧바로 마(麻)로 된 질(絰)을 차고 대(帶)의 끝을 늘어트린다고 했으니, 이것은 곧바로 분상을 하지 못하는 경우가 됨이 분명하다. 또 공영달은 "분상의 예법에서 상의 소식을 접하면 습(襲)과 질(絰)을 하고, 대(帶)를 묶을 때에 이르면 대(帶)의 끝을 흩트려 늘어트리지 않는데, 분상례의 경우는 분상을 한 자가 늦게 도착하여, 시신을 실은 영구를 직접 보지 못한 경우이고, 이곳에서 말한 것은 분상을 하여 상가에 도착을 했는데도 여전히 대(帶)의 끝을 늘어트리는 것은 시신을 실은 영구를 직접 보았기 때문이다."라고 했는데,

이 주장은 더욱 이해할 수 없다. 분상의 예법에서 습(襲)을 하고 질(絰)과 대(帶)를 두르는 것은 모두 동시에 하는 일이며, 애초부터 상의 소식을 접하고서 습(襲)과 질(絰)을 하고, 상가에 도착하여 대(帶)를 두른다는 일이 없다. 이곳에서 "마(麻)로 된 것을 하며 대(帶)의 질(絰)을 흩트려 늘어트린다."라고 한 말은 특별히 외지에서 최초 상에 대한 소식을 접했을 때의 복장을 뜻하는 것인데, 공영달의 소에서는 곧 "상가에 도착해서 여전히 마(麻)의 끝을 늘어트린다."라고 했으니, 어디에서 그 근거를 확인했는지 알 수 없다.

제11장

적장자가 제상(除喪) 이후 분상으로 왔을 때의 절차

【655b~c】

若除喪而後歸, 則之墓哭成踊. 東括髮袒絰, 拜賓成踊. 送賓反位, 又哭盡哀, 遂除. 於家不哭. 主人之待之也, 無變於服, 與之哭, 不踊.

직역 若히 喪을 除한 後에 歸하면, 墓로 之하여 哭하고 成踊한다. 東하여 髮을 括하고 袒하며 絰하고, 賓에게 拜하고 成踊한다. 賓을 送하고 位에 反하여, 又히 哭하여 哀를 盡하고, 遂히 除한다. 家에서는 不哭한다. 主人이 之를 待함에, 服에 變이 無하며, 之와 與하여 哭하되, 不踊한다.

의역 만약 적장자가 상을 끝낸 뒤에 되돌아왔다면, 묘(墓)로 가서 곡을 하고 용(踊)의 절차를 마무리한다. 동쪽으로 가서 머리를 묶고 단(袒)을 하며 질(絰)을 두르고, 빈객에게 절을 하며 용(踊)의 절차를 마무리한다. 빈객을 전송하고 자신의 자리로 되돌아와서 재차 곡을 하여 슬픔을 다하고, 마침내 묘소에서 상복을 제거한다. 집에서는 곡을 하지 않는다. 적장자를 제외한 나머지 형제들은 그를 기다리는데, 복장은 다시 상복으로 갈아입지 않고, 그와 함께 곡을 하지만 용(踊)은 하지 않는다.

集說 袒絰者, 袒而襲, 襲而加絰也. 遂除, 卽於墓除之也. 主人無變於服, 謂在家者但著平常吉服也. 雖與之哭於墓而不爲踊, 以服除哀殺也, 故云與之哭不踊.

번역 '단질(袒絰)'은 단(袒)을 하고 습(襲)을 하며, 습(襲)을 하고서 질

(經)을 두른다는 뜻이다. '수제(遂除)'는 묘(墓)에 가서 상복을 제거한다는 뜻이다. 주인은 복장에 변화를 주지 않는다는 말은 집에 머물러 있는 자들은 단지 평상시의 길한 복장을 착용하고 있다는 뜻이다. 비록 그와 함께 묘에서 곡을 하지만 용(踊)은 하지 않으니, 상복을 제거하여 애통함이 줄어들었기 때문에 "그와 함께 곡을 하지만 용(踊)은 하지 않는다."라고 말한 것이다.

大全 嚴陵方氏曰: 喪者之墓雖哭, 於家則不哭. 主人之待之也, 雖哭於墓而不踊, 且無變於服, 時已過禮, 亦爲之殺也.

번역 엄릉방씨가 말하길, 상을 당한 자가 묘(墓)로 가서 비록 곡을 하지만 집에서는 곡을 하지 않는다. 나머지 형제들이 그를 기다리며 비록 묘에서 곡을 하지만 용(踊)은 하지 않고, 또 복장에 있어서도 변화가 없으니, 그 시기는 이미 해당 의례를 진행할 때를 지나쳤으므로, 또한 그로 인해 줄이게 된다.

鄭注 東, 東卽主人位, 如不及殯者也. 遂除, 除於墓而歸. "無變於服", 自若時服也. 亦卽位于墓左, 婦人墓右.

번역 '동(東)'자는 동쪽으로 가서 주인의 자리로 나아간다는 뜻이니, 빈소가 마련된 시기까지 당도하지 못한 경우와 같다. '수제(遂除)'는 묘(墓)에서 상복을 제거하고 되돌아온다는 뜻이다. "복장에 변화가 없다."는 말은 각자 그 시기에 착용하는 복장을 입는다는 뜻이다. 또한 묘의 좌측에서 자신의 자리로 나아가며, 부인들은 묘의 우측에서 정렬한다.

孔疏 ●"若除"至"不踊". ○正義曰: 此一節明除服之後奔父母喪節.

번역 ●經文: "若除"~"不踊". ○이곳 문단은 상복을 제거한 이후 부모의 상에 분상하는 예법을 나타내고 있다.

제11장 적장자가 제상(除喪) 이후 분상으로 왔을 때의 절차 **171**

孔疏 ●"則之墓, 哭, 成踊"者, 亦謂主人適子, 初在墓南北面, 哭, 成踊, 乃來就主人之位, 括髮袒也.

번역 ●經文: "則之墓, 哭, 成踊". ○이 또한 주인의 역할을 수행해야 할 적장자의 경우이니, 최초 묘(墓)의 남쪽에서 북쪽을 바라보며 곡을 하고, 용(踊)의 절차를 마무리하며, 그런 뒤에는 곧 주인의 자리로 나아가서 머리를 묶고 단(袒)을 한다.

孔疏 ●"主人之待之也, 無變於服"者, 主人, 亦謂在家者.

번역 ●經文: "主人之待之也, 無變於服". ○'주인(主人)'은 또한 집에 머물러 있던 자들을 뜻한다.

孔疏 ●"無變於服", 謂著平常之吉服.

번역 ●經文: "無變於服". ○평상시의 길복을 착용한다는 뜻이다.

孔疏 ●"不踊"者, 以在家者其服已除, 哀情已殺, 故不踊也.

번역 ●經文: "不踊". ○집에 머물러 있던 자들은 상복을 이미 제거한 상태이고, 애통한 감정도 이미 줄어들었다. 그렇기 때문에 용(踊)을 하지 않는다.

孔疏 ◎注"東東"至"而歸". ○正義曰: 以東方是主人之位, 經云"東", 故云"卽主人之位". 云"如不及殯者也", 以上文奔父母之喪, "不及殯, 先之墓, 北面哭", 下文東卽主人之位, 除喪之後, 奔其位, 如不及殯之時. 云"遂除, 於墓而歸"者, 以經云"遂除, 於家不哭", 鄭恐來至家始除服, 故明之. 云"遂除", 謂墓所遂除服, 至於家不復哭也.

번역 ◎鄭注: "東東"~"而歸". ○동쪽은 주인의 자리가 되는데, 경문에서는 '동(東)'이라고 했다. 그렇기 때문에 "주인의 자리로 나아간다는 뜻이다."라고 했다. 정현이 "빈소가 마련된 시기까지 당도하지 못한 경우와 같다."라고 했는데, 앞의 문장에서 부모의 상에 분상을 한 경우, "빈소가 마련된 시기까지 당도하지 못하면 먼저 묘(墓)로 가서 북쪽을 바라보며 곡을 한다."라고 했고, 아래문장에서는 동쪽으로 나아가 주인의 자리로 간다고 했으니, 상을 끝낸 이후 분상을 했을 때의 자리는 빈소가 마련된 시기까지 당도하지 못했을 때처럼 한다. 정현이 "'수제(遂除)'는 묘(墓)에서 상복을 제거하고 되돌아온다는 뜻이다."라고 했는데, 경문에서는 "마침내 제거를 하면, 집에서는 곡을 하지 않는다."라고 했으니, 정현은 집에 당도해야만 비로소 상복을 제거한다고 오해할 것을 염려했기 때문에 명시한 것이다. '수제(遂除)'라고 한 것은 묘소가 있는 곳에서 마침내 상복을 제거한다는 뜻으로, 집에 도착해서는 재차 곡을 하지 않는다.

集解 愚謂: 東括髮·袒者, 括髮·袒而東卽主人之位也. 東括髮·袒, 不言 "成踊", 文略也.

번역 내가 생각하기에, "동쪽으로 가서 머리를 묶고 단(袒)을 한다."는 말은 머리를 묶고 단(袒)을 하고서 동쪽으로 가서 주인의 자리로 나아간다는 뜻이다. 동쪽에서 머리를 묶고 단(袒)을 한다고 했는데, "용(踊)의 절차를 마무리한다."라고 말하지 않은 것은 문장을 간략히 기록했기 때문이다.

• 제 12 장 •

친족이 제상(除喪) 이후 분상으로 왔을 때의 절차

【655c】

自齊衰以下, 所以異者免麻.

직역 齊衰로 自하여 下에, 異한 所의 者는 免麻이다.

의역 자최복(齊衰服) 이하의 자가 분상을 했는데, 상이 끝난 뒤에 도착한 경우, 차이를 보이는 것은 면(免)을 하고 허리에 마(麻)로 만든 질(絰)을 두르는 것이다.

集說 齊衰大功小功緦之服, 其奔喪在除服之後者, 惟首免要麻絰, 於墓所哭罷卽除, 無括髮等禮也. 故云所以異者免麻.

번역 자최복(齊衰服)・대공복(大功服)・소공복(小功服)・시마복(緦麻服)에 있어서, 그가 분상을 했는데 상복을 제거한 이후에 당도하게 되면, 오직 머리에만 면(免)을 하고 허리에는 마(麻)로 만든 질(絰)을 차며, 묘소에서 곡하는 일이 끝나면 곧 제거하니, 머리를 묶는 등의 예법이 없다. 그렇기 때문에 "차이를 보이는 것은 면(免)과 마(麻)를 하는 것이다."라고 했다.

孔疏 ●"自齊"至"免麻". ○正義曰: 此一節明齊衰以下除服之後奔喪之節, 唯著免麻, 不括髮, 墓所哭罷卽除. 此"免麻"者, 當謂至緦麻也.

번역 ●經文: "自齊"~"免麻". ○이곳 문단은 자최복(齊衰服)으로부터 그 이하의 경우 상복을 제거한 이후에 분상을 한 절차를 나타내고 있는데, 단지 면(免)을 하고 마(麻)로 된 질(絰)을 차며, 머리를 묶지 않고, 묘소에서 곡하는 일이 끝나면 곧바로 제거한다. 이곳에서 '면마(免麻)'라고 한 것은 마땅히 시마복(緦麻服)을 착용한 자에게까지 해당함을 뜻한다.

集解 右除喪而后歸.

번역 여기까지는 상복을 제거한 이후에 분상을 하여 되돌아온 경우를 뜻한다.

• 제 13 장 •

친족의 상에 곧바로 분상하지 못했을 때의 절차

【655d】

凡爲位, 非親喪, 齊衰以下皆卽位哭盡哀, 而東免絰卽位, 袒成踊. 襲, 拜賓反位, 哭成踊. 送賓反位, 相者告就次. 三日五哭卒, 主人出送賓. 衆主人兄弟皆出門, 哭止, 相者告事畢, 成服拜賓. 若所爲位家遠, 則成服而往.

직역 凡히 位를 爲함에는 親喪이 非이면, 齊衰로 下는 皆히 位에 卽하여 哭하여 哀를 盡하고, 東하여 免하고 絰하여 位에 卽하고, 袒하여 成踊한다. 襲하고, 賓에게 拜하고 位에 反하며, 哭하고 成踊한다. 賓을 送하고 位에 反하면, 相者가 次에 就하길 告한다. 三日에 五哭을 卒하면, 主人은 出하여 賓을 送한다. 衆主人과 兄弟가 皆히 門을 出하면 哭을 止하고, 相者가 事가 畢함을 告하며, 成服하고 賓에게 拜한다. 若히 位를 爲한 所의 家가 遠하면, 成服하고서 往한다.

의역 무릇 곡하는 자리를 마련할 때, 부모의 상이 아니라면 자최복(齊衰服) 이하의 상에서는 모두 마련한 자리로 나아가서 곡을 하여 슬픔을 다하고, 동쪽으로 가서 면(免)과 질(絰)을 하고 자신의 자리로 나아가고, 단(袒)을 하고 용(踊)의 절차를 마무리한다. 습(襲)을 하고 빈객에게 절을 하며 자신의 자리로 되돌아와서 곡을 하고 용(踊)의 절차를 마무리한다. 빈객을 전송하고 자신의 자리로 되돌아오면 의례 진행을 돕는 자는 임시숙소에 나아가도록 알린다. 3일째에 다섯 번째 곡하는 일을 마치면, 주인은 밖으로 나와서 빈객을 전송한다. 나머지 형제들과 친족형제들은 모두 문밖으로 나오면 곡하는 것을 그치고, 의례 진행을 돕는 자는 일이 모두 끝났음을 아뢰며, 성복(成服)을 하고서 빈객에게 절을 한다. 만약 자리를 마련한 집이 거리가 멀다면, 성복을 하고서 찾아간다.

集說 人臣奉君命以出, 而聞父母之喪, 則固爲位而哭, 其餘不得爲位也. 此言非親喪, 而自齊衰以下亦得爲位者, 必非奉君命以出, 而爲私事未奔者也. 此以上言五哭者四, 前三節言五哭, 皆止計朝哭, 故五日乃畢. 獨此所言三日五哭卒者, 謂初聞喪一哭, 明日朝夕二哭, 又明日朝夕二哭. 幷計夕哭者, 以私事可以早畢, 而亟謀奔喪故也. 曰主人出送賓者, 謂旣奔喪至家, 則喪家之主人爲之出送賓也. 所謂奔喪者非主人, 則主人爲之出送賓是也. 衆主人兄弟, 亦謂在喪家者. 成服拜賓者, 謂三日五哭卒之明日爲成服, 其後有賓, 亦與之哭而拜之也. 前兩節五哭後不言拜賓者, 省文耳. 若所爲位者之家道遠, 則成服而後往亦可, 蓋外喪緩, 可容辨集而行也.

번역 신하가 군주의 명령을 받들어 외지에 나가 있다가 부모의 상 소식을 접하게 된다면, 진실로 자리를 마련하여 곡을 하는데, 나머지 경우에는 자리를 마련할 수 없다. 이곳에서 부모의 상이 아니라면 자최복(齊衰服) 이하의 상에서는 또한 자리를 마련할 수 있다고 했는데, 이것은 분명 군주의 명령을 받들고 외지로 나가지 않은 것이며, 개인적인 일로 인해 아직 분상을 하지 못한 경우이다. 이곳 구문까지 '오곡(五哭)'이라고 말한 것은 네 번인데, 앞의 세 문단에서 '오곡(五哭)'을 말한 것은 모두 아침에 곡하는 것만을 계산한 것이다. 그렇기 때문에 5일째가 되면 모두 마치게 된다. 그런데 이곳에서만 유독 3일째에 다섯 번째 곡하는 일을 끝낸다고 했으니, 최초 상의 소식을 접했을 때 첫 번째 곡을 하고, 그 다음날 아침과 저녁에 두 차례 곡을 하며, 또 그 다음날 아침과 저녁에 두 차례 곡을 한다는 뜻이다. 즉 저녁에 곡하는 것까지 함께 합산을 하니, 사적인 일로 인해 조기에 마칠 수 있고, 하루라도 빨리 분상을 하고자 계획하기 때문이다. "주인이 밖으로 나와서 빈객을 전송한다."라고 했으니, 곧바로 분상을 하여 집에 도착하면, 상가의 주인은 그를 위해 밖으로 나와서 빈객을 전송한다는 뜻이다. 즉 분상을 하는 자가 주인이 아니라면, 주인이 그를 위해 밖으로 나와서 빈객을 전송한다는 뜻이다. 나머지 형제들과 친족형제들은 또한 상가에 남아있던 자들을 뜻한다. 성복(成服)을 하고 빈객에게 절을 한다는 말은 3일째 다섯 번째 곡을 하는 일이 끝난 다음날 성복을 하고, 그 이후에 빈객이 찾아오면 또한 그와 함께 곡을 하고 그에게 절을 한다는 뜻이다. 앞의 두 문단은 다섯 번째 곡을 한 이후에 빈객에게 절을 한다고 말하지 않았는데, 문장을 생략해서 기록했기 때문이다. 만약 자리를 마련한 집이 거리가 멀다면, 성복을 한 이후에 찾아가는 것 또한 괜찮으니, 외상(外喪)[1]에 대해서는 다소 느슨하게 해서, 복장을 갖춰서 길을 떠나는 것도 수용할 수 있다.

鄭注 謂無君事, 又無故, 可得奔喪, 而以己私未奔者也. 唯[2]父母之喪, 則不爲位, 其哭之不離聞喪之處. 齊衰以下, 更爲位而哭, 皆可行乃行. 卒, 猶止也. "三日五哭"者, 始聞喪, 訖夕爲位, 乃出就次, 一哭也, 與明日·又明日之朝·夕而五哭. 不五朝哭, 而數朝·夕, 備五哭而止. 亦爲急奔喪, 己私事當畢, 亦明日乃成服. 凡云"五哭"者, 其後有賓, 亦與之哭而拜之. 謂所當奔者, 外喪也. 外喪緩而道遠, 成服乃行, 容待齊也.

번역 군주로부터 부여받은 일이 없고, 또한 특별한 이유가 없으면 곧바로 분상을 할 수 있지만, 자신의 사적인 일로 인해 아직 분상을 하지 못한 경우를 뜻한다. 오직 부모의 상에서만 자리를 마련할 수 없으며, 곡을 하는 장소는 상의 소식을 접한 곳에서 떨어질 수 없다. 자최복(齊衰服) 이하의 경우에는 재차 자리를 마련하여 곡을 하니, 모두 떠날 수 있다면 곧바로 분상을 한다. '졸(卒)'자는 "그치다[止]."는 뜻이다. "3일째에 다섯 번째 곡을 한다."라고 했는데, 처음 상의 소식을 접하면, 저녁에 자리 마련하는 일이 끝나면 밖으로 나와서 임시숙소로 나아가니 이것이 첫 번째 곡이다. 그리고 그 다음날과 그 다음날의 아침 및 저녁에 곡하는 것까지 합하여 다섯

---

1) 외상(外喪)은 대문(大門) 밖에서 발생한 상(喪)을 뜻한다. 즉 자신과 같은 집에서 살고 있지 않은 친인척에 대한 상(喪)을 뜻한다.
2) '유(唯)'자에 대하여. '유'자는 본래 없던 글자인데, 완원(阮元)의 『교감기(校勘記)』에서는 "혜동(惠棟)의 『교송본(校宋本)』에는 '유'자가 기록되어 있고, 『송감본(宋監本)』·『악본(岳本)』·위씨(衛氏)의 『집설(集說)』에도 동일하게 기록되어 있다. 따라서 이곳 판본에는 '유'자가 잘못하여 누락된 것이며, 『민본(閩本)』·『감본(監本)』·『모본(毛本)』·『가정본(嘉靖本)』에도 동일하게 누락되어 있다."라고 했다.

차례 곡이 된다. 아침에 곡하는 것만 합하여 다섯 번째로 계산하지 않고, 아침과 저녁에 곡하는 것까지 모두 합산하여 다섯 번째 곡을 하게 되면 그친다. 이것은 또한 급히 분상을 하고자 함이니, 자신의 개인적인 용무는 마땅히 빨리 끝내야 하고, 또 그 다음날 성복(成服)을 한다. 무릇 '오곡(五 哭)'이라고 했는데, 그 이후에 빈객이 찾아왔다면, 또한 그와 함께 곡을 하고 그에게 절을 한다. 집이 멀다는 말은 분상을 해야만 하는 경우를 뜻하니, 외상(外喪)에 해당한다. 외상에 대해서는 다소 느슨하게 하고 길이 멀기 때문에 성복을 하고서 길을 떠나니, 여정 준비를 갖출 동안 기다리는 것도 허용하고자 함이다.

釋文 離, 力智反. 之朝, 朝, 旦也, 下同. 數, 色主反. 爲, 于僞反. 齎, 子西反, 資糧也, 一音咨.

번역 '離'자는 '力(력)'자와 '智(지)'자의 반절음이다. '之朝'에서의 '朝'자는 아침을 뜻하며, 아래문장에 나오는 글자도 이와 같다. '數'자는 '色(색)'자와 '主(주)'자의 반절음이다. '爲'자는 '于(우)'자와 '僞(위)'자의 반절음이다. '齎'자는 '子(자)'자와 '西(서)'자의 반절음이며, 여정에 필요한 경비를 뜻하고, 다른 음은 '咨(자)'이다.

孔疏 ●"凡爲"至"而往". ○正義曰: 此一節明齊衰以下不得往奔, 則於所聞之處爲位, 及免·絰·成服之禮.

번역 ●經文: "凡爲"~"而往". ○이곳 문단은 자최복(齊衰服) 이하의 상에서 분상을 할 수 없는 경우에는 소식을 접한 장소에 자리를 마련하고, 면(免)을 하고 질(絰)을 하며 성복(成服)하는 예법을 나타내고 있다.

孔疏 ●"三日五哭"者, 謂初聞喪爲一哭, 明日朝·夕二哭, 又明日朝·夕二哭, 總爲五哭. 所以三日爲五哭者, 爲急欲奔喪, 以己之私事須營早了, 故三日而五哭止也.

번역 ●經文: "三日五哭". ○최초 상의 소식을 접하면 첫 번째 곡을 하고, 그 다음날 아침과 저녁에 두 차례 곡을 하며, 또 그 다음날 아침과 저녁에 두 차례 곡을 하니, 총괄해서 다섯 차례 곡을 한다. 3일째에 다섯 차례 곡을 하는 것은 급히 분상을 하고자 하여, 자신의 사적인 일은 빨리 마무리를 지어야 하기 때문에, 3일째에 다섯 차례 곡을 하고 그치는 것이다.

孔疏 ◎注"謂無"至"乃行". ○正義曰: 己聞齊衰以下之喪, 旣不銜君事, 又無私事, 故可得早奔, 唯以己之私事未得奔者. 必知"無君事"者, 若銜君命, 於事爲重, 唯父母之喪, 乃敢顯然爲鄰列之位. 今若銜君使命, 聞齊衰以下輕喪, 不敢以私害公, 不敢顯然爲位. 此言"爲位", 故知無君命, 自以私事未得奔者. 云"齊衰以下, 更爲位而哭, 皆可行乃行"者, 齊衰以下, 於聞喪之處已哭, 哭罷更爲位而哭, "可行卽行", 以齊衰以下皆然, 故云"皆"也.

번역 ◎鄭注: "謂無"~"乃行". ○본인이 자최복(齊衰服) 이하의 상 소식을 접하였는데, 이미 군주가 시킨 일을 시행하는 상태가 아니고 또 사적인 일도 없기 때문에 재빨리 분상을 할 수 있다. 그러나 여기에서 말한 경우는 자신의 사적인 일로 인해 곧바로 분상을 할 수 없는 경우에 해당한다. 정현이 "군주로부터 부여받은 일이 없다."라고 했는데, 이러한 사실을 명확히 알 수 있는 이유는 만약 군주의 명을 받들고 있으면 그 사안이 중대하며, 오직 부모의 상에 대해서만 감히 분명하게 대열을 맞춘 자리를 마련할 수 있다. 현재 만약 군주가 시킨 명령을 받들고 있는데, 자최복 이하의 상 소식을 접하게 된다면, 그 상은 수위가 낮으니, 감히 사적인 일로 인해 공적인 업무에 피해를 주어서는 안 되고, 감히 명확히 구분되는 자리를 마련할 수 없다. 이곳에서 "자리를 마련한다."라고 했기 때문에, 군주로부터 부여받은 일이 없다는 사실을 알 수 있으며, 사적인 일로 인해 곧바로 분상을 할 수 없는 경우에 해당한다. 정현이 "자최복 이하의 경우에는 재차 자리를 마련하여 곡을 하니, 모두 떠날 수 있다면 곧바로 분상을 한다."라고 했는데, 자최복 이하의 상에서, 상의 소식을 접한 장소에서 이미 곡을 했고, 곡하는 일이 끝나면 다시 자리를 마련하여 곡을 하는 것이며, "떠날 수 있다면 곧바로 분상을 한다."라는 것은 자최복 이하의 상에서 모두 이처럼 한다는 뜻이다. 그렇기 때문에 '모두[皆]'라고 했다.

孔疏 ◎注"數朝"至"拜之". ○正義曰: 前云三日成服, 於五哭皆數朝哭, 五日而五哭, 唯三日數夕哭爲五哭者, 前文三日五哭, 成服之後, 乃云"五哭", 故數"成服"後日之哭乃爲"五". 此"三日五哭", 是三日之內爲"五哭", 故數夕哭爲"五哭". 經文不同, 故鄭注亦異. 云"亦明日乃成服"者, 鄭恐三日爲五哭, 恐數聞喪三日亦成服, 故云"明日乃成服", 以成服必除初聞喪爲三日也. 云"凡云五哭者, 其後有賓, 亦與之哭而拜之"者, 從上以來四處有"五哭"之文, 上兩處於五哭之下無拜賓・送賓之事. 下兩處五哭之文雖有拜賓・送賓, 恐與上有異, 故鄭總明之, 云"凡云五哭者, 其後有賓, 亦與之哭而拜之", 總結於上也.

번역 ◎鄭注: "數朝"~"拜之". ○앞에서는 3일째에 성복(成服)을 하고, 다섯 번째 곡을 하는 것에 대해서 모두 아침에 곡하는 것만 셈하여, 5일째에 다섯 번째 곡을 하게 된다. 그런데 여기에서는 3일째가 되는데도 아침과 저녁에 곡하는 것까지 합산하여 다섯 번째 곡을 한다고 했고, 앞에서 3일째에 다섯 번째 곡을 한다는 것은 성복을 한 이후에 '오곡(五哭)'이라고 했다. 그렇기 때문에 성복을 한 이후에 곡하는 것까지 합하여 '오(五)'라고 한 것이다. 이곳에서 "3일째에 다섯 번째 곡을 한다."라고 했는데, 이것은 3일 이내에 다섯 번째 곡을 한다는 뜻이다. 그렇기 때문에 저녁에 곡하는 것까지 합산하여 다섯 번째 곡을 하는 것이다. 경문이 다르기 때문에 정현의 주 또한 차이를 보인다. 정현이 "또 그 다음날 성복을 한다."라고 했는데, 정현은 3일째에 다섯 번째 곡을 하면, 상의 소식을 접한 날까지 합산하여 3일째에 성복을 한다고 오해할 것을 염려했다. 그렇기 때문에 "그 다음날 성복을 한다."라고 했으니, 성복을 할 때에는 반드시 최초 상의 소식을 접한 날을 제외하고서 3일째에 하기 때문이다. 정현이 "무릇 '오곡(五哭)'이라고 했는데, 그 이후에 빈객이 찾아왔다면, 또한 그와 함께 곡을 하고 그에게 절을 한다."라고 했는데, 앞에서부터 4곳에서 '오곡(五哭)'이라는 문장이 나오며, 앞의 두 곳에서는 오곡을 말한 뒤에 빈객에게 절을 하거나 빈객을 전송한다는 사안이 기록되어 있지 않다. 반면 뒤의 두 곳에서는 오곡을 말한 문장에 빈객에게 절을 하거나 빈객을 전송한다는 기록이 있는데, 앞의 경우와 차이가 있을 것이라고 오해할 것을 염려했기 때문에 정현이 총괄적으로 그 사안을 나타낸 것으로, "무릇 '오곡(五哭)'이라고 했는데, 그 이후에 빈객이 찾아왔다면, 또한 그와 함께 곡을 하고 그에게 절을 한다."라고 말한 것이니, 앞의 사안에 대해서 총괄적으로 결론을 맺은 것이다.

孔疏 ◎注"外喪緩而道遠, 成服乃行, 容待齊也". ○正義曰: 以外喪恩輕, 故哀情緩也. 道路又遠, 容待齊持賵贈之物, 故成服乃去也.

번역 ◎鄭注: "外喪緩而道遠, 成服乃行, 容待齊也". ○외상(外喪)에 대해서는 은정이 상대적으로 가볍기 때문에 애통한 마음이 다소 느슨하다. 길 또한 머니, 여행 경비와 부의로 가져갈 물건을 준비하는 것까지 허용하기 때문에 성복(成服)을 하고서 길을 떠나는 것이다.

集解 愚謂: 此言齊衰以下爲位之禮也. 齊衰以下皆卽位者, 言齊衰以下不得奔喪皆得爲位也. 爲位之禮, 亦於堂上, 哭盡哀, 乃降而免絰于序東, 然後卽阼階下西面之位. 凡受弔於外者, 雖非主人, 皆拜賓, 但不稽顙耳.

번역 내가 생각하기에, 이 내용은 자최복(齊衰服) 이하의 상에서 자리를 마련하는 예법을 뜻한다. 자최복 이하의 상에서는 모두 자리로 나아간다고 했는데, 자최복 이하의 상에 분상을 할 수 없는 경우에는 자리를 마련할 수 있다는 뜻이다. 자리를 마련하는 예법은 또한 당상(堂上)에서 하게 되며, 곡을 하여 슬픔을 다하면, 당하(堂下)로 내려와서 서(序)의 동쪽에서 면(免)과 질(絰)을 하고, 그런 뒤에 동쪽 계단 밑에서 서쪽을 바라보는 자리로 나아간다. 무릇 외지에서 조문을 받을 때에는 비록 주인이 아니더라도 모두 빈객에게 절을 하지만, 이마를 땅에 대지는 않을 따름이다.

集解 按: "主人出送賓", 至"哭止"十五字, 於上下不相屬, 注疏皆無解說,蓋衍文.

번역 살펴보니, "주인이 밖으로 나가서 빈객을 전송한다."라는 구문부터 "곡을 그친다."라는 구문까지 총 15개 글자는 앞뒤 문맥이 서로 연결되지 않고, 정현의 주와 공영달의 소에서 별다른 설명이 없는데, 아마도 연문으로 들어간 글자인 것 같다.

集解 愚謂: 上言有故不得奔喪者, 此非有他故, 直以道遠服輕, 故成服乃往耳.

번역 내가 생각하기에, 앞에서는 까닭이 있어서 곧바로 분상을 하지 못한 경우를 뜻했는데, 이곳의 내용은 특별한 이유가 없고, 단지 길이 멀고 상복의 수위가 낮기 때문에 성복(成服)을 하고서야 길을 떠난다고 한 것일 뿐이다.

集解 右齊衰以下爲位.

번역 여기까지는 자최복(齊衰服) 이하의 상에서 자리를 마련하는 것을 뜻한다.

集解 上爲正經, 此下乃其記也.

번역 여기까지는 본래의 경문에 해당하며, 아래 구문부터는 경문에 대한 기문(記文)이다.

• 제14장 •

친족의 상에 분상할 때 곡하는 장소

【656b】

齊衰望鄕而哭, 大功望門而哭, 小功至門而哭, 緦麻卽位而哭.

직역 齊衰는 鄕을 望하여 哭하고, 大功은 門을 望하여 哭하며, 小功은 門에 至하여 哭하고, 緦麻는 位에 卽하여 哭한다.

의역 자최복(齊衰服)의 상에서는 상을 당한 자의 고향을 바라보며 곡을 하고, 대공복(大功服)의 상에서는 상을 당한 자의 집 문을 바라보며 곡을 하며, 소공복(小功服)의 상에서는 상을 당한 자의 문까지 당도하여 곡을 하고, 시마복(緦麻服)의 상에서는 상을 당한 자의 집에 마련된 자리로 나아가서 곡을 한다.

集說 雜記云, 大功望鄕而哭者, 謂本是齊衰降而服大功也, 故與此不同.

번역 『예기』「잡기(雜記)」편에서는 "대공복(大功服)을 착용하는 자는 상을 당한 자의 고향을 바라보며 곡을 한다."[1]라고 했는데, 이것은 본래는 자최복(齊衰服)에 해당하지만 강복(降服)[2]을 하여 대공복을 착용하는 경

---

1) 『예기』「잡기상(雜記上)」, 【497c】 : 聞兄弟之喪, 大功以上, 見喪者之鄕而哭.
2) 강복(降服)은 상(喪)의 수위를 본래의 등급보다 한 등급 낮추는 일에 해당한다. 예를 들어 자식은 부모에 대해 삼년상을 치러야 하지만, 다른 집의 양자로 간 경우라면 자신의 친부모에 대해 삼년상을 치르지 않고, 한 등급 낮춰서 1년만 치르게 된다. 이것은 상(喪)의 기간에만 해당하는 것이 아니라, 상복(喪服) 및 상(喪)을 치르며 부수적으로 갖추게 되는 기물(器物)들에도 적용된다.

우를 뜻한다. 그렇기 때문에 이곳의 내용과 차이를 보인다.

大全 嚴陵方氏曰: 以服有重輕之別, 故哭有遠近之差也. 言齊衰望鄉而哭, 則斬衰不待望鄉而哭可知.

번역 엄릉방씨가 말하길, 상복에는 경중의 구별이 있기 때문에 곡을 할 때에도 멀고 가까운 차이가 있다. 자최복(齊衰服)의 상에서 상을 당한 자의 고향을 바라보며 곡을 한다고 했다면, 참최복(斬衰服)에서는 고향을 바라볼 수 있을 때까지 기다리지 않고 곡을 한다는 사실을 알 수 있다.

鄭注 奔喪哭, 親疏遠近之差也.

번역 분상을 하여 곡을 할 때, 친하고 소원한 관계에 따라 곡하는 장소의 멀고 가까운 차이를 뜻한다.

釋文 差, 初佳反, 又初宜反, 下同.

번역 '差'자는 '初(초)'자와 '佳(가)'자의 반절음이며, 또한 '初(초)'자와 '宜(의)'자의 반절음도 되며, 아래문장에 나오는 글자도 그 음이 이와 같다.

孔疏 ●"齊衰"至"而哭". ○正義曰: 此一節明奔喪所至之處哭泣之禮. 按雜記云"大功望鄉而哭", 此云"望門而哭"者, 雜記所云者, 謂本齊衰喪者降服大功.

번역 ●經文: "齊衰"~"而哭". ○이곳 문단은 분상을 하여 도착한 곳에서 곡을 하며 눈물을 흘리는 예법을 나타내고 있다. 『예기』「잡기(雜記)」편을 살펴보면, "대공복(大功服)을 착용하는 자는 상을 당한 자의 고향을 바라보며 곡을 한다."라고 했는데, 이곳에서는 "문을 바라보며 곡을 한다."라고 했다. 「잡기」편에서 언급한 내용은 본래는 자최복(齊衰服)을 입어야 하는 상이지만, 강복(降服)을 하여 대공복(大功服)을 착용한 경우를 뜻한다.

集解 右記奔齊衰以下喪哭遠近之節.

번역 여기까지는 분상을 할 때 자최복(齊衰服) 이하의 상에서 곡을 하며 나타나는 원근의 차이 규범을 기록하고 있다.

참고 『예기』「잡기상(雜記上)」 기록

경문-497c 聞兄弟之喪, 大功以上, 見喪者之鄕而哭.

번역 분상(奔喪)의 예법에 있어서, 형제에 대한 상의 소식을 들었는데, 그 자가 강복(降服)을 한 대공복(大功服)으로부터 그 이상의 관계에 있는 자라면, 상을 당한 자의 고향을 향하여 곡을 한다.

鄭注 奔喪節也.

번역 분상(奔喪)의 규범에 해당한다.

孔疏 ●"見喪者之鄕而哭"者, 此謂親兄弟·同氣及同堂兄弟也. 奔喪禮云: "齊衰望鄕而哭, 大功望門而哭." 此云"大功以上, 見喪者之鄕而哭"者, 盧云"謂降服大功者也", 鄭無別辭, 當同盧也. 若如此, 則兄弟之名, 通輕重也.

번역 ●經文: "見喪者之鄕而哭". ○이곳 내용은 친형제·같은 피를 이어 받은 자·동당형제에 대한 경우를 뜻한다. 『예기』「분상」편의 예법에서는 "자최복(齊衰服)의 상에서는 상을 당한 자의 고향을 바라보며 곡을 하고, 대공복(大功服)의 상에서는 상을 당한 자의 집 문을 바라보며 곡을 한다."라고 했는데, 이곳에서는 "대공복으로부터 그 이상의 관계라면, 상을 당한 자의 고향을 보고 곡을 한다."라고 했다. 그 이유에 대해서 노식3)은

---

3) 노식(盧植, A.D.159?~A.D.192) : =노씨(盧氏). 후한(後漢) 때의 유학자이

"강복(降服)을 하여 대공복을 착용하는 경우이다."라고 했는데, 정현은 그에 대해 별다른 해설을 하지 않았으니, 노식의 의견에 동의한 것이다. 만약 이러한 주장대로라면, '형제(兄弟)'라는 명칭은 형제 중 관계가 친밀한 자와 소원한 자를 통틀어 한 말이다.

集說 奔喪禮云, "齊衰望鄕而哭, 大功望門而哭", 此言大功以上, 謂降服大功者也. 凡喪服, 降服重於正服.

번역 『예기』「분상」편의 예법에서는 "자최복(齊衰服)의 상에서는 상을 당한 자의 고향을 바라보며 곡을 하고, 대공복(大功服)의 상에서는 상을 당한 자의 집 문을 바라보며 곡을 한다."라고 했는데, 이곳에서는 대공복으로부터 그 이상의 관계라고 했으니, 본래의 상복보다 수위를 낮춰서 대공복을 착용한 경우이다. 무릇 상복에 있어서 강복(降服)을 한 경우는 정복(正服)보다 수위가 높다.4)

集解 愚謂: 云"見喪者之鄕而哭", 以明其不待及門而哭爾, 未必專爲降服大功也.

번역 내가 생각하기에, "상을 당한 자의 고향을 바라보며 곡을 한다."라고 한 말은 이를 통해서 그의 집 문에 당도할 때까지 기다리지 않고 곡을 한다는 뜻을 나타낼 따름이니, 전적으로 강복(降服)을 하여 대공복(大功服)을 착용하는 경우로 볼 필요는 없다.

다. 자(字)는 자간(子幹)이다. 어려서 마융(馬融)을 스승으로 섬겼다. 영제(靈帝)의 건녕(建寧) 연간(A.D.168~A.D.172)에 박사(博士)가 되었다. 채옹(蔡邕) 등과 함께 동관(東觀)에서 오경(五經)을 교정했다. 후에 동탁(董卓)이 소제(少帝)를 폐위시키자, 은거하며 『상서장구(尙書章句)』, 『삼례해고(三禮解詁)』를 저술했지만, 남아 있지 않다.
4) 예를 들어 본래는 자최복(齊衰服)을 착용해야 하는데, 수위를 낮춰서 대공복(大功服)을 착용하면, 본래 대공복을 착용해야 하는 경우보다 수위가 높다는 뜻이다.

• 제 15 장 •

상복관계가 없는 자에게 곡하는 장소

【656b】

哭, 父之黨於廟, 母妻之黨於寢, 師於廟門外, 朋友於寢門外, 所識於野張帷. 凡爲位不奠.

직역 哭에서는 父의 黨은 廟에서 하고, 母妻의 黨은 寢에서 하며, 師는 廟門의 外에서 하고, 朋友는 寢門의 外에서 하며, 識한 所는 野에서 帷를 張한 곳에서 한다. 凡히 位를 爲하면 不奠한다.

의역 곡을 할 때 부친의 친족에 대해서는 묘(廟)에서 하고, 모친과 처의 친족에 대해서는 침(寢)에서 하며, 스승에 대해서는 묘문 밖에서 하고, 벗에 대해서는 침문 밖에서 하며, 서로 알고 있는 자에 대해서는 들판에서 하는데 장막을 치고 한다. 무릇 자리를 마련하게 되면 전제사를 지내지 않는다.

집설 檀弓云, "師吾哭諸寢." 又云, "有殯聞遠兄弟之喪, 哭於側室, 若無殯則在寢矣." 舊說異代之禮, 所以不同, 不然, 記者所聞或誤歟.

번역 『예기』「단궁(檀弓)」편에서는 "스승에 대해서라면, 나는 침(寢)에서 곡을 해야 한다."[1]라고 했고, 또 "집에 빈소가 차려져 있을 때, 멀리 떨어져 살고 있는 형제에 대한 상 소식을 접하게 된다면, 측실(側室)에서 곡을

---

1) 『예기』「단궁상(檀弓上)」【81d】: 伯高死於衛, 赴於孔子. 孔子曰: "吾惡乎哭諸? 兄弟, 吾哭諸廟; 父之友, 吾哭諸廟門之外; 師, 吾哭諸寢; 朋友, 吾哭諸寢門之外; 所知, 吾哭諸野. 於野則已疏, 於寢則已重. 夫由賜也見我, 吾哭諸賜氏." 遂命子貢爲之主, 曰: "爲爾哭也來者, 拜之; 知伯高而來者, 勿拜也."

한다. 만약 측실이 없는 경우라면 대문 안에서도 오른쪽에서 곡을 한다."2) 라고 했다. 옛 학설에서는 다른 왕조 때의 예법이기 때문에 차이를 보인다고 했는데, 그것이 아니라면 『예기』를 기록한 자가 들었던 내용에 아마도 착오가 있었던 것이다.

集說 鄭氏曰: 不奠, 以其精神不存乎是也.

번역 정현이 말하길, 전제사3)를 지내지 않는 것은 정령이 그곳에 있지 않기 때문이다.

大全 山陰陸氏曰: 廟者, 神之所居, 有尊之道, 故哭父之黨於廟. 寢者, 人之所居, 有親之道, 故哭母妻之黨於寢. 師以道之尊, 而有別於父, 故於廟門外. 朋友以德之親, 而有別於母妻, 故於寢門外. 所識則非親, 特與之相識而已, 故於野以示其遠焉.

번역 산음육씨가 말하길, 묘(廟)는 신이 머무는 곳이고 존귀한 도가 있다. 그렇기 때문에 부친의 친족에 대해서 곡을 할 때에는 묘에서 한다. 침(寢)은 사람이 거처하는 곳이고 친근한 도가 있다. 그렇기 때문에 모친과 처의 친족에 대해서 곡을 할 때에는 침에서 한다. 스승은 존귀한 도를 가지고 있지만 부친과 구별되는 점이 있다. 그렇기 때문에 묘문 밖에서 곡을 한다. 벗은 친근한 덕을 가지고 있지만 모친 및 처와는 구별되는 점이 있다. 그렇기 때문에 침문 밖에서 곡을 한다. 면식이 있는 자는 친근한 자가 아니며 단지 서로 알고 지냈을 따름이다. 그렇기 때문에 들판에서 곡을 하여 정감이 소원하다는 사실을 나타낸다.

---

2) 『예기』「단궁하(檀弓下)」【110b】: 有殯, 聞遠兄弟之喪, 哭于側室; 無側室, 哭于門內之右. 同國則往哭之.
3) 전제(奠祭)는 죽은 자 및 귀신들에게 음식을 헌상하는 제사이다. 상례(喪禮)를 치를 때, 빈소를 차리고 나면, 매일 아침과 저녁에 음식을 바치며 제사를 지내게 되는데, '전제'는 주로 이러한 제사를 뜻한다.

大全 張子曰: 爲位者, 爲哭位也. 然亦有神位不奠者, 奠則久奠也. 在他所則難爲久奠. 喪禮則於殯常奠, 喪不剝奠爲其久設也. 脯醢之奠則易之. 又曰: 爲位不奠, 謂之不祭則不可, 但恐不如喪奠以新易舊, 如此久設也.

번역 장자[4]가 말하길, 자리를 마련한다는 것은 곡하는 자리를 마련한다는 뜻이다. 그런데 신의 자리를 마련하면서도 전제사를 지내지 않는 것은 전제사를 지내게 된다면 오래도록 차려두어야 한다. 그러나 다른 지역에 있게 되면 오래도록 차려두기가 어렵다. 상례에 따르면 빈소에는 항상 전제사를 지내 음식을 차려두는데, 상례를 치르면서 박전(剝奠)[5]을 하지 않는 것은 그것을 오래도록 진설해두기 때문이다. 육포나 육장을 진설한다면 새로운 것으로 바꾸게 된다. 또 말하길, 자리를 마련하며 전제사를 지내지 않는 것은 제사를 지내지 않는다면 할 수 없기 때문인데, 다만 상전(喪奠)[6]처럼 새로운 제수로 오래된 것을 바꿔서 오래도록 진설할 수 없게 됨을 염려한 것이다.

鄭注 此因五服聞喪而哭, 列人恩諸所當哭者也. 黨, 謂族類無服者也. 逸奔喪禮曰: "哭父族與母黨於廟, 妻之黨於寢, 朋友於寢門外, 壹哭而已, 不踊." 言"壹哭而已", 則不爲位矣, 以其精神不在乎是.

번역 이것은 오복(五服)에 속한 친족의 상 소식을 접하여 곡을 하는 것에 연유해서, 사람과의 은정에 따라 곡하기에 마땅한 장소들을 나열한 것이다. '당(黨)'자는 같은 족인이지만 상복관계가 형성되지 않는 자들을 뜻한

---

4) 장재(張載, A.D.1020~A.D.1077): =장자(張子)·장횡거(張橫渠). 북송(北宋) 때의 유학자이다. 북송오자(北宋五子) 중 한 사람으로 칭해진다. 자(字)는 자후(子厚)이다. 횡거진(橫渠鎭) 출신으로, 이곳에서 장기간 강학을 했기 때문에 횡거선생(橫渠先生)으로 일컬어지기도 한다.
5) 박전(剝奠)은 제사를 지낼 때, 제수(祭需)를 천으로 덮어두지 않는 것을 뜻한다.
6) 상전(喪奠)은 상례(喪禮)를 시행하는 도중 아직 장례(葬禮)를 치르지 않은 상태에서, 음식물들을 진설하며 지내는 전(奠)제사를 뜻한다.

다. 일실된 「분상례」에서는 "부친의 친족과 모친의 당에 대해서는 묘(廟)에서 곡을 하고, 처의 당에 대해서는 침(寢)에서 곡을 하며, 벗에 대해서는 침문 밖에서 곡을 하는데, 한 차례만 곡을 할 따름이며, 용(踊)을 하지 않는다."라고 했다. "한 차례만 곡을 할 따름이다."라고 했다면, 자리를 마련하지 않는 것이니, 정령이 그곳에 머물러 있지 않기 때문이다.

孔疏 ●"哭父"至"壹祖". ○正義曰: 此一節明無服之親聞喪所哭之處. 按檀弓云"師, 吾哭諸寢", 與此異; "兄弟, 吾哭諸廟", 與此同; "朋友, 哭諸寢門外", 與此同. 其不同者, 熊氏云: "檀弓所云殷禮也. 此所云周法也." 此"哭父黨於廟", 而檀弓云有殯, 聞遠兄弟之喪, 哭於側室; 若無殯, 則在寢. 與此不同者, 異代禮也. 此母黨在寢, 逸奔喪禮"母黨在廟"者, 皇氏云: "母存則哭於寢, 母亡則哭於廟." 熊氏云: "哭於廟者, 是親母黨; 哭於寢者, 蓋慈母繼母之黨." 未知孰是, 故兩存之. 沈氏云: "事由父者哭之廟, 事由己者則哭之寢. 此師於廟門外者, 是父之友與爲師同, 故哭之廟", 義亦通也.

번역 ●經文: "哭父"~"壹祖". ○이곳 문단은 상복관계가 없는 친족의 상 소식을 접하여 곡하는 장소를 나타내고 있다. 『예기』「단궁(檀弓)」편을 살펴보면, "스승에 대해서라면, 나는 침(寢)에서 곡을 해야 한다."라고 하여, 이곳의 내용과 차이를 보이며, 또 "형제에 대해서라면 나는 묘(廟)에서 곡을 해야 한다."라고 하여, 이곳의 내용과 동일하게 기록되어 있고, 또 "벗에 대해서라면, 나는 침문(寢門)의 밖에서 곡을 해야 한다."라고 하여, 이곳의 내용과 동일하게 기록되어 있다. 차이를 보이는 점에 대해서 웅안생은 "「단궁」편에서 언급한 내용은 은나라 때의 예법이다. 이곳에서 언급한 내용은 주나라 때의 예법이다."라고 했다. 이곳에서는 "묘(廟)에서 부친의 당(黨)에게 곡을 한다."라고 했고, 「단궁」편에서는 "집에 빈소가 차려져 있을 때, 멀리 떨어져 살고 있는 형제의 상 소식을 접하게 된다면, 측실(側室)에서 곡(哭)을 한다. 만약 측실이 없는 경우라면, 침(寢)에서 한다."라고 하여, 이곳의 내용과 차이를 보이는데, 이것은 다른 왕조의 예법이기 때문이다. 이곳에서는 모친의 당에 대해서 침(寢)에서 곡을 한다고 했는데, 일실된

「분상례」에서는 "모친의 당에 대해서는 묘(廟)에서 곡을 한다."라고 했다. 이 문제에 대해서 황간은 "모친이 생존해 계신다면 침(寢)에서 곡을 하고, 모친이 돌아가신 상태라면 묘(廟)에서 곡을 한다."라고 했고, 웅안생은 "묘(廟)에서 곡을 하는 대상은 친모의 당에 해당하며, 침(寢)에서 곡을 하는 대상은 자모(慈母)[7]나 계모의 당에 해당할 것이다."라고 했다. 그러나 어느 주장이 맞는지 알 수 없기 때문에 두 주장을 모두 수록해둔다. 심씨는 "그 일이 부친에게서 연유한 것이라면 묘(廟)에서 곡을 하고, 그 일이 자신에게서 연유한 것이라면 침(寢)에서 곡을 한다. 이곳에서는 스승에 대해서 묘문(廟門) 밖에서 곡을 한다고 했는데, 부친의 친구를 스승이 된 자와 동일하게 여기는 것이기 때문에 묘(廟)에서 곡을 한다."라고 했는데, 그 의미가 또한 통한다.

孔疏 ◎注"壹哭而已, 則不爲位矣". ○正義曰: 此明諸哭者, 本是無服, 故但哭不爲位. 按檀弓云"申祥之哭言思", 與哭嫂同爲位者, 熊氏云: "異代禮也." 此文朋友喪, 將欲奔, 故先作一哭. 若朋友已久, 雖聞喪則不復哭, 故檀弓云"朋友之墓, 有宿草而不哭", 是也.

번역 ◎鄭注: "壹哭而已, 則不爲位矣". ○이것은 곡을 하는 대상이 본래는 상복관계가 없는 대상이기 때문에 단지 곡만 하며 자리를 마련하지 않는다는 뜻을 나타낸다. 『예기』「단궁(檀弓)」편에서는 "신상은 처의 곤제인 언사를 위해 곡을 했다."라고 하였고, 형수에 대해 곡하며 자리를 마련한 곳과 동일하게 했다고 했는데,[8] 이 문제에 대해 웅안생은 "다른 왕조의 예법이다."라고 했다. 이곳에서 벗의 상이 발생했다고 했는데, 분상을 하고자 했기 때문에 우선 한 차례 곡을 한 것이다. 만약 벗에 대한 상이 이미 오랜 기간이 경과했다면, 비록 상의 소식을 접했더라도 다시 곡을 하지 않는다.

---

7) 자모(慈母)는 모친을 뜻하기도 하지만, 고대에는 자신을 양육시켜준 서모(庶母)를 뜻하는 용어로 사용하기도 했다.

8) 『예기』「단궁상(檀弓上)」【80a】: 曾子曰, "小功不爲位也者, 是委巷之禮也. 子思之哭嫂也爲位, 婦人倡踊. 申祥之哭言思也亦然."

그렇기 때문에 「단궁」편에서 "벗의 무덤에 다년생 풀이 피어나게 되면, 상을 치른 지 1년이 넘었으므로 곡을 하지 않는다."9)라고 한 것이다.

訓纂 范寧問曰, "奔喪禮'師哭於廟門外', 孔子曰, '師, 吾哭之寢', 何邪?" 徐邈答, "殷·周禮異也."

번역 범녕10)이 질문을 하며, "「분상례」에서는 '스승에 대해서는 묘문(廟門) 밖에서 곡을 한다.'라고 했고, 공자는 '스승에 대해서 나는 침(寢)에서 곡을 해야 한다.'라고 했는데, 이처럼 차이를 보이니 어찌된 일입니까?"라고 하자, 서막11)은 "은나라의 예법과 주나라의 예법에 나타나는 차이점이다."라고 답변했다.

集解 愚謂: 母之黨哭於寢, 謂母在也. 哭諸廟, 謂母沒也. 檀弓"師哭諸寢", 由己事之者也. 此言"師於廟門外", 謂奉父命事之者, 若父在則亦哭之於寢也.

번역 경문의 "哭父"~"張帷"에 대하여. 내가 생각하기에, 모친의 친족에 대해서 침(寢)에서 곡을 한다는 것은 모친이 생존해 계신 경우를 뜻한다. 반면 묘(廟)에서 곡을 한다는 것은 모친이 이미 돌아가신 경우를 뜻한다. 『예기』「단궁(檀弓)」편에서는 "스승에 대해서는 침(寢)에서 곡을 한다."라고 했는데, 자신이 자발적으로 스승으로 섬겼던 자이기 때문이다. 이곳에서 "스승에 대해서는 묘문(廟門) 밖에서 곡을 한다."라고 했는데, 부친의 명령에 따라 스승으로 섬겼던 자이기 때문이니, 만약 부친이 생존해 계신 경우

---

9) 『예기』「단궁상(檀弓上)」【71c】: 曾子曰, "朋友之墓, 有宿草而不哭焉."

10) 범녕(范甯, A.D.339~A.D.401) : 동진(東晉) 때의 학자이다. 자(字)는 무자(武子)이다. 정현(鄭玄)의 영향력을 많이 받았으며, 『춘추곡량전집해(春秋穀梁傳集解)』 등을 지었다.

11) 서막(徐邈, A.D.344~A.D.397) : 동진(東晉) 때의 학자이다. 자(字)는 선민(仙民)이다. 저서로는 『고문상서음(古文尙書音)』・『곡량전주(穀梁傳注)』・『모시서씨음(毛詩徐氏音)』・『예기서씨음(禮記徐氏音)』・『주례서씨음(周禮徐氏音)』・『주역서씨음(周易徐氏音)』・『춘추서씨음(春秋徐氏音)』 등이 있다.

라면, 또한 침(寢)에서 그에 대한 곡을 한다.

集解 右記哭無服之喪之處.

번역 여기까지는 상복관계가 없는 상에 대해 곡하는 장소를 기록하고 있다.

集解 右記爲位不奠.

번역 경문의 "凡爲位不奠"에 대하여. 여기까지는 자리를 마련하며 전제사를 지내지 않는 것을 기록하고 있다.

참고 『예기』「단궁상(檀弓上)」기록

경문-81d 伯高死於衛, 赴於孔子. 孔子曰: "吾惡乎哭諸? 兄弟, 吾哭諸廟; 父之友, 吾哭諸廟門之外; 師, 吾哭諸寢; 朋友, 吾哭諸寢門之外; 所知, 吾哭諸野. 於野則已疏, 於寢則已重. 夫由賜也見我, 吾哭諸賜氏." 遂命子貢爲之主, 曰: "爲爾哭也來者, 拜之; 知伯高而來者, 勿拜也."

번역 백고(伯高)는 위(衛)나라에서 죽었는데, 공자(孔子)에게 부고를 알렸다. 공자가 말하길, "나는 어디에서 곡을 해야 한단 말인가? 형제에 대해서라면 나는 묘(廟)에서 곡을 해야 하고, 부친의 벗에 대해서라면 나는 묘문(廟門) 밖에서 곡을 해야 하며, 스승에 대해서라면 나는 침(寢)에서 곡을 해야 하고, 벗에 대해서라면 나는 침문(寢門) 밖에서 곡을 해야 하며, 서로 알고 지내던 자에 대해서라면 나는 들에서 곡을 해야 한다. 그런데 백고에 대해 들에서 곡을 하게 된다면 너무 소원하게 대하는 것이 되고, 그렇다고 해서 침(寢)에서 곡을 하게 된다면 너무 친근하게 대하는 것이 된다. 무릇 백고는 사(賜)를 통해서 나를 만나보게 되었으니, 나는 사씨(賜氏)의 집에서 곡을 해야겠구나."라고 했다. 그리고는 자공(子貢)에게 명령하여, 곡하는 자리의 주인으로 삼고, "네가 곡하는 것을 위해 찾아와 조문하는 자에게는 절을 하되, 백고를 알기 때문에 찾아와 조문하는 자에게는 절을 해서는 안 된다."라고 말해주었다.

鄭注 赴, 告也. 凡有舊恩者, 則使人告之. 以其交會尙新. 別親疏也. 別輕重也. 已猶大也. 本於恩, 哭於子貢寢門之外. 明恩所由. 異於正主.

번역 '부(赴)'자는 "알린다[告]."는 뜻이다. 무릇 예전부터 은정을 나눈 자에 대해서는 사람을 시켜서 죽음에 대한 사실을 알리도록 했다. 그와 교우 관계를 맺은 것은 아직은 오랜 관계가 아니기 때문에, 곡하는 장소에 대해서 의문을 떠올린 것이다. 형제, 부친의 벗에 대해서 곡하는 장소가 다른 것은 친소(親疎)에 따라 구별하였기 때문이다. 스승·벗·알던 자에 대해서 곡하는 장소가 다른 것은 경중(輕重)에 따라 구별하였기 때문이다. '이(已)'자는 너무[大]라는 뜻이다. 은정에 근본을 두었기 때문에, 자공(子貢)의 집에 있는 침문(寢門) 밖에서 곡을 했던 것이다. 자공을 주인으로 삼은 것은 은정이 생기게 된 원인을 나타낸 것이다. 자공에게 절하는 지침을 다르게 알려준 것은 정식 상주가 따르는 예법과 달리하기 위해서이다.

孔疏 ◎注"別親疏也". ○正義曰: 兄弟親, 父友疏, 必哭諸廟及廟門外者, 兄弟是先祖子孫, 則哭之於廟, 此殷禮. 周則哭於寢, 故雜記云, 有殯, 聞遠兄弟之喪, 哭之側室; 若無殯, 當哭諸正寢. 父之友與父同志, 故哭諸廟門外. 非先祖之親, 故在門外也.

번역 ◎鄭注: "別親疏也". ○형제는 친근한 관계이고 부친의 벗은 소원한 관계이니, 반드시 묘(廟)에서 곡을 하고 묘문(廟門) 밖에서 곡을 하도록 하여 차이를 두었는데, 그 이유는 형제는 같은 선조로부터 나온 자손들이므로, 묘(廟)에서 곡을 하는 것이니, 이것은 은(殷)나라 때의 예에 해당한다. 주(周)나라의 경우에는 침(寢)에서 곡(哭)을 했다. 그렇기 때문에『예기』「잡기(雜記)」편에서는 빈소(殯所)를 차린 상태에서 멀리 떨어져 있는 형제의 상을 접하게 된다면, 측실(側室)에서 곡을 한다고 했던 것이니,12) 빈소를 차리지 않은 상태라면, 마땅히 정침(正寢)13)에서 곡을 해야 한다. 부친의 벗은 부친과 뜻을 함께 했던 자이기 때문에, 묘문(廟門) 밖에서 곡을 하게 된다. 같은 선조로부터 유래된 친족이 아니기 때문에, 문밖에서 곡을 하는 것이다.

孔疏 ◎注"別輕重也". ○正義曰: 師友爲重, 所知爲輕, 所以哭師於寢, 寢是己之所居, 師又成就于己, 故哭之在正寢, 此謂殷禮. 若周禮, 則奔喪云, 師哭諸廟門外. 故鄭答趙商之問亦以爲然. 孫炎云: "奔喪, 師哭諸廟門外, 是周禮也." 依禮而哭諸野, 若不依此禮, 則不可, 故下云"惡野哭者", 以違禮爲野哭也.

번역 ◎鄭注: "別輕重也". ○스승과 벗은 자신과 중요한 관계에 있는 자이고, 알고 지내던 자의 경우에는 비교적 덜 중요한 관계에 있는 자이니, 침(寢)에서 스승에 대해 곡을 하는 것인데, 침(寢)은 자신이 거처하는 곳이고, 스승은 또한 자신이 성취를 하도록 만들어준 자이다. 그렇기 때문에 정침(正寢)에서 곡을 하는 것인데, 여기에서 말하는 예법은 은(殷)나라 때의 예이다. 주(周)나라의 예에 따른다면, 『예기』「분상」편에서는 스승에 대해서는 묘문(廟門) 밖에서 곡을 한다고 했다. 그래서 정현은 조상14)의 질문에 대답하며, 또한 이처럼 한다고 했던 것이다. 손염15)은 "「분상」편에서는

---

12) 이 문장은 『예기』「잡기(雜記)」편이 아닌, 「단궁하(檀弓下)」편에 나온다. 『예기』「단궁하」【110b】: <u>有殯, 聞遠兄弟之喪, 哭於側室</u>. 無側室, 哭于門內之右. 同國, 則往哭之.
13) 정침(正寢)은 노침(路寢)과 같은 말이다. 또한 정전(正殿)이라고도 불렀다. 군주가 정무를 처리하던 장소이다. 천자에게는 6개의 침(寢)이 있었는데, 가장 앞쪽에 있는 1개의 침이 바로 정침(正寢)이 되고, 나머지 5개의 침은 연침(燕寢)이 된다. 또한 군주의 부인이 사용하는 정침을 뜻하기도 한다. 또한 군주 이하의 계층에게 있어서는 공적인 업무를 처리하거나 일을 할 때 사용하는 공간을 뜻하기도 한다.
14) 조상(趙商, ?~?) : 정현(鄭玄)의 제자이다. 자(字)는 자성(子聲)이다. 하내(河內) 지역 출신이다.

스승에 대해서 묘문(廟門) 밖에서 곡을 한다고 했는데, 이것은 주나라 때의 예법이다."라고 했다. 예법에 따른다면, 들에서 곡을 하게 되는데, 만약 이러한 예법에 따르지 않는다면 그 의례를 시행해서는 안 된다. 그렇기 때문에 아래문장에서는 "들에서 곡하는 자를 싫어하였다."16)라고 말한 것이니, 예법을 위배하여 들에서 곡을 했기 때문이다.

孔疏 ●"曰爲"至"拜也". ○夫子旣命子貢爲主, 又敎子貢拜與不拜之法. 若與女相知之人, 爲爾哭伯高之故而來弔爾者, 則爾拜之. 若與伯高相知而來哭者, 女則勿拜也. 凡喪之正主知生知死, 來者悉拜. 今與伯高相知而來不拜, 故鄭云"異於正主".

번역 ●經文: "曰爲"~"拜也". ○공자(孔子)는 이미 자공(子貢)에게 명령하여, 곡하는 자리를 담당하는 주인으로 삼았고, 또 자공에게 절을 하고 절을 하지 않는 예법에 대해서 가르쳐주었다. 만약 너와 서로 알고 지내던 자 중에 네가 백고(伯高)를 위해 곡하는 것 때문에 찾아와서 너에게 조문을 하는 자가 있다면, 너는 그에게 절을 해야 한다. 그리고 만약 백고와 서로 알고 지내던 자 중에서 찾아와서 곡을 하는 자가 있다면, 너는 절을 하지 말라고 말해준 것이다. 무릇 상례에 있어서 정식 상주는 살아있는 상주를 알고 있는 자 및 돌아가신 자를 알고 있는 자가 찾아와서 조문을 하는 경우, 모두에 대해서 절을 하게 된다. 그런데 현재 백고와 서로 알고 지내던 자가 찾아와서 조문을 하는 경우 절을 하지 않았다. 그렇기 때문에 정현이 "정식 상주가 따르는 예법과 달리하기 위해서이다."라고 말한 것이다.

集說 告死曰赴, 與訃同. 已, 太也.

---

15) 손염(孫炎, ?~?) : 삼국시대(三國時代) 때의 학자이다. 자(字)는 숙연(叔然)이다. 정현의 문도였으며, 『이아음의(爾雅音義)』를 저술하여 반절음을 유행시켰다.
16) 『예기』「단궁상」【106b】 : 孔子惡野哭者.

번역 죽음에 대한 소식을 알리는 것을 '부(赴)'라고 부르니, '부(訃)'와 동일한 것이다. '이(已)'자는 너무[太]라는 뜻이다.

集説 馬氏曰: 兄弟出於祖而內所親者, 故哭之廟; 父友聯於父而外所親者, 故哭之廟門外; 師以成己之德, 而其親視父, 故哭諸寢; 友以輔己之仁, 而其親視兄弟, 故哭諸寢門之外. 至於所知, 又非朋友之比, 有相趨者, 有相揖者, 有相問者, 有相見者, 皆泛交之者也. 孔子哭伯高以野爲太疏, 而以子貢爲主. 君子行禮, 其審詳於哭泣之位如此者, 是其所以表微者歟.

번역 마씨[17]가 말하길, 형제(兄弟)는 같은 조상으로부터 나온 자이므로, 내적으로 친근한 자에 해당하기 때문에, 묘(廟)에서 곡을 하는 것이다. 부친의 벗은 부친과 관련이 있는 자이므로, 외적으로 친근한 자에 해당하기 때문에, 묘문(廟門)의 밖에서 곡을 하는 것이다. 스승은 나의 덕을 완성시켜주는 자이므로, 그에 대한 친근함은 부친에 견주게 된다. 그렇기 때문에 침(寢)에서 곡을 하는 것이다. 벗은 나의 인(仁)함을 보필하는 자이므로, 그에 대한 친근함은 형제에 견주게 된다. 그렇기 때문에 침문(寢門)의 밖에서 곡을 하는 것이다. 서로 알고 지내던 자에 있어서는 또한 벗에 견줄 수가 없지만, 서로 조문을 알리는 관계에 있는 자도 있고, 서로 읍(揖)을 하는 사이에 있는 자도 있으며, 서로 안부를 묻는 관계에 있는 자도 있고, 서로 찾아가 만나보는 관계에 있는 자도 있는데,[18] 이들은 모두 범범하게 교류하는 자들이다. 공자(孔子)는 백고(伯高)에게 곡을 하며, 들에서 한다면 너무 소원하게 대하는 것이라고 여겼고, 자공(子貢)을 곡하는 자리를 담당하는 주인으로 삼았다. 군자가 예를 시행할 때, 곡을 하며 눈물을 흘리는 자리에 대해서도 이처럼 세심하게 살폈으니, 이것이 바로 그 은미한 뜻을 나타내는 것이라 할 수 있다.

---

17) 마희맹(馬晞孟, ?~?) : =마씨(馬氏)·마언순(馬彦醇). 자(字)는 언순(彦醇)이다. 『예기해(禮記解)』를 찬술했다.
18) 『예기』「잡기하(雜記下)」【514a】 : 相趨也, 出宮而退. 相揖也, 哀次而退. 相問也, 既封而退. 相見也, 反哭而退. 朋友, 虞附而退.

集說 方氏曰: 伯高之於孔子, 非特所知而已. 由子貢而見, 故哭於子貢之家, 且使之爲主, 以明恩之有所由也. 爲子貢而來, 則弔生之禮在子貢; 知伯高而來, 則傷死之禮在伯高. 或拜或不拜, 凡以稱其情耳, 故夫子誨之如此.

번역 방씨가 말하길, 백고(伯高)는 공자(孔子)에 대해서, 단지 서로 알고 지내던 사이일 뿐만이 아니다. 자공(子貢)을 통해 알게 되었기 때문에, 자공의 집에서 곡을 했던 것이고, 또 자공으로 하여금 곡하는 자리를 담당하는 주인으로 삼아서, 은혜로운 정감이 유래하게 된 원인을 밝힌 것이다. 자공을 위해서 찾아오는 자의 경우라면, 살아있는 자에게 조문하는 예가 자공에게 해당하는 것이고, 백고를 알아서 찾아오는 자의 경우라면, 죽은 자를 애도하는 예가 백고에게 해당하는 것이다. 어떤 자에게는 절을 하고 또 어떤 자에게는 절을 하지 않는 이유는 무릇 그 정감에 맞추는 것일 뿐이다. 그렇기 때문에 공자는 이처럼 깨우쳐준 것이다.

集說 石梁王氏曰: "爲爾哭也來者"一句.

번역 석량왕씨[19]가 말하길, '위이곡야래자(爲爾哭也來者)'가 한 구문이 된다.

集解 愚謂: 惡乎哭者, 以其恩在深淺之間, 疑之也. 哭兄弟・父友於廟者, 恩本於祖父也. 或於廟, 或於廟門之外者, 別親疎也. 哭師友於寢者, 恩成於己也. 或於寢, 或於寢門之外者, 別輕重也. 哭所知於野者, 恩淺也. 於寢則已重, 於野則已疎者, 不可遽同於師友, 而又不可泛等於所知也. 命子貢爲之主者, 使居寢門外南面之位而拜賓也. 知伯高而來則勿拜者, 異於有服之親也. 哭有服者而爲主, 則知生知死而來者皆拜之.

번역 내가 생각하기에, "어디에서 곡을 한단 말인가?"라는 말은 그에 대한 은정이 깊고 옅은 그 중간에 위치하기 때문에 의문시했던 것이다. 형

---

19) 석량왕씨(石梁王氏, ?~?) : 자세한 이력이 남아 있지 않다.

제와 부친의 벗에 대해서 묘(廟)에서 곡을 하는 이유는 그 은정이 조상과 부친에게 근본을 두고 있기 때문이다. 어떤 자에 대해서는 묘(廟)에서 곡을 하고, 또 어떤 자에 대해서는 묘문(廟門) 밖에서 곡을 하는 이유는 친소(親疎)에 따른 구분이다. 스승과 벗에 대해서 침(寢)에서 곡을 하는 이유는 그 은정이 자신을 완성시켜주었기 때문이다. 어떤 자에 대해서는 침(寢)에서 곡을 하고, 또 어떤 자에 대해서는 침문(寢門) 밖에서 곡을 하는 이유는 경중(輕重)에 따른 구분이다. 서로 알고 지내던 자에 대해서 들에서 곡을 하는 이유는 그에 대한 은정이 옅기 때문이다. 침(寢)에서 곡을 한다면 너무 중대하게 대하는 것이고, 들에서 곡을 한다면 너무 소원하게 대하는 것이니, 그에 대해서 뜬금없이 스승과 벗에 견줄 수가 없고, 또한 그렇다고 해서 서로 알고 지내던 자처럼 그를 범범하게 여길 수가 없기 때문이다. 자공(子貢)에게 명령하여, 곡하는 일의 주인으로 삼았다는 것은 침문(寢門) 밖에 위치하여 남쪽을 바라보는 위치에서 빈객에게 절을 하도록 시켰다는 뜻이다. 백고(伯高)를 알고 있어서 찾아오는 자에게는 절을 하지 말라고 한 이유는 본래 상복을 입어야 하는 친족과 차이를 두기 위해서이다. 곡을 함에 본래 상복을 입어야 하는 자가 주인이 된 경우라면, 살아있는 자를 알거나 죽은 자를 알아서 조문하기 위해 찾아온 자들에 대해서는 모두 절을 해야 한다.

集解 疏以哭兄弟於廟・哭師於寢爲殷法, 非也. 左傳 "凡諸侯之喪, 異姓臨於外, 同姓於宗廟, 同宗於祖廟, 同族於禰廟", 則哭兄弟於廟者, 固周禮然矣. 奔喪 "師哭諸廟門之外", 與此異者, 蓋恩由父者哭諸廟, 恩由己者哭諸寢. 孔子少孤, 事師不由於父, 故哭師於寢.

번역 공영달의 소에서는 묘(廟)에서 형제에 대해 곡을 하고, 침(寢)에서 스승에 대해 곡을 하는 방식을 은(殷)나라 때의 예법이라고 여겼는데, 이것은 잘못된 주장이다. 『좌전』에서는 "무릇 다른 제후들의 상에 있어서, 이성(異姓)인 자의 경우에는 종묘(宗廟) 밖에서 곡을 하고, 동성(同姓)인 자의 경우에는 종묘에서 곡을 하는데, 종주(宗主)가 같은 자에 대해서는 조묘(祖

廟)에서 곡을 하고 동족(同族)인 자에 대해서는 녜묘(禰廟)에서 곡을 한다."20)라고 했으니, 묘(廟)에서 형제에게 곡을 하는 것은 진실로 주(周)나라의 예법에서도 이처럼 했던 것이다. 『예기』「분상」편에서 "스승에 대해서는 묘문(廟門) 밖에서 곡을 한다."라고 하여, 이곳의 기록과 차이를 보이는데, 그 이유는 아마도 은정이 부친에게서 비롯된 자에 대해서는 묘(廟)에서 곡을 하고, 은정이 자신에게서 비롯된 자에 대해서는 침(寢)에서 곡을 했기 때문일 것이다. 공자(孔子)는 어려서 고아가 되었으므로, 스승을 섬길 때에도 부친을 통해서 하지 못했다. 그렇기 때문에 스승에 대해서 침(寢)에서 곡을 했을 것이다.

참고 『예기』「단궁하(檀弓下)」 기록

경문-110b 有殯, 聞遠兄弟之喪, 哭于側室; 無側室, 哭于門內之右. 同國則往哭之.

번역 집에 빈소가 차려져 있을 때, 멀리 떨어져 살고 있는 형제에 대한 상의 소식을 접하게 된다면, 측실(側室)에서 곡을 한다. 만약 측실이 없는 경우라면, 대문(大門) 안에서도 오른쪽에서 곡을 한다. 그리고 죽은 자가 같은 나라에서 살고 있는 경우라면, 그의 집에 찾아가서 곡을 한다.

鄭注 嫌哭殯. 近南者爲之變位. 喪無外事.

번역 빈소에서 곡을 하는 것처럼 오해를 불러일으키기 때문이다. 남쪽과 가까운 곳에 서서, 그로 인해 자리에 변화를 준 것이다. 상을 치를 때에는 국경을 벗어날 일이 없기 때문이다.

---

20) 『춘추좌씨전』「양공(襄公) 12년」: 秋, 吳子壽夢卒, 臨於周廟, 禮也. 凡諸侯之喪, 異姓臨於外, 同姓於宗廟, 同宗於祖廟, 同族於禰廟. 是故魯爲諸姬, 臨於周廟; 爲邢·凡·蔣·茅·胙·祭, 臨於周公之廟.

孔疏 ◎注"近南者爲之變位". ○正義曰: 此哭於門內之右, 謂庶人無側室者, 故內則云"庶人無側室"者, 言近南爲之變位, 以其尋常爲主, 當在阼階東西面, 今稱門內之右, 故知近南爲之變位也. 必變之者, 以哭於大門內之右, 既非常哭之處, 故繼門而近於南也. 鄭云近南則猶西面, 但近南耳. 必知西面者, 按士喪禮朝夕哭, 衆主人·衆兄弟繼婦人南皆西面, 明此哭兄弟亦西面也. 下云"同國則往哭之", 上云聞遠兄弟之喪, 謂異國也. 所以同國則往哭, 異國則否者, 以其己有喪殯, 不得嚮他國, 故鄭云: "喪無外事."

번역 ◎鄭注: "近南者爲之變位". ○이곳에서 "문의 안쪽에서도 오른쪽에서 곡을 한다."고 한 말은 측실(側室)이 없는 서인(庶人)들에 대한 내용이다. 그렇기 때문에 『예기』「내칙(內則)」편에서는 '측실(側室)이 없는 서인(庶人)들'[21]이라고 한 것인데, 이 말은 곧 남쪽에 가까운 곳에 서서, 그로 인해 자리에 변화를 주는 것으로, 평상시를 기준으로 한다면, 마땅히 동쪽 계단의 동쪽에서 서쪽을 바라보아야만 하는데, 현재는 문안의 오른쪽이라고 했기 때문에, 남쪽에 가까운 곳으로 하여, 그로 인해 자리에 변화를 주었다는 사실을 알 수 있는 것이다. 반드시 자리에 변화를 주는 이유는 대문(大門) 안의 오른쪽에서 곡을 하는 것은 일상적으로 곡을 하는 장소가 아니다. 그렇기 때문에 문과 연계된 곳 중에서도, 남쪽과 가까운 곳에 자리를 정하는 것이다. 정현은 남쪽과 가까운 곳에 선다고 했으니, 이때에도 여전히 서쪽을 바라보는 것인데, 단지 그 장소가 남쪽과 가까울 따름이다. 반드시 서쪽을 바라보게 된다는 사실을 알 수 있는 이유는 『의례』「사상례(士喪禮)」편을 살펴보면, 조석(朝夕)으로 곡을 할 때, 중주인(衆主人)과 중형제(衆兄弟)들은 부인에 뒤이어서 남쪽에 위치하며, 모두들 서쪽을 바라본다고 했으니, 이 말은 곧 이처럼 형제를 위해 곡을 할 때에도, 또한 서쪽을 바라본다는 사실을 나타낸다. 아래구문에서 "같은 나라에 산다면, 가서 곡을 한다."고 했으니, 앞에서 "멀리 떨어져 사는 형제의 상을 접했다."라고

---

21) 『예기』「내칙(內則)」【367a~b】: <u>庶人無側室</u>者, 及月辰, 夫出居群室. 其問之也與子見父之禮, 無以異也.

한 말은 곧 다른 나라에 사는 형제들을 가리킨다. 같은 나라에 사는 경우 찾아가서 곡을 하고, 다른 나라에 사는 경우 찾아가지 않는데, 그 이유는 본인에게 상이 있어서, 빈소를 차린 상태이므로, 다른 나라로 떠날 수 없기 때문이다. 그래서 정현은 "상을 치를 때에는 국경을 벗어날 일이 없기 때문이다."라고 말한 것이다.

集說 側室者, 燕寢之旁室也. 門內, 大門之內也. 上篇言有殯聞遠兄弟之喪, 雖緦必往, 其亦謂同國歟.

번역 '측실(側室)'이라는 것은 연침(燕寢)[22]의 측면에 붙어 있는 실(室)이다. '문내(門內)'는 대문(大門)의 안쪽을 뜻한다. 『예기』「단궁상(檀弓上)」편에서는 빈소가 차려져 있는 경우, 멀리 떨어져 살고 있는 형제에 대한 상의 소식을 접하게 된다면, 비록 그 자가 자신과 관계가 멀어서 시마복(緦麻服)을 착용하는 자라고 하더라도, 반드시 찾아가서 곡을 한다고 했으니,[23] 「단궁상」편에서 말한 내용은 또한 같은 나라에서 살고 있는 경우일 것이다.

集說 方氏曰: 哭于側室, 欲其遠殯宮也. 于門內之右者, 不居主位, 示爲之變也. 同國則往者, 以其不遠也.

번역 방씨가 말하길, 측실(側室)에서 곡을 하는 것은 빈소에서 멀리 떨어지고자 했기 때문이다. 문안의 오른쪽에서 한다는 말은 상주의 위치에

---

22) 연침(燕寢)은 본래 천자 및 제후들이 휴식을 취하던 장소를 가리킨다. 천자에게는 6개의 침(寢)이 있었는데, 앞쪽에 있는 1개의 침은 정전(正寢)으로, 이것을 노침(路寢)이라고 부르며, 뒤쪽에 있는 다섯 개의 침을 통칭하여, '연침'이라고 부른다. 『예기』「곡례하(曲禮下)」편에는 "天子有后, 有夫人"이라는 기록이 있는데, 이에 대한 공영달(孔穎達)의 소(疏)에서는 "周禮王有六寢, 一是正寢, 餘五寢在後, 通名燕寢."이라고 풀이하였다.

23) 『예기』「단궁상(檀弓上)」【104c】: 有殯, 聞遠兄弟之喪, 雖緦必往; 非兄弟, 雖鄰不往.

머물지 않음으로써, 변화됨이 있다는 사실을 나타내고자 한 것이다. 같은 나라에 산다면 찾아간다고 했는데, 그가 멀리 떨어져 사는 것이 아니기 때문이다.

集解 愚謂: 上篇言"有殯, 聞遠兄弟之喪, 雖緦必往", 以不同居而謂之遠也. 此云"有殯, 聞遠兄弟之喪, 哭于側室", 以不同國而謂之遠也. 側室, 室在寢室之旁側者也. 兄弟哭於廟, 此不於廟者, 喪自未啓以前, 於廟皆無事焉, 不宜忽以哭輕喪而至也. 門內, 殯宮之門內也. 哭于門內之右, 謂在中庭之少南而西面, 所以別於哭殯之位也. 不哭於寢門之外者, 以其爲內親也. 雜記曰, "有殯, 聞外喪, 哭之他室, 入奠. 卒奠出, 改服卽位, 如始卽位之禮."

번역 내가 생각하기에, 『예기』「단궁상(檀弓上)」편에서는 "빈소가 차려져 있는 경우, 멀리 떨어져 살고 있는 형제에 대한 상의 소식을 접하게 된다면, 비록 그 자가 자신과 관계가 멀어서, 시마복(緦麻服)을 착용하는 자라고 하더라도, 반드시 찾아가서 곡을 한다."고 했으니, 같은 집에 살고 있지 않은 형제에 대해서, '원(遠)'이라고 기록한 것이다. 그런데 이곳 문장에서는 "빈소가 차려져 있는 경우, 멀리 떨어져 살고 있는 형제에 대한 상의 소식을 접하게 된다면, 측실(側室)에서 곡을 한다."라고 했으니, 같은 나라에 살고 있지 않은 형제에 대해서, '원(遠)'이라고 기록한 것이다. '측실(側室)'이라는 것은 실(室) 중에서도 침실(寢室)의 측면에 붙어 있는 공간을 뜻한다. 형제에 대해서는 묘(廟)에서 곡을 하는데, 이러한 경우에 묘(廟)에서 곡을 하지 않는 이유는 상을 치를 경우 아직 계빈(啓殯)을 하기 이전이라면, 묘(廟)에서는 아무런 일도 치르지 않기 때문이니, 본인의 상보다 중요치 않은 상에 대해, 갑작스럽게 곡을 하기 위해 묘(廟)에 가서는 안 된다. '문내(門內)'라는 것은 빈소의 문 안쪽을 뜻한다. "문안의 오른쪽에서 곡을 한다."는 말은 중정(中庭)에서 조금 남쪽으로 떨어진 곳에서 서쪽을 바라본다는 뜻이니, 빈소에서 곡을 하는 자리와 구별을 하기 위해서이다. 침문(寢門)의 밖에서는 곡을 하지 않으니, 그곳은 가까운 친족을 위해서 곡을 하는 장소이기 때문이다. 『예기』「잡기(雜記)」편에서는 "빈소가 차려져 있는데,

외상(外喪)의 소식을 접하게 된다면, 다른 실(室)에 가서 곡을 하고, 빈소로 들어가서 음식을 차린다. 음식 차리는 것이 끝나면, 밖으로 나와서, 상복을 다른 것으로 바꿔 입고, 어제 다른 실(室)에 마련했던 곡하던 자리로 나아가서, 처음 곡하는 자리로 나아갔을 때의 예처럼 따른다."[24]라고 했다.

참고 『예기』「단궁상(檀弓上)」 기록

경문-80a 曾子曰: "小功不爲位也者, 是委巷之禮也. 子思之哭嫂也爲位, 婦人倡踊. 申祥之哭言思也亦然."

번역 증자(曾子)가 말하길, "소공복(小功服)을 입고 치르는 상에서 곡하는 위치를 정하지 않는 것은 누추한 마을에서나 시행하는 예이다. 자사(子思)가 형수를 위해 곡을 했을 때에는 곡하는 자리를 정하고, 그의 부인이 먼저 용(踊)을 했는데, 이것은 예법에 맞는 조치이다. 반면 신상(申祥)은 자기 처의 곤제(昆弟)가 되는 언사(言思)에 대해서, 곡을 했을 때에도 또한 이처럼 했는데, 이것은 비례이다."라고 했다.

鄭注 譏之也. 位謂以親疏敍列哭也. 委巷, 猶街里委曲所爲也. 善之也. 禮, 嫂叔無服. 有服者, 娣・姒婦小功. 倡, 先也. 說者云, 言思, 子游之子, 申祥妻之昆弟, 亦無服. 過此以往, 獨哭不爲位.

번역 곡하는 위치를 마련하지 않은 것을 기롱한 것이다. '위(位)'라는 것은 친소(親疏)의 관계에 따라 등렬을 순차적으로 매겨서, 곡을 하게 한다는 뜻이다. '위항(委巷)'은 거리의 후미진 곳에서나 시행한다는 뜻이다. 자사(子思)에 대해서는 그 조치를 칭찬한 것이다. 예법에 따르면, 형제의 아내나 남편의 형제들에 대해서는 상복관계가 성립되지 않는다. 동서들끼리는

---

24) 『예기』「잡기하(雜記下)」【507d】: 有殯, 聞外喪, 哭之他室, 入奠, 卒奠出, 改服卽位, 如始卽位之禮.

상복관계가 성립되는 경우이니, 손아래 동서와 손위 동서들은 서로를 위해 소공복(小功服)을 입는다. '창(倡)'자는 먼저[先]라는 뜻이다. 학자들에 따라서는 '언사(言思)'는 자유(子游)의 아들이며, 신상(申祥) 처의 곤제(昆弟)가 되므로, 또한 상복관계가 성립되지 않는 관계이다. 이러한 관계로부터 친소관계가 더 멀어지게 되면, 오직 곡만 하고 곡하는 자리는 마련하지 않는다고 주장하기도 한다.

孔疏 ●"小功不爲位也"者, 曾子以爲哭小功之喪, 當須爲位. 時有哭小功不爲位者, 故曾子非之, 云: 若哭小功不爲位者, 是委細屈曲街巷之禮. 言禮之末略, 非典儀正法. 旣言其失, 乃引得禮之人子思之哭嫂爲親疏之位. 於時子思婦與子思之嫂有小功之服, 故子思之婦先踊, 子思乃隨之而哭. 非直子思如此, 其申祥哭妻之兄弟言思亦然, 是亦如子思也.

번역 ●經文: "小功不爲位也". ○증자(曾子)는 소공복(小功服)을 입고 치르는 상에서 곡을 할 때에는 마땅히 곡하는 위치를 마련해야 한다고 여겼다. 당시에는 소공복을 입고 치르는 상에서 곡을 하며 위치를 마련하지 않는 자도 있었기 때문에, 증자가 그것을 비난한 것이니, 만약 소공복을 입고 치르는 상에서 곡을 하며, 그 자리를 마련하지 않는 것은 길가의 누추한 마을에서나 시행하는 예가 된다고 말한 것이다. 이 말은 곧 예 중에서도 말단이나 너무 약소한 것에 해당하니, 전적에 따른 정식 규범이 아니라는 의미이다. 이미 이러한 방식이 실례가 됨을 언급했음에도, 곧 예에 맞게 행동했던 인물로 자사(子思)가 형수를 위해 곡을 하며, 친소(親疏)의 관계에 따라 그 자리를 마련한 일화를 인용하였다. 당시 자사의 부인은 자사의 형수와 더불어 소공복을 입어야 하는 관계가 적용되었다. 그렇기 때문에 자사의 부인이 먼저 용(踊)을 하고, 자사가 뒤따라서 곡을 했던 것이다. 이것은 단지 자사만 이처럼 했다는 뜻이 아니다. 한편 신상(申祥)은 자기 처의 형제인 언사(言思)를 위해 곡을 할 때에도 이처럼 했으니, 이 말은 곧 자사가 했던 것처럼 행동했다는 뜻이다.

孔疏 ◎注"位謂"至"爲也". ○正義曰: 知位謂親疏敍列者, 以其子思哭嫂爲位, 下云"婦人倡踊", 婦人旣在先, 明知爲位也. 云"委巷, 猶街里委曲所爲也"者, 謂庶人微賤在街巷里邑, 委細屈曲, 所爲不能方正也. 此子思哭嫂, 是孔子之孫, 以兄先死, 故有嫂也. 皇氏以爲原憲字子思, 若然, 鄭無容不注, 鄭旣不注, 皇氏非也. 孔氏連叢云: "一子相承, 以至九世." 及史記所說亦同者, 不妨. 雖有二子, 相承者, 唯存一人, 或其兄早死, 故得有嫂. 且雜說不與經合, 非一也.

번역 ◎鄭注: "位謂"~"爲也". ○정현의 말처럼, '위(位)'라는 것이 친소(親疎)의 관계에 따라서 등렬을 순차적으로 매기는 것임을 알 수 있는 이유는 자사(子思)가 형수를 위해 곡을 하며 자리를 마련한다고 했을 때, 그 뒤의 문장에서는 "부인이 먼저 용(踊)을 했다."라고 했으니, 부인이 이미 그 앞에 위치했던 것이다. 따라서 이러한 정황을 통해 자리를 마련한다는 사실을 분명히 알 수 있다. 정현이 "'위항(委巷)'은 거리의 후미진 곳에서나 시행한다는 뜻이다."라고 했는데, 이 말은 서인(庶人)들처럼 미천한 신분의 사람들은 거리에 있는 누추한 마을에 사는데, 그들은 누추하고 미천하여, 그들이 시행하는 것들을 예법에 따라 올바르게 할 수 없다. 이곳에서 자사는 형수를 위해 곡을 했는데, 자사는 공자(孔子)의 손자이므로, 그의 형이 먼저 죽었기 때문에, 형수가 있었던 것이다.[25] 황간은 이 자를 원헌(原憲)이라고 여겼고, 그의 자(字)가 자사(子思)였다고 했다. 그런데 만약 황간의 말대로라면, 정현이 이곳에 주를 달지 않을 수가 없었을 것이다. 정현이 이곳에 별다른 주를 달지 않았으므로, 황간의 주장은 잘못되었다. 공씨(孔氏)의 『연총』에서는 "한 명의 아들이 서로 대를 이어서, 9세대에 이르렀다."라고 했고, 『사기』에서 설명하는 내용 또한 이와 같으니, 자사(子思)를 공자의 손자로 여겨도 무방하다. 비록 두 명의 아들이 있었더라도 서로 대

---

25) 자사(子思)는 공자(孔子) 가문의 대를 잇는 자이다. 그런데 그에게 형이 있었다면, 그의 형이 가문의 대를 잇게 된다. 그러자 자사가 결과적으로 공자 가문의 대를 잇게 되었으므로, 자사의 형은 자사보다도 일찍 죽었다는 뜻이다.

를 잇게 될 때, 오직 한 명의 아들만 있었던 것이며, 혹은 그의 형이 일찍 죽었기 때문에 형수가 있을 수 있었던 것이다. 또 여러 학설들은 경문의 내용과 부합되지 않으니, 통일할 수가 없는 것이다.

孔疏 ◎注"娣姒婦小功. 倡, 先也". ○正義曰: 按喪服小功章: "娣姒婦報." 傳云: "弟長也." 鄭注"娣姒婦者, 兄弟之妻相名也. 長婦謂稚婦爲娣婦, 娣婦謂長婦爲姒婦." 謂據婦年之長幼, 則不據夫年之大小. 故成十一年左傳云: "聲伯之母不聘, 穆姜曰: '吾不以妾爲姒.'" 穆姜, 魯宣公夫人, 聲伯之母, 魯宣公弟叔肸之妻, 是弟妻爲姒. 又昭二十八年左傳云: "子容之母走謁諸姑, 曰: '長叔姒生男.'" 子容之母, 伯華之妻也, 長叔姒是伯華之弟叔肸之妻, 是亦謂弟妻爲姒也. 皆不繫夫身長幼. 云"倡, 先也"者, 按詩云: "倡予和女." 是倡爲先.

번역 ◎鄭注: "娣姒婦小功. 倡, 先也". ○『의례』「상복(喪服)」편의 '소공장(小功章)'을 살펴보면, "손아래 동서와 손위 동서는 서로를 위해서 상복을 입는다."[26]라고 했고, 이 문장에 대한 전문(傳文)에서는 "손아래 동서와 손위 동서를 뜻한다."[27]라고 했다. 그리고 정현의 주에서는 "'제사부(娣姒婦)'라는 것은 형제의 처들이 서로를 부르는 호칭이다. 나이가 많은 동서는 나이가 어린 동서를 '제부(娣婦)'로 부르며, 제부(娣婦)는 나이가 많은 동서를 '사부(姒婦)'로 부른다."라고 했다. 이 말은 곧 동서들의 서열은 여자의 나이 차이에 근거하는 것이지, 남편의 나이 차이에 근거하는 것이 아님을 뜻한다. 그렇기 때문에 성공(成公) 11년에 대한 『좌전』의 문장에서는 "성백(聲伯)의 모친은 정식으로 혼례를 치른 것이 아니므로, 목강(穆姜)은 '나는 첩을 사부(姒婦)로 여길 수 없다.'"라고 했던 것이다.[28] '목강(穆姜)'은 노(魯)나라 선공(宣公)의 부인이며, 성백(聲伯)의 모친은 노나라 선공(宣公)

---

26) 『의례』「상복(喪服)」: 夫之姑・姊妹・娣姒婦. 報.
27) 『의례』「상복(喪服)」: 傳曰, 娣姒婦者, 弟長也. 何以小功也? 以爲相與居室中, 則生小功之親焉.
28) 『춘추좌씨전』「성공(成公) 11년」: 聲伯之母不聘, 穆姜曰, "吾不以妾爲姒."

의 동생인 숙힐(叔盻)의 처였다. 따라서 이곳 문장에서는 동생의 처를 사부(姒婦)로 여긴 것이다. 또 소공(昭公) 28년에 대한 『좌전』의 기록에서는 "자용(子容)의 모친이 시어머니에게 달려가 아뢰길, '큰 서방님의 사부(姒婦)가 아들을 낳았습니다.'"라고 했다.29) 자용(子容)의 모친은 백화(伯華)의 처이고, 큰 서방님의 사부(姒婦)는 백화(伯華)의 동생 숙힐(叔盻)의 처가 된다. 따라서 이곳 문장에서도 또한 동생의 부인을 사부(姒婦)로 부르고 있는 것이다. 이러한 모든 기록에서는 남편의 나이와 상관이 없이 부인들끼리 나이를 따졌음을 나타낸다. 정현이 "'창(倡)'자는 먼저[先]라는 뜻이다."라고 했는데, 『시』를 살펴보면, "그대들이 노래를 부르면 내가 화답을 하겠다."30)라고 했으니, 이곳에서도 '창(倡)'자를 먼저[先]라는 뜻으로 사용하고 있다.

孔疏 ◎注"言思, 子游之子, 申詳妻之昆弟"者, 謂妻之親昆弟也. 自此以外, 皆不爲位, 故奔喪禮31)"哭妻之黨於寢", 鄭引逸奔喪禮云: "一哭而已, 不爲位矣."

번역 ◎鄭注: "言思, 子游之子, 申詳妻之昆弟". ○처의 친척인 곤제(昆弟)를 뜻한다. 이러한 관계로부터 그 이상 더 소원해지는 관계에서는 모든 경우에 있어서 곡(哭)하는 자리를 마련하지 않는다. 그렇기 때문에 『예기』 「분상」편에서는 "처의 친척 일가에 대해서 곡을 할 때에는 침(寢)에서 한다."라고 한 것이고, 정현은 일실된 「분상례」편을 인용해서, "한 차례 곡을 할 따름이며, 곡하는 자리는 마련하지 않는다."라고 했던 것이다.

集說 委, 曲也. 曲巷, 猶言陋巷. 細民居於陋巷, 不見禮儀, 而鄙朴無節文,

---

29) 『춘추좌씨전』「소공(昭公) 28년」: 伯石始生, 子容之母走謁諸姑, 曰, "長叔姒生男." 姑視之.
30) 『시』「정풍(鄭風)·탁혜(蘀兮)」: 蘀兮蘀兮, 風其吹女. 叔兮伯兮, 倡予和女.
31) '례(禮)'자에 대하여. '례'자는 본래 중복되게 기록되어 있었는데, 완원(阮元)의 『교감기(校勘記)』에서는 "이곳 판본에는 '례'자가 잘못하여 중복된 것이다."라고 했다.

故譏小功不爲位, 是曲巷中之禮也. 言思, 子游之子, 申祥妻之昆弟也.

번역 '위(委)'자는 '곡(曲)'자의 뜻이다. '곡항(曲巷)'은 곧 '누추한 마을[陋巷]'을 뜻한다. 평민들은 누항에 거처하여, 예의(禮儀)를 볼 수 없었고, 누추하고 질박하여 규범에 따른 형식을 갖춤이 없었다. 그렇기 때문에 소공복(小功服)을 입고 치르는 상에서 곡하는 자리를 마련하지 않은 것은 누추한 마을에서나 시행하는 예라고 기롱한 것이다. '언사(言思)'는 자유(子游)의 아들이니, 신상(申祥) 처의 곤제(昆弟)가 된다.

集說 馬氏曰: 凡哭必爲位者, 所以敍親疎恩紀之差. 嫂叔疑於無服而不爲位, 故曰無服而爲位者惟嫂叔. 蓋無服者, 所以遠男女近似之嫌; 而爲位者, 所以篤兄弟內喪之親. 子思哭嫂爲位, 婦人倡踊, 以婦人有相爲娣姒之義, 而不敢以己之無服先之也. 至於申祥之哭言思, 亦如子思, 蓋非禮矣. 妻之昆弟, 外喪也, 而旣無服, 則不得爲哭位之主矣. 記曰, "妻之昆弟爲父後者死, 哭之適室, 子爲主, 袒免哭踊, 夫入門右." 由是言之, 哭妻之昆弟以子爲主, 異於嫂叔之喪也. 以子爲主, 則婦人不當倡踊矣.

번역 마씨가 말하길, 무릇 곡을 할 때에는 반드시 자리를 마련해야 하니, 친소(親疎) 관계나 은정(恩情)의 깊이에 따른 차등을 질서세우는 방법이다. 형제의 아내나 남편의 형제들에 대해서는 상복관계가 성립되지 않아서, 곡하는 위치를 마련하지 않는 것처럼 오해할 수 있다. 그렇기 때문에 "상복관계가 성립되지 않지만, 곡하는 위치를 마련하는 것은 오직 형제의 아내나 남편의 형제들에게만 한정된다."[32]라고 말한 것이다. 무릇 이러한 관계에서 상복관계를 성립시키지 않는 이유는 남녀사이에 가까이 한다는 혐의를 멀리하기 위해서이고, 그런데도 곡하는 위치를 마련하는 것은 형제 사이에 발생한 내상(內喪)[33]의 친근함을 돈독하게 하기 위해서이다. 자사

---

32) 『예기』「분상(奔喪)」【657b】: <u>無服而爲位者, 唯嫂叔</u>, 及婦人降而無服者麻.
33) 내상(內喪)은 대문(大門) 안에서 발생한 상(喪)을 뜻한다. 즉 집안에서 발생한 상(喪)을 뜻하며, 외상(外喪)과 반대가 된다.

(子思)가 형수에 대한 곡을 하며 곡하는 자리를 마련하고, 그의 부인이 먼저 용(踊)을 했던 것은 부인들에게는 서로 손아래 동서와 손위 동서가 되는 도의가 포함되어 있으므로, 상복관계가 성립되지 않는 본인이 감히 부인보다 먼저 할 수 없기 때문이다. 신상(申祥)은 언사(言思)에 대해서, 곡하는 일에 있어서 또한 자사(子思)가 시행했던 일처럼 했으니, 이것은 비례가 된다. 처의 곤제(昆弟)는 외상(外喪)에 해당하며, 이미 상복관계가 성립되지 않는 관계이므로, 마치 주인처럼 곡하는 위치를 정할 수 없는 것이다. 『예기』에서는 "처의 곤제(昆弟) 중 부친을 잇는 후계자인 자가 죽게 되면, 적실(適室)에서 곡을 하고, 그의 아들을 곡하는 위치에서의 주인으로 삼고, 단면(袒免)을 한 채로 곡과 용(踊)을 하게 만들며, 남편인 본인은 문으로 들어가서 우측에 서 있게 된다."[34]라고 했다. 이러한 기록들을 통해 말해본다면, 처의 곤제를 위해서 곡을 할 때에는 그의 아들을 곡하는 위치에서의 주인으로 삼으니, 형제의 아내 및 남편의 형제들에 대한 상과 다른 것이다. 그의 아들을 주인으로 삼게 된다면, 부인은 마땅히 먼저 용(踊)을 해서는 안 된다.

訓纂 吳幼清曰: 爲嫂無服, 而其妻爲娣·姒婦則有服. 爲妻之兄弟無服, 而其妻爲其兄弟則有服. 故子思·申祥皆使其妻有服者倡踊而己, 無服者隨哭於後也.

번역 오유청[35]이 말하길, 형수에 대해서는 상복관계가 성립되지 않지만, 그의 처는 제부(娣婦) 또는 사부(姒婦)의 관계가 되므로, 상복관계가 성립된다. 처의 형제에 대해서는 상복관계가 성립되지 않지만, 그의 처는 그의 형제들에 대해서 상복관계가 성립된다. 그렇기 때문에 자사(子思)와

---

34) 『예기』「단궁하(檀弓下)」【110a】: 妻之昆弟爲父後者死, 哭之適室, 子爲主, 袒免哭踊, 夫入門右, 使人入於門外, 告來者, 狎則入哭. 父在, 哭於妻之室. 非爲父後者, 哭諸異室.

35) 오징(吳澄, A.D.1249~A.D.1333) : =임천오씨(臨川吳氏)·오유청(吳幼清)·초려오씨(草廬吳氏). 송원대(宋元代)의 유학자이다. 이름은 징(澄)이다. 자(字)는 유청(幼清)이다. 저서로 『예기해(禮記解)』가 있다.

신상(申祥)은 모두 상복관계에 놓인 그의 처로 하여금 먼저 용(踊)을 하도록 했던 것일 뿐이며, 상복관계가 없는 본인은 처를 뒤따라서 그 이후에 곡만 했을 따름이다.

集解 愚謂: 哭而爲位者, 以親疏敍列爲位, 以親者一人爲主, 在阼階下西面, 而疏者以次而南, 如士喪禮主人在阼階下, 衆主人及卿大夫皆在其南, 是也. 若不爲位, 則爲主者一人南面, 而弔者北面, 後言"曾子北面而弔", 小記"哭朋友者於門外之右南面", 是也. 委, 曲也. 哭有服者必爲位, 時有哭小功不爲位者, 曾子非之, 言此乃委巷小人之禮, 而非君子之所行也. 奔喪云, "無服而爲位者惟嫂叔." 此謂在外聞喪而己爲之主者. 子思哭嫂在家, 嫂叔無服, 而娣姒婦相爲小功, 故使婦人爲主而倡踊. 妻之兄弟無服, 而妻爲之期若大功, 故申祥於言思亦爲位而哭, 而使其妻爲主而倡踊也. 凡踊以婦人居間, 此皆使婦人倡踊者, 以其爲爲位之禮之所自起也. 嫂之喪, 子爲之期; 妻之兄弟, 子爲之緦. 今乃不使子爲主而使婦人者, 蓋以未有子, 或幼而未能爲主耳. 記禮者因曾子譏小功不爲位, 故引子思・申祥之事, 以證哭必爲位之事.

번역 내가 생각하기에, 곡을 하며 그 자리를 마련하는 것은 친소(親疏)의 관계에 따라 등렬을 정하여, 순차적으로 자리를 만든다는 뜻이니, 죽은 자와 가까운 관계에 있는 한 사람을 그 자리를 주관하는 주인으로 삼고, 그 자는 동쪽 계단 아래에서 서쪽을 향해 서 있게 되며, 관계가 소원한 자들은 순차적인 등렬에 따라 그의 남쪽으로 차례대로 나열하게 되니, 『의례』 「사상례(士喪禮)」편에서 상주가 동쪽 계단 아래에 있으면, 뭇 주인들과 경 및 대부들은 모두 그의 남쪽에 위치한다고 한 말이 바로 이러한 사실을 나타낸다. 만약 곡하는 자리를 마련하지 않는 경우라면, 주인이 되는 한 사람은 남쪽을 바라보게 되고, 조문을 하는 자들은 북쪽을 바라보게 되니, 아래문장에서 "증자(曾子)가 북쪽을 바라보고서 조문을 했다."[36]라고 했

---

36) 『예기』「단궁상」【94b】: 曾子與客立於門側, 其徒趨而出. 曾子曰, "爾將何之?" 曰, "吾父死, 將出哭於巷." 曰, "反哭於爾次." <u>曾子北面而弔焉</u>.

고, 『예기』「상복소기(喪服小記)」편에서 "친구를 위해 곡하는 자는 문밖의 오른쪽에서 남쪽을 바라본다."37)라고 한 말이 바로 이러한 사실을 나타낸다. '위(委)'자는 '곡(曲)'자를 뜻한다. 자신과 상복관계에 있는 자에 대해서 곡을 할 때에는 반드시 자리를 마련해야 하는데, 당시에는 소공복(小功服)을 입는 관계에 있는 자에게 곡을 할 때에도 자리를 마련하지 않는 경우가 있었으므로, 증자가 그들을 비난하며, 이러한 경우는 누추한 마을에서 소인들이 따르는 예이니, 군자가 따르는 방법이 아니라고 말한 것이다. 『예기』「분상」편에서는 "상복관계가 성립되지 않는데도, 곡하는 자리를 마련하는 경우는 오직 형제의 부인과 남편의 형제들에 대해서만 그렇게 한다."라고 했다. 이것은 곧 외부에 있다가 상에 대한 소식을 접하여, 본인이 그를 위해 주인의 역할을 맡는 경우에 해당한다. 자사(子思)가 형수를 위해 곡을 할 때에는 자신의 집에서 한 것인데, 형제의 처와 남편의 형제들에 대해서는 본래 상복관계가 성립되지 않지만, 손아래 동서와 손위 동서는 서로를 위해 소공복을 입게 된다. 그렇기 때문에 자신의 부인으로 하여금 주인의 역할을 맡게 하여, 먼저 용(踊)을 하도록 시킨 것이다. 처의 형제들에 대해서도 상복관계가 성립되지 않는데, 처는 자신의 형제들을 위해서 기년상(期年喪)을 치르니, 마치 대공복(大功服)을 착용할 때와 같은 것이다. 그렇기 때문에 신상(申祥)은 언사(言思)에 대해서 또한 자리를 마련하여 곡을 했던 것이고, 자신의 처로 하여금 주인의 역할을 담당하게 하여, 먼저 용(踊)을 하도록 시킨 것이다. 무릇 용(踊)을 할 때에는 부인들이 중간에 용(踊)을 하는 것인데, 이곳에서는 모든 경우에 있어서 부인들이 먼저 용(踊)을 했다. 그 이유는 자리를 마련하는 예를 적용하게 된 이유가 그녀에게 있기 때문이다. 형수의 상에 있어서, 자신의 자식은 그녀를 위해 기년복(期年服)을 입고, 처의 형제들에 대해서, 자신의 자식은 그들을 위해 시마복(緦麻服)을 입는다. 그런데 이곳 문장에서는 자식으로 하여금 주인의 역할을 수행하도록 하지 않고, 부인을 시키고 있다. 그 이유는 아마도 아직 자식이 없었기 때문이거나, 혹은 자식이 너무 어려서 아직은 주인의 역할을 할 수 없었기

---

37) 『예기』「상복소기(喪服小記)」【416b】: 哭朋友者, 於門外之右, 南面.

때문일 것이다. 『예기』를 기록한 자는 증자가 소공복을 입고 치르는 상에서, 곡하는 자리를 마련하지 않은 것을 비난했다는 일화에 착안했기 때문에, 자사와 신상의 일화를 인용하여, 곡을 할 때에는 반드시 자리를 마련해야 한다는 사안을 증명하고 있는 것이다.

集解 孔叢子, 孔氏九世皆一子相承, 此云"子思哭嫂", 孔疏謂"兄早卒, 故得有嫂." 今案孔子弟子原憲·燕伋皆字子思, 此所稱子思, 或爲異人, 未可知也.

번역 『공총자』에서는 공씨(孔氏)의 가문은 9세대에 이르기까지 모두 한 명의 자식이 대를 이었다고 했다. 그런데 이곳 문장에서는 "자사(子思)가 형수를 위해서 곡을 했다."라고 말했고, 공영달의 소에서는 "자사의 형이 일찍 죽었기 때문에, 자사에게 형수가 있을 수 있었던 것이다."라고 설명했다. 내가 살펴보니, 공자(孔子)의 제자 중에는 원헌(原憲)과 연급(燕伋)이라는 자가 있었는데, 이 둘은 모두 자(字)가 자사(子思)였다. 따라서 이곳 문장에서 말하는 자사(子思)를 공자의 손자가 아닌 다른 인물로 여기기도 하는데, 사실인지는 알 수 없다.

참고 『예기』「단궁상(檀弓上)」 기록

경문-71c 曾子曰: "朋友之墓, 有宿草而不哭焉."

번역 증자가 말하길, "벗의 무덤에 다년생 풀이 피어나게 되면, 상을 치른 지 1년이 넘었으므로, 곡을 하지 않는다."라고 했다.

鄭注 宿草, 謂陳根也. 爲師心喪三年, 於朋友期可.

번역 '숙초(宿草)'는 여러해살이풀[陳根]을 뜻한다. 스승을 위해서는 심상(心喪)[38]으로 삼년상을 치르는데, 벗에 대해서는 1년상을 치러도 괜찮다.

孔疏 ●"曾子"至"哭焉". ○正義曰: 曾子, 孔子弟子, 姓曾名參, 字子輿, 魯人也. 宿草, 陳根也. 草經一年陳, 根陳也. 朋友相爲哭一期, 草根陳, 乃不哭也. 所以然者, 朋友雖無親, 而有同道之恩. 言朋友期而猶哭者, 非謂在家立哭位, 以終期年. 張敷云: "謂於一期39)之內, 如聞朋友之喪, 或經過朋友之墓及事故須哭, 如此則哭焉. 若期之外, 則不哭也."

번역 ●經文: "曾子"~"哭焉". ○'증자(曾子)'는 공자(孔子)의 제자로, 성(姓)은 증(曾)이며, 이름은 삼(參)이고, 자(字)는 자여(子輿)이며, 노(魯)나라 출신이다. '숙초(宿草)'는 여러해살이풀[陳根]을 뜻한다. 풀은 1년을 경과하게 되면, 늘어지게 퍼지게 되니, 그 뿌리가 여러 갈래로 퍼진 것이다. 벗은 서로를 위해 1년 동안 곡(哭)을 하니, 여러해살이풀의 뿌리가 퍼지게 되면, 1년이 경과한 것이므로, 곧 곡을 하지 않는다. 이처럼 하는 이유는 벗은 비록 친척관계가 아니지만, 둘의 관계에는 도(道)를 함께 하는 은정이 포함되어 있다. 벗을 위해 1년 동안 계속하여 곡을 한다는 말은 자신의 집에 곡하는 자리를 마련하여, 1년 동안 지속적으로 한다는 뜻이 아니다. 장부(張敷)가 말하길, "1년 이내의 기간 중에, 만일 벗의 상에 대한 소식을 듣게 되었다면, 간혹 벗의 묘(墓) 및 그와 함께 했던 장소를 지나치게 되기 때문에, 곡을 해야 하는 것이다. 이와 같다면 곡)을 하는 것이다. 만약 1년을 경과하게 된다면, 곡을 하지 않는다."라고 했다.

---

38) 심상(心喪)은 죽음에 대해 애도함이 상을 치르는 것과 같지만, 실제적으로 상복을 입지 않는 것을 뜻한다. 주로 스승이 죽었을 때, 제자들이 치르는 상을 가리킨다. 『예기』「단궁상(檀弓上)」편에서는 "事師無犯無隱, 左右就養無方, 服勤至死, 心喪三年."이라는 기록이 있고, 이에 대한 정현의 주에서는 "心喪, 戚容如父而無服也."라고 풀이했다.
39) '기(期)'자에 대하여. '기'자는 본래 '성(成)'자로 기록되어 있었는데, 완원(阮元)의 『교감기(校勘記)』에서는 "『민본(閩本)』·『감본(監本)』·『모본(毛本)』에는 '세(歲)'자로 기록하고 있으니, 이곳 판본에는 잘못하여 '성(成)'자로 기록한 것이다. 『고문(考文)』에서 인용하고 있는 송(宋)나라 때의 판본에서는 '세'자를 '기'자로 기록하였다. 살펴보니, '기'자로 기록하는 것이 옳다."라고 했다.

集說 草根陳宿, 是期年之外, 可無哭矣.

번역 풀의 뿌리가 오래되었다는 것은 상을 치른 지 1년이 넘었다는 뜻이니, 곡을 하지 않아도 괜찮은 것이다.

참고 『예기』「단궁상(檀弓上)」 기록

경문-106b 孔子惡野哭者.

번역 공자는 이유도 없이 들판에서 곡하는 자를 미워했다.

鄭注 爲其變衆. 周禮銜枚氏掌禁野叫呼·歎呼於國中者·行歌哭於國中之道者.

번역 많은 사람들을 놀래키기 때문이다. 『주례』의 기록에서 함매씨(銜枚氏)는 올바르지 않은 장소에서 울부짖는 것을 금지하고, 국성(國城) 안에서 한탄하는 것을 금지하며, 국성의 도로에서 노래를 부르거나 곡하는 것을 금지하는 일을 담당한다고 했다.[40]

孔疏 ●"孔子惡野哭者". ○正義曰: 哭非其地謂之野, 爲變衆, 故惡之也.

번역 ●經文: "孔子惡野哭者". ○올바른 장소가 아닌데도 곡하는 것을 '야(野)'라고 부른다. 그렇기 때문에 미워했던 것이다.

集說 "所知吾哭諸野", 夫子嘗言之矣, 蓋哭其所知, 必設位而帷之以成禮; 此所惡者, 或郊野之際, 道路之間, 哭非其地, 又且倉卒行之, 使人疑駭, 故惡之也. 方氏說, "哭者呼滅, 子皐曰野哉, 孔子惡者以此." 恐未然.

---

40) 『주례』「추관(秋官)·함매씨(銜枚氏)」: 禁嘂呼歎鳴於國中者, 行歌哭於國中之道宅.

번역 "서로 알고 지내던 자에 대해서라면, 나는 들에서 곡을 해야 한다."[41]라고 한 말은 공자가 일찍이 했던 말이니, 무릇 서로 알고 지내던 자에 대해서 곡을 할 때에는 반드시 자리를 마련하고 휘장을 쳐서, 예의 규범을 준수해야 한다. 그런데 이곳에서 이러한 자를 공자가 미워했던 까닭은 어떤 자가 교야(郊野) 및 도로 사이에서, 곡을 해야 하는 장소가 아닌데도 곡을 하고, 또한 갑작스럽게 이런 일을 하여 사람들을 놀라게 했기 때문에 미워했던 것이다. 방씨는 "곡을 하는 자가 죽은 자의 이름인 멸(滅)을 불러서, 자고(子皐)는 야(野)라고 했으니,[42] 공자가 미워한 이유도 이러한 이유 때문이다."라고 주장했는데, 아마도 그렇지 않을 것이다.

集解 張子曰: 有服者之喪, 不哭於家而哭於野, 是惡凶事也. 所知當哭於野, 又若奔喪者, 安得不哭於道?

번역 장자가 말하길, 상복관계에 있는 자에 대한 상의 경우, 집에서 곡을 하지 않고 들에서 곡을 하는 것은 흉사를 꺼려하기 때문이다. 알고 지내던 자에 대해서는 들에서 곡을 해야만 하고, 또한 분상하는 경우라면, 어떻게 도로에서 곡을 하지 않을 수가 있겠는가?

참고 『춘추』「양공(襄公) 12년」 기록

左傳-經文 秋, 九月, 吳子乘卒.

번역 가을 9월 오(吳)나라 자작 승(乘)이 죽었다.

---

41) 『예기』「단궁상」【81d】: 伯高死於衛, 赴於孔子. 孔子曰: "吾惡乎哭諸? 兄弟, 吾哭諸廟; 父之友, 吾哭諸廟門之外; 師, 吾哭諸寢; 朋友, 吾哭諸寢門之外; 所知, 吾哭諸野. 於野則已疏, 於寢則已重. 夫由賜也見我, 吾哭諸賜氏." 遂命子貢爲之主, 曰: "爲爾哭也來者, 拜之; 知伯高而來者, 勿拜也."
42) 『예기』「단궁상」【98c】: 子蒲卒, 哭者呼滅. 子皐曰: "若是野哉!" 哭者改之.

杜注 五年會於戚, 公不與盟, 而赴以名.

번역 양공(襄公) 5년에 척(戚)에서 회합을 가졌고 양공이 맹약을 맺지 않았지만, 이름으로 부고를 알려왔기 때문에 이름을 기록했다.

孔疏 ◎注"五年"至"以名". ○正義曰: 劉炫云: "杜於五年注, 以爲公及其盟, 還而不以盟告廟也. 今注云'會於戚, 公不與盟, 而赴以名', 何爲兩注自相矛盾?" 今知劉難非者, 以戚盟經旣不書公之與否, 又傳無其事, 杜弘通其義, 故爲兩解. 劉不尋杜旨而規其過, 非也.

번역 ◎杜注: "五年"~"以名". ○유현43)이 말하길, "두예44)는 양공 5년에 대한 주에서 양공이 회맹을 맺었는데, 되돌아와서 맹약한 사실을 종묘에 아뢰지 않았다고 했다. 그런데 이곳 주석에서는 '척(戚)에서 회합을 가졌고 양공이 맹약을 맺지 않았지만, 이름으로 부고를 알려왔기 때문에 이름을 기록했다.'라고 하여, 두 주석이 서로 모순이 되는 것은 어째서인가?"라고 했다. 현재 유현이 잘못된 점을 비판했다는 사실을 알 수 있는데, 척에서 맹약을 맺은 일에 대해 경문에서는 이미 양공이 회맹에 참여했는지를 기록하지 않았고, 전문에도 관련 기사가 기록되어 있지 않아서, 두예는 그 뜻을 폭넓게 설명하고자 했기 때문에 두 가지 해석을 한 것이다. 유현은 두예의 의도를 깨닫지 못하고 겉으로 드러나는 과실에 초점을 맞췄으니, 그 반박은 잘못되었다.

---

43) 유현(劉炫, ?~?) : 수(隋)나라 때의 학자이다. 자는 광백(光伯)이며, 경성(景城) 출신이다. 태학박사(太學博士) 등을 지냈다. 『논어술의(論語述義)』, 『춘추술의(春秋述義)』, 『효경술의(孝經述義)』 등을 저술하였다.
44) 두예(杜預, A.D.222~A.D.284) : =두원개(杜元凱). 서진(西晉) 때의 유학자이다. 경조(京兆) 두릉(杜陵) 출신이다. 자(字)는 원개(元凱)이다. 『춘추경전집해(春秋經典集解)』를 저술하였는데, 이 책은 현존하는 『춘추(春秋)』의 주석서 중 가장 오래된 것이며, 『십삼경주소(十三經注疏)』의 『춘추좌씨전정의(春秋左氏傳正義)』에도 채택되어 수록되었다.

左傳 秋, 吳子壽夢卒①. 臨於周廟, 禮也②.

번역 가을 오(吳)나라 자작 수몽(壽夢)이 죽었다. 양공은 주묘(周廟)에 가서 곡을 했으니 예법에 맞는 일이다.

杜注-① 壽夢, 吳子之號

번역 '수몽(壽夢)'은 오나라 자작의 호(號)이다.

杜注-② 周廟, 文王廟也. 周公出文王, 故魯立其廟. 吳始通, 故曰"禮".

번역 '주묘(周廟)'는 문왕(文王)의 묘이다. 주공은 문왕의 아들이기 때문에, 노(魯)나라에서는 문왕의 묘를 세웠다. 오나라가 처음으로 소통을 해왔기 때문에 예법에 맞다고 했다.

孔疏 ◎注"周廟"至"曰禮". ○正義曰: 杜以下文周廟尊於周公之廟, 知是文王廟也. 以鄭祖厲王, 立所出王廟, 知爲周公出文王, 故魯立其廟也. 哀二年, 蒯聵禱云, "敢昭告皇祖文王", 衛亦立文王廟也. 郊特牲曰, "諸侯不敢祖天子, 大夫不敢祖諸侯, 而公廟之設於私家, 非禮也", 而諸侯得立王廟者, 彼謂無功德, 非王命而輒自立之, 則爲非禮. 魯·衛有大功德, 王命立之, 是其正也. 鄭祖厲王, 亦然. 此是常禮, 特於吳子而傳發例者, 以吳始通, 公能體禮, 故於此言"禮也".

번역 ◎杜注: "周廟"~"曰禮". ○두예는 아래문장에서 주묘(周廟)가 주공의 묘보다 존귀하다고 한 것에 따라서 이것이 문왕의 묘임을 알았던 것이다. 정(鄭)나라는 여왕(厲王)을 시조로 삼았고,[45] 자신의 태조를 출생한 천자의 묘를 세웠으니, 주공은 문왕의 아들이기 때문에 노나라에서 문왕의 묘를 세웠음을 알 수 있다. 애공(哀公) 2년의 기록에서, 괴외는 기도를 올리

---

45) 『춘추좌씨전』「문공(文公) 2년」: 鄭祖厲王. 猶上祖也.

며, "감히 황조문왕께 밝게 아룁니다."46)라고 했으니, 위(衛)나라에서도 문왕의 묘를 세웠던 것이다. 『예기』「교특생(郊特牲)」편에서는 "제후는 감히 천자를 시조로 삼을 수 없고, 대부는 감히 제후를 시조로 삼을 수가 없다. 그러므로 군주의 묘(廟)를 자기 개인의 집에 설치하는 것은 비례(非禮)이다."47)라고 했는데, 제후가 천자의 묘를 세울 수 있다고 했다. 그 이유는 「교특생」편의 기록은 공덕이 없는 자가 천자의 명령이 없는데도 갑작스럽게 자기 마음대로 묘를 세웠으니 비례가 되는 것이다. 노나라와 위나라는 큰 공덕을 세웠고 천자가 명령을 하여 묘를 세웠던 것이니, 정규 예법에 해당한다. 정나라가 여왕을 시조로 삼은 것 또한 이러하다. 여기에서 말한 내용은 일상적인 예법에 해당하는데, 다만 오나라 자작에 대해서 전문에서 그 예시를 나열한 것은 오나라가 처음으로 소통을 해왔고 양공이 예법에 따를 수 있었기 때문에 이곳에서 예법에 맞는 일이라고 한 것이다.

左傳 凡諸侯之喪, 異姓臨於外.

번역 무릇 제후의 상에 대해서, 그 자가 이성(異姓)인 자라면 국성 밖에서 그 나라를 향해 곡을 한다.

杜注 於城外, 向其國.

번역 국성 밖에서 그 나라를 향해 곡을 한다는 뜻이다.

---

46) 『춘추좌씨전』「애공(哀公) 2년」: 衛大子禱曰, "曾孫蒯聵敢昭告皇祖文王·烈祖康叔·文祖襄公, 鄭勝亂從, 晉午在難, 不能治亂, 使鞅討之. 蒯聵不敢自佚, 備持矛焉. 敢告無絶筋, 無折骨, 無面傷, 以集大事, 無作三祖羞. 大命不敢請, 佩玉不敢愛."

47) 『예기』「교특생(郊特牲)」【322d】: 故天子微, 諸侯僭; 大夫强, 諸侯脅. 於此相貴以等, 相覿以貨, 相賂以利, 而天下之禮亂矣. 諸侯不敢祖天子, 大夫不敢祖諸侯. 而公廟之設於私家, 非禮也, 由三桓始也.

孔疏 ◎注"於城外向其國". ○正義曰: 禮・奔喪之記云: "哭父之黨於廟, 母妻之黨於寢, 師於廟門外, 朋友於寢門外, 所識於野張帷." 此傳言"於外", 與彼"於野"同, 於城外, 向其國, 張帷而哭之耳.

번역 ◎杜注: "於城外向其國". ○『예기』「분상」편의 기문에서는 "부친의 친족에 대해서는 묘(廟)에서 하고, 모친과 처의 친족에 대해서는 침(寢)에서 하며, 스승에 대해서는 묘문 밖에서 하고, 벗에 대해서는 침문 밖에서 하며, 서로 알고 있는 자에 대해서는 들판에서 하는데 장막을 치고 한다."라고 했다. 그런데 이곳 전문에서는 "국성 밖에서 한다."라고 하여, 「분상」편에서 "들판에서 한다."라고 한 기록과 동일하니, 국성 밖에서 그 나라를 향해 장막을 치고서 곡을 할 따름이다.

左傳 同姓於宗廟.

번역 동성(同姓)인 자라면 종묘에서 곡을 한다.

杜注 所出王之廟.

번역 태조를 출생시킨 천자의 묘를 뜻한다.

孔疏 ●"同姓於宗廟". ○正義曰: 此卽周廟也. 但發大例, 意通古今, 故不復斥言周耳. 其實於周之世, 亦周廟也. 異姓之國, 無所出王之廟者, 其哭同姓, 必不得同諸異姓, 亦當於祖廟.

번역 ●箋文: "同姓於宗廟". ○이것은 주묘(周廟)를 뜻한다. 다만 광범위하게 예시를 열거하여 고금의 체례를 통괄하고자 했기 때문에 주묘라고 직접적으로 가리켜서 말하지 않았을 따름이다. 실제로는 주나라 때이므로 또한 주묘에 해당한다. 이성(異姓)의 제후국은 태조를 출생시킨 천자의 묘가 없는데, 동성(同姓)인 제후에게 곡을 할 때 반드시 이성인 제후들과 동일하게 할 수 없으므로, 마땅히 태조를 출생시킨 자의 묘에서 해야만 한다.

左傳　同宗於祖廟①, 同族於禰廟②. 是故魯爲諸姬, 臨於周廟③, 爲邢·凡·蔣·茅·胙·祭, 臨於周公之廟④.

번역　동종(同宗)인 자라면 조묘(祖廟)에서 곡을 하고, 동족(同族)인 자라면 녜묘(禰廟)에서 곡을 한다. 이러한 까닭으로 노나라는 희성(姬姓)인 제후들에 대해서는 주묘에서 곡을 했고, 형(邢)·범(凡)·장(蔣)·모(茅)·조(胙)·제(祭) 등의 제후국에 대해서는 주공의 묘에서 곡을 했다.

杜注-①　始封君之廟.

번역　처음 제후로 분봉받은 자의 묘를 뜻한다.

杜注-②　父廟也. 同族, 謂高祖以下.

[번역] 부친의 묘를 뜻한다. '동족(同族)'은 고조로부터 그 이하의 조상이 같은 자들을 뜻한다.

杜注-③　諸姬, 同姓國.

번역　'제희(諸姬)'는 동성의 제후국들을 뜻한다.

杜注-④　卽祖廟也. 六國皆周公之支子, 別封爲國, 共祖周公.

번역　조묘(祖廟)에 해당한다. 여섯 나라는 모두 주공의 지자(支子)[48]들로 별도로 제후로 분봉을 받았으며, 모두 주공을 시조로 받들고 있다.

---

48) 지자(支子)는 적장자(嫡長子)를 제외한 나머지 아들들을 말한다.

참고 『예기』「단궁하(檀弓下)」 기록

경문-110a 妻之昆弟爲父後者死, 哭之適室, 子爲主, 袒·免·哭·踊. 夫入門右, 使人立於門外. 告來者, 狎則入哭. 父在, 哭於妻之室; 非爲父後者, 哭諸異室.

번역 처의 형제 중 장인의 후계자가 된 자가 죽었다면, 적실(適室)49)에서 곡을 하고, 자신의 아들을 상주 역할로 삼으며, 단(袒)·면(免)·곡(哭)·용(踊)을 하도록 시킨다. 본인의 경우 문으로 들어서면 오른쪽에 있게 되고, 다른 사람을 시켜서 문밖에 서 있도록 한다. 찾아와서 조문하는 자들에 대해서는 그 자가 알리게 되는데, 알려온 자가 평소 친하게 지내던 자라면, 곧바로 들어와서 곡을 하도록 시킨다. 자신의 부친이 생존해 계신 경우라면, 처의 형제 중 후계자가 된 자를 위해서는 처의 실(室)에서 곡을 한다. 만약 처의 형제 중 후계자가 아닌 자가 죽은 경우라면, 다른 실(室)에 가서 곡을 한다.

鄭注 以其正也. 親者主之. 北面辟正主. 狎, 相習知者. 不以私喪干尊.

번역 본래의 상복 수위에 따르기 때문이다. 그와 혈연관계가 있는 자가 주관하게 된다. 문의 오른쪽에서는 북쪽을 바라보며, 정식 상주의 예법을 피하게 된다. '압(狎)'자는 서로 알고 지내던 친한 자를 뜻한다. 부친이 생존해 계실 때 곡하는 장소가 달라지는 이유는 사적인 상으로 인해 존귀한

---

49) 적실(適室)은 정침(正寢)에 있는 방[室]을 뜻한다. 정침(正寢)은 천자(天子)의 제후(諸侯)의 경우에는 노침(路寢)이라고 부르고, 경(卿)·대부(大夫)·사(士)의 경우에는 '적실' 또는 적침(適寢)이라고 부른다. 『의례』「사상례(士喪禮)」편에는 "士喪禮, 死于適室, 幠用斂衾."이라는 기록이 있는데, 이데 대한 정현의 주에서는 "適室, 正寢之室也."라고 풀이했고, 가공언(賈公彦)의 소(疏)에서는 "若對天子諸侯謂之路寢, 卿大夫士謂之適室, 亦謂之適寢, 故下記云'士處適寢', 揚而言之, 皆謂之正寢."이라고 풀이했다. 또 『예기』「단궁하(檀弓下)」편에는 "妻之昆弟爲父後者死, 哭之適室."이라는 기록이 있는데, 이에 대한 공영달(孔穎達)의 소(疏)에서는 "適室, 正寢也."라고 풀이했다.

부친을 방해할 수 없기 때문이다.

孔疏 ●"妻之"至"哭之". ○正義曰: 此一節論哭無服者之事. 適室, 正寢也. 禮: 女子子[50]適人者, 爲昆弟爲父後者不降, 以其正故也. 故姊妹之夫爲之哭於適室之中庭也.

번역 ●經文: "妻之"~"哭之". ○이곳 문단은 상복관계가 없는 자에 대해서, 곡하는 사안을 논의하고 있다. '적실(適室)'은 정침(正寢)을 뜻한다. 예법에 따르면 딸자식 중 남에게 시집을 간 여자는 그녀의 형제들 중 부친의 후계자가 된 자에 대해서, 상복의 수위를 낮추지 않으니, 본래의 상복 수위에 따르기 때문이다. 그래서 죽은 자에게 있어서 자매의 남편이 되는 자는 죽은 자를 위해서 적실(適室)의 중정(中庭)에서 곡을 하는 것이다.

孔疏 ●"子爲主"者, 子, 己子也. 甥服舅緦, 故命己子爲主, 受弔拜賓也.

번역 ●經文: "子爲主". ○'자(子)'자는 자신의 아들을 뜻한다. 생질은 외삼촌을 위해서 시마복(緦麻服)을 입는 상복관계에 있는 자이다. 그렇기 때문에 자신의 아들에게 명령하여, 상주의 임무를 수행하게 하고, 조문을 받으며 빈객에게 절을 하도록 시키는 것이다.

孔疏 ●"袒·免·哭·踊"者, 冠尊, 不居肉袒上, 必先免, 故凡哭哀則踊, 踊必先袒, 袒必先免, 故"袒·免·哭·踊"也.

번역 ●經文: "袒·免·哭·踊". ○상을 치를 때 쓰는 관(冠)은 존귀하므로, 맨머리 위에 착용할 수 가 없고, 반드시 먼저 쓰고 있던 관을 제거하고 면(免)을 한다. 그러므로 곡을 하는 모든 경우에, 슬퍼지게 되면 용(踊)을

---

50) '자(子)'자에 대하여. '자'자는 본래 없던 글자인데, 완원(阮元)의 『교감기(校勘記)』에서는 "『민본(閩本)』·『감본(監本)』·『모본(毛本)』에는 '자'자가 기록되어 있다. 살펴보니, '자'자를 중복해서 기록하는 것이 옳은 기록이다."라고 했다.

하게 되는데, 용(踊)을 할 때에는 반드시 그보다 앞서서 단(袒)을 해야 하고, 단(袒)을 할 때에는 반드시 그보다 앞서서 면(免)을 하는 것이다. 그래서 "단(袒)·면(免)·곡(哭)·용(踊)을 한다."고 말한 것이다.

孔疏 ●"夫入門右"者, 夫謂此子之父, 卽哭妻兄弟者也. 言"夫"者, 據妻之爲喪也. 子旣爲主位, 在東階之下西嚮, 父入門右, 近南而北嚮哭也. 鄭注知此"北面"者, 鄭推子旣爲主, 在阼階下西嚮, 父不爲主, 若又西嚮, 便似二主, 故入門右而北面, 示辟爲主之處也. 鄭又所以知父必北面者, 曾子問云, 衛靈公弔季康子, 魯哀公爲主, 康子立於門右北面, 辟主人之位. 故鄭知此當北面辟主人之位也. 而禮本多將鄭注"北面"爲經文者, 非也. 按古舊本及盧·王禮亦無"北面"字, 唯鄭注云"北面"耳. 庾蔚亦謂非經文也.

번역 ●經文: "夫入門右". ○'부(夫)'자는 여기에서 말한 자식의 부친을 뜻하니, 곧 처의 형제를 위해서 곡을 하는 자에 해당한다. '남편[夫]'이라고 기록한 이유는 처의 상을 치르는 것에 기준을 두었기 때문이다. 자신의 자식이 이미 상주의 위치에 있으므로, 동쪽 계단 아래에서 서쪽을 바라보고 있게 되니, 자신은 문으로 들어가서 오른쪽으로 서게 되며, 남쪽과 가까운 위치에서 북쪽을 바라보며 곡을 하는 것이다. 정현의 주에서, 이 위치에서 "북쪽을 바라본다."가 됨을 알 수 있었던 이유는 정현은 자식이 이미 상주의 임무를 수행하여, 동쪽 계단 아래에서 서쪽을 향해 서 있고, 그의 부친은 상주가 아니므로, 만약 그 또한 서쪽을 바라보게 된다면, 이것은 곧 두 명의 상주가 있는 꼴이 된다. 그렇기 때문에 문으로 들어서서 오른쪽에 서며, 북쪽을 바라보게 되어, 상주가 된 자의 위치를 피한다는 뜻을 나타내는 것이다. 정현이 또한 부친이 반드시 북쪽을 바라보게 된다는 사실을 알 수 있었던 이유는 『예기』「증자문(曾子問)」편에서 위(衛)나라 영공(靈公)이 계강자(季康子)를 조문했을 때, 노(魯)나라 애공(哀公)이 상주 역할을 했고, 계강자는 문의 오른쪽에 서서 북쪽을 바라보며 상주의 위치를 피했다고 했기 때문에,51) 정현은 이곳에서 언급한 상황에서도 마땅히 북쪽을 바라보며, 상주의 자리를 피해주어야 한다는 사실을 알 수 있었던 것이다. 그런데

『예기』의 판본 중에는 대다수가 정현의 주에 나오는 '북면(北面)'이라는 글자를 경문(經文)으로 기록하고 있는데, 이것은 잘못된 기록이다. 옛 판본 및 노식과 왕숙52)의 『예기』 판본에도 '북면(北面)'이라는 글자가 없고, 오직 정현의 주에만 '북면(北面)'이라는 글자가 기록되어 있을 뿐이다. 유울지53) 또한 북면(北面)은 경문(經文)의 문장이 아니라고 주장했다.

孔疏 ●"使人立于門外, 告來者"者, 以門內有哭, 則鄕里聞之, 必來相弔, 故主人所使人出門外, 告語來弔者, 述所哭之由, 明爲主在子, 不關己也.

번역 ●經文: "使人立于門外, 告來者". ○문 안에서 곡을 하게 되면, 마을 사람들이 그 소리를 듣고, 반드시 찾아와서 서로 조문을 하게 된다. 그렇기 때문에 주인은 사람을 시켜서 문밖으로 나가게 하여, 찾아와서 조문하는 자에 대해 알리도록 하고, 곡을 하게 된 이유를 아뢰게 했던 것인데, 이것은 상주의 임무가 자신의 아들에게 있어서, 자신과 관련되지 않았다는 사실을 나타내는 것이다.

孔疏 ●"狎則入哭"者, 若弔人與此亡者曾經相識狎習, 當進入共哭.

번역 ●經文: "狎則入哭". ○만약 조문을 하기 위해 찾아온 사람과 죽은

---

51) 『예기』「증자문(曾子問)」【233c~d】: 喪之二孤, 則昔者, 衛靈公, 適魯, 遭季桓子之喪. 衛君請弔, 哀公辭, 不得命. 公爲主, 客入弔, 康子立於門右, 北面, 公揖讓, 升自東階, 西鄕, 客升自西階, 弔. 公拜興哭, 康子拜稽顙於位, 有司弗辯也. 今之二孤, 自季康子之過也.
52) 왕숙(王肅, A.D.195~A.D.256) : 위진남북조(魏晉南北朝) 때의 위(魏)나라 경학자이다. 자(字)는 자옹(子雍)이다. 출신지는 동해(東海)이다. 부친 왕랑(王朗)으로부터 금문학(今文學)을 공부했으나, 고문학(古文學)의 고증적인 해석을 따랐다. 『상서(尙書)』, 『시경(詩經)』, 『좌전(左傳)』, 『논어(論語)』 및 삼례(三禮)에 대한 주석을 남겼다.
53) 유울지(庾蔚之, ?~?) : =유씨(庾氏). 남조(南朝) 때 송(宋)나라 학자이다. 저서로는 『예기약해(禮記略解)』, 『예론초(禮論鈔)』, 『상복(喪服)』, 『상복세요(喪服世要)』, 『상복요기주(喪服要記注)』 등을 남겼다.

자가 일찍이 서로 알고 지내던 친한 사이라면, 마땅히 들어오게 하여 함께 곡을 하는 것이다.

孔疏 ●"父在, 哭於妻之室"者, 此夫若父在, 則適室由父, 故但於妻室之前而哭之. 亦子爲主, 使人立於門外也. 故鄭注云: "不以私喪于尊."

번역 ●經文: "父在, 哭於妻之室". ○여기에서 말하는 남편에게 있어, 만약 그의 부친이 생존해 있는 경우라면, 적실(適室)은 곧 부친이 사용하는 공간이 된다. 그렇기 때문에 단지 처의 실(室) 앞에서 곡을 할 따름이다. 이러한 경우에도 또한 자신의 아들에게 상주의 역할을 하도록 하고, 다른 사람을 시켜서 문밖에 서 있도록 한다. 그렇기 때문에 정현의 주에서는 "사적인 상으로 인해 존귀한 부친을 방해할 수 없기 때문이다."라고 말한 것이다.

孔疏 ●"非爲父後者, 哭諸異室"者, 按奔喪禮, 妻之黨哭諸寢, 此哭於適室及異室者, 寢是大名, 雖適室及妻室・異室, 總皆曰寢. 此云子爲主, 袒免哭踊, 則夫入門右亦哭踊. 知者以其上文"申祥之哭言思", 婦人倡踊, 故知夫入門右亦踊, 但文不備耳.

번역 ●經文: "非爲父後者, 哭諸異室". ○『예기』「분상」편을 살펴보면, 처의 친족에 대해서는 침(寢)에서 곡(哭)을 한다고 했고, 여기에서 적실(適室) 및 이실(異室)에서 곡(哭)을 한다고 했으니, '침(寢)'은 큰 부류를 지칭하는 용어이다. 따라서 비록 '적실(適室)'・'처실(妻室)'・'이실(異室)' 등으로 구분이 되지만, 총괄적으로는 모두에 대해서 '침(寢)'이라고 부르게 된다. 이곳에서는 자식을 상주로 삼아서, 단(袒)・면(免)・곡(哭)・용(踊)을 하도록 시킨다고 했으니, 본인은 문으로 들어가서, 오른쪽에 서서 또한 곡과 용(踊)을 하게 된다. 이러한 사실을 알 수 있는 이유는 앞에서 "신상(申祥)이 자기 처의 곤제(昆弟)가 되는 언사(言思)에 대해서 곡을 했다."54)라

---

54) 『예기』「단궁상(檀弓上)」【80a】: 曾子曰: "小功不爲位也者, 是委巷之禮也. 子思之哭嫂也爲位, 婦人倡踊. <u>申祥之哭言思也</u>亦然."

고 했기 때문이니, 부인이 먼저 용(踊)을 하게 되므로, 그녀의 남편은 문으로 들어와서, 오른쪽에 서서 또한 곡을 하게 되는 것이다. 다만 이곳에서는 문장을 자세히 기록하지 않았을 따름이다.

集說 此聞妻兄弟之喪, 而未往弔時禮也. 父在, 己之父也. 爲父後, 妻之父也. 門外之人以來弔者告, 若是交游習狎之人, 則徑入哭之, 情義然也.

번역 이 내용은 처의 형제에게 발상한 상에 대한 소식을 접했지만, 직접 찾아가서 조문을 하지 못했을 때의 예를 뜻한다. "부친이 생존해 계시다."라고 한 말은 자신의 부친을 가리켜서 한 말이다. "부친의 후계자가 되다."라고 한 말은 처의 부친을 가리켜서 한 말이다. 문밖의 사람은 조문하기 위해 찾아온 자에 대해서 아뢰게 되는데, 만약 평소 교유하며 친하게 지내던 자라면, 곧바로 들어와서 곡을 하게 시키니, 정감과 도리에 따라서 이처럼 하는 것이다.

集解 愚謂: 此亦爲位而哭者也. 子爲主者, 妻之兄弟無服, 而子爲舅服緦, 故使之爲主而拜賓. 袒·免·哭·踊者, 哭有服之親之禮然也. 爲主者在中庭西面, 夫入門而右, 亦西面, 在其子之少南. 凡哭而爲位者, 哭者與主人必同面, 而以親疏爲敍列也. 申祥之哭言思, 婦人倡踊. 此哭妻之兄弟, 婦人亦當在阼階上之位, 但子旣爲主, 則其子倡踊矣. 子爲主者, 常禮也, 無子乃使婦人倡踊耳. 使人立於門外告來者, 謂人有聞哭而來者, 則告以所爲哭之人, 蓋凡哭人者之禮皆然. 狎則入哭, 謂所親狎之人則當入而弔哭也. 父在, 哭於妻之室, 此謂父子同宮者也. 若父子異宮, 雖父在亦哭諸適室也. 異室, 側室也. 非爲父後者降於適子, 故哭諸側室.

번역 내가 생각하기에, 이곳 문장의 내용 또한 자리를 마련하여 곡을 하는 경우에 해당한다. 자식을 상주로 삼는 이유는 처의 형제 대해서 본인은 상복관계가 성립되지 않지만, 자신의 자식은 외삼촌을 위해서 시마복(緦麻服)을 입기 때문에, 아들을 상주로 삼아서 빈객들에게 절을 하도록 시키는 것이다. 단(袒)·면(免)·곡(哭)·용(踊)이라는 것은 곡을 할 때, 친족을 위해 상복을 착용하는 예에 따라서, 이처럼 하는 것이다. 상주의 역할을 하는 자는 중정(中庭)에서 서쪽을 바라보게 되고, 그의 부친은 문으로 들어와서, 오른쪽에 서서 또한 서쪽을 바라보게 되니, 그 위치는 자식이 서 있는 곳보다 조금 남쪽으로 떨어진 장소가 된다. 무릇 곡을 할 때 자리를 마련하는 경우, 곡을 하는 자는 상주와 함께 반드시 같은 방향을 바라보게 되며, 친소(親疎) 관계에 따라서 차례대로 정렬하게 된다. 신상(申祥)이 언사(言思)를 위해 곡을 했을 때, 부인이 먼저 용(踊)을 했다. 이것은 처의 형제에 대해 곡을 할 때에는 부인 또한 동쪽 계단 위에 자리를 마련하게 된다는 사실을 나타낸다. 다만 그의 자식은 이미 상주의 역할을 하고 있으므로, 이 경우에는 자식이 먼저 용(踊)을 하는 것이다. 자신의 아들을 상주로 삼는 것은 일반적인 예법에 해당하는데, 자식이 없는 경우에는 곧 부인으로 하여금 먼저 용(踊)을 하도록 할 따름이다. "다른 사람을 시켜서 문밖에 서 있게 하고, 찾아오는 자에게 알리도록 한다."는 말은 곡하는 소리를 듣고 찾아오는 자가 있다면, 곡을 하는 대상에 대해서 알려주도록 하는 것이니, 무릇 다른 사람을 위해 곡을 할 때의 예법은 모두 이와 같다. "친근한 자라면 들어와서 곡을 한다."고 한 말은 친하게 지내던 사람인 경우라면, 마땅히 들어오게 하여, 조문을 받고 곡을 하게 된다는 뜻이다. "부친이 생존해 계신 경우, 처의 실(室)에서 곡을 한다."고 했는데, 이것은 부친과 자식이 같은 건물에서 살고 있는 경우에 해당한다. 만약 부친과 자식이 다른 건물에 살고 있는 경우라면, 비록 부친이 생존해 계신 경우라고 하더라도, 또한 적실(適室)에서 곡을 하는 것이다. '이실(異室)'은 측실(側室)을 뜻한다. 부친의 후계자가 아닌 자라면, 적자보다 낮추게 된다. 그렇기 때문에 측실에서 곡을 하는 것이다.

集解 愚謂: 士喪禮主人·衆主人·衆賓皆西面, 初不以二主爲嫌, 何以此父與子同西面則嫌二主乎? 君弔於臣, 主人之位皆在門右北面, 故季康子於衛靈公之弔亦然, 初不以辟主人之位也. 鄭氏謂"夫入門右, 北面", 蓋據"曾子北面而弔"之文, 孔疏所言, 殊失鄭義. 但鄭註本非曾子北面而弔, 乃弔於不爲位者之禮, 非可以例此也.

번역 내가 생각하기에, 『의례』「사상례(士喪禮)」편에서는 주인(主人)·중주인(衆主人)·중빈(衆賓)은 모두 서쪽을 바라본다고 했는데, 애초부터 두 명의 상주를 세웠다는 혐의를 받지 않는다. 그런데 어떻게 부친과 자식이 모두 서쪽을 바라보게 된다면, 두 명의 상주를 세웠다는 혐의가 생기겠는가? 군주가 신하에게 조문을 할 때, 상주의 위치는 모두 문의 오른쪽에서 북쪽을 바라보는 장소가 된다. 그렇기 때문에 계강자(季康子)는 위(衛)나라 영공(靈公)의 조문에 대해서, 또한 이처럼 했던 것이니, 애초부터 상주가 서 있는 위치를 피해주기 위해서가 아니었다. 정현은 "남편은 문으로 들어와서, 오른쪽에 위치하여 북쪽을 바라본다."라고 했는데, 아마도 "증자가 북쪽을 바라보고 조문을 했다."[55]라는 기록에 근거한 것 같다. 그런데 공영달의 소에서 주장한 내용들은 정현의 본의를 놓친 것이다. 다만 정현의 주가 근거로 삼은 것이 증자가 북쪽을 바라보고 조문을 했다는 내용이 아니라면, 이것은 곧 곡하는 자리를 마련하지 않은 경우에 대해 조문을 하는 예가 되니, 이것은 규범으로 삼을 수 있는 것이 아니다.

참고 『예기』「상복소기(喪服小記)」기록

경문-416b 哭朋友者於門外之右南面.

번역 친구를 위해 곡을 하는 자는 침문(寢門) 밖 우측에서 남쪽을 바라보며, 조문객들을 대한다.

鄭注 變於有親者也. 門外, 寢門外.

---

55) 『예기』「단궁상(檀弓上)」【94b】: 曾子與客立於門側, 其徒趨而出, 曾子曰: "爾將何之?" 曰: "吾父死, 將出哭於巷." 曰: "反哭於爾次!" <u>曾子北面而弔焉</u>.

번역 친족이 있는 경우에서 변경을 하기 때문이다. '문외(門外)'는 침문(寢門)의 밖을 뜻한다.

孔疏 ●"哭朋"至"南面". ○正義曰: 此一經論哭朋友之處也. 門外, 寢門外也. 右, 西邊也. 南面, 嚮南也. 嚮南爲主, 以對答弔賓.

번역 ●經文: "哭朋"~"南面". ○이곳 문단은 벗을 위해 곡하는 장소를 논의하고 있다. '문외(門外)'는 침문(寢門)의 밖을 뜻한다. 우측은 서쪽 가장자리를 뜻한다. '남면(南面)'은 남쪽을 향해 서 있다는 뜻이다. 남쪽을 향해 서 있는 자는 상주가 되어, 조문을 온 빈객들을 대하게 된다.

孔疏 ◎注"變於"至"門外". ○正義曰: 按檀弓云: "有殯聞遠兄弟之喪, 哭于側室. 無側室, 哭於門內之右." 今哭門外, 是變於有親也. 云"門外, 寢門外"者, 按檀弓云"兄弟, 吾哭諸廟; 父之友, 吾哭諸廟門之外; 師, 吾哭諸寢; 朋友, 吾哭諸寢門之外", 是也.

번역 ◎鄭注: "變於"~"門外". ○『예기』「단궁(檀弓)」편을 살펴보면, "집에 빈소가 차려져 있을 때, 멀리 떨어져 살고 있는 형제에 대한 상의 소식을 접하게 된다면, 측실(側室)에서 곡을 한다. 만약 측실이 없는 경우라면, 대문(大門) 안에서도 오른쪽에서 곡을 한다."56)라고 했다. 현재 문밖에서 곡을 한다고 했으니, 이것은 친족이 있는 경우에서 변경을 한 것이다. 정현이 "'문외(門外)'는 침문(寢門)의 밖을 뜻한다."라고 했는데, 「단궁」편을 살펴보면, "형제에 대해서라면 나는 묘(廟)에서 곡을 해야 하고, 부친의 벗에 대해서라면 나는 묘문(廟門)의 밖에서 곡을 해야 하며, 스승에 대해서라면 나는 침(寢)에서 곡을 해야 하고, 벗에 대해서라면 나는 침문(寢門)의 밖에서 곡을 해야 한다."라고 했다.

---

56) 『예기』「단궁하(檀弓下)」【110b】: 有殯, 聞遠兄弟之喪, 哭于側室; 無側室, 哭于門內之右. 同國則往哭之.

集說 檀弓曰: "朋友吾哭諸寢門之外." 南向者, 爲主以待弔賓也.

번역 『예기』「단궁(檀弓)」편에서는 "벗에 대해서라면 나는 침문(寢門)의 밖에서 곡을 해야 한다."라고 했다. 남쪽을 바라보는 것은 상주가 되어 조문을 온 빈객들을 대하기 때문이다.

集解 愚謂: 門外之右, 寢門外之西也. 哭於門外而在西, 避內喪朝夕哭門外之位也. 凡於非骨肉之喪而哭之者, 於門內則在中庭, 於門外則在西, 所以爲親疎內外之別也. 南面者, 哭而不爲位之禮也. 凡哭而不爲位者, 主人南面, 弔者北面.

번역 내가 생각하기에, 문밖의 우측은 침문(寢門) 밖의 서쪽을 뜻한다. 문밖에서 곡을 하며 서쪽에 있는 것은 내상(內喪)에서 아침저녁으로 곡을 하는 문밖의 위치를 피하기 위해서이다. 무릇 혈연관계가 아닌 자의 상에서 곡을 하는 경우, 문의 안쪽에서 한다면 중정(中庭)에 위치하고, 문밖에서 한다면 서쪽에 위치하니, 친소 관계에 따른 내외의 구별로 삼기 때문이다. 남쪽을 바라보는 것은 곡을 하며 자리를 마련하지 않을 때의 예법이다. 무릇 곡을 하며 자리를 마련하지 않는 경우, 주인은 남쪽을 바라보고, 조문객은 북쪽을 바라본다.

• 제 16 장 •

곡(哭) 규정에 나타나는 차등

【656c】

哭, 天子九, 諸侯七, 卿大夫五, 士三. 大夫哭諸侯, 不敢拜賓. 諸臣在他國, 爲位而哭, 不敢拜賓. 與諸侯爲兄弟, 亦爲位而哭. 凡爲位者壹袒.

직역 哭에서는 天子는 九이고, 諸侯는 七이며, 卿大夫는 五이고, 士는 三이다. 大夫가 諸侯에 대해 哭함에는 敢히 賓에게 拜하길 不한다. 諸臣이 他國에 在하면, 位를 爲하여 哭하되, 敢히 賓에게 拜하길 不한다. 諸侯와 與하여 兄弟가 爲한 자는 亦히 位를 爲하여 哭한다. 凡히 位를 爲하는 者는 壹히 袒한다.

의역 곡을 할 때 천자에 대해서는 9일 동안 9번 하고, 제후에 대해서는 7일 동안 7번 하며, 경과 대부에 대해서는 5일 동안 5번 하고, 사에 대해서는 3일 동안 3번 한다. 대부가 옛 군주를 위해 곡을 할 때에는 감히 빈객에게 절을 하지 않는다. 신하들 중 명령에 따라 다른 나라에 나가 있는 자들은 자신의 군주를 위해 자리를 마련하여 곡을 하지만, 감히 빈객에게 절을 하지 않는다. 제후와 형제가 되는데 다른 나라에 거주하는 자들 또한 자리를 마련하여 제후에 대해 곡을 한다. 무릇 자리를 마련하는 경우에는 한 차례 단(袒)을 한다.

集說 九, 九哭也. 七, 七哭也. 九哭者九日, 七哭者七日, 餘倣此. 此以尊卑爲日數之差也. 大夫哭諸侯, 哭其舊君也. 不敢拜賓, 避爲主也. 在他國, 爲使而出也. 與諸侯爲兄弟, 亦謂在異國者. 壹袒, 謂爲位之日也, 明日以往不袒矣. 若父母之喪則必三袒.

번역 '구(九)'는 9번 곡을 한다는 뜻이다. '칠(七)'은 7번 곡을 한다는 뜻이다. 9번 곡을 하는 것은 9일 동안 하는 것이며, 7번 곡을 하는 것은 7일 동안 하는 것이다. 나머지 경우도 이와 같다. 이것은 신분의 차이에 따라 날수에 차등을 정한 것이다. 대부가 제후에게 곡을 한다는 말은 옛 군주에게 곡을 한다는 뜻이다. 감히 빈객에게 절을 하지 않는 것은 상주의 예법을 피하기 때문이다. 다른 나라에 있다면 사신의 임무를 받아 국경을 벗어나 있는 것이다. 제후와 형제가 된다는 말 또한 다른 나라에 거주하는 자를 뜻한다. 한 차례 단(袒)을 한다는 말은 곡하는 자리를 마련하는 당일을 뜻하니, 그 다음날 이후로는 단(袒)을 하지 않는다. 만약 부모의 상이라면 반드시 세 차례 단(袒)을 한다.

大全 山陰陸氏曰: 凡喪親, 始死哭, 不以數, 則士明日朝暮哭, 又明日成服之朝哭, 所謂三哭者此歟. 大夫明日, 又明日朝莫哭, 又明日朝哭, 凡五哭. 諸侯朝莫哭, 如大夫, 又三日朝哭, 凡七哭於是殯. 天子朝莫哭, 如諸侯, 又四日朝哭, 凡九哭於是殯. 凡爲位者壹袒, 上所謂凡爲位, 卽位袒成踊, 是也.

번역 산음육씨가 말하길, 무릇 부모의 상을 치를 때에는 이제 막 돌아가셨을 때 곡을 하는데, 이것을 곡하는 수치에 포함시키지 않는다면, 사에 대해서는 다음날 아침과 저녁에 곡을 하고, 또 그 다음날 성복(成服)을 하며 아침에 곡을 하니, 세 차례 곡을 한다는 것은 바로 이러한 뜻일 것이다. 따라서 대부의 경우 그 다음날과 또 그 다음날 아침과 저녁에 곡을 하고, 또 그 다음날 아침에 곡을 하여, 총 다섯 차례 곡을 한다. 제후에 대해서는 아침과 저녁에 곡을 하는 것이 대부의 경우와 같은데, 또한 3일째 아침에 곡을 하니, 빈소에서 총 일곱 차례 곡을 한다. 천자에 대해서는 아침과 저녁에 곡을 하는 것이 제후의 경우와 같은데, 또한 4일째 아침에 곡을 하니, 빈소에서 총 아홉 차례 곡을 한다. 무릇 자리를 마련하는 경우 한 차례 단(袒)을 한다는 것은 앞에서 "자리를 마련하고, 자리로 나아가서 단(袒)을 하고 용(踊)의 절차를 마무리한다."고 한 말이 바로 이러한 뜻을 나타낸다.

鄭注 此臣聞君喪而未奔, 爲位而哭, 尊卑日數之差也. 士亦有屬吏, 賤, 不得君臣之名. 謂哭其舊君, 不敢拜賓, 辟爲主. 謂大夫・士使於列國. 族親昏姻在異國者. 謂於禮正, 可爲位而哭也. 始聞喪, 哭而袒, 其明日則否. 父母之喪, 自若三袒也.

번역 이 내용은 신하가 군주의 상 소식을 접하였지만 아직 분상을 하지 못하여, 자리를 마련해서 곡을 함에 신분의 차이에 따라 날수에 차등이 있다는 뜻이다. 사에게도 또한 그에게 소속된 말단 관리들이 있는데, 사는 신분이 미천하므로 군주와 신하라는 명칭을 쓸 수 없다. 대부가 제후에게 곡을 한다는 것은 옛 군주에게 곡을 한다는 뜻인데, 감히 빈객에게 절을 하지 않는 것은 상주의 예법을 피하기 위해서이다. 타국에 있다는 말은 대부와 사가 다른 나라로 사신으로 갔다는 뜻이다. 제후의 형제가 된다는 말을 친족이나 혼인으로 맺어진 친족 중 다른 나라에 거주하는 자들을 뜻한다. 한 차례 단(袒)을 한다는 것은 예법의 바른 규정에 따라 자리를 마련하여 곡을 할 수 있다는 뜻이다. 처음 상의 소식을 접했을 때 곡을 하고 단(袒)을 하는데, 그 다음날에는 이처럼 하지 않는다. 부모의 상이라면 세 차례 단(袒)을 한다.

釋文 辟音避. 使, 色吏反.

번역 '辟'자의 음은 '避(피)'이다. '使'자는 '色(색)'자와 '吏(리)'자의 반절음이다.

孔疏 ◎注"謂哭其舊君, 不敢拜賓, 辟爲主". ○正義曰: 知"哭舊君"者, 以下文云"諸臣在他國, 爲位而哭", 是於他國爲位而哭見事之君, 則知此是哭諸舊君也.

번역 ◎鄭注: "謂哭其舊君, 不敢拜賓, 辟爲主". ○정현이 "옛 군주에게 곡을 한다."라고 했는데, 이 말이 사실임을 알 수 있는 이유는 아래문장에서

"신하들 중 다른 나라에 있는 자들은 자리를 마련하여 곡을 한다."라고 했으니, 이것은 다른 나라에서 자리를 마련하여 현재 섬기고 있는 군주에게 곡을 한다는 뜻이므로, 이 내용이 옛 군주에게 곡을 한다는 뜻에 해당함을 알 수 있다.

孔疏 ◎注"族親婚姻在異國者". ○正義曰: 此謂與諸侯異姓之昏姻, 又在他國, 不與諸侯爲臣, 身又無服, 故暫爲位而哭. 若與諸侯同姓, 是五服之內, 皆服斬也. 故小記云"與諸侯爲兄弟者, 服斬", 是也. 若君之姑姊妹之女, 來嫁於國中者, 則有服. 故雜記云: "諸侯之外宗猶內宗", 是有服也.

번역 ◎鄭注: "族親婚姻在異國者". ○이것은 제후와 이성(異姓)인 자로 혼인으로 맺어진 친족이며, 또 다른 나라에 거주하고 있어서 제후와 군신관계를 맺지 않으며, 또 본인은 제후와 상복관계가 형성되지 않는 자들을 뜻한다. 그렇기 때문에 잠시 자리를 마련하여 곡을 한다. 만약 제후와 동성(同姓)인 자라면, 오복(五服)의 친족 범위에 속하게 되므로, 모두 참최복(斬衰服)을 착용한다. 그렇기 때문에 『예기』「상복소기(喪服小記)」편에서는 "다른 나라에 거주하고 있지만, 본국의 제후와 형제인 자는 제후의 상이 발생하면, 본국으로 되돌아와서 참최복을 착용한다."[1]라고 한 것이다. 만약 군주의 고모·자매의 딸자식 중 같은 나라 안에서 시집을 간 경우라면 상복관계가 형성된다. 그렇기 때문에 『예기』「잡기(雜記)」편에서는 "제후의 외종(外宗)[2]은 제후와 그의 부인을 위해 상복을 착용하는 것을 내종(內宗)[3]의 경우와 같게 한다."[4]라고 한 것이니, 이것은 상복관계가 있음을 나타낸다.

---

1) 『예기』「상복소기(喪服小記)」【420c】: 與諸侯爲兄弟者, 服斬.
2) 외종(外宗)은 군주의 고모·자매가 낳은 딸자식, 외숙의 딸자식, 종모(從母) 등을 뜻한다.
3) 내종(內宗)은 군주의 오속(五屬)에 속한 친족의 딸자식을 뜻한다.
4) 『예기』「잡기하(雜記下)」【521b】: 外宗爲君夫人, 猶內宗也.

孔疏 ◎注"謂於"至"袒也". ○正義曰: 此謂斬衰以下之喪, 初聞喪應爲位者. 初哭一袒而已, 又哭‧三哭則不袒. 爲父母之喪, 則又哭‧三哭皆袒, 前文所云者是也.

번역 ◎鄭注: "謂於"~"袒也". ○이곳 내용은 참최복(斬衰服) 이하의 상에서 최초 상의 소식을 접하여 마땅히 자리를 마련해야 하는 경우를 뜻한다. 최초 곡을 할 때 한 차례 단(袒)을 할 따름이며, 두 번째 곡을 하고 세 번째 곡을 할 때라면 단(袒)을 하지 않는다. 부모의 상을 치르게 된다면, 두 번째 곡을 하고 세 번째 곡을 할 때에도 모두 단(袒)을 하니, 앞 문장에서 언급한 말들이 이러한 뜻을 나타낸다.

集解 愚謂: 觀此, 則士之有臣亦可見矣.

번역 경문의 "哭天子"~"士三"에 대하여. 내가 생각하기에, 이 내용을 살펴보면 사에게도 신하가 있었음을 또한 확인할 수 있다.

集解 右記哭天子以下之差.

번역 여기까지는 천자로부터 그 이하의 계층에게 곡을 하며 나타나는 차등을 기록하고 있다.

集解 右記爲位不敢拜賓.

번역 경문의 "大夫"~"而哭"에 대하여. 여기까지는 자리를 마련하되 감히 빈객에게 절을 하지 않는 것을 기록하고 있다.

集解 右記爲位壹袒.

번역 경문의 "凡爲位者壹袒"에 대하여. 여기까지는 자리를 마련하며 한 차례 단(袒)을 한다는 것을 기록하고 있다.

참고 『예기』「예기(禮器)」 예제(禮制)의 차등적 수치

경문-297b 禮有以多爲貴者, 天子七廟, 諸侯五, 大夫三, 士一.

번역 예(禮)에서는 수가 많은 것을 귀한 것으로 삼는 경우가 있으니, 예를 들어 천자는 7개의 묘(廟)를 두고, 제후는 5개의 묘를 두며, 대부(大夫)는 3개의 묘를 두고, 사는 1개의 묘를 두는 경우이다.5)

경문-297b 天子之豆, 二十有六. 諸公十有六. 諸侯十有二. 上大夫八, 下大夫六.

번역 천자가 음식을 먹을 때 사용하는 두(豆)의 개수는 26개이다. 상공(上公)의 경우, 서로에게 음식을 대접할 때 사용하는 두(豆)의 개수는 16개이다. 제후들의 경우, 제후들끼리 서로에게 음식을 대접할 때 사용하는 두(豆)의 개수는 12개이다. 상대부(上大夫)의 경우, 음식을 먹을 때 사용하는 두(豆)의 개수는 8개이고, 하대부(下大夫)의 경우에는 6개이다.

訓纂 王氏引之曰: 謹案由公而侯, 而上大夫, 皆降殺以四, 而以天子而公則降殺以十, 多寡不齊, 非其實也. 天子與諸公爲君臣, 猶諸侯之與上大夫也. 諸侯多於上大夫四豆, 而天子多於諸公乃十豆, 增減之例, 亦不相準. 疑本作"天子之豆二十", 因下文"諸公十有六", 遂衍"有六"二字. 二十者, 五四之合數也, 故其降殺以四, 四四而得一十六, 故諸公十有六也. 三四而得一十二, 故諸侯十有二也. 二四而得八, 故上大夫八也. 下大夫再命, 但卑於上大夫一命, 故降殺以四之半而爲六也. 若二十有六, 則旣多於四六之合數, 又少於四七之合數, 將何以爲降殺之本乎? 鄭注以此豆數爲堂上之豆, 說曰, "周禮'公之豆四

---

5) 『예기』「왕제(王制)」【159a】: 天子七廟, 三昭三穆, 與大祖之廟而七, 諸侯五廟, 二昭二穆, 與大祖之廟而五, 大夫三廟, 一昭一穆, 與大祖之廟而三, 士一廟, 庶人祭於寢.

十, 其東西夾各十有二, 侯伯之豆三十有二, 其東西夾各十; 子男之豆二十有四, 其東西夾各六'"是鄭稽合周禮禮器之豆數也. 天子之豆, 周禮雖不言其數, 然公以下之豆或四十, 或三十有二, 或二十有四, 皆登降以八, 則由公豆四十而登之天子之豆, 當爲四十有八, 而在堂上者二十, 東西夾各十有四, 其數正相合也. 若謂堂上之豆二十有六, 則東西夾各十有一, 非鼎俎奇而籩豆偶之義矣.

번역 왕인지6)가 말하길, 내가 살펴보니, 상공[公]으로부터 제후들[侯]에 이르기까지, 그리고 상대부(上大夫)에 있어서도, 모두들 두(豆)의 수를 4개씩 줄여나갔으나, 천자와 상공의 경우에만 10개의 차이를 두어서, 수량의 차이가 일률적이지 못하니, 위의 기록은 사실이 아니었을 것이다. 천자와 제공(諸公)의 관계는 군주와 신하의 관계이니, 제후(諸侯)와 상대부(上大夫)의 관계와 같다. 제후는 상대부보다 4개의 두(豆)가 더 많은데, 천자가 제공에 비해서 10개의 두(豆)가 더 많다면, 증감하는 용례상 서로 비율이 맞지 않다. 아마도 이곳 기록은 "천자의 두는 20개이다[天子之豆二十]."라고 기록되어 있었을 것인데, 그 뒤의 구문에 "제공들은 16개이다[諸公十有六]."라는 기록이 있어서, '유륙(有六)'이라는 두 글자가 연문으로 붙게 된 것 같다. '20개[二十]'라는 말은 5곱하기 4를 한 수이다. 그렇기 때문에 줄어드는 수를 4씩 한 것으로, 4곱하기 4는 16이 되므로, 제공들은 16개의 두(豆)를 뒀던 것이다. 그리고 3곱하기 4는 12가 되므로, 제후들은 12개의 두(豆)를 뒀던 것이고, 2곱하기 4는 8이 되므로, 상대부들은 8개의 두(豆)를 뒀던 것이다. 한편 하대부들은 2명(命)의 등급에 해당하여, 상대부에 비해 단지 1명(命)의 등급이 낮다. 그렇기 때문에 낮추기를 4의 반인 2를 줄여서, 6개의 두(豆)를 놓게 된 것이다. 만약 천자가 놓는 두(豆)의 수를 26개라고

---

6) 왕인지(王引之, A.D.1766~A.D.1834) : 청(淸)나라 때의 훈고학자이다. 자(字)는 백신(伯申)이고, 호(號)는 만경(曼卿)이며, 시호(諡號)는 문간(文簡)이다. 왕념손(王念孫)의 아들이다. 대진(戴震), 단옥재(段玉裁), 부친과 함께 대단이왕(戴段二王)이라고 일컬어졌다. 『경전석사(經傳釋詞)』, 『경의술문(經義述聞)』등의 저술이 있다.

한다면, 4곱하기 6을 한 24보다도 많아지게 되고, 또한 4곱하기 7을 한 28보다도 적게 되니, 무엇을 가지고 등급에 따라 줄이는 표본을 삼겠는가? 정현은 이곳에 나온 두(豆)의 개수를 당상(堂上)에 차려내는 두(豆)의 개수로 여겼고, 이 문장을 설명하며, "『주례』에서는 '공작이 차려내는 두(豆)는 40개이고, 동서쪽에 각각 12개씩을 둔다. 후작과 백작이 차려내는 두(豆)는 32개이고, 동서쪽에 각각 10개씩을 둔다. 자작과 남작이 차려내는 두(豆)는 24개이고, 동서쪽에 각각 6개씩을 둔다.'"라고 했다. 이 설명은 정현이 『주례』와 『예기』「예기」편에 나온 두(豆)의 수를 계산해보고 내린 것이다. 천자의 두(豆)에 대해서 『주례』에서 비록 해당하는 개수를 언급하지 않았지만, 공작 이하의 계급에서 차려내는 두(豆)의 수가 어떤 자는 40개에 해당하고, 또 어떤 자는 32개에 해당하며, 또 어떤 자는 24개에 해당한다고 했으니, 모두 8개씩 줄어들게 되므로, 공작이 차려내는 40의 두(豆)를 통해서 천자가 차려내는 두(豆)의 개수를 추리해보면, 마땅히 48개의 두(豆)가 되고, 당상에 20개를 두고, 동서쪽에 각각 14개씩을 두게 되는데, 이렇게 되면 그 수가 딱 맞아 떨어진다. 만약 당상에 차리는 두(豆)의 수가 26개라고 한다면, 동서쪽에 각각 11개씩을 두게 되므로, 정(鼎)과 조(俎)를 홀수로 하고, 변(籩)과 두(豆)를 짝수로 한다는 뜻에도 위배된다.[7]

集解 愚謂: 周禮醢人朝事之豆八, 饋食之豆八, 加豆八, 羞豆二, 合爲二十六. 天子全用之, 而公以下遞減焉. 公食禮下大夫六豆, 韭菹·醓醢·昌本·麋臡·菁菹·鹿臡, 此朝事之六豆也. 以此差而上之, 則上大夫全用朝事之八豆, 諸侯加以饋食之四豆而爲十二, 諸公兼用朝事·饋食之豆而爲十六也. 聘禮 "致饔餼", "堂上八豆", "西夾六豆", 皆云 "韭菹"·"醓醢", 則凡東西夾之豆實與堂上同, 但其數減於堂上耳.

번역 내가 생각하기에, 『주례』「해인(醢人)」편에서는 조사(朝事)[8]를 할

---

7) 『예기』「교특생(郊特牲)」【319a】: 鼎俎奇而籩豆偶, 陰陽之義也. 籩豆之實, 水土之品也. 不敢用褻味而貴多品, 所以交於旦明之義也.
8) 조사(朝事)는 종묘(宗廟)의 제사를 지낼 때, 새벽에 지내는 제사 절차들을

때의 두(豆)는 8개이고, 궤식(饋食)9)을 할 때의 두(豆)는 8개이며, 추가적으로 차려내는 두(豆)는 8개이고, 찬을 담는 두(豆)는 2개라고 하여, 모두 26개의 두(豆)가 된다고 하였다.10) 천자의 경우에는 이것들을 모두 사용하게 되지만, 공작[公]부터 그 이하의 계급에서는 순차적으로 그 수를 줄이게 된다. 『의례』「공사대부례(公食大夫禮)」편에서 하대부(下大夫)가 차려내는 두(豆)는 6개라고 하였으니, 구저(韭菹: 부추절임), 탐해(醓醢: 육장(肉醬)), 창본(昌本: 창포 뿌리 절임), 미니(麋臡: 큰사슴 고기로 담근 젓갈), 청저(菁菹: 순무 절임), 녹니(鹿臡: 사슴 고기로 담근 젓갈)를 올리는 것으로,11) 이것은 조사를 할 때 차려내는 6개의 두(豆)가 된다. 이러한 차등에 따라서 그 위로 거슬러 올라가보면, 상대부(上大夫)는 조사를 할 때 차려내는 8개의 두(豆)를 모두 사용하는 것이며, 제후는 거기에 궤식을 할 때 차려내는 4개의 두(豆)를 더하게 되어, 모두 12개의 두(豆)가 되는 것이고, 제공은 조사와 궤식을 할 때 사용하는 두(豆)를 모두 사용하게 되어 16개의 두(豆)가 되는 것이다. 『의례』「빙례(聘禮)」편에서는 "옹희(饔餼)12)를 치른다."라

  가리킨다. 『예기』「제의(祭義)」편에는 "建設朝事, 燔燎羶薌."이라는 기록이 있고, 이에 대한 진호(陳澔)의 『집설(集說)』에서는 "朝事, 謂祭之日, 早朝而行之事也."라고 풀이했다.
9) 궤식(饋食)은 음식을 바친다는 뜻이다. 고대에는 천자 및 제후들이 매월 초하루마다 종묘(宗廟)에서 음식을 바치는 의식을 치렀는데, 이것을 '궤식'이라고도 부른다. 『주례』「춘관(春官)·대종백(大宗伯)」편에는 "以饋食享先王."이라는 기록이 있다. 한편 조사(朝事)를 시행할 때, 조천(朝踐)을 끝낸 뒤, 생고기를 삶아서 재차 바치는 의식을 가리키기도 한다.
10) 『주례』「천관(天官)·해인(醢人)」: 醢人, 掌四豆之實. 朝事之豆, 其實韭菹·醓醢·昌本·麋臡·菁菹·鹿臡·茆菹·麇臡. 饋食之豆, 其實葵菹·蠃醢·脾析·蠯醢·蜃·蚳醢·豚拍·魚醢. 加豆之實, 芹菹·兔醢·深蒲·醓醢·箈菹·鴈醢·筍菹·魚醢. 羞豆之實, 酏食·糝食.
11) 『의례』「공사대부례(公食大夫禮)」: 宰夫自東房薦豆六, 設于醬東, 西上, 韭菹, 以東醓醢·昌本, 昌本南麋臡, 以西菁菹·鹿臡.
12) 옹희(饔餼)는 빈객(賓客)과 상견례(相見禮)를 하고 나서 성대하게 음식을 마련해 접대하는 것을 뜻한다. 『주례』「추관(秋官)·사의(司儀)」편에는 "致飧如致積之禮."라는 기록이 있는데, 이에 대한 정현의 주에서는 "小禮曰飧, 大禮曰饔餼."라고 풀이하였다. 즉 '옹희'와 '손'은 모두 빈객 등을 접대하는 예법들인데, '옹희'는 성대한 예법에 해당하여, '손'보다도 융숭하게 대접하

고 말하며, "당상(堂上)에 8개의 두(豆)를 올린다."라고 했고, "서쪽에 6개의 두(豆)를 올린다."라고 했는데, 이들 모두에 대해서 구저(韭菹), 탐해(醓醢)를 언급하였으니,13) 무릇 동서쪽에 올리는 두(豆)의 음식들은 당상에 올리는 음식들과 동일한 것이다. 다만 그 개수에 있어서는 당상에 올리는 두(豆)의 개수보다 줄이게 될 따름이다.

集解 愚謂: 皇氏以天子二十六豆爲庶羞, 固非; 而熊氏以爲正羞百二十甕之等, 其說亦尙未晰. 周禮膳夫"王醬用百有二十甕", 醢人"王擧, 共齏菹醢物六十甕", 此謂實於甕而陳之者有此數耳. 掌客上公"飧五牢, 食四十, 簠十, 豆四十, 鈃四十有二, 壺四十, 鼎·簋十有二, 腥三十有六, 皆陳. 饔餼九牢, 其死牢如飧之陳, 牽四牢, 米百有二十筥, 醯醢百有二十甕." 是豆配死牢, 醯醢百二十甕配生牢, 其所用不同, 非可合而言之也. 又醯醢百二十甕, 皆豆實也. 若邊實, 則見於邊人者, 惟朝事·饋食·加邊·羞邊之實而已, 初無所謂"六十邊"者. 且邊實惟用於飮酒, 不用於食. 皇氏"邊·豆各六十物"之說尤謬, 而孔氏亦未之辨也.

번역 내가 생각하기에, 황간은 천자의 경우 26개의 두(豆)를 사용하여 여러 음식들을 올린다고 하였는데, 이것은 매우 잘못된 주장이다. 한편 웅안생은 정찬을 차려내는 두(豆)의 수라고 여기고, 120개의 도기[甕] 등을 언급하였는데, 이 주장 또한 분명치 못하다. 『주례』「선부(膳夫)」편에서는 "천자의 젓갈[醬]은 120개의 도기[甕]를 쓴다."14)라고 하였지만, 『주례』「혜인(醢人)」편에서는 "천자가 식사를 할 때, 채소 절임 및 젓갈류를 담은 60개의 도기[甕]를 공급한다."15)라고 하였는데, 이것은 곧 도기[甕]에 담아서

---

13) 『의례』「빙례(聘禮)」: 饔. 飪一牢, 鼎九, 設于西階前. …… 堂上八豆, 設于戶西, 西陳, 皆二以並, 東上. 韭菹, 其南醓醢. …… 西夾六豆, 設于西塾下, 北上. 韭菹, 其東醓醢.
14) 『주례』「천관(天官)·선부(膳夫)」: 凡王之饋, 食用六穀, 膳用六牲, 飮用六淸, 羞用百二十品, 珍用八物, 醬用百有二十甕.
15) 『주례』「천관(天官)·해인(醢人)」: 凡祭祀, 共薦羞之豆實, 賓客·喪紀亦如之.

차려내는 것에는 이러한 개수밖에 없었음을 뜻한다. 또『주례』「장객(掌客)」편에서는 상공(上公)에 대해서, "손(飧)16)에는 오뢰(五牢)17)를 사용하며, 맛좋은 음식들은 40가지를 올리고, 보(簠)는 10개를 올리며, 두(豆)는 40개를 올리고, 형(鉶)은 42개를 올리며, 호(壺)는 40개를 올리고, 정(鼎)과 궤(簋)는 12개를 올리며, 희생물의 고기를 담은 것은 36개를 올리니, 이들을 모두 진설한다. 옹희(饔餼)에서는 구뢰(九牢)를 사용하고, 도축한 희생물은 손(飧)을 할 때 진설하는 것처럼 하며, 살아있는 희생물은 사뢰(四牢)로 하고, 곡물을 담은 120개의 거(筥)를 두며, 젓갈류[醯醢]를 담은 120개의 도기[甕]를 둔다."18)라고 했다. 여기에서 말하는 두(豆)는 도축한 희생물의 수와 짝이 되고, 젓갈류[醯醢]를 담은 120개의 도기[甕]는 살아있는 희생물의 수와 짝이 되니, 사용되는 곳이 다르므로, 이 둘은 합해서 언급할 수 있는 것이 아니다. 또 젓갈류[醯醢]를 담은 120개의 도기[甕]라고 했는데, 이것들은 모두 두(豆)에 담게 된다. 변(籩)에 담게 되는 음식들의 경우,『주례』「변인(籩人)」편에 나오는 것에는 단지 조사(朝事)·궤식(饋食)·가변(加籩)·수변(羞籩)에 채우는 음식만이 있을 따름이다.19) 따라서 애초부터 '60개의 변(籩)'이라는 것 자체가 없다. 또한 변(籩)에 담아내는 음식들은 오직 음주를 할 때에만 사용하는 것이지, 식사를 할 때 사용하는 것이 아니다. 황간이 "변(籩)과 두(豆)에 각각 60개의 음식이 있다."라고 한 주장은 더욱 잘못되

爲王及后·世子共其內羞. <u>王擧, 則共醢六十甕, 以五齊·七醢·七菹·三臡實之</u>.

16) 손(飧)은 빈객이 처음 이르렀을 때, 간단히 음식을 차려서, 접대하는 것을 뜻한다.

17) 오뢰(五牢)는 다섯 개의 태뢰(太牢)를 뜻한다. 즉 태뢰에 사용되는 소[牛]·양(羊)·돼지[豕]를 각각 다섯 마리씩 사용하는 것을 뜻한다.

18)『주례』「추관(秋官)·장객(掌客)」: 凡諸侯之禮: 上公五積, 皆視飧牽, 三問皆脩, 群介·行人·宰·史皆有牢. 飧五牢, 食四十, 簠十, 豆四十, 鉶四十有二, 壺四十, 鼎簋十有二, 牲三十有六, 皆陳. 饔餼九牢, 其死牢如飧之陳, 牽四牢, 米百有二十筥, 醯醢百有二十甕, 車皆陳.

19)『주례』「천관(天官)·변인(籩人)」: 籩人掌四籩之實. 朝事之籩, 其實麷·蕡·白·黑·形鹽·膴·鮑魚·鱐. 饋食之籩, 其實棗·㮚·桃·乾䕩·榛實. 加籩之實, 菱芡·㮚·脯, 菱·芡·㮚·脯. 羞籩之實, 糗餌·粉餈.

었으며, 공영달 또한 그것을 변별해내지 못했다.

集解 此節所言, 謂食禮之豆數也. 若饗神之豆數, 則王亦全用二十六豆, 而諸侯朝事・饋食・加豆皆減其二, 爲十八豆, 加以羞豆二, 爲二十豆, 五等諸侯同也. 少牢賓尸惟四豆, 蓋大夫饗・燕之禮, 上下大夫同也. 又左傳周公閱聘魯, 饗之有昌歜・白・黑・形鹽, 閱以備物辭. 昌歜卽朝事豆實之昌本也. 是天子三公饗禮無昌本, 而公食大夫禮六豆乃有昌本, 饗・食法異也. 又少牢賓尸禮亦有昌菹, 蓋大夫饗・燕禮惟用四豆, 遠降於諸侯, 故得用昌菹優之也.

번역 이곳 문단에서 언급하는 내용들은 사례(食禮)[20]를 할 때 사용되는 두(豆)의 개수를 뜻한다. 만약 신에게 흠향을 시킬 때 차려내는 두(豆)의 개수라면, 천자는 또한 26개의 두(豆)를 모두 사용하고, 제후들은 조사(朝事)・궤식(饋食)・가두(加豆)에서 모두 2개씩을 줄이게 되니, 18개의 두(豆)가 되고, 추가적으로 찬을 담은 두(豆) 2개를 올리게 되어, 총 20개의 두(豆)가 되는데, 이것은 다섯 등급의 제후에게 공통으로 적용된다.『의례』「소뢰궤식례(少牢饋食禮)」편에서는 빈시(賓尸)[21]를 할 때 단지 4개의 두(豆)만을 올린다고 하였는데, 무릇 대부들이 치르는 향례(饗禮)[22]와 연례

---

20) 사례(食禮)는 연회의 한 종류이다. '사례'는 그 행사에 밥이 있고 반찬이 있는 것이니, 비록 술도 두었지만 마시지는 않았다. 그 예법에서는 밥을 위주로 한 것이기 때문에, '사례'라고 부른 것이다.『예기』「왕제(王制)」편에는 "殷人以食禮."라는 기록이 있고, 이에 대한 진호(陳澔)의 주에서는 "食禮者, 有飯有殽, 雖設酒而不飮, 其禮以飯爲主, 故曰食也."라고 풀이했다. 또한 연회를 범칭하는 말로도 사용된다.
21) 빈시(賓尸)는 두 가지 뜻이 있다. 첫 번째는 제사를 지낸 다음날 다시 지내는 제사를 뜻한다. 두 번째는 제사를 지낸 다음 날 시행하는 일종의 잔치이다. 제사 때 시동의 역할을 했던 자의 노고를 위로하기 위해 시행한다.
22) 향례(饗禮)는 연회의 한 종류이다. 또한 연회를 범칭하는 용어로도 사용된다. 본래 '향례'를 시행할 때에는 희생물을 통째로 바치지만, 그것을 먹지는 않는다. 또 술잔을 가득 채우지만, 마시지는 않으며, 자리에 서 있기만 하고, 앉지는 않는다. 또한 신분의 존비(尊卑)에 의거해서 술잔을 바치게 되는데, 정해진 술잔 바치는 회수가 끝나면, 의식을 끝낸다. 다만 숙위(宿衛)들과 기로(耆老) 및 고아들에게 향례를 할 때에는 술을 취할 때까지 마시게 하는 것을 법도로 삼았다.

(燕禮)23)에서는 상대부(上大夫)와 하대부(下大夫)는 차등 없이 동일한 규정을 따랐을 것이다. 또한 『좌전』에서는 주(周) 땅의 공작 열(閱)이 노(魯)나라에 빙문(聘問)24)을 왔을 때, 그에게 연회를 베풀며, 창촉(昌歜: 창포로 담근 절임)·백(白: 흰 쌀밥)·흑(黑: 검은 기장밥)·형염(形鹽: 호랑이 형상으로 구운 소금)을 차려냈는데, 음식을 많이 갖춘 것에 대해서 사양을 하였다.25) 여기에서 말하는 '창촉(昌歜)'이라는 것은 조사를 할 때 두(豆)에 담아내는 창본(昌本: 창포 뿌리 절임)에 해당한다. 따라서 이 말은 곧 천자의 삼공(三公)26)이 향례를 할 때에는 창본(昌本)이 없다는 뜻인데, 『의례』「공사대부례(公食大夫禮)」편에서 언급하는 여섯 개의 두(豆) 속에는 창본(昌本)이 포함되어 있다. 이것이 바로 향례와 사례의 차이점이다. 또 『의례』「

---

23) 연례(燕禮)는 본래 빈객(賓客)을 접대하는 연회의 한 종류를 뜻한다. 각종 연회들을 두루 지칭하기도 하며, 연회에서 사용되는 의례절차들을 두루 지칭하기도 한다. 본래의 '연례'는 연회를 시작할 때, 첫잔을 따라 바치는 절차 끝나면, 모두 자리에 앉아서 술을 마시는데, 취할 때까지 마시는 연회의 한 종류를 뜻한다. '연례' 때에는 희생물로 개[狗]를 사용했으며, 유우씨(有虞氏) 때 시행되었던 제도라고 설명되기도 한다. 『예기』「왕제(王制)」편에는 "有虞氏以燕禮."라는 기록이 있고, 이에 대한 진호(陳澔)의 『집설(集說)』에서는 "燕禮者, 一獻之禮既畢, 皆坐而飲酒, 以至於醉, 其牲用狗."라고 풀이했다.
24) 빙문(聘問)은 국가 간이나 개인 간에 사람을 보내서 상대방을 찾아가 안부를 묻는 의식 절차를 통칭하는 말이다. 또한 제후가 신하를 시켜서 천자에게 보내, 안부를 묻는 예법을 뜻하기도 한다.
25) 『춘추좌씨전』「희공(僖公) 30년」: 冬, 王使周公閱來聘, 饗有昌歜·白·黑·形鹽. 辭曰, "國君, 文足昭也, 武可畏也, 則有備物之饗, 以象其德; 薦五味, 羞嘉穀, 鹽虎形, 以獻其功. 吾何以堪之?"
26) 삼공(三公)은 중앙정부의 가장 높은 관직자 3명을 합쳐서 부르는 말이다. '삼공'에 속한 관직명에 대해서는 각 시대별로 차이가 있다. 『사기(史記)』「은본기(殷本紀)」편에는 "以西伯昌, 九侯, 鄂侯, 爲三公."이라는 기록이 있다. 즉 은나라 때에는 서백(西伯)인 창(昌), 구후(九侯), 악후(鄂侯)들을 '삼공'으로 삼았다. 또한 주(周)나라 때에는 태사(太師), 태부(太傅), 태보(太保)를 '삼공'으로 삼았다. 『서』「주서(周書)·주관(周官)」편에는 "立太師·太傅·太保, 茲惟三公, 論道經邦, 燮理陰陽."이라는 기록이 있다. 한편 『한서(漢書)』「백관공경표서(百官公卿表序)」에 따르면 사마(司馬), 사도(司徒), 사공(司空)을 '삼공'으로 삼았다는 기록이 있다.

소뢰궤식례(少牢饋食禮)」편에서는 빈시의 예법을 기술하며, 또한 창저(昌菹)라는 것이 포함되어 있으니, 무릇 대부들이 따르는 향례와 연례에서는 단지 4개의 두(豆)만을 올리게 되어, 제후보다도 많이 낮췄던 것이다. 그렇기 때문에 창저(昌菹)를 사용하여서 부족한 부분을 채울 수 있었던 것이다.

경문-297d 天子之席五重, 諸侯之席三重, 大夫再重.

번역 천자의 자리는 5겹으로 깔고, 제후의 자리는 3겹으로 깔며, 대부(大夫)의 자리는 2겹으로 깐다.

集解 陸氏佃曰: 天子之席五重, 書曰"敷重篾席", "敷重筍席", 則凡王席重設, 行葦傳曰, "設席, 重席也." 周官司几筵, "設莞筵紛純, 加繅席畫純, 加次席黼純." 席皆重設, 是以謂之五重. 凡禮, 對文則別, 散文則通, 筵或謂之席, 席亦謂之筵也. 又天子五重, 諸侯三重, 筵皆單設, 席則重也. 大夫再重, 有筵則席亦單設, 無加席, 則筵蓋重爾. 公食大夫禮"蒲筵常, 緇布純, 加萑席尋, 玄帛純", 萑席蓋亦單設. 大射儀曰, "司宮兼卷重席, 設于賓左", 此筵亦重設也. 是以謂之重席. 而鄭謂"公食大夫孤爲賓則莞筵紛純, 加繅席畫純", 是不知司几筵"加繅席"重設, 主諸侯三重言之, 公食大夫"加萑席", 主大夫再重言之, 萑席單設而已.

번역 육전이 말하길, "천자의 자리는 5겹이다."라고 하였는데, 『서』에서는 "멸석(篾席: 가늘게 쪼갠 대나무로 짠 자리)을 이중으로 편다."라고 했고, "순석(筍席: 대나무의 푸른 껍질 부위로 짠 자리)을 이중으로 편다."라고 했으니,27) 무릇 천자가 앉는 자리는 이중으로 설치하는 것이며, 『시』「행위(行葦)」편에 대한 『집전(集傳)』에서는 "설석(設席)이라는 것은 2중으로

---

27) 『서』「주서(周書)·고명(顧命)」: 牖間南嚮, 敷重篾席黼純, 華玉仍几. 西序東嚮, 敷重底席, 綴純文貝仍几. 東序西嚮, 敷重豐席畫純, 雕玉仍几. 西夾南嚮, 敷重筍席玄紛純, 漆仍几.

자리를 깐다는 뜻이다."라고 했다.28) 『주례』「사궤연(司几筵)」편에서는 "채색을 섞어서 선을 두른 완연(莞筵: 골풀로 짠 자리)을 깔고, 구름무늬를 그려서 선을 두른 소석(繅席: 오채색의 풀을 섞어서 짠 자리)을 그 위에 깔며, 보(黼) 무늬로 선을 두른 차석(次席: 복사나무 가지로 짠 자리)을 그 위에 깐다."29)라고 했으니, 자리를 깔 때에는 모두 겹치도록 깔게 되며, 이러한 까닭으로 "5겹으로 깐다."라고 했던 것이다. 무릇 예(禮) 관련 기록에 있어서, 문자를 구분하여 기록하게 되면, 구별되도록 기록하고, 범범하게 기록하게 되면, 글자들이 서로 통용되니, '연(筵)'을 간혹 '석(席)'이라고도 부르며, '석(席)' 또한 '연(筵)'이라고도 부른다. 또한 천자가 5겹으로 깔고, 제후가 3겹으로 깐다고 했을 때, '연(筵)'은 모든 경우에 있어서 1겹만 깔게 되고, '석(席)'의 경우에는 나머지 수만큼 겹치도록 깔게 된다. 대부(大夫)가 2겹으로 깐다고 했을 때, '연(筵)'이 포함되어 있으면, '석(席)'은 또한 1겹만 깔게 되고, '연(筵)' 위에 깔게 되는 '석(席)'이 없는 경우라면, 아마도 '연(筵)'을 2겹으로 깔았을 것이다. 『의례』「공사대부례(公食大夫禮)」편에서는 "상(常)30) 크기의 포연(蒲筵: 왕골로 짠 자리)에, 검은색의 베로 가장자리를 두르고, 그 위에 심(尋)31) 크기의 추석(萑席: 모시풀로 짠 자리)을 올리고, 검은색 비단으로 가장자리를 두른다."32)라고 했는데, 여기에서 말하는

---

28) 이 문장은 『시』「대아(大雅)·행위(行葦)」편의 "肆筵設席, 授几有緝御. 或獻或酢, 洗爵奠斝. 醓醢以薦, 或燔或炙. 嘉殽脾臄, 或歌或咢."에 대한 주자의 『집전(集傳)』이다.
29) 『주례』「춘관(春官)·사궤연(司几筵)」: 凡大朝覲·大享射, 凡封國·命諸侯, 王位設黼依, 依前南鄉設莞筵紛純, 加繅席畫純, 加次席黼純, 左右玉几.
30) 상(常)은 자리의 크기가 1장(丈) 6척(尺)이 되는 것을 뜻한다. 『의례』「공사대부례(公食大夫禮)」편에는 "司宮具几與蒲筵常, 緇布純. 加萑席尋, 玄帛純. 皆卷自末."이라는 기록이 있는데, 이에 대한 정현의 주에서는 "丈六尺曰常."이라고 풀이했다.
31) 심(尋)은 자리의 크기가 반상(半常)인 것으로, 8척(尺)이 되는 것을 뜻한다. 『의례』「공사대부례(公食大夫禮)」편에는 "司宮具几與蒲筵常, 緇布純. 加萑席尋, 玄帛純. 皆卷自末."이라는 기록이 있는데, 이에 대한 정현의 주에서는 "半常曰尋."이라고 풀이했다.
32) 『의례』「공사대부례(公食大夫禮)」: 司宮具几與蒲筵常, 緇布純. 加萑席尋, 玄帛純. 皆卷自末. 宰夫筵出自東房.

추석(萑席) 또한 1겹으로 깔았을 것이다. 『의례』「대사(大射)」편에서는 "사궁(司宮)은 겹으로 된 자리를 매 경(卿)마다 별도로 깔아두니, 빈객의 좌측에 설치한다."33)라고 했는데, 이러한 경우에는 '연(筵)'을 또한 겹치도록 깔았을 것이다. 이러한 까닭으로 "겹치도록 깐다."라고 말한 것이다. 그런데 정현은 "『의례』「공사대부례」편에서는 고(孤)가 빈객이 된다면, 채색을 섞어서 선을 두른 완연(莞筵)을 깔고, 그 위에 구름무늬를 그려서 선을 두른 소석(繅席)을 깐다."라고 했는데, 이것은 『주례』「사궤연」편에서 "소석(繅席)을 그 위에 깐다."라고 하여 겹치도록 깐다는 것이 제후가 3겹으로 자리를 깐다는 것에 주안점을 두어 언급한 말임을 알지 못한 것이고, 또 『의례』「공사대부례」편에서 "그 위에 추석(萑席)을 깐다."라고 했던 말이 대부가 2겹으로 자리를 깐다는 것에 주안점을 두어 언급한 말임을 알지 못한 것이니, 추석(萑席)은 1겹으로 깔았을 뿐이다.

集解 愚謂: 凡席以一爲一重, 司几筵王"莞筵紛純, 加繅席畫純, 加次席黼純", 繅席·次席皆重設, 幷莞筵爲五重也. 書言"敷重篾席", 篾席卽次席也. 據其在上之席而言重, 則繅席亦重可知. 又司几筵諸侯"莞筵紛純, 加繅席畫純", 繅席亦重設, 則三重也. 大夫之席, 則公食記云"蒲筵常, 緇布純, 加萑席尋, 玄帛純", 筵與席皆單設, 則再重也. 鄕飮酒·鄕射禮"蒲筵布純", 士冠禮"蒲筵二在南", 是士席蒲筵而已.

번역 내가 생각하기에, 모든 '석(席)'의 경우 한 가지 종류로는 1겹만 깔게 되는데, 『주례』「사궤연(司几筵)」편에서 천자의 경우를 설명하며, "채색을 섞어서 선을 두른 완연(莞筵: 골풀로 짠 자리)을 깔고, 구름무늬를 그려서 선을 두른 소석(繅席: 오채색의 풀을 섞어서 짠 자리)을 그 위에 깔며, 보(黼) 무늬로 선을 두른 차석(次席: 복사나무 가지로 짠 자리)을 그 위에 깐다."34)라고 하였는데, 여기에서 말하는 소석(繅席)과 차석(次席)은 모두

---

33) 『의례』「대사(大射)」: 主人洗觚, 升, 實散, 獻卿于西階上. 司宮兼卷重席, 設于賓左, 東上.
34) 『주례』「춘관(春官)·사궤연(司几筵)」: 凡大朝覲·大享射, 凡封國·命諸侯, 王

겹치도록 깔게 되니, 완연(莞筵)까지 합치게 되면, 총 5겹이 된다. 『서』에서 "멸석(蔑席: 가늘게 쪼갠 대나무로 짠 자리)을 이중으로 편다."35)라고 하였는데, 여기에서 말하는 '멸석(蔑席)'은 곧 '차석(次席)'에 해당한다. 그 위에 깔리는 '석(席)'에 기준을 두어서, "겹치도록 깐다[重]."라고 하였다면, 소석(繅席) 또한 겹치도록 깔았음을 알 수 있다. 또 『주례』「사궤연」편에서 "채색을 섞어서 선을 두른 완연(莞筵)을 깔고, 그 위에 구름무늬를 그려서 선을 두른 소석(繅席)을 깐다."라고 하였는데, 소석(繅席) 또한 겹치도록 깔았다면, 총 3겹이 된다. 대부(大夫)의 '석(席)'에 대해서, 『의례』「공사대부례(公食大夫禮)」편에서 "상(常) 크기의 포연(蒲筵: 왕골로 짠 자리)에, 검은색의 베로 가장자리를 두르고, 그 위에 심(尋) 크기의 추석(萑席: 모시풀로 짠 자리)을 올리고, 검은색 비단으로 가장자리를 두른다."36)라고 했는데, '연(筵)'과 '석(席)'을 모두 1겹으로만 깔게 되면, 총 2겹이 된다. 『의례』「향음주례(鄕飮酒禮)」편과 「향사례(鄕射禮)」편에서는 "포연(蒲筵)에 베로 가장자리를 댄다."라고 하였고,37) 『의례』「사관례(士冠禮)」편에서는 "포연(蒲筵) 2개를 남쪽에 둔다."38)라고 하였는데, 이 내용은 사(士)의 석(席)인 경우에는 포연(蒲筵)만 깔았을 뿐이라는 사실을 나타낸다.

集解 熊氏謂天子之席五重爲大袷之席, 以司几筵言"三重"爲時祭之席. 是不知司几筵之繅席·次席皆重設, 而强爲區別也. 然司几筵云"凡大朝覲·大饗射, 凡封國, 命諸侯", "設莞筵紛純, 加繅席畫純, 加次席黼純. 祀先王昨席

位設黼依, 依前南鄕設莞筵紛純, 加繅席畫純, 加次席黼純, 左右玉几.
35) 『서』「주서(周書)·고명(顧命)」: 牖間南嚮, 敷重篾席黼純, 華玉仍几. 西序東嚮, 敷重底席, 綴純文貝仍几. 東序西嚮, 敷重豐席畫純, 雕玉仍几. 西夾南嚮, 敷重筍席玄紛純, 漆仍几.
36) 『의례』「공사대부례(公食大夫禮)」: 司宮具几與蒲筵常, 緇布純. 加萑席尋, 玄帛純. 皆卷自末. 宰夫筵出自東房.
37) 『의례』「향음주례(鄕飮酒禮)」: 蒲筵, 緇布純. 尊絡羃, 賓至徹之. / 『의례』「향사례(鄕射禮)」: 尊絡羃, 賓至徹之. 蒲筵緇布純. 西序之席北上.
38) 『의례』「사관례(士冠禮)」: 緇布冠缺項, 靑組纓屬于缺, 緇纚廣終幅, 長六尺, 皮弁笄·爵弁笄, 緇組紘纁邊, 同篋. 櫛實于簞. 蒲筵二, 在南.

亦如之." 此皆重禮而設席如此, 其餘事當有差降. 顧命有篾席・底席・豊席・筍席, 蓋天子之席, 其加於上者有此四種, 各因禮之重輕而用之也. 天子如此, 則諸侯之席, 以莞筵加繅席爲三重者, 亦惟祭祀・饗射大禮用之, 而其餘當有所降也. 又公食大夫禮蒲筵加萑席爲再重, 大射禮賓有加席, 蓋與公食禮同. 至燕禮之賓, 大射及燕禮之卿大夫, 則無加席. 又鄕飮酒禮"大夫再重", 再重者, 一種席而重設之也. 是大夫之席隆殺有三等, 則天子諸侯設席之重數, 亦必以禮之輕重爲隆殺矣.

번역 웅안생은 천자의 자리를 5겹으로 깐다는 것은 큰 협(祫)제사를 지낼 때의 자리를 뜻하며, 『주례』「사궤연(司几筵)」편에서 "3겹으로 깐다."고 했던 것은 사계절마다 지내는 정규 제사 때의 자리를 뜻한다고 하였다. 그러나 이 주장은 『주례』「사궤연」편에 기록된 소석(繅席)과 차석(次席)이 모두 겹치도록 까는 것임을 몰라서, 억지로 둘 간의 구분을 지은 것이다. 그런데 『주례』「사궤연」편에서는 '무릇 성대한 조근(朝覲)39)의 의례를 시행하거나 성대한 향례(饗禮)나 사례(射禮)를 시행할 때, 그리고 제후국을 분봉해주거나 제후들에게 명(命)의 등급을 내려줄 때'라고 언급하며, "채색을 섞어서 선을 두른 완연(莞筵: 골풀로 짠 자리)을 깔고, 구름무늬를 그려서 선을 두른 소석(繅席: 오채색의 풀을 섞어서 짠 자리)을 그 위에 깔며, 보(黼) 무늬로 선을 두른 차석(次席: 복사나무 가지로 짠 자리)을 그 위에 깐다. 선왕에게 제사를 지내거나 제왕이 술잔을 받을 때 앉는 석(席) 또한 이처럼 깐다."40)라고 하였는데, 여기에서 말하는 예들은 모두 중대한 의례

---

39) 조근(朝覲)은 군주가 신하를 만나보는 예법(禮法)을 뜻한다. 군주가 신하를 만나보는 예법에는 조(朝), 근(覲), 종(宗), 우(遇), 회(會), 동(同) 등이 있었는데, 이것을 총칭하여 '조근'으로 부르기도 한다. 한편 '조근'은 신하가 군주를 찾아뵙는 예법을 뜻하기도 한다. 고대에는 제후가 천자를 찾아뵐 때, 각 계절별로 그 명칭을 다르게 불렀다. 봄에 찾아뵙는 것을 조(朝)라고 부르며, 여름에 찾아뵙는 것을 종(宗)이라고 부르고, 가을에 찾아뵙는 것을 근(覲)이라고 부르며, 겨울에 찾아뵙는 것을 우(遇)라고 부른다. '조근'은 이러한 예법들을 총칭하는 말이다.

40) 『주례』「춘관(春官)・사궤연(司几筵)」 : <u>凡大朝覲・大享射, 凡封國・命諸侯, 王位設黼依, 依前南鄕設莞筵紛純, 加繅席畫純, 加次席黼純, 左右玉几. 祀先</u>

인데, 자리를 깔 때 모두 앞서의 설명처럼 하였으니, 나머지 중대하지 않은 사안에 대해서는 마땅히 자리 겹치는 수를 차등적으로 낮추게 된다. 『서』「고명(顧命)」편에는 멸석(篾席: 가늘게 쪼갠 대나무로 짠 자리)・저석(底席: 푸른 부들로 짠 자리)・풍석(豐席: 골풀로 짠 자리)・순석(筍席: 대나무의 푸른 껍질 부위로 짠 자리)이 기록되어 있는데,41) 무릇 천자의 석(席)을 깔 때, 그 위에 겹치도록 까는 석(席)은 이러한 네 가지 석(席)이 있는 것으로, 각각 시행하는 예의 중요성에 따라 가려서 사용하게 된다. 천자의 경우가 이와 같았다면, 제후들이 까는 석(席)의 경우, 완연(莞筵) 위에 소석(繅席)을 깔아서 3겹으로 만든다는 것 또한 오직 제사나 향례 및 사례처럼 성대한 의례에서만 이러한 방식을 사용했던 것이며, 그 나머지 의례에서는 마땅히 낮추는 점이 있었던 것이다. 또 『의례』「공사대부례(公食大夫禮)」편에서는 포연(蒲筵) 위에 추석(萑席)을 깔아서 2겹으로 만든다고 하였는데, 『의례』「대사(大射)」편에서 빈객에게 더 깔아주는 석(席)이 있다는 것42)은 아마도 「공사대부례」편에서 말한 것과 동일한 방식일 것이다. 『의례』「연례(燕禮)」편에서 말하는 빈객과 『의례』「대사(大射)」편 및 「연례」편에서 말하는 경(卿)과 대부(大夫)의 경우에는 추가적으로 더 깔아주는 석(席)이 없게 된다. 또 『의례』「향음주례(鄕飮酒禮)」편에서는 "대부는 재중(再重)으로 한다."43)라고 하였는데, '재중(再重)'이라는 것은 한 종류의 자리를 겹치도록 설치한다는 뜻이다. 이처럼 대부가 깔게 되는 석(席)에서 세 등급으로 높이거나 낮췄던 점이 있다면, 천자와 제후가 겹치도록 까는 석(席)의 수 또한 반드시 예의 중요성에 따라서 높이거나 낮추는 점이 있었던 것이다.

王・昨席亦如之.
41) 『서』「주서(周書)・고명(顧命)」: 牖間南嚮, 敷重篾席黼純, 華玉仍几. 西序東嚮, 敷重底席, 綴純文貝仍几. 東序西嚮, 敷重豐席畫純, 雕玉仍几. 西夾南嚮, 敷重筍席玄紛純, 漆仍几.
42) 『의례』「대사(大射)」: 司宮設賓席于戶西, 南面, 有加席.
43) 『의례』「향음주례(鄕飮酒禮)」: 賓若有遵者, 諸公・大夫, 則旣一人擧觶乃入. 席于賓東, 公三重, 大夫再重.

集解 司几筵諸侯"昨席莞筵紛純, 加繅席畫純. 筵國賓于牖前, 亦如之." 國賓, 謂諸侯爲賓者. 鄭氏兼諸侯來朝·孤卿大夫來聘者言之, 非也. 大夫之席, 蒲筵加萑席, 公食禮有明文. 孤卿之席, 蓋亦與此同, 以五等諸侯無異席推之可知也. 然大夫席再重, 而鄕飮酒禮"公三重"者, 蓋以一種席爲三重, 與諸侯之三重不同. 鄕飮酒又云"公升, 辭一席, 使一人去之", 則不過暫設以優之, 而究亦止於再重而已.

번역 『주례』「사궤연(司几筵)」편에서는 제후에 대한 설명을 하며, "술잔을 받을 때 깔게 되는 자리는 채색을 섞어서 선을 두른 완연(莞筵: 골풀로 짠 자리)을 깔고, 구름무늬를 그려서 선을 두른 소석(繅席: 오채색의 풀을 섞어서 짠 자리)을 그 위에 깐다. 국빈(國賓)을 위해서 들창 앞에 연(筵)을 깔 때에도 또한 앞서의 경우처럼 깐다."44)라고 했다. '국빈(國賓)'이라는 것은 제후들 중에 빈객(賓客)이 된 자를 뜻한다. 정현은 제후가 찾아와서 조회를 하고, 고(孤)나 경(卿) 및 대부(大夫)들이 찾아와서 빙문(聘問)을 하는 경우까지 아울러서 설명을 하였는데, 이것은 잘못된 주장이다. 대부(大夫)의 석(席)은 포연(蒲筵: 왕골로 짠 자리)에 추석(萑席: 모시풀로 짠 자리)을 올려서 까는데, 『의례』「공사대부례(公食大夫禮)」편에 관련된 기록이 나와 있다. 고(孤)나 경(卿)의 석(席)은 아마도 대부들의 석(席)과 동일하게 했을 것이니, 이를 통해서 다섯 등급의 제후에게도 자리를 깔 때, 제후들끼리 차등이 없었다는 사실을 추론해서 알 수 있다. 그런데 대부의 석(席)을 재중(再重)으로 깐다고 했는데, 『의례』「향음주례(鄕飮酒禮)」편에서는 "공(公)은 3겹으로 한다."라고 하였다.45) 아마도 이러한 경우에는 한 종류의 석(席)을 3겹으로 깔았을 것이니, 제후들이 3겹으로 한다는 것과는 다른 것이다. 「향음주례」편에서는 또한 "공(公)이 자리에 오르며, 한 개의 자리를 사양하여, 사람을 시켜서 그것을 제거하도록 한다."46)라고 했으니, 잠시

---

44) 『주례』「춘관(春官)·사궤연(司几筵)」 : <u>昨席莞筵紛純, 加繅席畫純, 筵國賓于牖前亦如之</u>, 左彤几.
45) 『의례』「향음주례(鄕飮酒禮)」 : 賓若有遵者, 諸公·大夫, 則旣一人擧觶乃入. 席于賓東, <u>公三重, 大夫再重</u>.

동안 3개의 자리를 겹쳐두는 것이며, 결과적으로는 공(公)의 석(席) 또한 2겹으로 하는데 지나지 않을 따름이다.

경문-297d 天子崩, 七月而葬, 五重八翣, 諸侯五月而葬, 三重六翣, 大夫三月而葬, 再重四翣. 此以多爲貴也.

번역 천자가 죽게 되면, 7개월이 지나고서야 장례를 치르는데, 항목(杭木)과 인(茵)은 5겹으로 하며, 휘장막인 삽(翣)은 8개로 하고, 제후의 경우에는 5개월이 지나고서야 장례를 치르는데, 항목과 인은 3겹으로 하며, 삽은 6개로 하고, 대부의 경우에는 3개월이 지나고서야 장례를 치르는데, 항목과 인은 2겹으로 하며, 삽은 4개로 한다. 이러한 것들이 바로 많은 것을 귀하게 여기는 경우이다.

集說 五重者, 謂杭木與茵也. 茵以藉棺, 用淺色緇布夾爲之, 以茅秀及香草著其中, 如今褥子中用絮然. 縮者二, 橫者三, 爲一重杭木, 所以杭載於土. 下棺之後, 置杭木於椁之上, 亦橫者三, 縮者二, 上加杭席三, 此爲一重. 如是者五, 則爲五重也. 翣, 見檀弓.

번역 "5겹으로 한다[五重]."는 말은 항목(杭木)과 인(茵)에 해당하는 내용이다. '인(茵)'은 관 밑에 깔아두는 것으로, 옅은 색의 치포(緇布)를 겹쳐서 자루모양으로 만들고, 띠풀 중 꽃을 피운 것과 향기 나는 풀 등으로 그 중간을 채우니, 마치 오늘날 어린아이의 침구를 깔 때 중간에 솜을 사용하는 것과 같은 것이다. 세로로 2개를 대고, 가로로 3개를 대는 것이 바로 1겹의 '항목(杭木)'이니, 흙이 덮치는 것을 보호하는 것이다. 관을 무덤에 내린 후에는 외관 위에 항목(杭木)을 설치하게 되는데, 또한 가로로 3개를 대고, 세로로 2개를 되며, 그 위에 또 항석(杭席) 3개를 대니, 이것이 바로

---

46) 『의례』「향음주례(鄕飮酒禮)」 : 公如大夫入, 主人降, 賓・介降, 衆賓皆降, 復初位. 主人迎, 揖・讓升. <u>公升如賓禮, 辭一席, 使一人去之.</u>

1겹이 된다. 이와 같이 5번을 반복한다면, 이것은 곧 5겹이 된다. '삽(翣)'에 대한 설명은 『예기』「단궁(檀弓)」편에 자세히 나온다.

集解 愚謂: 士喪禮陳器, "抗木"之上又有"折". 蓋古之爲椁, 累木於棺之四旁, 而上下不周, 故其下藉之以茵. 旣不棺, 加折於其上, 次加抗席, 次加抗木. 茵也, 折也, 抗席也, 抗木也, 四者備爲一重. 由士禮之一重者推之, 則所謂"再重"·"三重"·"五重"者皆可見矣. 翣, 形如扇, 以木爲匡, 衣以白布而畫之, 在路以障柳車, 入墳以障柩. 喪大記曰, 君"黼翣二, 黻翣二, 畫翣二", 大夫"黻翣二, 畫翣二." 周禮縫人註云, "漢制, 天子有龍翣二." 是天子龍翣·黼翣·黻翣·畫翣各二, 爲八翣也.

번역 내가 생각하기에, 『의례』「사상례(士喪禮)」편에서는 기물들을 나열하며, '항목(抗木)'이라는 것 위에 '절(折)'이라는 것도 있다고 했다. 무릇 고대에 만들어진 외관[椁]의 경우, 내관[棺]의 사면에 나무를 포개어 두니, 상하(上下)가 고르지 않게 된다. 그렇기 때문에 그 아래에 '인(茵)'을 깔게 되는 것이다. 입관을 하지 않은 상태에서, 그 위에 '절(折)'을 올리게 되고, 그 다음으로 항석(抗席)을 올리게 되며, 그 다음으로 항목(抗木)을 올리게 된다. '인(茵)'을 깔고, '절(折)'을 깔며, '항석(抗席)'을 깔고, '항목(抗木)'을 까는 등 이 네 가지 것들이 모두 깔린 것이 1겹이 된다. 사(士)의 예(禮)에서 1겹으로 한다는 사실을 토대로 추론해보면, 이른바 "2겹으로 한다."라는 말, "3겹으로 한다."라는 말, "5겹으로 한다."는 말의 뜻을 모두 확인할 수 있다. '삽(翣)'이라는 것은 그 모양이 '큰 부채[扇]'와 비슷한 것으로, 나무로 틀을 만들고, 흰색의 베로 옷을 입힌 다음 그림을 그리게 되는데, 길에서는 이것을 이용해서 상거(喪車)를 가리게 되고, 무덤에 가서는 관을 가리게 된다. 『예기』「상대기(喪大記)」편에서는 군주에 대해서 "보(黼) 무늬를 그린 삽(翣)은 2개이며, 불(黻) 무늬를 그린 삽(翣)은 2개이고, 그림을 그린 삽(翣)은 2개이다."[47]라고 했고, 대부(大夫)에 대해서 "불(黻) 무늬를 그린 삽(翣)은 2개이고, 그림을 그린 삽(翣)은 2개이다."[48]라고 했다. 그리고 『주

---

47) 『예기』「상대기(喪大記)」【544a】: 黼翣二, 黻翣二, 畫翣二, 皆戴圭.

례」「봉인(縫人)」편에 대한 정현의 주에서는 "한(漢)나라 때의 제도에 있어서는 천자에게는 용삽(龍翣) 2개가 포함된다."49)라고 했다. 이 말은 곧 천자에게는 용삽(龍翣)·보삽(黼翣)·불삽(黻翣)·화삽(畫翣)이 각각 2개씩 포함되어, 총 8개의 삽(翣)이 있었다는 사실을 나타낸다.

禮器-300c 有以高爲貴者, 天子之堂九尺, 諸侯七尺, 大夫五尺, 士三尺. 天子諸侯臺門. 此以高爲貴也.

번역 예에서는 높은 것을 귀한 것으로 삼는 경우도 있으니, 예를 들어 천자에게 있는 당(堂)은 그 높이가 9척(尺)이고, 제후에게 있는 당은 그 높이가 7척이며, 대부에게 있는 당은 그 높이가 5척이고, 사에게 있는 당은 그 높이가 3척이다. 또 예를 들자면 천자와 제후의 경우에는 대문(臺門)을 건설한다. 이러한 것들이 바로 높은 것을 귀하게 여기는 경우이다.

集說 九尺以下之數, 皆謂堂上高於堂下也. 考工記, 堂崇三尺是殷制, 此周制耳. 臺門, 見前章.

번역 9척(尺)이라는 수치부터 그 이하의 수치들은 모두 당하(堂下)로부터 당상(堂上)까지의 높이를 뜻한다. 『고공기』의 기록에서는 당(堂)의 높이는 3척이라고 했는데,50) 이것은 은(殷)나라 때의 제도에 해당하니, 이곳 경문에서 말한 내용들은 주(周)나라 때의 제도에 해당할 따름이다. 대문(臺門)51)에 대한 설명은 앞 장에 나온다.

---

48) 『예기』「상대기(喪大記)」【544c】: 大夫畫帷, 二池, 不振客, 畫荒, 火三列, 黻三列, 素錦褚, 纁紐二, 玄紐二, 齊三采, 三貝, 黻翣二, 畫翣二, 皆戴綏, 魚躍拂池. 大夫戴前纁後玄, 披亦如之.
49) 이 문장은 『주례』「천관(天官)·봉인(縫人)」편의 "喪, 縫棺飾焉."에 대한 정현의 주이다.
50) 『주례』「동관고공기(冬官考工記)·장인(匠人)」: 殷人重屋, 堂脩七尋, 堂崇三尺, 四阿重屋.
51) 대문(臺門)은 고대의 천자나 제후는 궁실의 문 옆에 흙을 쌓아 관망대[臺]

경문-301b 禮有以文爲貴者, 天子龍袞, 諸侯黼, 大夫黻, 士玄衣纁裳. 天子之冕朱綠藻, 十有二旒, 諸侯九, 上大夫七, 下大夫五, 士三. 此以文爲貴也.

번역 예에서는 화려하게 꾸민 것을 귀한 것으로 삼는 경우도 있으니, 천자는 곤룡포를 착용하고, 제후는 보(黼)가 수놓인 옷을 착용하며, 대부는 불(黻)이 수놓인 옷을 착용하고, 사의 경우에는 상의는 검은색 옷을 입고, 하의는 적색 옷을 입는다. 또 예를 들자면, 천자가 쓰는 면류관의 경우, 구슬을 꿰는 줄은 적색과 녹색의 끈을 엮어서 만드는데, 천자의 경우에는 12줄이 들어가고, 제후는 9줄이 들어가며, 상대부(上大夫)52)는 7줄이 들어가고, 하대부(下大夫)는 5줄이 들어가며, 사는 3줄이 들어간다. 이러한 것들이 바로 화려하게 꾸민 것을 귀하게 여기는 경우이다.

孔疏 ●"禮有"至"稱也". ○正義曰: "天子龍袞, 諸侯黼, 大夫黻, 士玄衣纁裳", 人君因天之文章以表於德, 德多則文備, 故天子龍袞, 諸侯以下, 文稍少也. 然周禮上公亦袞, 侯伯鷩, 子男毳, 孤卿絺, 大夫玄, 士爵弁玄衣纁裳. 今言諸侯黼, 大夫黻, 雜明夏·殷禮也. 但夏·殷衣有日月星辰山龍, 今云龍袞者, 擧多文爲首耳. 日月之文, 不及龍也. 崔云然也.

번역 ●經文: "禮有"~"稱也". ○경문의 "天子龍袞, 諸侯黼, 大夫黻, 士玄衣纁裳"에 대하여. 군주는 하늘의 무늬에 따라서 자신의 덕성을 표출하게 되는데, 덕이 많다면 새기는 무늬도 종류별로 갖추게 된다. 그렇기 때문에 천자는 곤룡포를 입는 것이며, 제후 이하의 계층들은 그 무늬가 점차적으로 적어지는 것이다. 그런데 『주례』의 기록에 따르면, 상공(上公)53)들 또

를 만들게 되는데, 문과 관망대를 합쳐서 부르는 말이다. 후대에는 관망대에 지붕을 올리기도 했다.
52) 상대부(上大夫)는 대부(大夫)의 등급 중 하나이다. 대부는 상(上)·중(中)·하(下)로 재차 분류되는데, '상대부'는 대부들 중에서도 가장 높은 작위이다. 한편 제후국에 있어서 '상대부'는 경(卿)으로 분류되기도 하였다.
53) 상공(上公)은 주(周)나라 제도에 있었던 관직 등급이다. 본래 신하의 관직 등급은 8명(命)까지이다. 주나라 때에는 태사(太師), 태부(太傅), 태보(太保)

한 곤면(袞冕)54)을 착용하고, 후작[侯]과 백작[伯]은 별면(鷩冕)55)을 착용하며, 자작[子]과 남작[男]은 취면(毳冕)56)을 착용하고, 고(孤)57)와 경(卿)은 치면(絺冕)58)을 착용하며, 대부는 현면(玄冕)59)을 착용하고, 사는 작변

  와 같은 삼공(三公)들이 8명의 등급에 해당했다. 그런데 여기에 1명을 더하게 되면 9명이 되어, 특별직인 '상공'이 된다. 『주례』「춘관(春官)·전명(典命)」편에는 "上公九命爲伯, 其國家宮室車旗衣服禮儀, 皆以九爲節."이라는 기록이 있고, 이에 대한 정현의 주에서는 "上公, 謂王之三公有德者, 加命爲二伯. 二王之後亦爲上公."이라고 풀이하였다. 즉 '상공'은 삼공 중에서도 유덕(有德)한 자에게 1명을 더해주어, 제후들을 통솔하는 '두 명의 백(伯)[二伯]'으로 삼았다. 또한 제후의 다섯 등급을 나열할 경우, 공작(公爵)을 '상공'이라고 부르기도 한다.

54) 곤면(袞冕)은 곤룡포와 면류관을 뜻한다. 본래 천자의 제사복장으로, 비교적 중요한 제사 때 입는다. 윗옷과 아랫도리에 새겨진 무늬 등은 9가지이다. 『주례』「춘관(春官)·사복(司服)」편에는 "享先王則袞冕."이라는 기록이 있다. 이에 대한 정현의 주에서는 "冕服九章, 登龍於山, 登火於宗彝, 尊其神明也. 九章, 初一曰龍, 次二曰山, 次三曰華蟲, 次四曰火, 次五曰宗彝, 皆畫以爲繢. 次六曰藻, 次七曰粉米, 次八曰黼, 次九曰黻, 皆希以爲繡. 則袞之衣五章, 裳四章, 凡九也."라고 풀이했다. 즉 '곤면'의 윗옷에는 용(龍), 산(山), 화충(華蟲), 화(火), 종이(宗彝) 등 5가지 무늬를 그려놓고, 아랫도리에는 조(藻), 분미(粉米), 보(黼), 불(黻) 등 4가지를 수놓았다.

55) 별면(鷩冕)은 별의(鷩衣)와 면류관을 뜻한다. 천자 및 제후가 입던 복장으로, 선공(先公)에 대한 제사 및 향사례(饗射禮)를 시행할 때 착용했다. '별의'에는 꿩의 무늬를 수놓게 되는데, 이 무늬를 화충(華蟲)이라고도 부른다. 상의에는 3종류의 무늬를 수놓고, 하의에는 4종류의 무늬를 수놓게 되어, 총 7가지의 무늬가 들어가게 된다. 『주례(周禮)』「춘관(春官)·사복(司服)」편에는 "享先公, 饗射則鷩冕."이라는 기록이 있고, 이에 대한 정현의 주에서는 "鷩, 畫以雉, 謂華蟲也. 其衣三章, 裳四章, 凡七也."라고 풀이했다.

56) 취면(毳冕)은 취의(毳衣)와 면류관을 뜻한다. 본래 천자가 사망(四望) 등 산천(山川)에 대한 제사 때 착용했던 복장이다. '취의'에는 호랑이와 원숭이를 수놓게 되는데, 이 무늬를 종이(宗彝)라고도 부른다. 상의에는 3종류의 무늬를 수놓고, 하의에는 2종류의 무늬를 수놓게 되어, 총 5가지 무늬가 들어가게 된다. 『주례(周禮)』「춘관(春官)·사복(司服)」편에는 "祀四望山川則毳冕."이라는 기록이 있고, 이에 대한 정현의 주에서는 "毳畫虎蜼, 謂宗彝也. 其衣三章, 裳二章, 凡五也."라고 풀이했다.

57) 고(孤)는 고대의 작위이다. 천자에게 소속된 '고'는 삼공(三公) 밑의 서열에 해당하며, 육경(六卿)보다 높았다. 고대에는 소사(少師)·소부(少傅)·소보(少保)를 삼고(三孤)라고 불렀다.

(爵弁)60)에 검은색의 상의와 분홍색의 하의를 착용하게 된다.61) 그런데 이곳 문장에서는 제후는 보(黼)가 수놓인 옷을 입고, 대부는 불(黻)이 수놓인 옷을 입는다고 하였으니, 이것은 곧 하(夏)나라와 은(殷)나라 때의 예를 뒤섞어서 기록한 것이다. 다만 하나라와 은나라 때의 복장에서는 상의에 해[日]와 달[月], 별자리[星辰], 산(山)과 용(龍)의 무늬가 있었는데, 이곳 문장에서는 용곤(龍袞)이라고만 언급하고 있다. 그 이유는 여러 무늬들 중에서도 가장 상위에 있는 무늬만 거론했기 때문이다. 즉 해와 달의 무늬는 용의 무늬에 미치지 못한다. 최영은 또한 그러하다고 하였다.

---

58) 치면(締冕)은 희면(希冕)·치면(黹冕)이라고도 부른다. 치의(締衣)와 면류관을 뜻한다. 천자 및 제후가 사직(社稷) 및 오사(五祀)에 대한 제사를 지낼 때 착용하던 복장이다. '치의'에는 쌀 모양의 무늬를 수놓았고, 다른 그림을 그려 넣지 않았다. 상의에는 1개의 무늬를 수놓고, 하의에는 2개의 무늬를 수놓게 되어, 총 3개의 무늬가 들어가게 된다. 『주례(周禮)』「춘관(春官)·사복(司服)」편에는 "祭社稷·五祀則希冕."이라는 기록이 있고, 이에 대한 정현의 주에서는 "希刺粉米, 無畫也. 其衣一章, 裳二章, 凡三也."라고 풀이했다.

59) 현면(玄冕)은 현의(玄衣)와 면류관을 뜻한다. 본래 천자 및 제후의 제사복장으로, 비교적 중요성이 덜한 제사 때 입는다. '현의' 중 상의에는 무늬가 들어가지 않고, 하의에만 불(黻)을 수놓는다. 『주례』「춘관(春官)·사복(司服)」편에는 "祭群小祀則玄冕."이라는 기록이 있고, 이에 대한 정현의 주에서는 "玄者, 衣無文, 裳刺黻而已, 是以謂玄焉."이라고 풀이했다.

60) 작변(爵弁)은 고대의 예관(禮冠) 중 하나로, 면류관[冕] 다음 등급에 해당한다. '작(爵)'자는 관의 모습이 참새의 머리처럼 생겼기 때문에 붙여진 명칭이다. 적색과 은미한 흑색이 나는 30승(升)의 포(布)로 만든다. 또한 '작변'은 작변복(爵弁服)을 지칭하기도 한다. 예복(禮服)의 경우 착용하는 관(冠)에 따라서 그 복장의 명칭을 붙이기도 하기 때문이다. '작변복'은 작변의 관, 분홍색의 하의, 명주로 만든 상의, 검은색의 대(帶), 매겹(韎韐)이라는 슬갑을 착용한다.

61) 『주례』「춘관(春官)·사복(司服)」 : 公之服, 自袞冕而下如王之服, 侯伯之服, 自鷩冕而下如公之服, 子男之服, 自毳冕而下如侯伯之服. 孤之服, 自希冕而下如子男之服, 卿大夫之服, 自玄冕而下如孤之服, 其凶服加以大功小功, 士之服, 自皮弁而下如大夫之服, 其凶服亦如之. / 「사복」편의 기록에서는 경(卿)과 대부(大夫)의 복장이 현면(玄冕)이라고 기술하고 있다.

孔疏 ●"天子之冕, 朱綠藻, 十有二旒"者, 亦是夏·殷也. 周藻五采也. 十二謂旒數也.

번역 ●經文: "天子之冕, 朱綠藻, 十有二旒". ○이 내용 또한 하(夏)나라와 은(殷)나라 때의 예법에 해당한다. 주(周)나라 때에는 조(藻)를 만들 때 다섯 가지 채색의 실을 사용하였다. '12'라는 것은 류(旒)의 수를 뜻한다.

孔疏 ●"諸侯九, 上大夫七, 下大夫五, 士三"者, 亦夏·殷也, 周家旒數隨命數, 又士但爵弁無旒也.

번역 ●經文: "諸侯九, 上大夫七, 下大夫五, 士三". ○이 내용 또한 하(夏)나라와 은(殷)나라 때의 예법에 해당한다. 주(周)나라 때에는 류(旒)의 수가 작위의 등급 명(命)에 따라 각각 달랐고, 또한 사는 단지 작변(爵弁)만 쓰게 되어, 류(旒)가 없었다.

集說 龍袞, 畫龍於袞衣也. 白與黑謂之黼, 黼如斧形, 刺之於裳. 黑與靑謂之黻, 其狀兩己相背, 亦刺於裳也. 纁, 赤色. 冕, 祭服之冠也. 上玄下纁. 前後有旒, 前低一寸二分, 以其略俛而謂之冕. 冕同而服異, 一袞冕, 二鷩冕, 三毳冕, 四絺冕, 五玄冕, 各以服之異而名之耳. 冕之制雖同, 而旒有多少. 朱綠藻者, 以朱綠二色之絲爲繩也. 以此繩貫玉而垂於冕以爲旒. 周用五采, 此言朱綠, 或是前代之制. 十有二旒者, 天子之冕, 前後各十二旒, 每旒十二玉, 玉之色以朱白蒼黃玄爲次, 自上而下, 徧則又從朱起. 袞冕十二旒, 鷩冕九旒, 毳冕七旒, 絺冕五旒, 玄冕三旒. 此數雖不同, 然皆每旒十二玉, 纁玉五采也. 此皆周時天子之制. 諸侯九, 上大夫七, 下大夫五, 士三, 此亦非周制. 周家旒數隨命數, 詳見儀禮冕弁圖.

번역 '용곤(龍袞)'은 곤룡포에 용을 그려 넣은 옷이다. 백색과 흑색의 실로 수놓은 무늬를 '보(黼)'라고 부르는데, '보(黼)'라는 무늬는 도끼 모양과 비슷하며, 치마에 수놓는다. 흑색과 청색의 실로 수놓은 무늬를 '불(黻)'이라고 부르는데, '불(黻)'이라는 무늬는 두 개의 '기(己)'자가 서로 등을 지고 있는 모습으로, 이 또한 치마에 수놓는다. '훈(纁)'은 적색의 비단을 뜻한다. '면(冕)'은 제복(祭服)에 쓰는 관(冠)이다. 면류관의 윗면은 검은색으로 만들고, 아랫면은 적색으로 만든다. 면류관의 앞뒤에는 구슬을 꿴 줄이 있게 되며, 앞면은 1촌(寸) 2분(分)만큼 앞으로 기울어져 있는데, 그 모습이 약간 굽어[俛]있기 때문에, '면(冕)'이라고 부른다. 그런데 면류관은 같지만 착용하는 복장이 다르게 되어, 첫 번째를 곤면(袞冕)이라고 부르고, 두 번째를 별면(鷩冕)이라고 부르며, 세 번째를 취면(毳冕)이라고 부르고, 네 번째를 치면(絺冕)이라고 부르며, 다섯 번째를 현면(玄冕)이라고 부르는 것이니,62) 각각 착용하는 복장이 다르기 때문에, 이처럼 이름을 붙인 것일 따름이다. 면류관의 제작 방법이 비록 동일하다고 하지만, 늘어트리는 술의 양에는 차이가 있다. '주록조(朱綠藻)'라는 것은 붉은색과 녹색의 두 가지 실로 끈을 엮은 것이다. 이러한 끈으로 옥을 꿰어서, 면류관에 늘어트려, '류(旒)'를 만들게 된다. 주(周)나라 때에는 류(旒)를 만들 때, 다섯 가지 채색의 실을 사용하였다. 그런데 이곳 경문에서 붉은색과 녹색 두 가지만 언급을 하였으니, 아마도 이 제도는 주나라 이전 왕조에서 사용하던 제도에 해당하는 것 같다. 12개의 류(旒)라는 것은 천자의 면류관에 해당하는데, 앞뒤에 각각 12개의 류(旒)를 다는 것이며, 매 류(旒)마다 12개의 옥을 꿰게 되고, 옥의 색깔은 붉은색, 백색, 청색, 황색, 검은색 순으로 순서를 정해서, 위에서부터 아래로 꿰어나가고, 다섯 가지 색깔의 옥이 모두 들어가게 되면, 재차 붉은색 옥부터 순서대로 끼게 된다. 곤면에는 앞뒤로 각각 12개의 류(旒)가 들어가고, 별면에는 9개의 류(旒)가 들어가며, 취면에는 7개의 류(旒)가 들어가고, 치면에는 5개의 류(旒)가 들어가며, 현면에는 3개의 류(旒)가 들어간다. 이처럼 들어가는 류(旒)의 수치가 비록 서로 다르지만, 모든 면류관에 있어서, 매 류(旒)마다 끼우는 옥은 12개이며, 류(旒)에 꿰는

---

62) 『주례』「춘관(春官)·사복(司服)」: 掌王之吉凶衣服, 辨其名物, 辨其用事. 王之吉服, 祀昊天上帝, 則服大裘而冕, 祀五帝亦如之. 享先王則袞冕. 享先公, 饗射則鷩冕. 祀四望山川則毳冕. 祭社稷五祀則希冕. 祭群小祀則玄冕.

옥의 색깔 또한 다섯 가지 색상을 사용한다. 그런데 이러한 것들은 모두 주나라 때 천자에게 해당했던 제도이다. 제후가 9개의 류(旒)가 들어가는 것을 사용하고, 상대부(上大夫)는 7개, 하대부(下大夫)는 5개, 사는 3개가 들어간 것을 사용한다는 말은 또한 주나라 때의 제도가 아니다. 주나라의 제도에서 류(旒)의 숫자는 각각 그들이 가진 작위(爵位)의 명(命) 등급에 따랐으니, 자세한 설명은 『의례면변도』에 나타나 있다.

集解 藻, 雜采也. 冕以雜采絲繩爲旒. 天子之冕藻五色, 而云"朱綠藻"者, 謂五采之中有此二色也. 十有二旒, 十二章之服之冕也. 諸侯九旒, 謂上公也. 上大夫七者, 天子之卿六命, 加一命而爲侯伯, 則鷩冕七旒也. 下大夫五者, 天子之中下大夫四命, 加一命而爲子男, 則毳冕五旒也. 士三者, 天子之上士玄冕三旒也.

번역 '조(藻)'는 채색을 섞은 것이다. 면(冕)에는 여러 채색의 끈을 엮어서 류(旒)를 만들게 된다. 천자의 면(冕)에는 다섯 가지 색깔을 섞어서 류(旒)를 만들게 되는데, 경문에서는 '적색과 녹색의 끈[朱綠藻]'이라고 언급하였다. 이 말은 다섯 가지 색깔 중에서 이러한 두 가지 색깔이 포함되어 있다는 뜻이다. 12개의 류(旒)를 하는 것은 복장 중 12장(章)을 새긴 옷에 착용하는 면(冕)을 가리킨다. 제후는 9류(旒)로 한다고 했는데, 이때의 제후는 상공(上公)을 가리킨다. "상대부(上大夫)는 7류(旒)로 한다."고 했는데, 천자에게 소속된 경(卿)은 그 등급이 6명(命)이며, 거기에 1명(命)이 더해지게 되어, 후작[侯]이나 백작[伯]이 되면, 별면(鷩冕)을 착용하여 7개의 류(旒)를 하게 된다. "하대부(下大夫)는 5류(旒)로 한다."고 했는데, 천자에게 소속된 중대부(中大夫) 및 하대부(下大夫)는 4명(命)의 등급으로, 거기에 1명(命)이 더해지게 되어, 자작[子]이나 남작[男]이 된다면, 취면(毳冕)을 착용하여 5개의 류(旒)를 하게 된다. "사는 3류(旒)로 한다."고 했는데, 천자에게 소속된 상사(上士)는 현면(玄冕)을 착용하여 3개의 류(旒)를 하게 된다.

集解 孔疏以此爲夏・殷制, 謂"周家冕旒隨命數, 士但爵弁無旒", 非也. 冕旒隨命數, 五等諸侯則然, 爵弁無旒, 諸侯之士則然, 而非可以論天子之卿・大夫・士也. 王制, "三公一命袞." 三公八命, 加一命而服袞冕九旒, 則三公之不加命者宜服鷩冕矣. 以此差之, 則孤卿六命, 宜服毳冕, 加一命爲侯伯, 則服鷩冕七旒也. 大夫四命, 宜服希冕, 加一命爲子男, 則服毳冕五旒也. 大夫希冕, 則上士玄冕宜矣. 若天子三等之士但服爵弁, 則自希冕以下頓降二等, 非禮之差次也. 希冕三旒, 則玄冕宜一旒, 而曰"士三"者, 蓋冕必有旒, 而一旒不可以爲飾, 故進而與希冕同, 禮窮則同也. 司服冕之服有六, 而弁師僅言"五冕", 蓋以冕配服則爲六, 而冕則止有五, 則希冕服・玄冕服同冕, 可知矣.

번역 공영달의 소에서는 이곳 문장의 내용이 하(夏)나라와 은(殷)나라 때의 제도에 해당한다고 여기고, "주(周)나라 때의 면(冕)과 류(旒)에 대한 규정은 작위의 명(命) 등급에 따르게 되어 있으며, 사는 단지 작변(爵弁)만 쓰게 되고, 류(旒)는 없다."라고 했는데, 이 말은 잘못된 주장이다. 면(冕)과 류(旒)에 대한 규정이 작위의 명(命) 등급에 따른다고 하였는데, 이 말은 다섯 등급으로 나뉘지는 제후들의 경우에는 적용이 되지만, 작변(爵弁)만 쓰게 되고 류(旒)는 없다는 것은 제후에게 소속된 사에게만 적용된다. 따라서 이 내용을 가지고 천자에게 소속된 경(卿)・대부(大夫)・사(士)에 대해서는 논의할 수가 없다. 『예기』「왕제(王制)」편에서는 "삼공(三公)의 경우 1명(命)이 더해지면, 곤면을 착용한다."[63]라고 했다. 삼공(三公)은 8명(命)의 등급에 해당하는데, 1명(命)이 더해져서, 곤면(袞冕)을 착용하여, 9개의 류(旒)를 단다고 한다면, 삼공 중 1명(命)이 더해지지 않은 자들은 마땅히 별면(鷩冕)을 착용하게 된다. 이것을 기준으로 차등적으로 따져본다면, 천자에게 소속된 고(孤)와 경(卿)은 6명(命)의 등급에 해당하므로, 마땅히 취면(毳冕)을 착용해야 하는데, 만약 1명(命)이 더해져서, 후작[侯]이나 백작[伯]이 된다면, 별면(鷩冕)을 착용하게 되어, 7개의 류(旒)를 달게 된다. 천자에게 소속된 대부(大夫)는 4명(命)의 등급에 해당하므로, 마땅히 희면(希

---

63) 『예기』「왕제(王制)」【149d】: 制三公, 一命卷. 若有加, 則賜也. 不過九命.

冕)을 착용해야 하는데, 만약 1명(命)이 더해져서, 자작[子]이나 남작[男]이 된다면, 취면(毳冕)을 착용하게 되어, 5개의 류(旒)를 달게 된다. 그리고 대부가 희면(希冕)을 착용한다면, 천자에게 소속된 상사(上士)는 현면(玄冕)을 착용하는 것이 마땅하다. 만약 천자에게 소속된 세 부류의 상사(上士)·중사(中士)·하사(下士)가 단지 작변(爵弁)만을 착용했다고 한다면, 희면(希冕)으로부터 그 이하의 복장은 2등급을 낮추는 예(禮)의 규정을 어긴 것이므로, 예(禮)에 따른 등차적 차감에는 해당하지 않는다. 그리고 희면(希冕)에 3개의 류(旒)를 단다면, 현면(玄冕)에는 마땅히 1개의 류(旒)를 달아야 한다. 그런데 경문에서는 "사(士)는 3개의 류(旒)를 단다."고 하였다. 그 이유는 아마도 면(冕)에는 반드시 류(旒)가 있게 되는데, 1개의 류(旒)만으로는 치장을 할 수가 없게 된다. 그렇기 때문에 그보다 높여서 상위의 복장인 희면(希冕)의 류(旒)와 동일하게 3개를 달게 되는 것이며, 예(禮)의 규정에 따라 달 수 있는 류(旒)의 수에 한계가 와서 동일하게 3개를 단 것이다. 『주례』「사복(司服)」편에서는 면(冕)을 쓰게 되는 복장으로 6종류를 기록하고 있는데,64) 『주례』「변사(弁師)」편에서는 '다섯 가지 면[五冕]'이라고만 언급하고 있다.65) 이러한 차이가 발생한 이유는 아마도 면(冕)을 의복에 배치시키게 되면, 여섯 종류가 되지만, 면(冕)에는 단지 다섯 종류만 있는 것이니, 희면복(希冕服)과 현면복(玄冕服)에 착용하는 면(冕)은 동일한 것임을 알 수 있다.

참고 『예기』「상복소기(喪服小記)」 기록

경문-420c 與諸侯爲兄弟者, 服斬.

---

64) 『주례』「춘관(春官)·사복(司服)」: 王之吉服, 祀昊天·上帝, 則服大裘而冕, 祀五帝亦如之. 享先王則袞冕, 享先公·饗·射則鷩冕, 祀四望·山川則毳冕, 祭社稷·五祀則希冕, 祭群小祀則玄冕.
65) 『주례』「하관(夏官)·변사(弁師)」: 弁師, 掌王之五冕, 皆玄冕, 朱裏, 延, 紐.

번역 다른 나라에 거주하고 있지만, 본국의 제후와 형제인 자는 제후의 상이 발생하면, 본국으로 되돌아와서 참최복(斬衰服)을 착용한다.

鄭注 謂卿大夫以下也, 與尊者爲親, 不敢以輕服服之. 言諸侯者, 明雖在異國, 猶來爲三年也.

번역 경과 대부로부터 그 이하의 형제들을 뜻하니, 존귀한 자와 친족 관계가 있다고 하더라도, 감히 수위가 낮은 상복으로 그에 대한 복상을 할 수 없다는 뜻이다. '제후(諸侯)'라고 말한 것은 비록 다른 나라에 거주하는 자라도 본국으로 와서 삼년상을 치러야 함을 나타낸다.

孔疏 ●"與諸"至"服斬". ○正義曰: 熊氏以爲謂諸侯死, 凡與諸侯有五屬之親者, 皆服斬也. 以諸侯體尊, 不可以本親輕服服之也.

번역 ●經文: "與諸"~"服斬". ○웅안생은 제후가 죽었을 때, 제후와 다섯 부류의 친족 관계에 포함되는 자들은 모두 참최복을 입는 뜻으로 여겼다. 제후는 존귀하므로, 본래의 친족 관계에 따른 가벼운 상복으로 그에게 복상할 수 없다.

孔疏 ◎注"謂卿"至"年也". ○正義曰: "謂卿大夫以下也"者, 經云"與諸侯爲兄弟服斬", 恐彼此俱作諸侯爲之服斬, 故云"謂卿大夫以下". 若俱爲諸侯, 則各依本服. 然卿大夫與君自應服斬, 而云"兄弟"者, 或服本親之服, 故明之云"服斬"也, 以與尊者爲親, 不敢以輕服服之. 云"言諸侯者, 明雖在異國猶來爲三年也"者, 鄭以經不云"與君爲兄弟", 而言"與諸侯爲兄弟", 故知客在異國也. 然既在異國, 仕於他君, 得反爲舊君服斬者, 以其曾在本國作卿大夫, 今來他國未仕, 故得爲舊君反服斬. 鄭言"謂卿大夫"者, 據本國經爲卿大夫者也, 或可與諸侯爲兄弟, 雖在他國仕爲卿大夫, 得爲舊君服斬, 異於尋常. 按下雜記云: "外宗爲君夫人, 如內宗." 注云: "謂嫁於國中者." 此云"異國", 二注不同者, 雜記據婦人, 故云"嫁於國中"; 此據男子, 故得云"異國". 是以鄭注云

"謂卿大夫以下", 惟謂男子. 賀循云: "以鄭二注不同, 故著要記以爲男子及婦人皆謂在國內者." 譙周亦以爲然, 並非鄭義, 今所不取也.

번역 ◎鄭注: "謂卿"~"年也". ○정현이 "경과 대부로부터 그 이하의 형제들을 뜻한다."라고 했는데, 경문에서는 "제후와 형제인 자는 참최복을 착용한다."라고 했다. 이 기록은 상호 모두 제후의 신분일 때, 서로를 위해서 참최복을 착용한다는 내용으로 오해할 수도 있기 때문에, "경과 대부로부터 그 이하의 형제들을 뜻한다."라고 말한 것이다. 만약 둘 모두 제후의 신분이라면, 각각 본래 정해진 복장에 따른다. 그러나 경과 대부는 제후에 대해서 마땅히 참최복을 착용해야 한다. 그런데 '형제(兄弟)'라고 말했다면, 간혹 본래의 친족 관계에 따른 상복을 착용할 수도 있기 때문에, 특별히 명시하여, "참최복을 착용한다."라고 말한 것이니, 존귀한 자와 친족 관계에 있지만, 감히 수위가 낮은 상복으로 복상할 수 없기 때문이다. 정현이 "'제후(諸侯)'라고 말한 것은 비록 다른 나라에 거주하는 자라도 본국으로 와서 삼년상을 치러야 함을 나타낸다."라고 했는데, 정현은 경문에서 "군주와 형제가 된다."라고 말하지 않고, "제후와 형제가 된다."라고 말했기 때문에, 빈객의 신분으로 다른 나라에 거주하는 경우임을 알았던 것이다. 그리고 이미 다른 나라에 거주하고 있고, 그 나라의 군주에게서 벼슬살이를 하고 있는 경우에도, 본국으로 되돌아와서 옛 군주를 위해 참최복을 착용할 수 있다. 그런데 이곳에서 말한 자는 일찍이 본국에서 경과 대부의 신분을 맡았는데, 현재 다른 나라에 가서 아직 벼슬살이를 하지 않았기 때문에, 옛 군주를 위해서 되돌아가 참최복을 착용할 수 있는 것이다. 정현이 "경과 대부를 뜻한다."라고 했는데, 이것은 본국에서 일찍이 경과 대부를 맡았다는 사실에 기준을 둔 것이며, 혹은 제후와 형제가 되는데, 비록 다른 나라에서 벼슬을 하여 경과 대부가 되었지만, 옛 군주를 위해서 참최복을 착용할 수 있으니, 일상적인 예법과는 다르게 하기 때문이다. 『예기』「잡기하(雜記下)」편을 살펴보면, "외종은 군과 부인을 위해서 내종처럼 대한다."[66]라고

---

66) 『예기』「잡기하(雜記下)」【521b】: 外宗爲君夫人, 猶內宗也.

했고, 정현의 주에서는 "나라 안에서 시집을 간 여자들을 뜻한다."라고 했다. 이곳에서는 '다른 나라'라고 하여, 두 주석이 다른데, 그 이유는 「잡기」편에서는 부인에 기준을 두었기 때문에 "나라 안에서 시집을 간 여자를 뜻한다."라고 말한 것이고, 이곳에서는 남자에 기준을 두었기 때문에 '다른 나라'라고 말할 수 있는 것이다. 이러한 까닭으로 정현의 주에서 "경과 대부로부터 그 이하의 형제들을 뜻한다."라고 말한 것은 오직 남자에 대한 경우만을 뜻한다. 하순은 "정현의 두 주석이 다르기 때문에, 『요기』에서는 남자 및 부인은 모두 국내에 머문 자를 뜻한다고 하였다."라고 했다. 초주 또한 이처럼 여겼는데, 둘 모두 정현의 주장을 잘못 이해한 것이므로, 이곳에서는 그 주장을 채택하지 않는다.

集說 卿大夫於君自應服斬, 若不爲卿大夫而有五屬之親者, 亦皆服斬衰. 此記者恐疑服本親兄弟之服, 故特明之, 蓋謂國君之兄弟先爲本國卿大夫, 今居他國未仕, 而本國君卒, 以有兄弟之親, 又是舊君, 必當反而服斬也. 不言與君爲兄弟, 而言與諸侯爲兄弟, 明在異國也.

번역 경과 대부는 자신의 군주에 대해서 제 스스로 마땅히 참최복을 착용해야 하는데, 만약 경과 대부의 신분이 아니지만, 다섯 부류의 친족에 포함되는 자라면, 또한 모두들 참최복을 착용해야 한다. 이것은 『예기』를 기록한 자가 본래 친족 관계인 형제에 대한 상복에 따라서 복장을 착용해야 한다고 오해할 것을 염려했기 때문에, 특별히 명시한 것이니, 제후의 형제들은 이전에 본국의 경과 대부의 신분이었지만, 현재는 다른 나라에 거주하며 아직 벼슬살이를 하지 않았는데, 본국의 제후가 죽게 되면, 그에게는 형제의 관계가 있게 되고, 또 그는 옛 군주에 해당하니, 반드시 본국으로 되돌아와서 참최복을 착용해야 한다. "군주에 대해서 형제가 된다."라고 말하지 않고, "제후에 대해서 형제가 된다."라고 말한 것은 다른 나라에 거주하고 있다는 사실을 밝히기 위해서이다.

集解 愚謂: 兄弟, 謂族親也. 喪服傳曰: "小功以下爲兄弟." 喪服經·傳凡所言"兄弟"者皆然. 此篇言"奔兄弟之喪", "與諸侯爲兄弟者服斬", 皆言"兄弟", 而不言"昆弟"者, 以疏該親也. 卿大夫爲君服斬不疑, 此言"與諸侯爲兄弟者服斬", 蓋謂出在他國者也. 諸侯之兄弟在他國, 若仕爲他國大夫士, 則自當爲其君服斬三年, 而得爲諸侯服斬者, 蓋各以其本服之月數服之, 而其始服則皆以斬衰, 猶如爲宗子皆服齊衰之義也. 蓋與尊者爲親, 不敢以輕服服之, 而非臣爲君斬衰三年之服也. 然則斬衰之服, 亦有不至三年者與? 曰: 曾子問"娶女有吉日而女死", "壻齊衰而弔, 旣葬而除之, 夫死亦如之", 鄭氏謂"女服斬衰." 斬衰可以旣葬而除, 則亦何不可以期與九月·五月而除乎?

번역 내가 생각하기에, '형제(兄弟)'는 친족을 뜻한다. 『의례』「상복(喪服)」편의 전문(傳文)에서는 "소공복으로부터 그 이하의 관계에 있는 자는 형제이다."67)라고 했다. 「상복」편의 경문과 전문에서 모두 '형제(兄弟)'라고 한 말은 모두 이러한 관계의 자들을 뜻한다. 이곳 편에서 "형제의 상에 분상한다."라고 했고, "제후와 형제가 된 자는 참최복을 착용한다."라고 하여, 모두 '형제(兄弟)'라고 했고, '곤제(昆弟)'라고 하지 않았는데, 이것은 관계가 소원한 자를 제시하여 가까운 자까지도 포괄했기 때문이다. 경과 대부가 군주를 위해서 참최복을 착용해야 한다는 사실에는 의심할 것이 없으니, 이곳에서 "제후와 형제인 자들은 참최복을 착용한다."라고 한 말은 아마도 다른 나라에 머물러 있는 자들을 뜻하는 것 같다. 제후의 형제 중 다른 나라에 머문 자의 경우, 만약 그곳에서 벼슬을 하여 다른 나라의 대부나 사가 되었다면, 마땅히 자신의 군주를 위해서 참최복을 입고 삼년상을 치러야 하는데, 제후를 위해서 참최복을 착용할 수 있다는 것은 아마도 각각 본래의 상복 규정에 따른 개월 수만큼 복상을 하는 것이며, 처음 상복을 착용하는 경우에는 모두 참최복을 착용하니, 마치 종자를 위해서 모두 자최복을 착용하는 뜻과 동일할 것이다. 존귀한 자와 친족이 되면, 감히 수위가 낮은 상복으로써 그에 대한 복상을 할 수 없어서, 신하가 아니지만 군주

---

67) 『의례』「상복(喪服)」: 傳曰, 小功以下爲兄弟.

를 위해서 참최복을 입고 삼년상을 치르는 것이다. 그러나 참최복의 경우 또한 삼년까지 입지 않는 경우도 있는가? 대답해보자면, 『예기』「증자문(曾子問)」편에서는 "여자에게 장가들 때에, 혼인하는 길일(吉日)까지 정해두었는데, 여자가 죽었다."라고 했고, "사위될 사람은 자최복(齊衰服)을 입고, 여자 집으로 찾아가서 조문을 하며, 장례를 끝내게 된다면, 상복을 벗는 것이니, 만약 남편 될 자가 죽은 경우라도, 또한 이와 같이 한다."[68)]라고 했고, 정현은 "여자는 참최복을 착용한다."라고 했다. 참최복을 착용했는데, 장례를 끝내고 제거할 수 있다면, 또한 어찌 1년이나 9개월 또는 5개월만 착용하고 제거하는 경우가 없었겠는가?

참고 『예기』「잡기하(雜記下)」 기록

경문-521b 外宗爲君夫人, 猶內宗也.

번역 외종(外宗)이 제후와 그의 부인을 위해 상복을 착용하는 것은 내종(內宗)의 경우와 같다.

鄭注 皆謂嫁於國中者也. 爲君服斬, 夫人齊衰, 不敢以其親服服至尊也. 外宗, 謂姑·姊妹之女, 舅之女及從母皆是也. 內宗, 五屬之女也. 其無服而嫁於諸臣者, 從爲夫之君, 嫁於庶人, 從爲國君.

번역 이들은 모두 같은 나라 안에서 시집을 간 자들을 뜻한다. 군주를 위해서는 참최복(斬衰服)을 착용하고, 부인을 위해서는 자최복(齊衰服)을 착용하니, 감히 친족에 따른 복장으로 지극히 존귀한 자에 대해서 복상할 수 없기 때문이다. '외종(外宗)'은 고모 및 자매의 딸자식과 외숙의 딸자식 및 종모(從母)가 모두 여기에 해당한다. '내종(內宗)'은 오속(五屬)에 속한

---

68) 『예기』「증자문(曾子問)」【233a~b】: 曾子問曰: 取女, 有吉日, 而女死, 如之何. 孔子曰: 壻齊衰而弔, 旣葬而除之, 夫死, 亦如之.

친족들의 딸자식이다. 그들 중 상복관계가 없고 뭇 신하들에게 시집을 간 여자들은 남편을 따라서 남편의 군주에 대한 상복을 착용하고, 서인에게 시집을 간 경우에는 남편을 따라서 그 나라의 군주에 대한 상복을 착용한다.

孔疏 ●"外宗"至"宗也". ○正義曰: 外宗者, 謂君之姑·姊妹之女及舅之女及從母皆是也. 內宗, 謂君五屬內之女. 君內宗爲君悉服斬衰, 爲夫人齊衰, 則君之外宗之女, 爲君及夫人與內宗同, 故云"猶內宗也". 亦卽是與諸侯爲兄弟者服斬之例也.

번역 ●經文: "外宗"~"宗也". ○'외종(外宗)'은 군주의 고모·자매의 딸자식 및 외숙의 딸자식과 종모(從母)가 모두 여기에 해당한다. '내종(內宗)'은 군주의 오속(五屬)에 포함된 친족의 딸자식이다. 군주의 내종은 군주를 위해서 모두 참최복(斬衰服)을 착용하고, 그의 부인을 위해서는 자최복(齊衰服)을 착용하니, 군주의 외종인 여자들도 군주 및 그의 부인을 위해서 상복을 착용할 때 내종과 동일하게 따른다. 그렇기 때문에 "내종과 같다."라고 말한 것이다. 그리고 이 내용은 또한 제후와 형제가 되는 자들이 참최복을 착용하는 용례에 해당한다.

孔疏 ◎注"皆謂"至"國君". ○正義曰: 知"皆謂嫁於國中"者, 以經云"爲君夫人", 則君夫人者, 是國人所稱號, 故知嫁於國中. 國外當云諸侯. 云"爲君服斬, 夫人齊衰, 不敢以其親服服至尊也"者, 按禮: 族人不敢以其戚戚君, 則異族者亦不可以戚戚君, 故不得以其親服服至尊也. 云"外宗, 謂姑·姊妹之女舅之女及從母皆是也"者, 古者大夫不外取, 故君之姑·姊妹嫁於國內大夫爲妻, 是其正也. 舅之女及從母皆是者, 謂君之舅女及君之從母在國中者, 非正也. 所以非正者, 以諸侯不內取, 故舅女及從母不得在國中. 諸侯雖曰外取, 舅及從母元在他國, 而舅之女及從母不得來嫁與己國卿大夫爲妻, 以卿大夫不外取. 知"內宗, 五屬之女"者, 以其稱內, 故內五屬之女也. 凡外宗內宗, 皆據有爵者, 云"其無服而嫁於諸臣者, 從爲夫之君"者, 總謂外宗內宗之女皆然也.

云"嫁於庶人, 從爲國君"者, 亦內外宗之女並言之, 則服齊衰三月. 此等內宗外宗, 熊氏云"雖嫁在他國, 皆爲本國諸侯服斬也, 今依用之". 若賀循·譙周之等云在己國則得爲君服斬, 夫人齊衰; 若在他國則不得也. 今並存焉, 任賢者擇之. 此外宗與喪服外宗爲君別也, 故鄭注彼云"外宗是君之外親之婦", 此外宗唯據君之宗. 崔氏云兼據夫人外宗, 其義非也. 又周禮外宗·內宗, 謂外內之女. 而崔氏云"鄭注特牲云女者, 女有出適, 嫌有降理, 故擧女, 不言男", 其義亦非也.

번역 ◎鄭注: "皆謂"~"國君". ○정현이 "모두 같은 나라 안에서 시집을 간 자들을 뜻한다."라고 했는데, 이 말이 사실임을 알 수 있는 이유는 경문에서 "군(君)과 부인(夫人)을 위해서 착용한다."라고 했고, '군(君)'과 '부인(夫人)'이라는 말은 같은 나라 사람들이 지칭하는 호칭이다. 그렇기 때문에 그녀들이 같은 나라 안에서 시집을 간 자들임을 알 수 있다. 다른 나라로 시집을 갔다면 마땅히 '제후(諸侯)'라고 불러야 한다. 정현이 "군주를 위해서는 참최복(斬衰服)을 착용하고, 부인을 위해서는 자최복(齊衰服)을 착용하니, 감히 친족에 따른 복장으로 지극히 존귀한 자에 대해서 복상할 수 없기 때문이다."라고 했는데, 예법을 살펴보면, 족인들은 감히 자신의 친족관계에 따라서 군주에 대해 너무 친근하게 대할 수 없으니,[69] 다른 족인들 또한 감히 친족관계에 따라서 군주에 대해 친근하게 대할 수 없다. 그렇기 때문에 자신의 친족관계에 따른 상복으로 지극히 존귀한 자에게 복상할 수 없다. 정현이 "'외종(外宗)'은 고모 및 자매의 딸자식과 외숙의 딸자식 및 종모(從母)가 모두 여기에 해당한다."라고 했는데, 고대의 대부들은 다른 나라에서 아내를 맞이하지 않았다. 그렇기 때문에 군주의 고모 및 자매들은 같은 나라에 살고 있는 대부에게 시집을 가서 그들의 아내가 되니, 이것은 정식 규범에 해당한다. 외숙의 딸과 종모의 경우도 모두 이러한 경우에 해당한다고 했는데, 군주의 외숙 딸과 군주의 종모가 같은 나라에 있는 것은 정식 규범이 아니다. 정식 규범이 되지 않는 이유는 제후는 같은

---

69) 『예기』「대전(大傳)」【428c】: 君有合族之道, 族人不得以其戚戚君, 位也.

나라에서 아내를 맞이하지 않기 때문에, 외숙의 딸과 종모는 같은 나라에 있을 수 없다. 제후가 비록 다른 나라에서 아내를 맞이하여, 외숙 및 종모가 본래는 다른 나라에 있어야 하고, 외숙의 딸과 종모 또한 자신의 나라로 시집을 와서 자기 나라의 경 및 대부의 아내가 될 수 없으니, 경과 대부는 다른 나라에서 아내를 맞이할 수 없기 때문이다. 정현이 "'내종(內宗)'은 오속(五屬)에 속한 친족들의 딸자식이다."라고 했는데, '내(內)'라고 했기 때문에, 이들은 국내에 있는 오속의 딸자식들이다. 무릇 '외종(外宗)'과 '내종(內宗)'이라는 말은 모두 작위를 가진 자를 기준으로 한 말인데, 정현이 "상복관계가 없고 뭇 신하들에게 시집을 간 여자들은 남편을 따라서 남편의 군주에 대한 상복을 착용한다."라고 말한 것은 내종과 외종의 딸자식들이 모두 이와 같다는 뜻을 총괄적으로 말한 것이다. 정현이 "서인에게 시집을 간 경우에는 남편을 따라서 그 나라의 군주에 대한 상복을 착용한다."라고 했는데, 이 또한 내종과 외종의 딸자식을 모두 포함해서 한 말이니, 자최복(齊衰服)을 착용하고 3개월 동안 복상한다. 이러한 내종과 외종에 대해서 웅안생은 "비록 시집을 가서 다른 나라에 있더라도 모두들 본국의 제후를 위해서는 참최복(斬衰服)을 착용하는데, 현재도 그에 따라 적용을 한다."라고 했다. 하순[70]과 초주[71] 등은 자신과 같은 나라에 있는 여자라면 군주를 위해서 참최복을 착용하고, 부인을 위해서 자최복을 착용할 수 있지만, 다른 나라로 시집을 간 경우라면 착용할 수 없다고 했다. 현재 두 주장을 모두 수록해두니, 현명한 자가 선택하기를 바란다. 그리고 이곳에서 말한 '외종(外宗)'은 『의례』「상복(喪服)」편에서 외종이 군주를 위해서 상복을 착용한다고 말한 경우와는 구별된다. 그렇기 때문에 「상복」편에 대한 정현의 주에서는 "외종은 군주의 외친 아녀자들이다."라고 말한 것이다. 반면 이곳에 나온 '외종(外宗)'은 오직 군주의 종족에만 기준을 둔 것이다.

---

70) 하순(賀循, A.D.260~A.D.319) : 위진시대(魏晉時代) 때의 학자이다. 자(字)는 언선(彦先)이다.
71) 초주(譙周, A.D.201?~A.D.270) : 삼국시대(三國時代) 때의 학자이다. 자(字)는 윤남(允南)이다. 『논어주(論語注)』, 『삼파기(三巴記)』, 『초자법훈(譙子法訓)』, 『고사고(古史考)』, 『오경연부론(五更然否論)』 등의 저술을 남겼다.

최영은은 부인과 외종까지도 모두 포함시켰는데, 그 주장은 잘못되었다. 또 『주례』에 나온 외종과 내종은 내외의 딸자식을 뜻한다. 최영은은 "『의례』「특생궤식례(特牲饋食禮)」편에 대한 정현의 주에서 '딸자식[女]'이라고 했는데, 딸자식 중에는 출가를 한 여자도 있어서, 수위를 낮추는 이치가 있다고 오해할 것을 염려했기 때문에, 여(女)라고 말하고 남(男)이라고 말하지 않았다."라고 했는데, 그 주장 또한 잘못되었다.

集說 按儀禮喪服疏云, "外宗有三: 周禮外宗之女有爵, 通卿大夫之妻, 一也. 雜記註, 謂君之姑・姊妹之女・舅之女・從母皆是, 二也. 若姑之子婦, 從母之子婦, 其夫是君之外親, 爲君服斬, 其婦亦名外宗, 爲君服期, 三也. 內宗有二: 周禮內女之有爵, 謂同姓之女悉是, 一也. 雜記註, 君之五屬之內女, 二也."

번역 『의례』「상복(喪服)」편의 공영달 소를 살펴보면, "외종(外宗)에는 세 종류가 있다. 『주례』에서는 외종의 여자 중 작위를 가지고 있는 자이니, 이들은 경과 대부의 아내들과 함께 첫 번째 부류가 된다. 『예기』「잡기」편에 대한 정현 주에서는 군주의 고모・자매의 딸자식, 외숙의 딸자식, 종모 등이 모두 여기에 해당한다고 했으니, 이것이 두 번째 부류이다. 고모의 아들 부인, 종모의 아들 부인과 같은 경우, 그녀들의 남편은 군주의 외친이 되어 군주를 위해 참최복(斬衰服)을 착용하니, 그들의 부인 또한 외종이라고 부르며, 군주를 위해서 기년복(期年服)을 착용한다. 이것이 세 번째 부류이다. 내종(內宗)에는 두 종류가 있다. 『주례』에서는 내녀(內女) 중 작위를 가진 자라고 했는데, 천자와 동성인 여자들이 모두 여기에 해당하여, 첫 번째 부류가 된다. 「잡기」편의 주에서 군주의 오속(五屬)에 속한 내녀라고 했으니, 두 번째 부류가 된다."라고 했다.

訓纂 江氏永曰: 從母在邦人爲小功報者, 今爲君服斬, 疑太重. 服問疏引熊氏說爲從母之女, 疑此注脫"之女"二字. 若從母嫁於本國大夫, 當從爲夫之君齊衰不杖期, 他國則無服. 疏又言"卿大夫不外取", "舅女及從母不得在國中". 然則此外宗唯有姑·姊妹之女, 不兼舅之女與從母. 又曰: 舅之女·從母之女若嫁於他國, 與此君亦疏遠矣. 豈其夫不服而婦獨服乎? 恐賀·譙不服之說爲是.

번역 강영72)이 말하길, 종모(從母) 중 같은 나라에 살고 있는 자는 소공복(小功服)을 착용하여 서로 상복을 입게 되는 것에 보답을 하는데, 현재 군주를 위해서 참최복(斬衰服)을 착용한다고 하니, 아마도 너무 수위가 높은 상복을 착용하는 것 같다. 『예기』「복문(服問)」편에 대한 소에서는 웅안생의 주장을 인용하여, 종모의 딸이라고 했는데, 아마도 이곳 주석에는 '지녀(之女)'라는 두 글자가 누락된 것 같다. 만약 종모가 본국의 대부에게 시집을 갔다면, 마땅히 남편을 따라서 남편의 군주에 대한 상복을 착용하여, 자최복(齊衰服)을 착용하지만 지팡이를 잡지 않고, 다른 나라로 시집을 간 경우라면, 상복관계가 없게 된다. 공영달의 소에서는 또한 "경과 대부는 다른 나라에서 아내를 맞이하지 않는다."라고 했고, "외숙의 딸자식 및 종모는 같은 나라에 있을 수 없다."라고 했다. 그렇다면 이곳에서 '외종(外宗)'이라고 말한 자들은 오직 고모 및 자매의 딸자식만 뜻하며, 외숙의 딸자식 및 종모를 포함시킬 수 없다. 또 말하길, 외숙의 딸자식과 종모의 딸자식이 만약 다른 나라로 시집을 갔다면, 본국의 군주와도 관계가 더욱 소원하게 된다. 따라서 그녀의 남편도 상복을 착용하지 않는데, 어떻게 부인만 홀로 상복을 착용하겠는가? 아마도 하순 및 초주가 상복을 착용하지 않는다고 한 주장이 옳은 것 같다.

集解 外宗, 宗婦也. 以其自他族來嫁於宗內, 故曰"外宗". 周禮外宗"宗廟之祭, 佐王后薦玉豆, 眡豆·籩", "王后以樂羞齍則贊. 凡王后之獻亦如之". 祭統云"宗婦執盎從", 特牲禮"宗婦執兩籩, 戶外坐", 主婦"致爵于主人", "宗

---

72) 강영(江永, A.D.1681~A.D.1762) : 청(淸)나라 때의 경학자이다. 자(字)는 신수(愼修)이다. 『십삼경주소(十三經注疏)』에 대한 연구를 했으며, 특히 삼례(三禮)에 대해 해박했다.

婦贊豆", 皆與周禮外宗之所職者相合, 則外宗卽宗婦明矣. 內宗, 宗女也. 服問曰諸侯爲天子服斬, "夫人猶外宗之爲君也". 此言"外宗爲君", 猶內宗臣爲君服斬, 其妻從服齊衰. 是諸侯夫人之於天子, 與內・外宗之於君, 皆服齊衰期也. 然諸侯夫人之爲天子, 乃從服也, 從服不累從, 故但爲天子服而不服王后; 內・外宗於君・夫人, 本有服者也, 故不但爲君服, 而幷爲夫人服. 其爲君皆齊衰期, 其爲夫人, 則各依本服之月數而服, 則皆以齊衰也.

번역 '외종(外宗)'은 종가의 아녀자들을 뜻한다. 다른 족인이 와서 자기 종가로 시집을 왔기 때문에, '외종(外宗)'이라고 부른다. 『주례』「외종(外宗)」편에서는 "종묘의 제사에서 왕후(王后)[73]를 도와 옥두(玉豆) 올리는 일을 돕고, 두(豆)와 변(籩)을 살펴본다."[74]라고 했으며, "왕후가 음악의 절도에 따라 서직(黍稷)을 진설하면 돕는다. 무릇 왕후가 술을 바칠 때에도 이처럼 한다."[75]라고 했다. 『예기』「제통(祭統)」편에서는 "종부는 동이를 들고 따른다."[76]라고 했고, 『의례』「특생궤식례(特牲饋食禮)」편에서는 "종부는 한 쌍의 변(籩)을 들고 방문 밖에 앉는다."[77]라고 했으며, 주부는 "주인에게 술잔을 바친다."라고 했고, "종부는 두(豆)를 들고 돕는다."라고 했으니,[78] 이 모두는 『주례』「외종」편에서 기술한 직무기록과 서로 부합하니, 외종은 곧 종가의 아녀자가 됨이 명백하다. '내종(內宗)'은 종가의 여자들이다. 『예

---

73) 왕후(王后)는 천자의 본부인을 뜻한다. 후대에는 황후(皇后)라고 부르기도 하였다. 고대에는 천자(天子)를 왕(王)이라고 불렀기 때문에, 천자의 부인을 '왕후'라고 부른 것이다.
74) 『주례』「춘관(春官)・외종(外宗)」: 外宗掌宗廟之祭祀, 佐王后薦玉豆, 眡豆籩, 及以樂徹, 亦如之.
75) 『주례』「춘관(春官)・외종(外宗)」: 王后以樂羞齍, 則贊. 凡王后之獻亦如之.
76) 『예기』「제통(祭統)」【577a~b】: 是故先期旬有一日, 宮宰宿夫人, 夫人亦散齊七日, 致齊三日. 君致齊於外, 夫人致齊於內, 然後會於大廟. 君純冕立於阼, 夫人副褘立於東房. 君執圭瓚祼尸, 大宗執璋瓚亞祼. 及迎牲, 君執紖, 卿大夫從. 士執芻, 宗婦執盎從, 夫人薦涚水. 君執鸞刀, 羞嚌, 夫人薦豆. 此之謂夫婦親之.
77) 『의례』「특생궤식례(特牲饋食禮)」: 主婦北面拜送. 宗婦執兩籩戶外坐.
78) 『의례』「특생궤식례(特牲饋食禮)」: 主婦洗爵酌, 致爵于主人. 主人拜受爵. 主婦拜送爵. 宗婦贊豆如初.

기』「복문(服問)」편에서는 제후가 천자를 위해서 참최복(斬衰服)을 착용한 다고 말하며, "부인은 외종이 군주를 위해 복상하는 것과 같다."79)라고 했 다. 이곳에서는 "외종이 군주를 위해 복상한다."라고 했는데, 이것은 내종 의 신하들이 군주를 위해 참최복을 착용하고, 그들의 아내가 남편을 따라 자최복(齊衰服)을 착용한다는 뜻이다. 이것은 제후의 부인이 천자에 대해 복상하는 것은 내종과 외종이 제후에 대해 복상하는 것과 함께 모두 자최 복을 착용하고 기년상(期年喪)을 치른다는 뜻이다. 그런데 제후의 부인이 천자를 위해 복상하는 것은 종복(從服)80)이 되는데, 종복의 경우에는 따라 서 착용하는 것이 거듭되지 않는다. 그렇기 때문에 단지 천자를 위해서만 복상하고 왕후를 위해서는 복상하지 않는다. 다만 내종과 외종이 제후 및 그의 부인을 위해 복상하는 경우에는 본래부터 상복관계에 있었던 자들이 다. 그렇기 때문에 단지 제후를 위해서만 복상하는 것이 아니라, 아울러 그의 부인에 대해서도 복상한다. 그녀들은 제후를 위해서 모두 자최복으로 기년상을 치르며, 제후의 부인을 위해서는 각각 본래의 상복 수위와 기간 에 따라 복상을 하니, 모두들 자최복을 착용한다.

集解 愚謂: 鄭氏以內宗爲五屬之女, 及言內宗無服而嫁者之服, 皆是也.

---

79) 『예기』「복문(服問)」【663d】: 君爲天子三年, 夫人如外宗之爲君也. 世子不爲 天子服.
80) 종복(從服)은 고대에 상복(喪服)을 착용했던 여섯 가지 방식 중 하나이다. '종복'은 남을 따라서 상복을 착용한다는 뜻으로, '종복'에도 속종(屬從)·도 종(徒從)·종유복이무복(從有服而無服)·종무복이유복(從無服而有服)·종중 이경(從重而輕)·종경이중(從輕而重)이라는 경우가 있다. '속종'은 친속 관 계에 따라 상복을 착용하는 경우이다. '도종'은 공허하게 남을 따라서 친속 관계가 없는 자에 대해 상복을 착용하는 경우이다. '종유복이무복'은 상복 을 착용해야 하는 자를 따라서 상복을 착용해야 하지만 실제로 상복을 착 용하지 않는 경우이다. '종무복이유복'은 상복을 착용하지 않아야 하는 자 를 따라서 상복을 착용하지 않지만 실제로 상복을 착용하는 경우이다. '종 중이경'은 수위가 높은 상복을 입는 자를 따라서 상복을 착용하지만, 수위 가 낮은 상복을 착용하는 경우이다. '종경이중'은 수위가 낮은 상복을 입는 자를 따라서 상복을 착용하지만, 수위가 높은 상복을 착용하는 경우이다.

至其以外宗爲姑·姊妹之女之屬, 及謂"內·外宗皆爲君服斬", 則非是. 婦人不貳斬, 故女子子適人者爲其父母, 降服齊衰不杖期, 雖諸侯之女子子適人者亦然也, 豈有內·外宗乃爲君服斬乎? 與諸侯爲兄弟者服斬, 特主男子言之耳. 至大夫不外娶, 雖公羊之說, 然士昏禮有饗他邦送者之禮, 則卿大夫亦非不可外娶矣.

번역 내가 생각하기에, 정현은 내종(內宗)을 오속(五屬)의 딸자식이라고 여겼고, 내종 중 상복관계가 없고 시집을 간 자들의 상복도 언급을 했는데, 이 모두는 옳은 말이다. 그러나 외종을 고모 및 자매의 딸자식들로 여기고, "내종과 외종이 모두 제후를 위해서 참최복(斬衰服)을 착용한다."라고 한 말은 잘못된 주장이다. 부인은 참최복의 상을 다른 사람에게 적용하지 않는다. 그렇기 때문에 딸자식 중 시집을 간 여자들은 자신의 친부모를 위해서도 강복(降服)을 하여 자최복(齊衰服)을 착용하고 지팡이를 잡지 않는다. 따라서 비록 제후의 딸자식 중 시집을 간 여자라 하더라도 또한 이처럼 하는데, 어떻게 내종과 외종이 제후를 위해서 참최복을 착용하겠는가? 그리고 제후와 형제가 된 자들이 참최복을 착용한다는 것은 특별히 남자를 위주로 말한 것일 뿐이다. 대부가 다른 나라에서 아내를 맞이하지 않는다는 주장에 있어서, 그것이 비록 공양가의 주장이지만, 『의례』「사혼례(士昏禮)」편에서는 다른 나라에서 아내를 전송한 자들에게 향연을 베풀어주는 의례가 포함되어 있으니, 경과 대부 또한 다른 나라에서 아내를 맞이할 수 없었던 것이 아니다.

참고 『예기』「단궁하(檀弓下)」 기록

경문-118a 穆公問於子思曰: "爲舊君反服, 古與?" 子思曰: "古之君子, 進人以禮, 退人以禮, 故有舊君反服之禮也. 今之君子, 進人若將加諸膝, 退人若將隊諸淵, 毋爲戎首, 不亦善乎! 又何反服之禮之有?"

번역 목공이 자사에게 "옛 군주를 위해서, 되돌아와서 상복을 착용한다는 것은 고대의 예법입니까?"라고 물었다. 그러자 자사는 "고대의 군주는 사람을 등용할 때 예법에 따라서 했으며, 불가피하게 그 사람을 사임시킬 때에도 예법에 따라서 했습니다. 그렇기 때문에 옛 군주를 위해서, 되돌아와 상복을 착용하는 예가 있었던 것입니다. 그런데 오늘날의 군주는 사람을 등용할 때 마치 무릎이라도 맞대는 것처럼 환영을 하지만, 그 사람을 내칠 때에는 마치 사지로 내몰듯이 하고 있습니다. 그러므로 그 자가 도적의 괴수가 되지 않은 것만도 또한 다행이라고 해야 하지 않겠습니까! 그런데 어떻게 되돌아와서 상복을 착용하는 예가 지켜질 수 있겠습니까?"라고 대답했다.

鄭注 仕焉而已者. 穆公, 魯哀公之曾孫. 言放逐之臣, 不服舊君也. 爲兵主來攻伐曰戎首.

번역 옛 군주를 위해서 상복을 입는다는 것은 벼슬살이를 했던 자가 물러났을 경우를 뜻한다. '목공(穆公)'은 노(魯)나라 애공(哀公)의 증손자이다. 쫓겨난 신하는 옛 군주를 위해서 상복을 입지 않는다는 뜻이다. 병사들의 수장이 되어, 다시 찾아와 공격하는 자를 '융수(戎首)'라고 부른다.

孔疏 ◎注"仕焉"至"曾孫". ○正義曰: 按喪服齊衰三月章爲舊君凡有三條, 其一云"爲舊君, 君之母妻", 傳云"仕焉而已者也". 注云: "謂老若有廢疾而致仕者", 兼服其母妻. 其二"大夫在外, 其妻長子爲舊國君", 注云: "在外待放已去者", 傳云"妻言與民同也, 長子言未去也", 注云: "妻雖從夫而出, 古者大夫不外娶, 婦人歸宗往來猶民也, 長子去可以無服", 此則大夫身不爲服, 唯妻與長子爲舊君耳. 其三爲"舊君", 注云"大夫待放未去者", 傳曰"大夫去君, 埽其宗廟, 言其以道去君, 而猶未絶也", 注云"以道去君, 爲三諫不從, 待放於郊. 未絶者, 言爵祿尚有列於朝, 出入有詔於國", 若已絶則不服也. 以此言之, 凡舊君, 若年老致仕, 退歸在國不仕者, 身爲之服齊衰三月, 幷各服其母妻也.

若三諫不從, 待放已去而絶者, 唯妻與長子服之, 己則無服. 若待放未去, 爵位未絶, 身及妻子皆爲之服. 然則去仕他國, 已絶之後, 不服舊君. 而雜記云 "違諸侯, 之大夫, 不反服", 則違諸侯之諸侯反服, 得爲舊君服者, 雜記所云, 謂不便其居, 或辟仇讎, 有故不得在國者. 故孟子: "齊宣王問孟子云: '禮爲舊君有服, 何如斯可爲服矣?' 孟子對曰: '諫行言聽, 膏澤下於民, 有故而去, 則君使人導之出疆, 送至彼國, 明其無罪. 其所往三年不反, 然後收其田里. 此之謂三有禮焉. 如此者得爲舊君反服矣.'" 與雜記同. 鄭注此云 "仕焉而已者", 取喪服第一條, 謂年老致仕在國者. 鄭必以第一條解之者, 以穆公所問爲舊君之反服, 宜問喪服正禮, 故以第一條致仕者解之. 其實亦兼三諫未絶及有故出在他國者, 故下子思云 "古之君子, 進人以禮, 退人以禮", 是也. 云 "穆公, 魯哀公之曾孫"者, 按81) 世本云 "哀公生悼公寧, 寧生元公嘉, 嘉生穆公不衍", 是也.

번역 ◎鄭注: "仕焉"~"曾孫". ○『의례』「상복(喪服)」편의 '자최삼월장(齊衰三月章)'을 살펴보면, 옛 군주를 위해서 상복을 착용하는 경우는 모두 3가지 조목이 있으니, 첫 번째는 "옛 군주를 위한 경우로, 군주의 모친이나 처를 위해서도 이처럼 한다."라고 했고, 전문(傳文)에서는 "벼슬살이를 하다가 그만둔 경우이다."라고 했다.82) 그리고 이 문장에 대한 정현의 주에서는 "늙었거나 질병이 생겨서 관직에서 물러난 자를 뜻한다."라고 했고, 또 이 경우에는 군주의 모친과 처에 대해서도 모두 상복을 착용한다고 했다. 두 번째는 "대부가 외지로 나가 있을 때, 그의 처와 큰 아들이 옛 군주를 위해서 상복을 착용한다."83)라고 했고, 이 문장에 대한 정현의 주에서는 "외지에서 추방의 명령을 기다렸다가 떠나간 자를 뜻한다."라고 했으며, 전문에서는 "처라고 한 것은 처는 백성들과 동일한 규정을 따른다는 뜻이고,

---

81) '안(按)'자에 대하여. '안'자 앞에는 본래 '안자(按者)'라는 두 글자가 기록되어 있었는데, 완원(阮元)의 『교감기(校勘記)』에서는 "혜동(惠棟)의 『교송본(校宋本)』과 『민본(閩本)』·『감본(監本)』·『모본(毛本)』에는 '안자'라는 두 글자가 없는데, 이 기록이 옳다."라고 했다.

82) 『의례』「상복(喪服)」: 爲舊君·君之母·妻. 傳曰, 爲舊君者, 孰謂也? 仕焉而已者也.

83) 『의례』「상복(喪服)」: 大夫在外, 其妻·長子爲舊國君.

큰 아들이라고 한 것은 큰 아들이 아직 그 나라를 떠나지 않았음을 뜻한다."84)라고 했고, 이 문장에 대한 정현의 주에서는 "처가 비록 남편을 따라간다고 하더라도, 고대의 대부들은 외국에서 아내를 맞이하지 않았고, 부인들이 자신의 본가에 안부를 묻게 되어, 왕래할 때에는 백성들과 동일하게 자최복(齊衰服)을 입고 3개월 동안 복상(服喪)한다. 그리고 큰 아들이 그 나라를 떠났다면, 상복을 입지 않을 수가 있다."라고 했다. 이러한 경우에는 대부 본인은 상복을 입지 않는 것이고, 오직 처나 큰 아들만이 옛 군주를 위해서 상복을 착용할 따름이다. 세 번째는 "옛 군주를 위해 상복을 착용한다."라고 했고, 이 문장에 대한 정현의 주에서는 "대부가 추방의 명령을 기다리며, 아직 떠나지 않았을 경우이다."라고 했으며, 전문에서는 "대부가 그 군주를 떠나게 되면 종묘를 청소하니, 이것은 도리에 따라 군주를 떠나는 경우이므로, 아직까지 군주와의 관계가 끊어지지 않은 것이다."라고 했고,85) 이 문장에 대한 정현의 주에서는 "도리에 따라 군주를 떠날 때에는 세 차례 간언을 했는데도 따르지 않는다면, 교외에 머물며 추방의 명령을 기다리게 된다. 아직 관계가 끊어지지 않았다는 말은 그의 작위와 녹봉이 여전히 조정의 반열에 올라있어서, 다른 나라를 출입할 때 그 나라에 이러한 사실을 알리는 경우를 뜻한다."라고 했으니, 만약 이미 관계가 끊어졌다면, 상복을 착용하지 않는 것이다. 이러한 기록을 통해 말해보자면, 무릇 옛 군주를 위해서 상복을 입는 경우, 만약 늙어서 관직에서 물러나게 되었고, 조정에서 물러나서 그 나라에 머물며, 다른 나라에서 벼슬살이를 하지 않는 경우, 본인은 옛 군주를 위해서 자최복을 3개월 동안 착용하게 되고, 아울러 옛 군주의 모친과 처를 위해서도 각각 상복을 착용하게 된다. 만약 세 차례 간언을 했는데, 군주가 따르지 않았다면, 교외에 머물며 추방의 명령을 기다리게 되는데, 명령이 내려져서 이미 떠나가게 되어, 군주와의

---

84) 『의례』「상복(喪服)」: 傳曰, 何以服齊衰三月也? 妻, 言與民同也. 長子, 言未去也.
85) 『의례』「상복(喪服)」: 舊君. 傳曰, 大夫爲舊君何以服齊衰三月也? 大夫去, 君掃其宗廟, 故服齊衰三月也, 言與民同也. 何大夫之謂乎? 言其以道去君, 而猶未絶也.

관계가 끊어진 경우, 오직 그의 처와 큰 아들만이 옛 군주를 위해서 상복을 착용하고, 본인은 상복을 착용하지 않는다. 만약 추방의 명령을 기다리며, 아직 떠나가지 않았고, 그의 작위가 여전히 실추되지 않았다면, 본인 및 처와 아들은 모두 옛 군주를 위해서 상복을 착용한다. 그런데 다른 나라로 떠나서, 그곳에서 벼슬살이를 하여, 이미 옛 군주와의 관계가 끊어진 이후라면, 옛 군주를 위해서 상복을 착용하지 않는다. 하지만 『예기』「잡기(雜記)」편에서는 "본국의 제후를 떠나서 다른 나라의 대부(大夫)에게 간 자는 본국의 제후가 죽었을 때 되돌아가서 상복을 착용하지 않는다."[86)라고 했으니, 본국의 제후를 떠나서, 다른 나라의 제후에게 간 자는 되돌아와서 상복을 착용하므로, 옛 군주를 위해서 상복을 착용할 수 있다는 뜻이 되는데, 「잡기」편에서 말한 내용은 그가 거주하는 곳에 대해서 알리지 않거나, 혹은 원수를 피해서 떠나 있거나, 연유가 있어서 그 나라에 머물러 있지 못하는 경우를 뜻한다. 그렇기 때문에 『맹자』에서는 "제선왕(齊宣王)이 맹자에게 묻기를, '예법에는 옛 군주를 위해서 상복을 착용한다고 했는데, 어떻게 하면 이처럼 옛 군주를 위해서 상복을 입게 할 수 있습니까?'라고 했고, 맹자는 '간언을 듣고 그 말대로 시행하고, 은택이 백성들에게까지 퍼지며, 사정이 있어서 떠나게 되면, 군주는 사람을 시켜서 그를 인도하여 국경을 빠져나가게 해주고, 또 소식을 다른 나라에도 알려서, 그에게 죄가 없음을 증명해줍니다. 그리고 그가 떠나간 지 3년이 지났는데도 되돌아오지 않으면, 그런 뒤에야 그에게 하사했던 전답을 거둬들입니다. 이처럼 하는 것을 세 차례 예우한다고 부릅니다. 이처럼 하게 된다면, 옛 군주를 위해서, 되돌아와서 상복을 입게 할 수 있습니다.'"[87)라고 했는데, 이 내용은 「잡기」편에서 말한 내용과 동일하다. 정현은 이곳 문장에 대한 주에서, "벼슬살이를 했던 자가 물러났을 경우를 뜻한다."라고 했으니, 이것은 「상복」편에

---

86) 『예기』「잡기상(雜記上)」【498d】: 違諸侯之大夫, 不反服. 違大夫, 之諸侯, 不反服.

87) 『맹자』「이루하(離婁下)」: 王曰, "禮, 爲舊君有服, 何如斯可爲服矣?" 曰, "諫行言聽, 膏澤下於民, 有故而去, 則君使人導之出疆, 又先於其所往, 去三年不反, 然後收其田里. 此之謂三有禮焉. 如此, 則爲之服矣."

기록된 첫 번째 조목의 뜻을 따른 것으로, 노년이 되어, 관직에서 물러나서, 그 나라에 머물러 있는 자를 뜻한다. 정현이 기어코 첫 번째 조목에 대한 내용으로 풀이를 한 이유는 목공(穆公)이 물어본 내용은 옛 군주를 위해서, 되돌아와서 상복을 입는 경우이므로, 마땅히 상복과 관련된 정규 예법에 따라 대답을 해주어야 하기 때문에, 첫 번째 조목의 내용처럼, 관직에서 물러난 경우를 예시로 풀이한 것이다. 그러나 실제적으로는 세 차례 간언을 하였는데, 군주가 따르지 않았을 때, 아직 그 관계가 끊어지지 않은 경우 및 사정이 있어서 다른 나라에 머무는 경우까지도 포함하는 내용이다. 그렇기 때문에 그 아래 구문에서 자사는 "고대의 군주는 다른 사람을 등용할 때 예로써 했고, 그 사람을 물러나게 할 때에도 예로써 했다."라고 말한 것이다. 정현이 "'목공(穆公)'은 노(魯)나라 애공(哀公)의 증손자이다."라고 했는데, 『세본』88)을 살펴보면, "애공(哀公)은 도공(悼公)인 영(靈)을 낳았고, 영(靈)은 원공(元公)인 가(嘉)를 낳았으며, 가(嘉)는 목공(穆公)인 불연(不衍)을 낳았다."라고 했다.

孔疏 ◎注"言放逐之臣, 不服舊君也". ○正義曰: 言放逐之臣者, 解經中今之君子進人退人不能以禮也. 如此者不服舊君, 謂三諫不從, 去而已絶, 及不能三諫, 辟罪逃亡. 言"放"者, 則宣元年"晉放其大夫胥甲父于衛", 是也. 言"逐"者, 則春秋諸侯大夫言出奔, 是也.

번역 ◎鄭注: "言放逐之臣, 不服舊君也". ○쫓겨난 신하의 경우를 들어서, 오늘날의 군주가 사람을 등용시키거나 내칠 때 예로써 하지 못한다는

---

88) 『세본(世本)』은 『세(世)』・『세계(世系)』 등으로 일컬어지기도 한다. 선진시대(先秦時代) 때의 사관(史官)이 기록한 문헌이라고 전해지지만, 진위여부를 확인할 수 없다. 『세본』은 고대의 제왕(帝王), 제후(諸侯) 및 경대부(卿大夫)들의 세계도(世系圖)를 기록한 서적이다. 일실되어 현존하지 않지만, 후대 학자들이 다른 문헌 속에 남아 있는 기록들을 수집하여, 일집본(佚輯本)을 남겼다. 이러한 일집본에는 여덟 종류의 주요 판본이 있는데, 각 판본마다 내용상의 차이를 보이고 있다. 1959년에는 상무인서관(商務印書館)에서 이러한 여덟 종류의 판본을 모아서 『세본팔종(世本八種)』을 출판하였다.

경문의 뜻을 풀이한 것이다. 이처럼 한다면, 옛 군주를 위해서 상복을 착용하지 않으니, 세 차례나 간언을 했는데도 군주가 따르지 않아서, 그 나라를 떠나서, 이미 관계가 끊어진 경우와 세 차례 간언조차 할 수 없어서, 죄를 피해 도망친 경우를 뜻한다. '방(放)'이라고 했는데, 이것은 선공(宣公) 1년에 "진(晉)나라가 그의 대부(大夫) 서갑보(胥甲父)를 위(衛)나라로 추방했다."[89]라고 한 경우에 해당한다. '축(逐)'이라고 했는데, 이러한 경우는 『춘추』에서 제후 및 대부에 대해 기록하며, '출분(出奔)'이라고 한 경우에 해당한다.

集解 喪服齊衰三月章, 爲舊君凡三條: 第一條, 仕焉而已者, 爲舊君; 第二條, 大夫去國者, 其妻・長子, 爲舊君; 第三條, 大夫爲舊君. 傳曰, "何大夫之謂乎? 言其以道去君而未絶也." 穆公所問, 蓋謂大夫以道去國而服其舊君者, 乃喪服第三條之義也. 退人以禮, 卽以道去君之謂也. 進人若將加諸膝, 退人若將隊諸淵, 則君不以道遇其臣, 臣亦不以道去其君, 而其去而卽絶也不待言矣. 戎首, 兵戎之首也. 此與孟子告齊宣王之言相似.

번역 『의례』「상복(喪服)」편의 '자최삼월장(齊衰三月章)'에서는 옛 군주를 위해서 상복을 착용하는 경우로, 모두 3가지 조목이 기록되어 있다. 첫 번째 조목은 벼슬살이를 하다가 그만둔 경우에, 옛 군주를 위해서 상복을 착용한다는 것이다. 두 번째 조목은 대부가 그 나라를 떠났을 경우, 그의 처와 큰 아들은 옛 군주를 위해서, 상복을 착용한다는 것이다. 세 번째 조목은 대부 본인이 옛 군주를 위해서 상복을 착용한다는 것이다. 「상복」편의 전문(傳文)에서는 "어떤 대부들을 뜻하는가? 도리에 따라 그 군주를 떠났으나, 아직 관계가 끊어지지 않은 자를 뜻한다."라고 했다. 목공(穆公)이 물어본 내용은 아마도 대부가 도리에 따라서 그 나라를 떠났을 때, 그의 옛 군주를 위해서 상복을 입는 경우를 뜻하는 것 같으니, 곧 「상복」편에서

---

89) 『춘추좌씨전』「선공(宣公) 1년」: 晉人討不用命者, <u>放胥甲父于衛</u>. 而立胥克. 先辛奔齊.

언급한 세 번째 조목의 뜻에 해당한다. "사람을 물러나게 할 때 예로써 한다."는 말은 곧 도리에 따라서 군주를 떠난다는 뜻을 가리킨다. 사람을 등용시킬 때 마치 무릎이라도 맞댈 것처럼 하고, 사람을 내칠 때 마치 깊은 수렁에 빠트리는 것처럼 한다면, 군주는 도리에 따라 신하를 대우한 것이 아니고, 신하 또한 도리에 따라 그 군주를 떠난 것이 아니니, 그가 그 나라를 떠나게 된다면, 곧바로 관계가 끊어지리라는 것은 말할 필요도 없다. '융수(戎首)'는 반란군의 수장이라는 뜻이다. 이 내용은 맹자가 제선왕(齊宣王)에게 일러준 말과 그 내용이 흡사하다.

集解 鄭氏引喪服"仕焉而已者"解此, 非也. 穆公以舊君反服爲問, 而子思之所以答之者如此, 則知當時之服此服者, 蓋已寡矣. 若仕焉而已者爲舊君之服與庶人爲國君同, 庶人爲國君齊衰三月, 未聞有服不服之異, 豈仕焉而已者反得不服乎?

번역 정현은 『의례』「상복(喪服)」편에 기록된 '벼슬살이를 하다가 그만둔 경우'를 인용하여, 이곳 문장의 뜻을 풀이했는데, 이것은 잘못된 주장이다. 목공(穆公)이 옛 군주를 위해서, 되돌아와서 상복을 착용하느냐고 질문을 했고, 자사는 이처럼 대답을 했으니, 당시에 이러한 상복 규정에 따르던 자가 매우 적었기 때문이라는 사실을 알 수 있다. 만약 벼슬살이를 하다 그만둔 자가 옛 군주를 위해서 상복을 착용한다면, 이것은 서인(庶人)들이 그의 군주를 위해서 착용하는 상복 규정과 동일하게 되는데, 서인들은 자신의 군주를 위해서, 자최복(齊衰服)을 3개월 동안 착용한다. 이러한 경우 상복을 착용하는 자도 있고, 상복을 착용하지 않는 자도 있다는 등의 차이점에 대해서는 들어보지 못했다. 그런데 어떻게 벼슬살이를 하다가 그만둔 자가 되돌아와서 상복을 착용하지 않는 일이 발생할 수 있겠는가?

참고 『예기』「잡기상(雜記上)」 기록

경문-498d　違諸侯之大夫不反服, 違大夫之諸侯不反服.

번역　제후의 신하였지만, 그를 떠나서 다른 나라의 대부에게 찾아가 그를 섬기게 된다면, 본국의 제후가 죽었을 때, 본국으로 돌아가 제후에 대한 상복을 착용하지 않는다. 또 대부를 섬겼었지만, 그를 떠나 제후를 섬기는 신하가 되었다면, 이러한 경우에도 이전의 대부가 죽었을 때 그에게 돌아가서 상복을 착용하지 않는다.

鄭注　其君尊卑異也. 違, 猶去也. 去諸侯, 仕諸侯; 去大夫, 仕大夫, 乃得爲舊君服.

번역　섬기는 주군의 신분이 다르기 때문이다. '위(違)'자는 "떠난다[去]."는 뜻이다. 제후를 떠나서 다른 제후를 섬기거나 대부를 떠나서 다른 대부를 섬기는 경우라면, 옛 주군을 위해서 상복을 착용할 수 있다.

孔疏　●"違諸"至"反服". ○正義曰: 違, 去也. 去諸侯, 謂不便其君及辟仇也. 之, 往也. 己若本是諸侯臣, 如去往仕大夫, 此是自尊適卑, 若舊君死, 則此臣不反服也. 言"不反"者, 謂今仕卑, 臣不可反服於前之尊君也.

번역　●經文: "違諸"~"反服". ○'위(違)'자는 "떠난다[去]."는 뜻이다. 제후를 떠난다는 말은 그 제후에 대해서 아첨을 하지 않고 떠난 경우이거나 원수를 피해서 떠난 경우를 뜻한다. '지(之)'자는 "가다[往]."는 뜻이다. 본인이 만약 본래 제후의 신하였는데, 그곳을 떠나 대부에게 찾아가 벼슬을 한다면, 이것은 존귀한 자로부터 미천한 자에게 찾아간 경우이며, 만약 옛 주군이 죽게 된다면, 이러한 신하는 되돌아가서 상복을 착용하지 않는다. "돌아가지 않는다."라고 한 말은 현재 이전의 주군보다 신분이 미천한 자에게 벼슬살이를 하고 있으니, 그 신하는 이전의 존귀한 주군에게 되돌아가서 상복을 착용할 수 없다는 뜻이다.

孔疏 ●"違大夫, 之諸侯, 不反服"者, 此謂本是大夫臣, 今去, 仕諸侯, 此是自卑適尊, 若猶服卑君, 則爲新君之恥也, 故亦不反服舊君也.

번역 ●經文: "違大夫, 之諸侯, 不反服". ○이러한 경우는 본래 대부의 신하였는데, 현재 대부를 떠나 제후에게 벼슬을 한 경우이니, 이것은 미천한 자로부터 존귀한 자에게 간 것인데, 만약 미천한 옛 주군을 위해서 상복을 착용한다면, 새로 모시는 주군에게는 치욕이 된다. 그렇기 때문에 이러한 경우에도 또한 옛 주군을 위해서 되돌아가 상복을 착용하지 않는다.

孔疏 ◎注"其君"至"君服". ○正義曰: 鄭以經尊卑不敵, 不反服, 若所仕敵, 則反服舊君, 服齊衰三月.

번역 ◎鄭注: "其君"~"君服". ○정현은 경문에서 말한 대상이 신분이 대등하지 않아서 되돌아가 상복을 착용하지 않는다고 했기 때문에, 만약 이전에 섬기던 대상과 현재 섬기고 있는 대상의 신분이 대등하다면, 되돌아가서 옛 주군을 위해 상복을 착용한다고 했던 것이니, 자최복(齊衰服)을 착용하고 3개월 동안 복상(服喪)한다.90)

集解 愚謂: 二者之不服, 皆爲尊諸侯也. 一則尊其舊君而不敢自援, 一則尊其新君而不敢自貶.

번역 내가 생각하기에, 두 가지 경우에 상복을 착용하지 않는 것은 모두 제후를 존귀하게 대하기 때문이다. 하나는 옛 제후를 존귀하게 여겨서 감히 스스로 예법을 펼치지 못하는 것이며, 다른 하나는 새로 모시는 제후를 존귀하게 여겨서 감히 스스로 줄이지 못하는 것이다.

---

90) 『의례』「상복(喪服)」: 爲舊君·君之母·妻. 傳曰, 爲舊君者, 孰謂也? 仕焉而已者也. 何以服齊衰三月也? 言與民同也.

제16장 곡(哭) 규정에 나타나는 차등   285

▶ 그림 16-1 ◼ 곤면(袞冕)

※ 출처: 『삼례도집주(三禮圖集注)』 1권

그림 16-2 ■ 별면(鷩冕)

※ 출처:『삼례도집주(三禮圖集注)』1권

제16장 곡(哭) 규정에 나타나는 차등   287

◎ 그림 16-3 ■ 취면(毳冕)

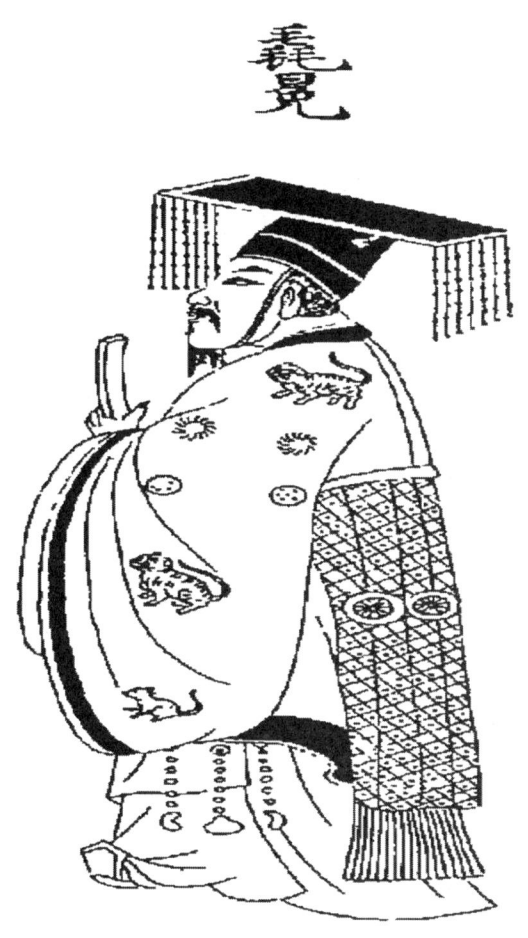

※ 출처: 『삼례도집주(三禮圖集注)』 1권

● 그림 16-4 ■ 치면(絺冕)

※ 출처: 『삼례도집주(三禮圖集注)』 1권

그림 16-5 ■ 현면(玄冕)

※ 출처: 『삼례도집주(三禮圖集注)』 1권

● 그림 16-6　■ 십이장(十二章) 중 상의의 6가지 무늬

※ 출처:『삼재도회(三才圖會)』「의복(衣服)」1권

제16장 곡(哭) 규정에 나타나는 차등   291

그림 16-7 ■ 십이장(十二章) 중 하의의 6가지 무늬

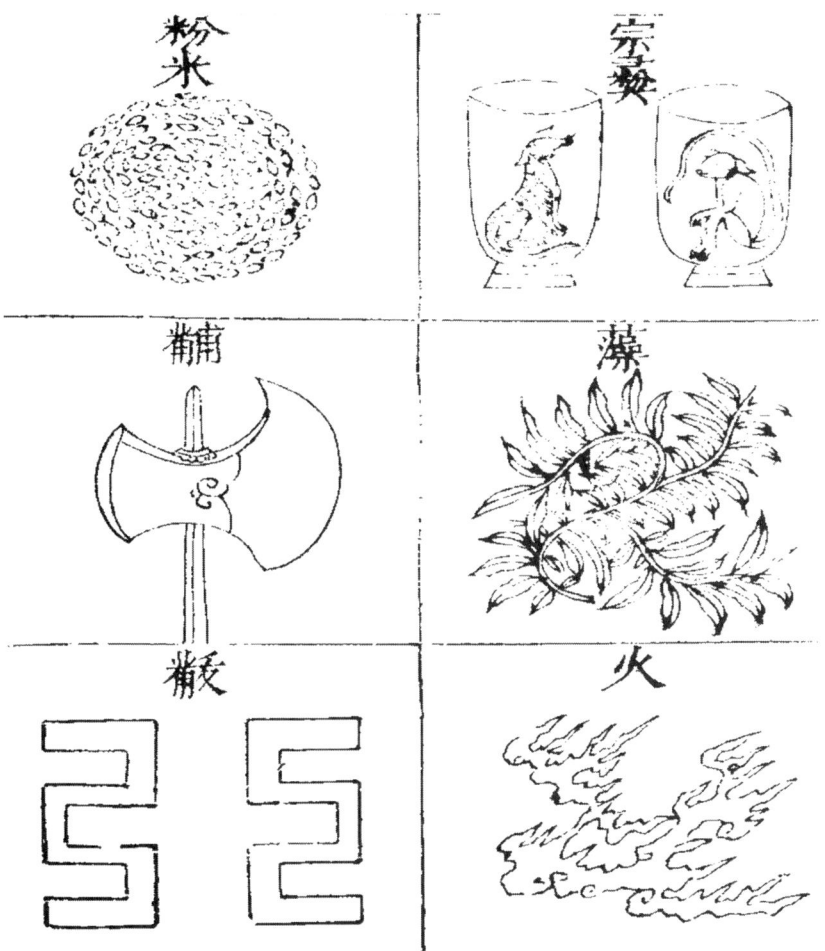

※ 출처: 『삼재도회(三才圖會)』「의복(衣服)」1권

그림 16-8 ■ 면류관[冕]의 각 부분 명칭

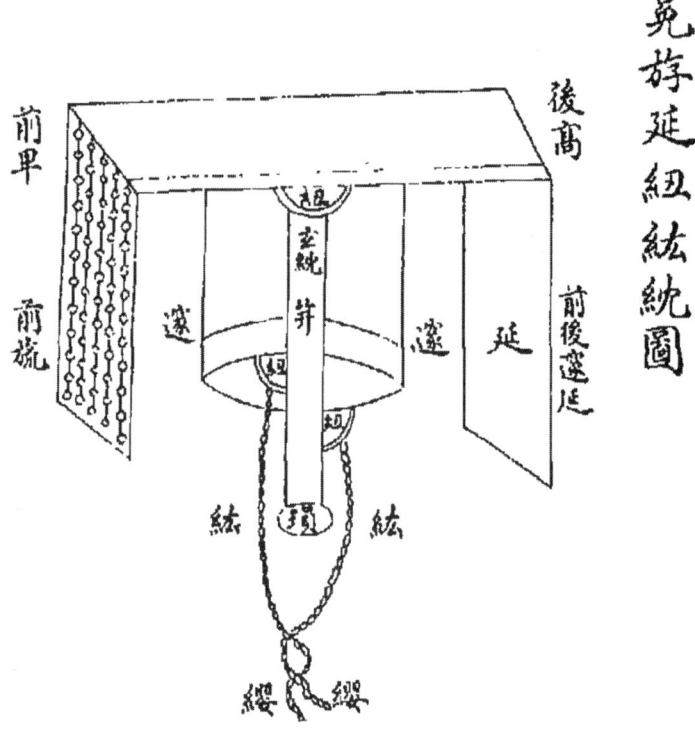

※ 출처: 『주례도설(周禮圖說)』 하권

제16장 곡(哭) 규정에 나타나는 차등   293

 ■ 상공(上公)의 곤면(袞冕)

※ 출처: 『삼례도집주(三禮圖集注)』 1권

● 그림 16-10 ■ 후작[侯]과 백작[伯]의 별면(鷩冕)

※ 출처: 『삼례도집주(三禮圖集注)』 1권

제16장 곡(哭) 규정에 나타나는 차등 295

그림 16-11 ■ 자작[子]과 남작[男]의 취면(毳冕)

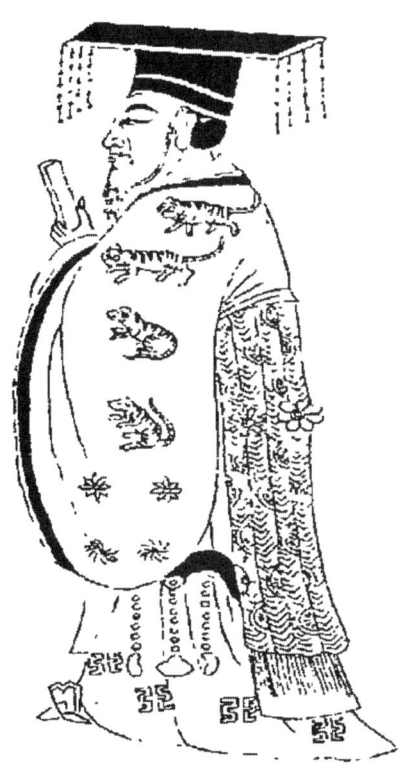

※ 출처: 『삼례도집주(三禮圖集注)』 1권

그림 16-12 ■ 고(孤)의 치면(絺冕)

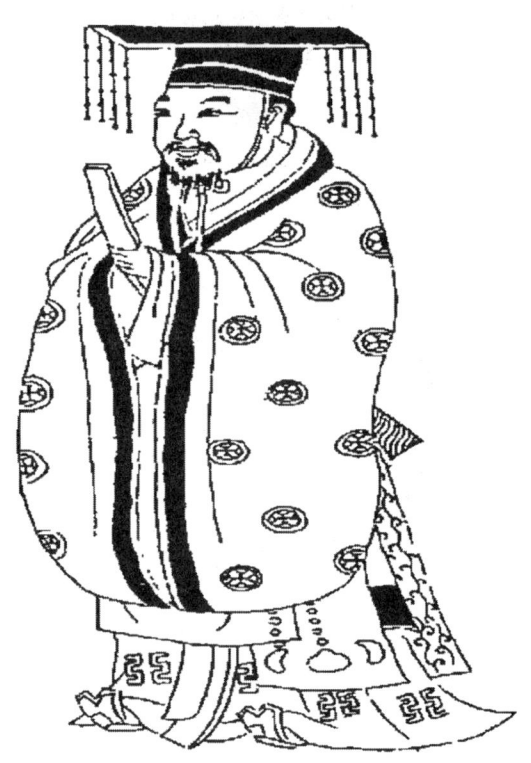

※ 출처: 『삼재도회(三才圖會)』「의복(衣服)」1권

그림 16-13 ■ 경(卿)과 대부(大夫)의 현면(玄冕)

※ 출처: 『삼례도집주(三禮圖集注)』 1권

그림 16-14 ■ 사(士)의 작변(爵弁)

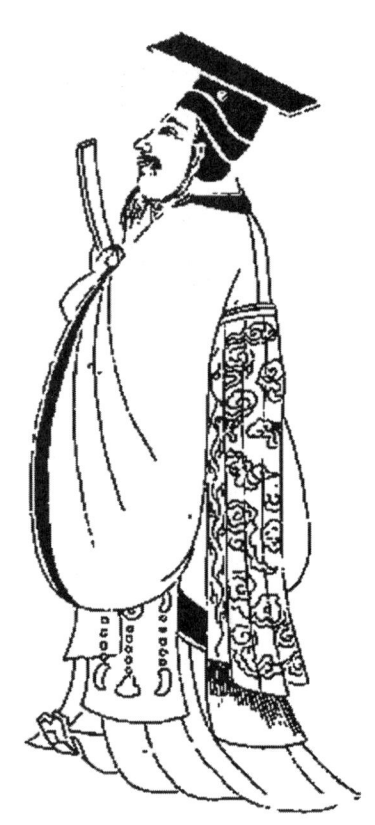

※ 출처: 『삼례도집주(三禮圖集注)』 1권

그림 16-15 ■ 신하들의 명(命) 등급

	천자(天子) 신하	대국(大國) 신하	차국(次國) 신하	소국(小國) 신하
9명(九命)	상공(上公=二伯) 하(夏)의 후손 은(殷)의 후손			
8명(八命)	삼공(三公) 주목(州牧)			
7명(七命)	후작[侯] 백작[伯]			
6명(六命)	경(卿)			
5명(五命)	자작[子] 남작[男]			
4명(四命)	부용군(附庸君) 대부(大夫)	고(孤)		
3명(三命)	원사(元士=上士)	경(卿)	경(卿)	
2명(再命)	중사(中士)	대부(大夫)	대부(大夫)	경(卿)
1명(一命)	하사(下士)	사(士)	사(士)	대부(大夫)
0명(不命)				사(士)

◎ 『예기』와 『주례』의 기록에는 다소 차이가 있다.
※ **참조**: 『주례』「춘관(春官)·전명(典命)」 및 『예기』「왕제(王制)」

300 譯註 禮記集說大全 奔喪 附『正義』·『訓纂』·『集解』

그림 16-16 ■ 정(鼎)

※ 출처: 『삼재도회(三才圖會)』「기용(器用)」 1권

그림 16-17 ■ 조(俎)

※ 출처: 『삼례도집주(三禮圖集注)』 13권

● 그림 16-18　■ 변(籩)

※ 출처: 상좌-『삼례도집주(三禮圖集注)』 13권 ; 상우-『삼례도(三禮圖)』 4권
　　　　하좌-『육경도(六經圖)』 6권 ; 하우-『삼재도회(三才圖會)』「기용(器用)」
　　　　2권

제16장 곡(哭) 규정에 나타나는 차등 **303**

그림 16-19 ■ 두(豆)

※ 출처: 상좌-『육경도(六經圖)』6권; 상우-『삼례도(三禮圖)』4권
하좌-『삼례도집주(三禮圖集注)』13권; 하우-『삼재도회(三才圖會)』「기용(器用)」1권

그림 16-20 ■ 보(簠)

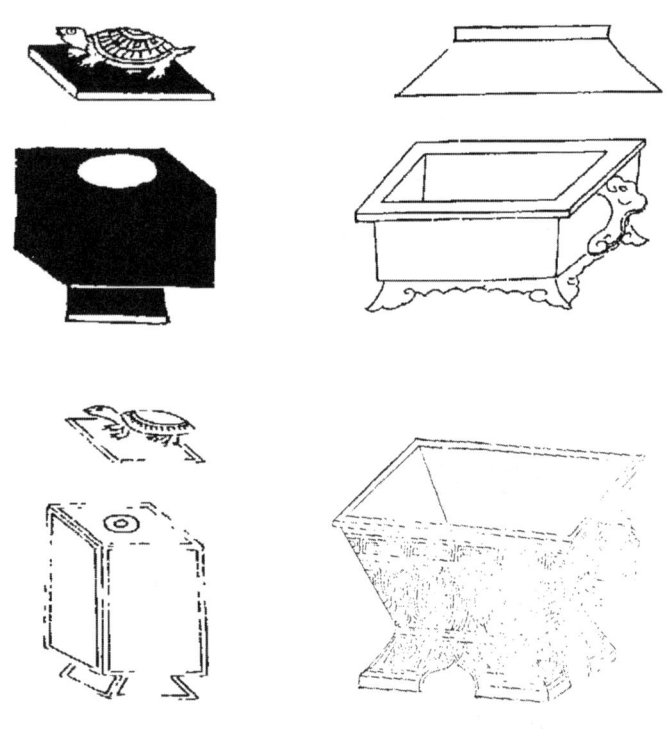

※ 출처: 상좌-『삼례도집주(三禮圖集注)』13권 ; 상우-『삼례도(三禮圖)』4권
하좌-『육경도(六經圖)』 6권 ; 하우-『삼재도회(三才圖會)』「기용(器用)」
1권

제16장 곡(哭) 규정에 나타나는 차등 305

그림 16-21 ■ 형(鉶)

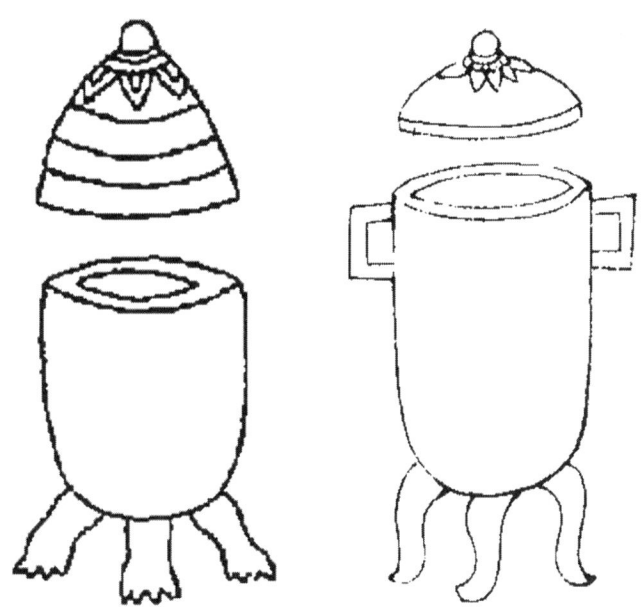

※ 출처: 좌-『삼례도집주(三禮圖集注)』13권
　　　　우-『삼재도회(三才圖會)』「기용(器用)」2권

306 譯註 禮記集說大全 奔喪 附『正義』・『訓纂』・『集解』

●그림 16-22 ■ 호(壺)

※ 출처: 상좌-『삼재도회(三才圖會)』「기용(器用)」 1권 ; 상우-『삼례도집주(三禮
圖集注)』 5권
하좌-『삼례도(三禮圖)』 4권 ; 하우-『육경도(六經圖)』 6권

제16장 곡(哭) 규정에 나타나는 차등 307

그림 16-23 ■ 거(筥)

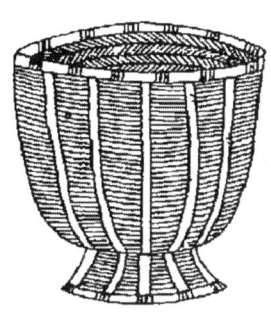
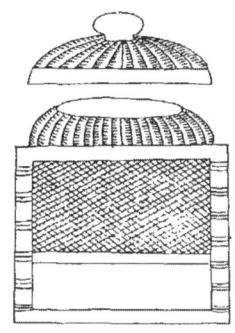
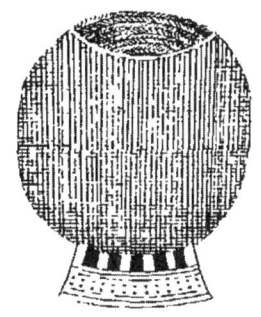
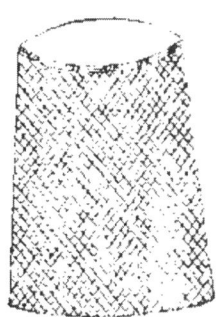

※ **출처**: 상좌-『삼례도집주(三禮圖集注)』12권 ; 상우-『삼례도(三禮圖)』4권
하좌-『육경도(六經圖)』 6권 ; 하우-『삼재도회(三才圖會)』「기용(器用)」
2권

그림 16-24 ■ 항목(杭木: =抗木)·인(茵)·항석(杭席: =抗席)

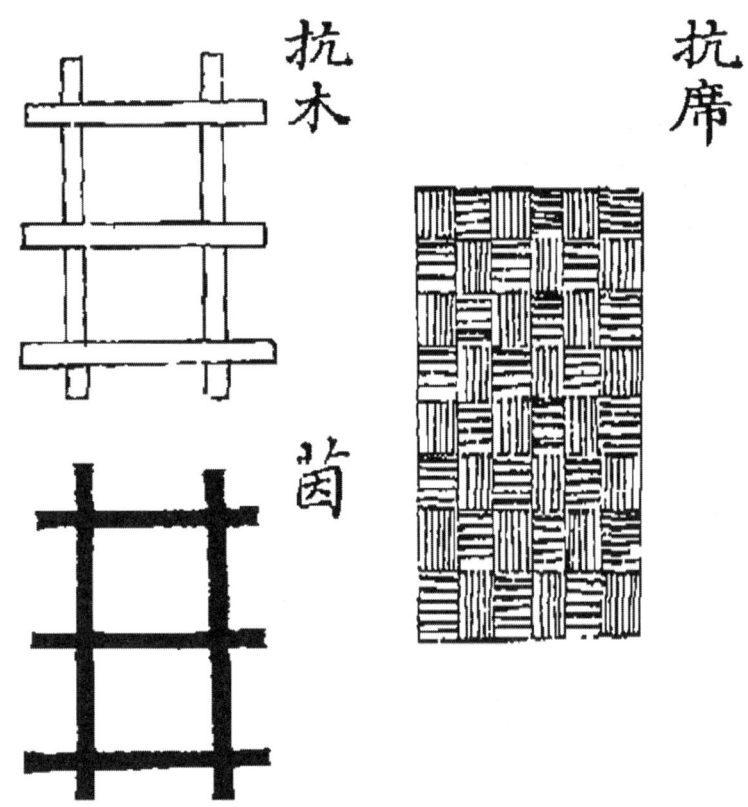

※ 출처:『삼례도집주(三禮圖集注)』18권

그림 16-25 ■ 항목(杭木: =抗木)·인(茵)·항석(杭席: =抗席)

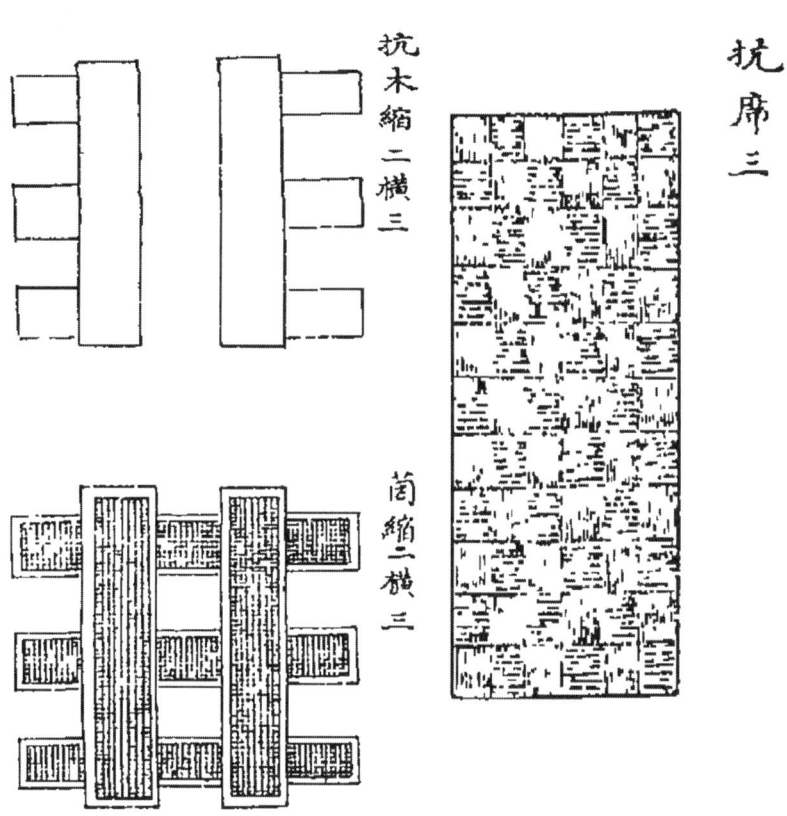

※ 출처: 『삼례도(三禮圖)』 3권

● 그림 16-26 ■ 삽(翣)

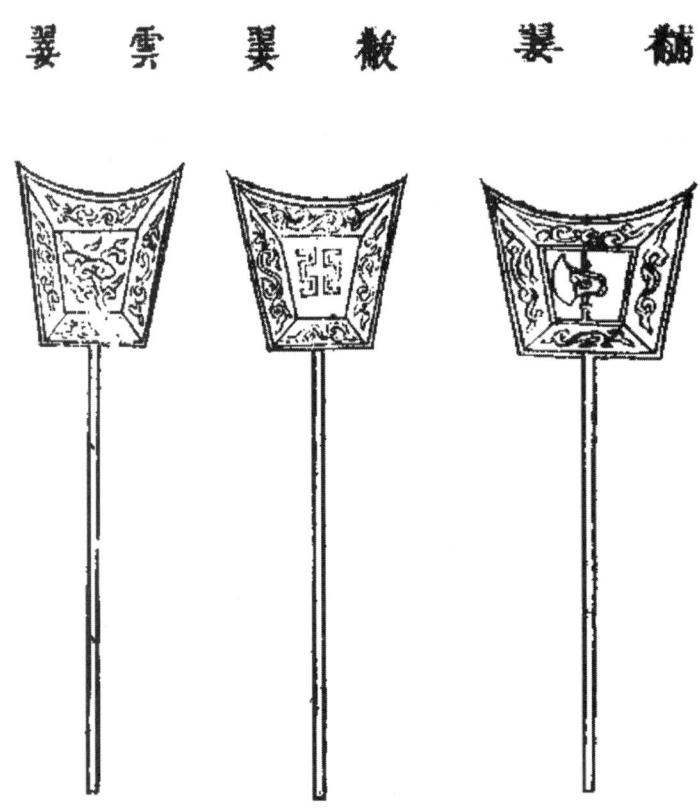

※ 출처: 『삼재도회(三才圖會)』「의제(儀制)」 7권

• 제17장 •

장례를 치른 이후 조문과 용(踊)의 절차

【656d】

所識者弔, 先哭于家而後之墓, 皆爲之成踊, 從主人, 北面而踊.

직역 識한 所의 者에게 弔함에, 먼저 家에서 哭하고 後에 墓로 之하며, 皆히 之를 爲하여 成踊하는데, 主人을 從하고, 北面하고 踊한다.

의역 알고 지내던 자가 죽어서 그에게 조문을 하려고 하는데, 그 시기가 이미 장례를 치른 이후라면, 먼저 그의 집에 찾아가서 곡을 하고, 그 이후에 묘(墓)로 찾아가니, 집과 묘에서 모두 그를 위해 용(踊)의 절차를 마무리하는데, 주인을 뒤따라 용(踊)을 하고, 묘에서는 북쪽을 바라보며 용(踊)을 한다.

集說 己所知識之人死, 而往弔之時, 已在葬後矣. 必先哭于其家者, 情雖由於死者, 而禮則施於生者故也. 主人墓左西向, 賓北面向墓而踊, 固賓主拾之, 然必主人先而賓從之, 故曰從主人也. 言皆者, 必于家于墓皆踊也.

번역 본인이 알고 지내던 자가 죽어서, 찾아가 조문을 하려고 할 때, 그 시기가 이미 장례를 치른 이후의 경우이다. 반드시 그의 집에서 곡을 하는 것은 정감이 비록 죽은 자에 대해서 나온 것이지만, 예법은 살아 있는 자에게 시행해야 하기 때문이다. 주인은 묘(墓)의 좌측에서 서쪽을 바라보고 빈객은 북쪽을 바라보며 묘를 향한 상태에서 용(踊)을 하는데, 빈객과 주인이 교대로 하게 되지만, 반드시 주인이 먼저하고 빈객이 뒤따라하기 때문에 "주인을 따른다."라고 했다. '개(皆)'라고 말한 것은 집과 묘에서 모두 용(踊)을 한다는 뜻이다.

鄭注 從主人而踊, 拾踊也. 北面, 自外來便也. 主人墓左西面.

번역 주인을 따라서 용(踊)을 한다는 것은 번갈아 용(踊)을 한다는 뜻이다. 북쪽을 바라보는 것은 외지로부터 왔을 때 그 지점이 편리하기 때문이다. 주인은 묘(墓)의 좌측에서 서쪽을 바라보게 된다.

釋文 爲, 于僞反, 下注"各爲"同. 拾, 其劫反. 便, 婢面反.

번역 '爲'자는 '于(우)'자와 '僞(위)'자의 반절음이며, 아래 정현의 주에 나오는 '各爲'에서의 '爲'자도 그 음이 이와 같다. '拾'자는 '其(기)'자와 '劫(겁)'자의 반절음이다. '便'자는 '婢(비)'자와 '面(면)'자의 반절음이다.

孔疏 ●"所識者"至"而踊". ○正義曰: 此一節論哭所識者也. 所識, 謂與死者相識. 今弔其家, 後乃往墓, 統於主人故也.

번역 ●經文: "所識者"~"而踊". ○이곳 문단은 알고 지내던 자에게 곡하는 사안을 논의하고 있다. '소식(所識)'은 죽은 자와 서로 알고 지냈다는 뜻이다. 현재 그의 집에 찾아가서 조문을 하고, 그 이후에 묘(墓)로 가는 것은 주인에게 통솔되기 때문이다.

孔疏 ●"皆爲之成踊"者, 雖相識輕, 亦爲之成踊也, 皆賓主治之.

번역 ●經文: "皆爲之成踊". ○비록 서로 알고 지내던 관계가 가볍더라도 또한 그를 위해서 용(踊)의 절차를 마무리하는데, 모두 빈객과 주인의 예법에 따라 시행한다.

孔疏 ●"從主人北面而踊"者, 主人在墓左西嚮, 賓從外來, 而北面踊便也. 主人先踊, 賓從之, 故云"從主人北面而踊"也.

번역 ●經文: "從主人北面而踊". ○주인은 묘(墓)의 좌측에서 서쪽을 바라보고, 빈객은 외지로부터 찾아와서 북쪽을 바라보며 용(踊)을 하는 것이 편리하다. 주인이 먼저 용(踊)을 하고 빈객이 뒤따라하기 때문에, "주인을 따라서 북쪽을 바라보며 용(踊)을 한다."라고 했다.

集解 愚謂: 奔父母之喪不及殯, 之墓北面. 齊衰以下則西面, 變於親喪也. 所識者弔於墓北面, 又變於有服之親也.

번역 내가 생각하기에, 부모의 상에 분상을 하는데, 빈소가 마련된 시기까지 도착하지 못하면 묘(墓)로 가서 북쪽을 바라보게 된다. 자최복(齊衰服) 이하의 상이라면 서쪽을 바라보게 되니, 부모의 상과 다르게 하기 때문이다. 알고 지내던 자에게 조문을 함에, 묘에서 북쪽을 바라보는 것은 또한 상복관계에 있는 친족과 다르게 하기 때문이다.

集解 右記所識者弔.

번역 여기까지는 알고 지내던 자에게 조문하는 것을 기록하고 있다.

참고 『예기』「곡례상(曲禮上)」 기록

경문-36c 知生者弔, 知死者傷. 知生而不知死, 弔而不傷. 知死而不知生, 傷而不弔.

번역 상갓집에 갔을 때, 죽은 자의 자식들을 알고 지내던 자는 조문을 하고, 죽은 자를 알고 지내던 자는 슬퍼한다. 그런데 죽은 자의 자식들만 알고, 죽은 자에 대해서 안면이 없는 경우라면, 조문만 하고 슬퍼하지는 않는다. 그리고 죽은 자를 알지만 죽은 자의 자식들에 대해서는 안면이 없는 경우라면, 슬퍼만 하고 조문은 하지 않는다.

鄭注 人恩各施於所知也. 弔・傷, 皆謂致命辭也. 雜記曰, 諸侯使人弔, 辭曰: "寡君聞君之喪, 寡君使某, 如何不淑." 此施於生者, 傷辭未聞也. 說者有弔辭云: "皇天降災, 子遭罹之. 如何不淑." 此施於死者, 蓋本傷辭. 辭畢, 退, 皆哭.

번역 사람의 은정은 각각 알고 지내던 자에게 베풀어지는 것이다. 조문을 하고 슬퍼하는 것은 모두 직접 찾아가는 것이 아니라, 사람을 시켜서 위로의 말을 전달한다는 뜻이다. 『예기』「잡기(雜記)」편에서는 제후가 신하를 시켜 조문을 하였는데, 그 조문하는 말에서, "저희 군주께서 군주의 상에 대한 소식을 듣고서, 저희 군주께서 '아무개[某]'인 저를 보내셨으니, 어찌하여 이러한 불상사가 생겼습니까."[1]라고 했다. 이것은 죽은 자의 자식에게 베풀게 되는 은정으로, 조문하는 말에 해당하는데, '애도하며 건네게 되는 말[傷辭]'에 대해서는 자료가 남아있지 않아서, 어떠한 것들인지 들어보지 못했다. 옛 학설에서는 조문하는 말 중에 "황천(皇天)[2]께서 재앙을 내리셔서, 그대께서 이러한 재앙을 만나게 되었습니다. 어찌하여 이러한 불상사가 생겼습니까."라는 것이 있다고 했는데, 이 말은 죽은 자에게 베풀게 되는 은정으로, 아마도 이 말이 바로 본래의 상사(傷辭)였을 것이다. 이러한 말을 건네는 절차가 끝나게 되면, 물러 나와서, 모두 곡(哭)을 하게 된다.

孔疏 ●"知生"至"不弔". ○正義曰: 此一節論弔傷之法, 若存之與亡並識, 則遣設弔辭傷辭兼行. 若但識生而不識亡, 則唯遣設弔辭而無傷辭.

번역 ●經文: "知生"~"不弔". ○이 문장은 조사(弔辭)와 상사(傷辭)의 예법을 논의하고 있으니, 만약 죽은 자의 자식과 죽은 자를 모두 알고 있는 경우라면, 사람을 보내며, 조사와 상사를 모두 건네게 된다. 그런데 만약

---

1) 『예기』「잡기상(雜記上)」【503d】: 弔者入, 主人升堂, 西面. 弔者升自西階, 東面, 致命, 曰, "寡君聞君之喪, 寡君使某, 如何不淑."
2) 황천(皇天)은 천신(天神)을 높여 부르는 말로, 황천상제(皇天上帝)를 뜻한다. '황천상제'는 또한 상제(上帝), 천제(天帝) 등으로 지칭되기도 한다. 한편 '황천'과 '상제'를 별개의 대상으로 풀이하기도 한다.

죽은 자의 자식들만 알고, 죽은 자와는 안면이 없는 경우라면, 사람을 보내어 조사만 하고, 상사는 건네지 않는다.

孔疏 ●"知死而不知生, 傷而不弔"者, 若但識亡, 唯施傷辭, 而無弔辭也. 然生弔死傷, 其文可悉. 但記者丁寧言之, 故其文詳也.

번역 ●經文: "知死而不知生, 傷而不弔". ○만약 단지 죽은 자와 안면만 있다면, 조사(弔辭)를 건네지 않는다. 그런데 죽은 자의 자식들에게 조사를 건네고, 죽은 자에 대해서 상사(傷辭)를 건넨다는 기록은 다른 기록들에 비해서 그 문장이 상세하게 기록되었다고 할 수 있다. 이것은 단지 『예기』를 기록한 자가 간곡하게 언급하였기 때문에, 그 문장이 상세한 것일 뿐이다.

孔疏 ◎注"弔傷"至"皆哭". ○正義曰: 皆不自往, 而遣使致己之命也. "雜記曰, 諸侯使人弔, 辭曰: 寡君聞君之喪, 寡君使某, 如何不淑", 此施於生者也. 引雜記者, 證諸侯有鄰國之喪, 不得自往, 遣使往弔, 致命弔辭之法也, 然弔辭唯使者口傳之於主國孤而已. 云"傷辭未聞"者, 經典散亡, 故未聞也. "說者有弔辭云: 皇天降災, 子遭罹之, 如何不淑"者, 旣未聞傷辭, 有舊說者云有弔辭如此也. 施於死者, 蓋本傷辭也. 鄭此云舊說, 疑其非弔辭, 正是傷辭耳. 所以然者, 一則不與雜記弔辭同, 二則旣言"皇天降災, 子遭罹之", 明是傷於亡者自身, 非關弔于孝子也. 云"辭畢, 退, 皆哭"者, 然弔辭乃使口致命, 若傷辭當書之於板, 使者讀之而奠致殯前也. 知辭畢皆退而哭者, 按雜記行弔之後, 致含襚賵畢乃臨, 若不致含襚賵, 則弔訖乃臨也. 故鄭云弔傷辭畢皆哭.

번역 ◎鄭注: "弔傷"~"皆哭". ○위에서 말하는 경우는 모두 직접 찾아가는 것이 아니라, 사람을 파견하여 자신의 말을 전달하는 것이다. 정현이 "『예기』「잡기(雜記)」편에서는 제후가 신하를 시켜 조문을 하였는데, 그 조문하는 말에서, '저희 군주께서 군주의 상에 대한 소식을 듣고서, 저희 군주께서 아무개인 저를 보내셨으니, 어찌하여 이러한 불상사가 생겼습니까.'라고 했다."고 하였는데, 이것은 죽은 자의 자식들에게 시행하는 내용이다.

정현이 「잡기」편을 인용한 이유는 제후가 이웃 나라에 상이 발생했다는 소식을 접했는데, 자신이 직접 찾아갈 수가 없어서, 사신을 파견하여 조문을 하고, 조사(弔辭)를 전달하게 했던 예법이 있었다는 사실을 증명하기 위해서이다. 그러나 '조사'라는 것은 문서로 작성하는 것이 아니라, 단지 사신으로 파견된 사람이 상대방 나라의 상주에게 말로 전달하는 것일 뿐이다. 정현이 "상사(傷辭)에 대해서는 들어보지 못했다."라고 하였는데, 경전 기록들이 없어졌기 때문에, 정현이 들어보지 못했던 것이다. 정현이 "옛 학설에서는 조문하는 말 중에 '황천(皇天)께서 재앙을 내리셔서, 그대께서 이러한 재앙을 만나게 되었습니다. 어찌하여 이러한 불상사가 생겼습니까.'라는 것이 있다고 했다."라고 하였는데, 정현은 앞서 '상사'에 대해서는 들어보지 못했다고 하였으므로, 옛 학설에서 조사 중에 이와 같은 것이 있다고 한 말을 소개한 것이다. 이 말은 죽은 자에게 전하는 것이니, 아마도 본래의 '상사'에 해당하는 말이었을 것이다. 정현이 이 내용을 '옛 학설[舊說]'이라고 언급한 이유는 이 말은 '조사'가 아니고, 바로 '상사'에 해당한다는 의문을 품었기 때문이다. 이 말이 '상사'라는 사실을 알 수 있는 이유는 첫 번째 「잡기」편에 기록된 '조사'와는 동일하지 않기 때문이며, 두 번째 그 말 속에서 이미 "황천께서 재앙을 내리셔서, 그대께서 이러한 재앙을 만나게 되었습니다."라고 했기 때문이니, 이 말은 곧 죽은 자 본인에게 애도를 표한다는 것으로, 자식에게 조문하는 내용과는 관련이 없다는 사실을 나타낸다. 정현이 "이러한 말을 다 건네게 되면, 물러 나와서, 모두 곡(哭)을 하게 된다."라고 하였는데, '조사'인 경우라면, 사신으로 간 자가 자신의 입으로 조사를 전달했을 것이지만, 만약 '상사'인 경우라면, 마땅히 나무판에 그 내용을 기록했을 것이며, 사신으로 간 자는 그 내용을 읽고서, 죽은 자의 빈소 앞에 놓아두었을 것이다. 정현의 말처럼, '조사'나 '상사'를 건네는 일이 다 끝나고서, 모두 물러나와 곡을 한다는 사실을 알 수 있는 이유는 「잡기」편을 살펴보면, 조문을 시행한 이후에, 함(含)[3]·수(襚)[4]·봉(賵)[5]

---

[3] 함(含)은 부의를 보낸다는 뜻이며, 또한 부의로 보내는 특정 물건을 가리키기도 하다. '함'은 시신과 함께 매장하게 될 주옥(珠玉)을 부의로 보내는

등을 전달하고, 그 일까지도 끝나면, 곧 곡을 한다고 했고, 만약 함·수·봉 등을 전달하지 않는 경우라면, 조문을 끝내고서, 곧 곡을 한다고 했기 때문이다. 그래서 정현이 '조사'나 '상사'를 건네는 일이 다 끝나면, 모두 곡을 한다고 말한 것이다.

참고 『예기』「단궁상(檀弓上)」기록

경문-78a 死而不弔者三: 畏·厭·溺.

번역 죽은 자에 대해서 조문을 하지 않는 경우가 세 가지 있다. 첫 번째는 전쟁터에 나아가 겁에 질려 죽은 경우이며, 두 번째는 압사를 당한 경우이고, 세 번째는 익사를 당한 경우이다.

鄭注 謂輕身忘孝也. 人或時以非罪攻己, 不能有以說之死之者. 孔子畏於匡. 行止危險之下. 不乘橋舡.

번역 자신을 가벼이 하여 효(孝)를 잊었음을 뜻한다. '외(畏)'라는 것은

것이다. 『예기』「문왕세자(文王世子)」편에는 "族之相爲也, 宜弔不弔, 宜免不免, 有司罰之. 至于賻賵承含, 皆有正焉."이라는 기록이 있는데, 이에 대한 진호(陳澔)의 『집설(集說)』에서는 "含以珠玉."이라고 풀이했다. 또 '함'은 시신의 입에 곡식이나 화패 등을 넣는 것을 의미하기도 한다.

4) 수(襚)는 부의를 보낸다는 뜻이며, 또한 부의로 보내는 특정 물건을 가리키기도 하다. '수'는 시신과 함께 매장하게 될 의복이나 이불 등을 부의로 보내는 것이다. 『의례』「사상례(士喪禮)」편에는 "君使人襚, 徹帷, 主人如初, 襚者左執領, 右執要, 入升致命."이라는 기록이 있는데, 이에 대한 정현의 주에서는 "襚之言遺也, 衣被曰襚."라고 풀이했다.

5) 봉(賵)은 부의를 보낸다는 뜻이며, 또한 부의로 보내는 특정 물건을 가리키기도 하다. '봉'은 상사(喪事)에 사용될 수레나 말을 부의로 보내는 것이다. 『예기』「문왕세자(文王世子)」편에는 "族之相爲也, 宜弔不弔, 宜免不免, 有司罰之. 至于賵賻承含, 皆有正焉."이라는 기록이 있는데, 이에 대한 진호(陳澔)의 『집설(集說)』에서는 "賵以車馬."라고 풀이했다.

남들이 간혹 죄가 아닌 것으로 자신을 공격하였는데, 자신을 죽이려는 자에게 설명을 할 수 없는 경우에 해당한다. 공자는 광(匡) 땅에서 겁박을 당하였다.6) '압(厭)'이라는 것은 위험한 곳에서 행동하거나 멈춰서 있는 것을 뜻한다. '닉(溺)'이라는 것은 다리나 배를 이용하지 않는 것을 뜻한다.

孔疏 ●"畏", 謂有人以非罪攻己, 己若不有以解說之而死者, 則不弔. 鄭玄注引論語以證之, 明須解說也. 按世家云, 陽虎嘗侵暴於匡, 時又孔子弟子顔刻爲陽虎御車. 後孔子亦使刻御車, 從匡過. 孔子與陽虎相似, 故匡人謂孔子爲陽虎, 因圍, 欲殺之. 孔子自說, 故匡人解圍也. 自說者, 謂卑辭遜禮. 論語注云: "微服而去." 謂身著微服, 潛行而去, 不敢與匡人鬪, 以媚悅之也.

번역 ●經文: "畏". ○다른 사람이 죄가 아닌 것으로 자신을 공격했을 때, 본인이 만약 해명을 하지 못하고 죽게 된다면, 조문을 하지 않는 것을 뜻한다. 정현의 주에서 『논어』의 내용을 인용해서 증명을 한 이유는 해명을 해야 함을 나타내기 위해서이다. 『사기』 「공자세가(孔子世家)」편을 살펴보면, 양호(陽虎)는 일찍이 광(匡) 땅을 침략하여 난폭한 짓을 벌였고, 당시 공자의 제자였던 안각(顔刻)은 양호의 수레를 모는 자가 되었었다. 이후 공자 또한 안각으로 하여금 자신의 수레를 몰게 하여, 광 땅을 지나치게 되었다. 공자와 양호는 모습이 닮았기 때문에, 광 땅 사람들은 공자를 양호라고 여겼고, 이 때문에 공자를 포위하고 죽이고자 하였다. 공자는 제 스스로 해명을 하였기 때문에, 광 땅 사람들은 포위를 풀게 되었다.7) 스스로 해명을 했다는 것은 자신의 말을 낮추고, 예법에 따라 겸손히 따랐다는 것

---

6) 『논어』 「자한(子罕)」: 子畏於匡, 曰, "文王旣沒, 文不在玆乎? 天之將喪斯文也, 後死者不得與於斯文也, 天之未喪斯文也, 匡人其如予何?"

7) 『사기(史記)』 「공자세가(孔子世家)」: 將適陳, 過匡, 顔刻爲僕, 以其策指之曰, "昔吾入此, 由彼缺也." 匡人聞之, 以爲魯之陽虎. 陽虎嘗暴匡人, 匡人於是遂止孔子. 孔子狀類陽虎, 拘焉五日, 顔淵後, 子曰, "吾以汝爲死矣." 顔淵曰, "子在, 回何敢死!" 匡人拘孔子益急. 弟子懼. 孔曰, "文王旣沒, 文不在玆乎? 天之將喪斯文也, 後死者不得與于斯文也. 天之未喪斯文也, 匡人其如予何!" 孔子使從者爲甯武子臣於衛, 然後得去.

을 뜻한다. 『논어주』에서는 "신분을 감추기 위해 옷을 가리고서 떠났다."라고 했으니, 이 말은 신분을 감출만한 옷을 몸에 걸치고서 은밀하게 떠났고, 광 땅 사람들과 다투지 않아서, 그들이 기뻐하도록 만들었다는 뜻이다.

孔疏 ●"厭", 謂行止危險之下, 爲崩墜所厭殺也.

번역 ●經文: "厭". ○위험한 곳에서 행동하거나 멈춰 있어서, 그곳이 붕괴되어 압사된 것을 뜻한다.

孔疏 ●"溺", 謂不乘橋舡而入水死者, 何胤云: "馮河·潛泳, 不爲弔也." 除此三事之外, 其有死不得禮亦不弔. 故昭二十年, 衛齊豹欲攻孟縶, 宗魯事孟縶. 是時齊豹欲攻孟縶, 宗魯許齊豹攻之, 不告孟縶. 及孟縶被殺而死, 宗魯亦死之. 孔子弟子琴張欲往弔之, 孔子止之曰: "齊豹之盜, 而孟縶之賊. 女何弔焉?" 杜預云: "言齊豹所以爲盜, 孟縶所以見賊, 皆由宗魯." 是失禮者, 亦不弔也.

번역 ●經文: "溺". ○다리나 배를 이용하지 않고, 물에 뛰어 들어갔다가 죽은 자를 뜻하니, 하윤은 "황하를 걸어서 건너려고 하고, 물속에서 수영을 하다가 죽은 자에 대해서는 조문을 하지 않는다는 뜻이다."라고 했다. 이러한 세 가지 경우를 제외하더라도, 그 죽음이 예법에 맞지 않는 자에 대해서는 또한 조문을 하지 않는다. 그렇기 때문에 소공(昭公) 20년에 대한 기록에서, 위(衛)나라 제표(齊豹)는 맹집(孟縶)을 공격하고자 하였는데, 종로(宗魯)는 맹집을 섬겼다. 당시 제표는 맹집을 공격하고자 하였고, 종로는 제표가 공격을 하도록 허용하여, 맹집에게 이 사실을 알리지 않았다. 맹집이 피살되어 죽게 되자, 종로 또한 죽임을 당했다. 공자의 제자 금장(琴張)은 그에게 찾아가서 조문을 하려고 했는데, 공자는 금장을 멈추게 하며, "제표는 도적질을 했고, 맹집은 살해를 당했는데, 너는 어째서 조문을 하려고 하느냐?"라고 했다.[8] 이 문장에 대한 두예의 주에서는 "제표가 도적질을 하게 되고, 맹집이 살해를 당하게 된 것은 모두 종로 때문이라는 뜻이다."라고 했다. 이러한 경우는 실례를 범해서 죽은 경우이므로, 또한 조문을 하지 않는 것이다.

集解 愚謂: 畏, 謂被迫脅而恐懼自裁者; 厭, 謂覆厭而死者; 溺, 謂川游而死者. 琴張欲弔宗魯, 孔子止之, 君子之於所弔不敢苟如此. 三者之死, 皆非正命, 故不弔. 觀於此, 則君子之所以守其身者可知矣.

번역 내가 생각하기에, '외(畏)'라는 것은 협박을 당하여서 두려워하다가 스스로 자결을 한 경우에 해당하고, '압(厭)'이라는 것은 어딘가에 깔려서 죽은 경우에 해당하며, '닉(溺)'이라는 것은 하천에서 헤엄치다가 죽은 경우에 해당한다. 금장(琴張)은 종로(宗魯)에게 조문을 하려고 했는데, 공자는 그를 제지하였으니, 군자는 조문을 해야 하는 대상에 대해서 감히 이처럼 하지 않는다. 이 세 가지 경우로 인해 죽은 자들은 모두 자신의 성명(性命)을 다하다 죽은 것이 아니다. 그렇기 때문에 조문을 하지 않는 것이다. 이러한 점들을 살펴본다면, 군자가 자신의 몸가짐을 조심하는 이유에 대해서도 알 수 있다.

참고 『예기』「단궁상(檀弓上)」 기록

경문-87c 曾子弔於負夏, 主人旣祖, 塡池, 推柩而反之, 降婦人而后行禮. 從者曰: "禮與?" 曾子曰: "夫祖者, 且也. 且胡爲其不可以反宿也?"

번역 증자가 위(衛)나라 부하(負夏)라는 지역으로 찾아가서 조문을 하였는데, 당시 상주는 이미 조전(祖奠)[9]을 시행한 상태인데도, 차려둔 음식

---

8) 『춘추좌씨전』「소공(昭公) 20년」: 初, 齊豹見宗魯於公孟, 爲驂乘焉. 將作亂, 而謂之曰, "公孟之不善, 子所知也, 勿與乘, 吾將殺之." …… 仲尼曰, "齊豹之盜, 而孟縶之賊, 女何弔焉? 君子不食姦, 不受亂, 不爲利疚於回, 不以回待人, 不蓋不義, 不犯非禮."
9) 조전(祖奠)은 발인 하루 전에 올리는 전제(奠祭)를 가리킨다.

을 물리고, 영구를 끌어다가 다시 본래의 장소로 되돌려놓았고, 부인을 양쪽 계단 사이로 내려가게 한 다음에 조문을 받는 의례를 시행하였다. 증자의 종자(從者)는 이러한 조치를 괴이하게 여겨서, "이것이 예법에 맞는 것입니까?"라고 물었다. 증자가 대답하길, "무릇 '조(祖)'라는 것은 장차[且]라는 뜻이다. 그러므로 장차 시행하려고 했지만, 실제로는 아직 시행한 것이 아니니, 영구를 되돌려놓고 하루를 보내는 것이 어찌 불가하다고 할 수 있겠는가?"라고 했다.

鄭注 負夏, 衛地. 祖謂移柩車去載處, 爲行始也. 塡池, 當爲"奠徹", 聲之誤也. 奠徹謂徹遣奠, 設祖奠. 反於載處, 榮曾子弔, 欲更始. 禮, 旣祖而婦人降, 今反柩, 婦人辟之, 復升堂矣. 柩無反而反之, 而又降婦人, 蓋欲矜賓於此婦人, 皆非. 怪之. 且, 未定之辭. 給說.

번역 '부하(負夏)'는 위(衛)나라 땅이다. '조(祖)'라는 것은 영구를 실은 수레를 이동시켜서, 영구를 실었던 장소를 떠나는 것이니, 장례 행렬의 시작점이 된다. '전지(塡池)'라는 말은 마땅히 '전철(奠徹)'이 되어야 하니, 소리가 비슷해서 생긴 오자이다. '전철(奠徹)'은 견전(遣奠)10) 올렸던 것을 치우고, 조전(祖奠)을 진설한다는 뜻이다. 영구를 싣는 장소로 되돌려놓고, 증자가 조문하러 온 것에 대해 영광으로 여겨서, 장례 행렬을 다시 시작하려고 했던 것이다. 예법에 따르면, 조(祖)를 하였다면 부인은 내려가 있게 되는데, 현재의 상황은 영구를 되돌려 놓아서, 부인이 그 자리를 피하고자 하여, 다시 당(堂)으로 올라간 것이다. 영구에 있어서는 되돌려 놓는 일이 없는데도 되돌려 놓았고, 또 부인을 계단 사이로 내려가게 하였으니, 무릇 이곳에서 부인에게 조문객을 자랑하고자 한 것으로, 이 모든 조치들은 잘못된 것이다. 종자(從者)는 이 일을 괴이하게 여겼던 것이다. '차(且)'자는 확정되지 않았을 때 쓰는 말이다. 말을 보태서 설명을 한 것이다.

---

10) 견전(遣奠)은 장차 장례(葬禮)를 치르고자 할 때, 지내게 되는 전제사[奠祭]를 뜻한다.

孔疏 ●“旣祖, 塡池”者, 按旣夕禮啓殯之後, “柩遷于祖, 重先, 奠從, 柩從, 升自西階, 正柩于兩楹間, 用夷床”. 鄭注云: “是時柩北首.” 設奠于柩西, 此奠謂啓殯之奠也. 質明徹去啓奠, 乃設遷祖之奠于柩西. 至日側乃卻下柩, 載於階間. 乘蜃車, 載訖, 降下, 遷祖之奠, 設於柩車西, 當前束. 時柩猶北首, 前束近北. 前束者, 謂棺於車束有前後, 故云前束. 乃飾柩設披屬引, 徹去遷祖之奠, 遷柩嚮外, 而爲行始, 謂之祖也. 婦人降, 卽位于階間, 乃設祖奠于柩西. 至厥明, 徹祖奠, 又設遣奠於柩車之西, 然後徹之, 苞牲取下體以載之, 遂行. 此是啓殯之後至柩車出之節也. 曾子弔於負夏氏, 正當主人祖祭之明旦, 旣徹祖奠之後・設遣奠之時而來弔, 主人榮曾子之來, 乃徹去遣奠, 更設祖奠. 又推柩少退而返之嚮北, 又遣婦人升堂. 至明旦, 婦人從堂更降, 而後乃行遣車禮. 從曾子者意以爲疑, 問曾子云: “此是禮與?” 曾子旣見主人榮已, 不欲指其錯失, 爲之隱諱云: “夫祖者, 且也.” “且”, 是未定之辭, 祖是行始, 未是實行. 且去住二者皆得, 旣得且住, 何爲不可以反宿, 明日乃去?

번역 ●經文: “旣祖, 塡池”. ○『의례』「기석례(旣夕禮)」편을 살펴보면, 계빈(啓殯)을 한 이후에, “영구를 조(祖)로 옮기고, 중(重)11)을 앞세우고, 전(奠)이 뒤따르며, 영구가 뒤따르고, 서쪽 계단을 통해서 오르며, 양쪽 기둥 사이에 영구를 안치시키고, 이상(夷床)을 사용한다.”12)라고 했고, 정현의 주에서는 “이 시기에 영구는 머리 방향을 북쪽으로 둔다.”라고 했다. 영구의 서쪽에 음식을 차린다고 했는데, 이때의 전제사는 계빈을 할 때 지내는 전제사를 뜻한다. 날이 밝아올 때, 계빈 때 차려둔 전제사 음식들을 치우고, 곧 조(祖)로 옮길 때의 전제사 음식들을 영구의 서쪽에 차려내게 된다. 해가 기울어지게 되면, 영구를 밑으로 내려서, 계단 사이에 두게 된다. 신거

---

11) 중(重)은 나무에 구멍을 뚫어서 만든 것으로, 신주(神主)를 만들기 전에, 구멍이 뚫린 나무를 세워서 이것을 신주 대신으로 삼아 제사를 지냈다. 『예기』「단궁하(檀弓下)」편에는 “重, 主道也.”라는 기록이 있고, 이에 대한 정현의 주에서는 “始死未作主, 以重主其神也.”라고 풀이했다.

12) 『의례』「기석례(旣夕禮)」: 遷于祖用軸. 重先, 奠從, 燭從, 柩從, 燭從, 主人從. 升自西階. 奠俟于下, 東面, 北上. 主人從升, 婦人升, 東面. 衆人東卽位. 正柩于兩楹間, 用夷牀.

(蜃車)13)에 영구를 싣고, 싣는 일이 끝나면, 아래로 내려가서 조(祖)로 옮길 때 차려낸 음식들을 영구를 실은 수레의 서쪽에 차려놓으니, 시신의 어깨 쪽에 해당한다. 당시 영구는 여전히 머리 방향을 북쪽으로 하고 있으니, 시신의 어깨 쪽은 북쪽과 가까이 있다. '전속(前束)'이라는 것은 수레에 관(棺)을 결속하게 되면 앞뒤의 구분이 있게 된다. 그렇기 때문에 '결속한 관의 앞쪽[前束]'이라고 말한 것이다. 그리고 곧 영구를 치장하고, 기울어지지 않도록 양쪽에서 당기는 새끼줄을 연결하며, 조(祖)로 옮길 때 차려낸 음식들을 치우고, 영구를 이동시켜 바깥쪽을 향하도록 하니, 이것이 장례 행차의 시작이 된다. 그렇기 때문에 이러한 것들을 '조(祖)'라고 부른 것이다. 부인이 내려가게 되면, 양쪽 계단 사이에 나아가 위치하게 되며, 곧 영구의 서쪽에 조전(祖奠)을 진설한다. 다음날 날이 밝을 무렵이 되면, 조전을 치우고, 또 영구를 실은 수레의 서쪽에 견전(遣奠)을 진설하며, 그런 뒤에 다시 이것을 치우고, 희생물의 고기를 포장할 때에는 하체에 해당하는 부위를 싸서 수레에 싣고, 마침내 행차를 하게 된다. 이것들은 계빈을 한 이후로부터 영구를 실은 수레가 출발할 때까지의 절차에 해당한다. 증자는 부하씨(負夏氏)에게 조문을 갔는데, 그 시기는 상주가 조제를 지낸 다음날 아침에 해당하여, 이미 조전을 치우고 난 뒤, 견전을 진설한 시기가 되었는데도, 찾아가서 조문을 하게 되었는데, 상주는 증자가 찾아온 것을 영광스러운 일로 여겨서, 곧 견전을 차렸던 것을 치우고, 다시금 조전을 진설한 것이다. 또한 영구를 끌어다가 조금 뒤로 물리고, 그 방향을 틀어서 머리 쪽이 북쪽을 향하도록 하였으며, 또한 부인을 보내서 당 위로 올라가게 했다. 다음날 아침이 되었을 때, 부인은 당에서부터 다시금 아래로 내려왔고, 그런 이후

---

13) 신거(蜃車)는 관(棺)을 싣는 상거(喪車)를 뜻한다. 관을 싣는 수레에는 유(柳)를 싣고, 네 바퀴가 지면과 가까이 닿은 상태에서 이동하게 되는데, 그 모습이 이무기[蜃]와 닮았기 때문에, 이 수레를 '신거'라고 부르는 것이다. 『주례』「지관(地官)·수사(遂師)」편에는 "大喪, 使帥其屬以幄帟先, 道野役及窆, 抱磨, 共丘籠及蜃車之役."이라는 기록이 있는데, 이에 대한 정현의 주에서는 "蜃車, 柩路也, 柩路載柳, 四輪迫地而行, 有似於蜃, 因取名焉."이라고 풀이했다.

에 수레를 장지로 보내는 의례를 시행하였다. 증자를 따라 갔던 자는 의혹스럽게 생각하여서, 증자에게 묻기를 "이처럼 하는 것이 예법에 맞는 것입니까?"라고 한 것이다. 증자는 상주가 자신을 영광으로 여긴 것을 이미 보았으므로, 그의 잘못을 지적하고 싶지 않아서, 그를 위해 둘러말하며, "무릇 '조(祖)'라는 것은 차(且)자의 뜻이다."라고 한 것이다. 그런데 '차(且)'자라는 것은 확정되지 않았을 때 쓰는 말이니, '조(祖)'는 행차를 시작하려고 하였지만, 실제로는 아직 시행하지 않았다는 것을 뜻한다. 아직 확정이 되지 않은 상태에서는 행차를 떠나거나 머물러 있는 것 두 가지 모두 할 수 있으니, 이미 확장되지 않은 상태에서 머물러 있을 수 있다면, 어찌하여 영구를 되돌려서 하루를 묵고, 그 다음날 떠나게 되는 것이 불가하다고 할 수 있는가?

孔疏 ◎注"祖謂"至"祖奠". ○正義曰: "祖謂移柩車去載處, 爲行始"者, 按旣夕禮注云: "束棺於柩車, 賓出, 遂匠納車於階間." 柩從兩楹卻下, 載於車, 乃迴車南出, 是爲祖也. 祖, 始也, 謂將行之始也. 云"奠徹謂徹遣奠, 設祖奠"者, 按旣夕禮祖曰"明". 旦徹祖奠, 設遣奠. 曾子正當設遣奠時來, 主人乃徹去遣奠, 還設祖奠, 似若不爲遣奠然. 經云"主人旣祖", 祖之明日, 旣徹祖奠之時, 故謂之"旣祖". 鄭云"祖謂移柩車去載處"者, 解正祖之名也. 皇氏・熊氏皆云, 曾子雖今日來弔, 遙指昨日爲旣祖. 於文賒緩, 其義非也.

번역 ◎鄭注: "祖謂"~"祖奠". ○정현이 "'조(祖)'라는 것은 영구를 실은 수레를 이동시켜서, 영구를 실었던 장소를 떠나는 것이니, 장례 행렬의 시작점이 된다."라고 했는데, 『의례』「기석례(旣夕禮)」편에 대한 정현의 주를 살펴보면, "영구를 싣는 수레에 관(棺)을 결속하고, 빈객이 밖으로 나가면, 수인(遂人)과 장인(匠人)이 수레를 들여다 계단 사이에 놓는다."[14]라고 했다. 영구는 양쪽 기둥 사이에 있던 곳으로부터 아래로 내려서, 수레에 싣게

---

14) 이 문장은 『의례』「기석례(旣夕禮)」편의 "主人祖, 乃行, 踊無筭. 出宮, 踊, 襲."이라는 기록에 대한 정현의 주이다.

되며, 이 일이 끝나면 곧 수레를 회전시켜서 남쪽으로 이동시키니, 이것을 '조(祖)'라고 한다. '조(祖)'는 곧 "시작한다[始]."는 뜻이니, 장례 행렬을 떠나는 시작점이 된다는 의미이다. 정현이 "'전철(奠徹)'은 견전(遣奠)을 올렸던 것을 치우고, 조전(祖奠)을 진설한다는 뜻이다."라고 했는데, 「기석례」편을 살펴보면, '조(祖)'에 대해서, '명(明)'이라고 했다. 즉 아침에 조전을 치우고, 견전을 진설하는 것이다. 증자는 견전을 진설했을 때 당도한 것이며, 상주는 곧 견전을 치우고, 다시금 조전을 진설하여, 마치 아직 견전을 차리지 않은 것처럼 한 것이다. 경문에서는 "상주가 이미 조(祖)를 했다."라고 했으니, 조(祖)를 한 다음날 조전을 이미 치웠을 때를 뜻한다. 그렇기 때문에 "이미 조(祖)를 했다."라고 말한 것이다. 정현이 "'조(祖)'라는 것은 영구를 실은 수레를 이동시켜서, 영구를 실었던 장소를 떠나는 것이다."라고 했는데, 이 말은 바로 조(祖)의 명칭에 대한 뜻을 풀이한 말이다. 황간과 웅안생은 모두 증자가 비록 오늘 찾아와서 조문을 한 것이지만, 어제를 가리켜서 이미 조(祖)를 했다고 말한 것이라고 주장했다. 그러나 문맥상 요원하므로, 그 주장은 잘못되었다.

孔疏 ◎注"禮, 旣祖而婦人降". ○正義曰: 旣夕禮文. 以旣祖, 柩車南出, 階間旣空, 故婦人得降立階間. 今柩車反還階間, 故婦人辟之升堂. 婦人旣已升堂, 柩車未迴南出, 則婦人未合降也. 今乃降之者, 以曾子賢人, 欲矜誇賓於此婦人也. 言"皆非"者, 柩無反而反之, 是一非. 旣反之未迴車南出, 不合降婦人而降之, 是二非也.

번역 ◎鄭注: "禮, 旣祖而婦人降". ○이 말은 『의례』「기석례(旣夕禮)」편에 있는 문장이다. 조(祖)를 끝냈다면, 영구를 실은 수레는 남쪽으로 이동하여, 계단 사이의 공간은 이미 비게 된다. 그렇기 때문에 부인이 내려가서 계단 사이에 서 있을 수가 있는 것이다. 그런데 현재의 상황은 영구를 실은 수레가 다시 되돌아와서 계단 사이에 위치하게 되었기 때문에, 부인이 그 자리를 피해서 당으로 올라간 것이다. 부인이 이미 당으로 올라갔다면, 영구를 실은 수레는 아직 방향을 틀어서 남쪽으로 이동시킨 것이 아니니, 부인은 아직 내려갈 때가 아니다. 그런데 현재 상황에서는 곧 부인을 밑으로 내려 보냈으니, 증자는 현명한 자였으므로, 이곳에서 부인에게 조문객으로 찾아온 증자를 자랑하고자 했기 때문이다. "모두 잘못되었다."라고 말한 이유는 영구를 되돌리는 예법이 없는데도 되돌렸으니, 이것이 첫 번째 잘못이다. 그리고 이미 영구를 되돌려 놓아서, 아직 영구의 방향을 틀어서 남쪽으로 이동시키지 않았으니, 부인이 내려와 있을 수가 없는데도 내려온 것이 바로 두 번째 잘못이다.

集說 劉氏曰: 負夏, 衛地也. 葬之前一日, 曾子往弔, 時主人已祖奠, 而婦人降在兩階之間矣. 曾子至, 主人榮之, 遂徹奠推柩而反, 向內以受弔, 示死者將出行, 遇賓至而爲之暫反也, 亦事死如事生之意, 然非禮矣. 柩旣反, 則婦人復升堂以避柩, 至明日乃復還柩向外, 降婦人於階間, 而後行遣奠之禮. 故從者見柩初已遷, 而復推反之, 婦人已降, 而又升堂, 皆非禮, 故問之. 而曾子答之云, 祖者, 且也, 是且遷柩爲將行之始, 未是實行, 又何爲不可復反? 越宿至明日, 乃還柩遣奠而遂行乎? 疏謂其見主人榮己, 不欲指其錯失, 而給說答從者, 此以衆人之心窺大賢也. 事之有無不可知, 其義亦難强解, 或記者有遺誤也. 所以徹奠者, 奠在柩西, 欲推柩反之, 故必先徹而後可旋轉也. 婦人降階間, 亦以奠在車西, 故立車後, 今柩反, 故亦升避也.

번역 유씨[15]가 말하길, '부하(負夏)'는 위(衛)나라 땅이다. 장례를 치르기 하루 전에, 증자는 그곳에 찾아가서 조문을 하였고, 당시 상주는 이미 조전(祖奠)을 올린 상태였고, 부인은 양쪽 계단 사이로 내려가 있었다. 증자가 도착하자 상주는 증자가 찾아온 것을 영광으로 여겨서, 마침내 조전을 올린 것을 치우고, 영구를 끌어서 본래의 장소로 되돌리고, 안쪽을 향해

---

15) 장락유씨(長樂劉氏, A.D.1017~A.D.1086) : =유씨(劉氏)·유이(劉彛)·유집중(劉執中). 북송(北宋) 때의 성리학자이다. 자(字)는 집중(執中)이다. 복주(福州) 출신이며, 어려서 호원(胡瑗)에게서 학문을 배웠다. 『정속방(正俗方)』, 『주역주(周易注)』를 지었으나 현존하지 않는다. 『칠경중의(七經中議)』, 『명선집(明善集)』, 『거이집(居易集)』 등이 남아 있다.

서서 조문을 받았으니, 죽은 자가 장차 장지로 떠나가려고 했는데, 조문객이 찾아오게 되어 그를 위해 잠시 되돌렸다는 뜻을 나타낸 것으로, 이것은 또한 죽은 자를 섬기기를 살아있는 자를 섬기듯 하는 뜻에 해당한다. 그러나 이처럼 하는 것은 비례이다. 영구를 이미 되돌려놓았다면, 부인은 다시 당으로 올라가서 영구를 피해야 하고, 다음날이 되어서야 다시 영구의 방향을 본래대로 바깥쪽으로 되돌리며, 부인이 계단 사이로 내려간 이후에야 견전(遣奠)의 의례를 시행해야 한다. 그렇기 때문에 증자를 따라갔던 자가 영구가 애초에 이미 옮겨진 상태인데, 다시 그것을 끌어다가 되돌려 놓고, 부인이 이미 내려가 있었는데, 다시 당에 올라간 것을 보았고, 이것은 모두 비례에 해당하기 때문에, 질문을 했던 것이다. 그런데 증자는 다음과 같이 대답을 하였다. '조(祖)'자는 장차[且]라는 뜻으로, 장차 영구를 옮기려던 시기는 장지로 행차를 하려는 시작됨이 되는데, 아직 실제로 시행한 것이 아니니, 또한 어찌 다시 되돌려 놓을 수가 없겠는가? 그 날을 넘겨서 다음날이 되면, 다시금 영구의 방향을 되돌려서 견전을 지내고, 그런 뒤에 행차를 떠나도 되지 않겠는가? 공영달의 소에서는 증자는 상주가 자신이 찾아온 것을 영광으로 여기는 것을 보았으므로, 그의 잘못에 대해서 지적하고 싶지 않았으므로, 말을 보태어 종자(從者)의 질문에 대답을 해준 것이라고 했는데, 이것은 일반인의 마음으로 위대한 현자를 헤아려본 것이다. 이러한 일화가 실제로 있었던 일인지 아닌지에 대해서도 알 수 없고, 그 의미 또한 억지로 해석하기 어려우며, 혹은 『예기』를 기록한 자가 빠트린 부분이나 잘못 기록한 것이 있을 수도 있다. 음식을 차려둔 것을 치웠던 까닭은 영구의 서쪽에 음식을 차려두었는데, 영구를 끌어다가 되돌려놓고자 하였기 때문에, 먼저 음식을 치워야만 영구의 방향을 틀어서 되돌려 놓을 수 있었기 때문이다. 부인이 내려가서 계단 아래에 있었던 것은 또한 음식을 수레의 서쪽에도 차려놓았기 때문이다. 그래서 수레의 뒤에 서 있었던 것인데, 현재 상황은 영구를 되돌려 놓았기 때문에, 다시 그 당으로 올라가서 자리를 피해준 것이다.

集解 愚謂: 此章之義難曉, 而註疏之說如此. 然旣設遣奠, 則葬日也. 葬日必卜, 而弔事俄頃可畢, 豈必還柩反宿, 以違其素卜之期乎? 疑所謂"旣祖"者, 謂葬前一夕, 還車爲行始之後, 而非祖之明日也. 奠謂祖奠, 徹之者, 因推柩而辟之也. 降婦人者, 婦人辟推柩, 故升堂, 柩旣反而復降, 立於兩階間之東也. 行禮, 曾子行弔禮也. 必降婦人而後行禮者, 以旣祖之後, 婦人之位本在堂下, 非爲欲矜賓於婦人也. 柩反而曰"反宿"者, 曾子旣弔之後, 主人不欲頻動柩車, 至明日乃始還車嚮外而行遣奠也.

번역 내가 생각하기에, 이곳 문장의 뜻은 제대로 파악하기가 어려운데, 정현의 주와 공영달의 소에서는 이처럼 풀이하고 있다. 그러나 이미 견전(遣奠)을 진설하였다면, 장례를 치르는 당일이 된다. 장례를 치르는 날에 대해서는 반드시 점을 치게 되고, 조문을 받는 일도 잠깐의 틈을 이용해서 끝낼 수가 있는데, 어째서 반드시 영구를 되돌리고 또 하루를 더 보내게 되어, 평소에 점을 쳐서 나왔던 기일을 어길 수가 있겠는가? 따라서 이른바 "이미 조(祖)를 했다."라고 한 말은 장례 하루 전 저녁에 수레를 돌려서, 행차를 떠날 준비를 한 이후를 뜻하는 것 같고, 조(祖)를 지낸 다음날을 뜻하는 말 같지는 않다. '전(奠)'은 조전(祖奠)을 뜻하니, 그것을 치웠다는 것은 곧 영구를 끌게 되어, 그 장소를 피해주기 위해서이다. 부인이 내려갔다는 것은 부인이 영구를 끄는 것을 피하기 위해, 당(堂)으로 올라간 것이니, 영구가 이미 본래의 자리로 되돌아가게 되면, 다시금 내려가서, 양쪽 계단 사이에서도 동쪽에 서 있게 된다. 예를 시행한다는 말은 증자가 조문하는 의례를 시행했다는 뜻이다. 기어코 부인을 밑으로 내려가게 한 이후에, 조문의 의례를 시행한 이유는 이미 조(祖)를 한 이후이므로, 부인의 위치는 본래부터 당 아래가 되기 때문이니, 부인에게 조문객을 자랑하고 싶어 했기 때문이 아니다. 영구를 되돌리고서 '반숙(反宿)'이라고 했는데, 증자가 조문을 마친 이후에, 상주는 빈번하게 영구를 실은 수레를 이동시키고 싶지 않았으므로, 다음날이 되어서야 곧 수레의 방향을 틀어서 밖으로 향하게 하고, 견전의 의례를 시작했던 것이다.

참고 『예기』「단궁상(檀弓上)」기록

경문-88c 曾子襲裘而弔, 子游裼裘而弔. 曾子指子游而示人曰: "夫夫也, 爲習於禮者, 如之何其裼裘而弔也?" 主人旣小斂, 袒・括髮, 子游趨而出, 襲裘・帶・絰而入. 曾子曰: "我過矣! 我過矣! 夫夫是也."

번역 증자는 갓옷을 겉옷으로 가리고 조문을 했고, 자유는 겉옷을 걷어서 갓옷을 드러내고 조문을 했다. 증자가 자유를 지목하여, 다른 사람들에게 보여주며 말하길, "저 사람은 예를 익힌 자이다. 그런데 어찌하여 갓옷을 드러낸 상태에서 조문을 한단 말인가?"라고 했다. 상주가 소렴(小斂)을 끝내고, 단(袒)을 하고 머리를 틀자, 자유는 종종걸음으로 나갔다가 갓옷을 가리고, 대(帶)와 질(絰)을 차고서 들어왔다. 그 모습을 본 증자는 "내가 잘못한 것이구나! 내가 잘못한 것이구나! 저 사람이 하는 것이 옳다."라고 했다.

鄭注 曾子蓋知臨喪無飾. 夫夫, 猶言此丈夫也. 子游於時名爲習禮. 於主人變乃變也, 所弔者朋友. 服是, 善子游.

번역 증자는 아마도 상에 임했을 때에는 치장을 하지 않는다고 알았던 것 같다. '부부(夫夫)'는 '저 사내[此丈夫]'라는 말과 같다. 자유는 당시 예를 익힌 것으로 명성이 높았다. 자유가 복식을 바꾼 것은 상주가 복식을 바꾼 것에 따라서 곧 자신도 복식을 바꾼 것이며, 조문을 받는 자는 자유의 벗이다. 자유의 행동이 옳다고 인정하고, 자유를 칭찬한 것이다.

孔疏 ●"子游趨而出, 襲裘帶絰而入", 凡弔喪之禮, 主人未變之前, 弔者吉服而弔. 吉服謂羔裘・玄冠・緇衣・素裳. 又袒去上服, 以露裼衣, 則此"裼裘而弔", 是也. 主人旣變之後, 雖著朝服而加武以絰, 又掩其上服, 若是朋友又加帶, 則此"襲裘帶絰而入", 是也. 按喪大記云: "弔者襲裘, 加武, 帶絰." 注云: "始死, 弔者朝服裼裘, 如吉時也. 小斂則改襲16)而加武與帶絰矣. 武, 吉冠之卷也. 加武者, 明不改冠, 但加絰於武." 喪大記所云亦據朋友, 故云"帶絰", 帶旣在腰, 鄭注"加武與帶絰", 似帶亦加武者, 其實加武唯絰, 連言帶耳. 主人成服之後, 弔者大夫則錫衰, 士則疑衰, 當事皆首服弁絰. 此子游之弔, 未知主人小斂以否, 何因出則有帶絰服之而入, 但子游旣及弔喪, 豫備其事, 故將帶絰行也.

번역 ●經文: "子游趨而出, 襲裘帶絰而入". ○무릇 상사에 조문하는 예에 있어서, 상주가 아직 복식을 바꾸기 이전이라면, 조문객은 길복(吉服)을 착용하고 조문을 한다. '길복(吉服)'이라는 것은 검은 양의 가죽으로 만든 갓옷과 현관(玄冠)을 착용하고, 검은색의 상의와 흰색의 하의를 착용하는 것을 뜻한다. 또 단(袒)을 하여 상의를 걷어서, 석의(裼衣)를 드러내니, 이곳에서 "갓옷을 석(裼)하여 조문을 한다."라고 한 말에 해당한다. 상주가 이미 복식을 바꾼 이후라면, 비록 조복(朝服)17)을 착용하고 있는 상태라고 하더라도, 관(冠)의 테에 질(絰)을 두르고, 또한 그 상의를 가리는데, 만약 그 자가 자신의 벗이라면, 대(帶)를 더하게 되니, 이곳에서 "갓옷을 습(襲)하고 대(帶)와 질(絰)을 하고서 들어갔다."라고 한 말에 해당한다. 『예기』「상대기(喪大記)」편을 살펴보면, "조문객은 갓옷을 습(襲)하고, 무(武)를 더하며, 대(帶)와 질(絰)을 찬다."18)라고 했고, 이 문장에 대한 정현의 주에서는 "사람이 이제 막 죽었을 때, 조문객은 조복(朝服)을 착용하고, 갓옷을 석(裼)하여, 길(吉)한 때처럼 한다. 소렴(小斂)을 하게 되면, 습(襲)으로 복장방식을 바꾸고, 무(武)와 대(帶) 및 질(絰)을 추가하게 된다. '무(武)'라는

---

16) '습(襲)'자에 대하여. '습'자 뒤에는 본래 '구(裘)'자가 기록되어 있었는데, 완원(阮元)의 『교감기(校勘記)』에서는 "『고문(考文)』에서 인용하고 있는 송(宋)나라 때의 판본에는 '구'자가 없다. 살펴보니, '구'자가 없는 기록이 옳다. '구'자를 기록하게 되면, 『예기』「상대기(喪大記)」편의 기록과 합치되지 않는다."라고 했다.
17) 조복(朝服)은 군주와 신하가 조회를 열 때 착용하는 복장을 뜻한다. 중요한 의식을 치를 때 착용하는 예복(禮服)을 가리키기도 한다.
18) 『예기』「상대기(喪大記)」【529d~530a】: 主人卽位, 襲帶絰踊, 母之喪, 卽位而免, 乃奠. <u>弔者襲裘, 加武, 帶絰</u>, 與主人拾踊.

것은 길관(吉冠)에 하는 권(卷)을 뜻한다. 무(武)를 더한다는 것은 관(冠)을 고쳐 쓰지 않고, 단지 질(絰)을 무(武)에 더하게 된다는 사실을 나타낸다." 라고 했다. 「상대기」편에서 언급한 내용 또한 죽은 자가 벗인 경우에 기준을 둔 것이다. 그렇기 때문에 "대(帶)와 질(絰)을 착용한다."라고 말한 것이니, 대(帶)라는 것은 허리에 차는 것인데도, 정현의 주에서는 "무(武)와 대(帶) 및 질(絰)를 더한다."라고 하여, 대(帶) 또한 무(武)에 덧대는 것처럼 기록하였다. 그러나 실제로 무(武)에는 오직 질(絰)만을 덧대는 것이며, 그 연장선에서 대(帶)를 함께 언급한 것일 뿐이다. 상주가 성복(成服)을 한 이후이고, 조문객이 대부(大夫)의 신분이라면 석최(錫衰)[19]의 복장을 착용하며, 사(士)인 경우라면 의최(疑衰)[20]를 착용하는데, 해당하는 일이 있는 자들은 모두 머리에 변질(弁絰)을 쓰게 된다. 이곳에서 자유가 조문을 할 때에는 상주가 소렴(小斂)을 했는지 아닌지를 아직 알 수 없었는데, 어떻게 그 일에 따라 밖으로 나가서, 미리 준비해온 대(帶)와 질(絰)을 착용하고서 들어올 수 있는가? 다만 자유는 이미 상사 때 조문하는 일에 있어서, 그 사안들을 미리 대비했던 것이다. 그렇기 때문에 대(帶)와 질(絰)을 가지고서 찾아갔던 것이다.

集解 喪服記, "朋友麻." 奔喪, "無服而爲位者惟嫂叔, 及婦人降而無服者麻." 此二者之麻, 皆弔服也. 而特言麻, 可以見凡弔絰之非麻矣. 喪服記, "公子爲其母練冠麻", "爲其妻縓冠, 葛絰・帶", 以麻對葛而言, 可以見喪服記"朋友麻"及奔喪所言之"麻", 皆對葛而言麻矣. 士虞禮, "祝免, 澡葛絰・帶" 祝乃公有司, 其所服固弔服也, 而葛絰・帶則弔服之絰・帶, 於此可見矣. 士爲朋友麻, 若弔於未成服, 則亦葛絰・帶, 蓋未成服則弔者猶玄冠, 麻不加於采也. 又註謂子游"所弔者朋友", 疏謂"弔服惟有絰, 朋友乃加帶", 非也. 子游所弔, 不言其爲何人, 安知其爲朋友乎? 喪大記, "弔者加武, 帶・絰", 則凡弔者皆帶

---

19) 석최(錫衰)는 가는 베로 만든 옷으로, 일종의 상복(喪服)에 해당한다. 천자의 경우, 삼공(三公)이나 육경(六卿)의 상(喪)에 착용했던 복장이다.
20) 의최(疑衰)는 길복(吉服)에 가까운 복장으로, 일종의 상복(喪服)에 해당한다. 천자의 경우, 대부(大夫)나 사(士)의 상(喪)에 착용했던 복장이다.

· 絰備有, 不獨朋友矣.

번역 『의례』「상복(喪服)」편의 기문(記文)에서는 "벗을 위해서 마(麻)를 한다."[21]라고 했고, 『예기』「분상」편에서는 "상복관계가 성립되지 않는데도 곡하는 자리를 마련하는 자는 오직 형제의 아내와 남편의 형제에 한해서이며, 부인의 경우 본래의 상복관계보다 단계를 낮추고, 상복관계가 성립되지 않는 경우에는 마(麻)를 한다."[22]라고 했다. 이 두 기록에서 말하는 '마(麻)'라는 것은 모두 조복(弔服)을 가리킨다. 그런데 단지 '마(麻)'라고만 언급하였으니, 일상적으로 조문을 할 때 착용하는 질(絰)은 마(麻)로 제작한 것이 아니었음을 확인할 수 있다. 「상복」편의 기문에서는 "공자(公子)는 그의 모친을 위해서 연관(練冠)에 마(麻)를 한다."라고 했고, "그 처를 위해서는 전관(縓冠)[23]과 갈(葛)로 엮은 질(絰)과 대(帶)를 한다."라고 했으니,[24] '마(麻)'를 '갈(葛)'에 대비해서 말한 것으로, 이를 통해서 「상복」편의 기문에서 말한 "벗을 위해 마(麻)를 한다."라는 말과 「분상」편에서 말한 '마(麻)'라는 것이 모두 갈(葛)과 대비해서 마(麻)를 언급한 것임을 확인할 수 있다. 『의례』「사우례(士虞禮)」편에서는 "축(祝)이 면(免)을 하고, 갈(葛)을 다듬어서 질(絰)과 대(帶)를 만든다."[25]라고 했는데, 여기에서 말하는 '축(祝)'은 곧 공유사(公有司)[26]에 해당하니, 그가 착용하는 복장은 진실로 조복(弔服)에 해당하므로, 갈(葛)로 만든 질(絰)과 대(帶)가 곧 조복(弔服)에 착용하는 질(絰)과 대(帶)가 됨을 이를 통해서도 확인할 수 있다. 사 계급이 죽은 벗을 위해 마(麻)를 한다고 했는데, 만약 상주가 아직 성복을

---

21) 『의례』「상복(喪服)」 : 傳曰, 小功以下爲兄弟. 朋友皆在他邦, 袒免, 歸則已. 朋友麻.
22) 『예기』「분상(奔喪)」 【657b】 : 無服而爲位者, 唯嫂叔, 及婦人降而無服者麻.
23) 전관(縓冠)은 옅은 홍색으로 된 관(冠)을 뜻한다.
24) 『의례』「상복(喪服)」 : 記. 公子爲其母, 練冠, 麻, 麻衣縓緣. 爲其妻縓冠, 葛絰帶, 麻衣縓緣. 皆旣葬除之.
25) 『의례』「사우례(士虞禮)」 : 祝免, 澡葛絰帶, 布席于室中, 東面, 右几, 降出, 及宗人卽位于門西, 東面, 南上.
26) 공유사(公有司)는 사(士)가 맡았던 직책으로, 군주에게 특명을 받은 유사(有司)이다. '유사'는 실무 담당자를 뜻한다.

하기 이전에 조문을 하는 경우라면, 또한 갈(葛)로 만든 질(絰)과 대(帶)를 착용하게 되니, 무릇 아직 성복을 하기 이전이라면, 조문객은 여전히 현관(玄冠)을 쓰고 있으므로, 마(麻)로 제작한 질(絰) 등은 채색이 들어간 관(冠)에 덧댈 수 없기 때문일 것이다. 또한 정현의 주에서는 자유에 대해 설명하며, "그가 조문을 했던 자는 벗이었다."라고 했고, 공영달의 소에서는 "조복(弔服)에는 오직 질(絰)만 있게 되고, 벗인 경우에는 곧 대(帶)를 더하게 된다."라고 했는데, 이 주장은 모두 잘못되었다. 자유가 조문한 대상에 대해서는 그가 어떤 사람인가에 대해서는 언급하지 않았는데, 어떻게 그가 자유의 벗이라는 것을 알 수 있는가?『예기』「상대기(喪大記)」편에서는 "조문하는 자는 무(武)를 더하고, 대(帶)와 질(絰)을 한다."라고 했으니, 무릇 조문하는 자들은 모두 대(帶)와 질(絰)을 준비했던 것으로, 유독 벗에 대해서만 그처럼 했던 것은 아니다.

참고 『예기』「단궁상(檀弓上)」 기록

경문-497a 將軍文子之喪, 旣除喪而後越人來弔, 主人深衣·練冠, 待於廟, 垂涕洟. 子游觀之, 曰: "將軍文氏之子, 其庶幾乎! 亡於禮者之禮也. 其動也中."

번역 장군인 문자(文子)의 상에, 그의 아들은 이미 상을 끝냈는데, 그 이후에 월(越)나라 사람이 찾아와서 조문을 하였다. 그러자 문자의 아들은 심의(深衣)를 입고, 연관(練冠)을 착용하고서, 신주가 있는 묘(廟)에서 기다렸으며, 조문객이 오자 곡은 하지 않고 눈물만 흘렸다. 자유가 그 모습을 관찰하고 말하길, "장군인 문씨의 아들은 그 행동이 예법에 가깝구나! 본래 상을 끝낸 뒤에 조문을 받는 예의 규정이 없는데도, 이러한 상황에 처해서 적절한 예를 시행했으니, 그의 행동은 모두 절도에 맞는구나."라고 했다.

정주 主人, 文子之子簡子瑕也. 深衣練冠, 凶服變也. 待于廟, 受弔不迎賓

也. 中禮之變.

번역 '주인(主人)'은 문자(文子)의 아들인 간자(簡子) 하(瑕)이다. 심의(深衣)와 연관(練冠)을 착용하는 것은 흉복(凶服)에 변화를 준 것이다. 묘(廟)에서 대기를 하며, 조문을 받았지만, 조문객을 맞이하지는 않았다. 자유가 칭찬한 이유는 예 중의 변례(變禮)에 맞았기 때문이다.

孔疏 ●"練冠"者, 謂祭前之冠, 若祥祭則縞冠也. 此謂由來未弔者, 故練冠. 若曾來已弔, 祥後爲喪事更來, 雖不及祥祭之日, 主人必服祥日之服以受之. 故雜記云: "旣祥, 雖不當縞者必縞, 然後反服." 注云: "謂有以喪事贈賵來者, 雖不及時, 猶變服, 服祥之服以受之, 重其禮也. 其於此時始弔者, 則衛將軍文子之子爲之." 雜記經文本爲重來者, 故縞冠, 衛將軍之子始來者, 故練冠, 故雜記注引此文者, 證祥後來弔之事一邊耳. 推此而言, 禫後始來弔者, 則著祥冠. 若禫後更來有事, 主人則著禫服. 其吉祭已後, 或來弔者, 其服無文. 除喪之後, 亦有弔法, 故春秋文九年, "秦人來歸僖公成風之襚", 是也. 云"待于廟, 受弔不迎賓也"者, 以其死者遷入於廟, 故今待弔於廟就死者. 按士喪禮: 始死爲君命出, 小斂以後爲大夫出. 是有受弔迎賓. 今以除服受弔, 故不迎賓也. 或曰此非己君之命, 以敵禮待之, 故不迎也. 或云此是禫後吉時來也, 故不在寢, 而待於廟也. 禮論亦同.

번역 ●經文: "練冠". ○제사를 지내기 이전에 쓰는 관(冠)을 뜻하니, 만약 대상(大祥)의 제사를 지내게 된다면, 호관(縞冠)27)을 착용한다. 이곳의 상황은 조문객이 찾아왔으나 아직 조문을 받지 않은 상황을 뜻한다. 그렇기 때문에 연관(練冠)을 착용한 것이다. 만약 일찍 찾아와서 이미 조문을 한 자라면, 대상을 지낸 이후에 상사의 일 때문에 다시 찾아왔을 경우, 비록 그 시기가 대상의 제사를 치르는 날에 미치지 않았다고 하더라도, 상주는 반드시 대상 때 제사를 치르며 입게 되는 복장을 착용하고서 그의 조문을

---

27) 호관(縞冠)은 백색의 명주로 만든 관(冠)이다. 상제(祥祭)나 흉사(凶事) 때 착용했다.

받아야만 한다. 그렇기 때문에 『예기』「잡기(雜記)」편에서는 "이미 대상을 끝냈다면, 비록 호(縞)를 쓰는 시기에 해당하지 않더라도, 반드시 호(縞)를 쓰고, 그런 뒤 대상 이후에 착용하는 복장으로 바꾼다."[28]라고 했고, 이 문장에 대한 정현의 주에서는 "상사의 일로 부의를 가지고 찾아온 자가 있을 경우를 뜻하니, 비록 그 시기에 이르지 않았다고 하더라도, 복식을 바꾸고, 대상을 지낼 때의 복장을 착용하고서 조문을 받는데, 그 이유는 그 예를 중시하기 때문이다. 이 시기에 처음으로 조문을 온 자인 경우라면, 위(衛)나라 장군(將軍) 문자(文子)의 아들이 했던 것처럼 한다."라고 한 것이다. 「잡기」편의 경문은 거듭 찾아온 자에게 기준을 둔 내용이다. 그렇기 때문에 호관을 착용한 것이다. 반면 위나라 장군 문자 아들의 경우에는 처음으로 찾아온 자인 경우이다. 그렇기 때문에 연관을 착용한 것이고, 이러한 이유 때문에 「잡기」편에 대한 정현의 주에서는 이곳 문장의 내용을 인용하여, 대상을 지낸 이후에 조문객이 찾아온 다른 측면에 대해서 증명을 한 것일 따름이다. 이를 통해 추론해본다면, 담제사를 지낸 이후에 처음으로 찾아와서 조문을 한 자가 있는 경우라면, 대상 때 착용하는 관(冠)을 쓰는 것이다. 만약 담제사를 지낸 이후에 재차 찾아와서 부의 등을 전달하는 일이 있다면, 상주는 담제사를 지낼 때 착용하는 복장을 입는 것이다. 길제(吉祭)를 이미 지낸 이후인데도, 간혹 찾아와서 조문하는 자가 있다면, 그에 맞는 복장에 대해서는 관련 기록이 없다. 상을 끝낸 이후의 시기에 있어서도, 또한 조문을 하는 예법이 있다. 그렇기 때문에 『춘추』문공(文公) 9년의 기록에서 "진(秦)나라 사람이 찾아와서 희공(僖公)과 성풍(成風)에게 바치는 수의(襚衣)를 보냈다."[29]라고 한 기록이 바로 이러한 사실을 나타낸다. 정현이 "묘(廟)에서 대기를 하며, 조문을 받지만, 조문객을 맞이하지는 않았다."라고 했는데, 죽은 자의 신주를 옮겨서 묘(廟)로 들여놓았기 때문에, 현재의 상황에서 묘에서 조문객을 대기하도록 하여, 죽은 자에 대해서 다

---

28) 『예기』「잡기하(雜記下)」【511b】: 子游曰, "既祥, 雖不當縞者, 必縞然後反服."
29) 『춘추』「문공(文公) 9년」: 秦人來歸僖公成風之襚.

가가게끔 했던 것이다. 『의례』「사상례(士喪禮)」편을 살펴보면, 어떤 자가 이제 막 죽었을 때, 군주의 명령을 받들고서 찾아온 자가 있다면, 그를 위해 밖으로 나와서 맞이하고, 소렴(小斂)을 지낸 이후에는 찾아온 대부를 위해서 밖으로 나와서 맞이한다고 했다. 이것은 조문을 받으며 조문객을 맞이하는 경우이다. 그런데 지금은 상복을 벗은 이후에 조문을 받는 것이기 때문에, 빈객을 맞이하지 않았던 것이다. 혹자는 여기에서 찾아왔다고 하는 자는 자신의 군주가 내린 명령을 받들고 온 자가 아니므로, 대등한 신분에게 적용하는 예에 따라서 그를 대하기 때문에, 밖으로 나가서 맞이하지 않는다고 주장한다. 또 어떤 자는 여기에서 말한 상황은 담제사를 지낸 이후로, 길(吉)한 때에 찾아왔기 때문에, 침(寢)에 있지 않으므로, 묘(廟)에서 그를 대하는 것이라고 했다. 『예론』 또한 이와 같은 의견이다.

集解 愚謂: 除喪, 蓋禫除吉祭之後, 新主已遷於廟, 故就廟而受弔也. 深衣, 十五升布, 連衣裳爲之, 其服在吉凶之間. 練冠, 小祥之冠也. 時文氏喪服已除, 吉服又不可以受弔. 聘禮, "遭喪, 大夫練冠長衣以受." 彼凶中受吉禮, 此吉中受凶禮, 故放其服而略變焉. 祥而外無哭者, 禫而內無哭者, 故但垂涕洟以致其哀而已. 庶幾, 近也, 言其近於禮也. 蓋除喪受弔, 乃禮之所未有, 文子之子處禮之變, 酌乎情文之宜而行之, 而能不失乎禮意, 故子游善之. 案士喪禮, "君使人弔‧禭, 主人迎於寢門外." 若異國君之使, 其敬之當與己君之使同. 此主人待于廟不迎者, 蓋弔者非越君之命與.

번역 내가 생각하기에, '제상(除喪)'이라는 것은 아마도 담제사를 끝내서 길제(吉祭)를 치른 이후를 뜻하는 것 같다. 그래서 이 시기는 새롭게 만든 신주를 이미 묘(廟)로 옮겨둔 상황이기 때문에, 묘에 나아가서 조문을 받았던 것이다. '심의(深衣)'라는 것은 15승(升)의 포(布)로 만들며, 상의와 하의를 연결시켜서 만드는데, 그 복장은 길복(吉服)과 흉복(凶服) 중간에 놓인다. '연관(練冠)'은 소상(小祥)을 치르며 쓰는 관이다. 당시 문자의 아들은 상복을 이미 벗은 상태인데, 길복을 착용하고서는 또한 조문을 받을 수 없었다. 『의례』「빙례(聘禮)」편에서는 "상을 접하게 되면, 대부에 대해서는 연관과 장의(長衣)30)를 착용하고서 조문을 받는다."31)라고 했다.「빙례」편에서 말한 내용은 흉례(凶禮)를 치르던 도중 길례(吉禮)를 받게 되는 상황이고, 이곳에서 말한 내용은 길례를 치르던 도중 흉례를 받게 되는 상황이다. 그렇기 때문에 그 복장을 모방하여 간략히 변화를 시킨 것이다. 상(祥)을 치르고 난 뒤에는 밖에서 곡(哭)을 하지 않고, 담제사를 지내고 나서는 안에서 곡하는 일이 없다. 그렇기 때문에 단지 눈물과 콧물을 흘려서 애통한 마음을 나타냈던 것일 뿐이다. '서기(庶幾)'는 "가깝다[近]."는 뜻이니, 예에 가깝다는 의미이다. 아마도 상을 끝내고 조문을 받게 된다면, 예의 규정에는 아직 이러한 상황에 대한 규범이 없으므로, 문자의 아들은 예의 변화된 상황에 처해서, 정감과 형식의 합당함에 맞춰서 이러한 행동을 했고, 또 예의 본래 의미도 놓치지 않을 수 있었기 때문에, 자유가 그를 칭찬했던 것이다. 『의례』「사상례(士喪禮)」편을 살펴보면, "군주가 사람을 시켜서 조문을 하거나 부의를 보내게 된다면, 상주는 침문(寢門) 밖에서 군주의 명령을 받들고 온 자를 맞이한다."32)라고 했다. 만약 다른 나라의 군주로부터 명령을 받들고 온 사신이 있는 경우, 그를 공경해야 하는 것은 마땅히 자기 군주의 명령을 받들고 찾아온 사신과 동일하게 해야만 한다. 이곳에서 상주가 묘(廟)에서 기다리며 조문객을 맞이하지 않았다고 한 이유는 아마도 조문객이 월(越)나라 군주의 명령을 받들고 찾아온 자가 아니었기 때문일 것이다.

---

30) 장의(長衣)는 고대의 귀족들이 상중에 착용하는 순백색의 포로 된 옷이다. 『의례』「빙례(聘禮)」편에는 "遭喪將命於大夫, 主人長衣練冠以受."라는 기록이 있는데, 이에 대한 정현의 주에서는 "長衣, 純素布衣也."라고 풀이했다.
31) 『의례』「빙례(聘禮)」: 遭喪, 將命于大夫, 主人長衣・練冠以受.
32) 『의례』「사상례(士喪禮)」: 君使人弔. 徹帷. 主人迎于寢門外, 見賓不哭, 先入門右, 北面.

참고 『예기』「단궁상(檀弓上)」 기록

경문-94b 曾子與客立於門側, 其徒趨而出, 曾子曰: "爾將何之?" 曰: "吾父死, 將出哭於巷." 曰: "反哭於爾次!" 曾子北面而弔焉.

번역 증자가 빈객과 함께 문 옆에 서 있었는데, 증자의 제자가 빠른 걸음으로 밖으로 나갔다. 증자가 그를 바라보며, "너는 어디로 가려고 하느냐?"라고 했다. 그러자 제자는 "제 부친께서 돌아가셔서, 밖으로 나가서 거리에서 곡을 하려고 합니다."라고 했다. 증자는 "되돌아가서 너의 객사에서 곡(哭)을 하거라!"라고 말했다. 이후 증자는 북쪽을 바라보고 조문을 하였다.

鄭注 徒, 謂客之旅. 以爲不可發凶於人之館. 次, 舍也. 禮: 館人使專之, 若其自有然.

번역 '도(徒)'자는 빈객의 무리를 뜻한다. 남의 객사에서 흉례(凶禮)를 치를 수 없다고 여긴 것이다. '차(次)'자는 객사를 뜻한다. 예에 따르면, 남으로 하여금 그 장소에 머물게 하였다면, 그로 하여금 그 공간을 전적으로 사용할 수 있게 하여, 마치 그 자가 소유한 것처럼 여기게 하는 것이다.

孔疏 ●"曰: 反哭於爾次"者, 於時立曾子之門, 故曾許其反哭於汝次舍之處. 依禮, 喪主西面, 曾子所以北面弔者, 按士喪禮主人西面, 其賓亦在東門北面, 謂同國之賓, 曾子旣許其哭於次, 故以同國賓禮北面弔焉.

번역 ●經文: "曰: 反哭於爾次". ○당시 증자는 문에 서 있었기 때문에, 증자가 너의 숙소로 되돌아가서 곡을 하라고 허락했던 것이다. 예에 따르면 상주는 서쪽을 바라보고 서 있게 되는데, 증자는 북쪽을 바라보고 조문을 하였다. 그 이유는 『의례』「사상례(士喪禮)」편을 살펴보면, 상례를 치를 때, 상주는 서쪽을 바라보고, 그의 빈객은 또한 문의 동쪽에서 북쪽을 바라본다고 하였으니, 여기에서 말하는 빈객은 같은 나라에 살고 있는 빈객을 뜻한다. 증자는 그에게 숙소에서 곡(哭)을 하도록 허락을 해주었기 때문에, 같은 나라에 살고 있는 빈객에 대한 예에 따라서, 북쪽을 바라보고 조문을 했던 것이다.

集解 愚謂: 徒, 曾子之徒也. 聘禮, "聘君若薨於後, 入境則遂也. 赴者未至, 則哭於巷." 時曾子之徒蓋亦以赴者未至, 故欲出哭於巷, 曾子令反於其舍者, 以其徒在曾子之家, 與聘賓在主國之禮異也. 士喪禮弔賓西面於主人, 衆主人之南, 此乃北面而弔焉, 蓋弔於不爲位者之禮也. 奔喪禮曰"聞喪不得奔喪", "乃爲位." 若聞喪卽奔, 則不爲位矣. 哭而不爲位, 則哭者南面, 弔者北面.

번역 내가 생각하기에, '도(徒)'자는 증자의 문도를 뜻한다. 『의례』「빙례(聘禮)」편에서는 "빙례를 함에 만약 빙문을 받는 나라의 군주가 그 뒤에 죽게 된다면, 국경을 들어왔을 때에는 그대로 빙문을 시행한다. 부고를 알리는 자가 아직 도달하지 않았다면, 거리에서 곡을 한다."33)라고 했다. 당시 증자의 문도는 아마도 또한 부고를 알리는 자가 아직 도착하지 않았기 때문에, 거리에 나가서 곡(哭)을 하고자 했던 것이다. 그러나 증자는 그로 하여금 객사로 되돌아가게 하였는데, 그의 문도가 증자의 집에 머물러 있었으므로, 빙문으로 찾아온 빈객이 빙문으로 찾아간 나라의 군주에 대해 따르던 예법과 다르기 때문이다. 『의례』「사상례(士喪禮)」편에서는 조문객은 상주에 대해서 서쪽을 바라보게 되고, 중주인(衆主人)의 남쪽에 위치하게 되는데, 이것은 곧 북쪽을 바라보며 조문을 하는 형태가 된다. 아마도 이 내용은 곡(哭)하는 자리를 마련하지 않았을 때 조문을 하는 예일 것이다. 『예기』「분상」편에서는 "상에 대한 소식을 접했는데, 분상을 할 수 없다."라고 언급하고, "곧 곡하는 자리를 마련한다."라고 하였으니, 만약 상에 대한 소식을 접하고 분상을 할 수 있는 경우라면, 곡하는 자리를 마련하지 않았을 것이다. 그리고 곡을 하면서 곡하는 자리를 마련하지 않는 경우라

---

33) 『의례』「빙례(聘禮)」: 聘君若薨于後, 入竟則遂. 赴者未至, 則哭于巷, 衰于館.

면, 곡하는 자는 남쪽을 바라보게 되고, 조문을 하는 자는 북쪽을 바라보게 될 것이다.

참고 『예기』「단궁상(檀弓上)」 기록

경문-98d 夫子曰: "始死, 羔裘·玄冠者, 易之而已." 羔裘·玄冠, 夫子不以弔.

번역 공자는 "어떤 자가 이제 막 죽게 되면, 새끼양의 가죽으로 만든 갓옷과 현관(玄冠)의 복식은 바꿀 따름이다."라고 했다. 그리고 공자는 새끼양의 가죽으로 만든 갓옷과 현관의 차림을 하고서 조문을 하지 않았다.

鄭注 不以吉服弔喪.

번역 길복(吉服)을 착용하고서, 상사에 조문할 수 없기 때문이다.

孔疏 ●"夫子"至"以弔". ○正義曰: 此一節論始死易服, 小斂後不得吉服弔之事. 但養疾者朝服, 羔裘·玄冠, 卽朝服也. 始死則易去朝服, 著深衣, 故云"易之而已". 記時有不易者, 又有小斂後羔裘弔者, 記人引論語·鄕黨孔子身自行事之禮, 以譏當時之事, 故曰"羔裘玄冠, 夫子不以弔". 時多失禮, 唯孔子獨能行之, 故言之也.

번역 ●經文: "夫子"~"以弔". ○이곳 문단에서는 어떤 자가 이제 막 죽었을 때, 복식을 바꾸게 되고, 소렴(小斂)을 한 이후에는 길복(吉服)을 착용하고서 조문을 할 수 없다는 사안을 논의하고 있다. 다만 질병에 걸린 자를 봉양할 때에는 조복(朝服)을 착용하는데, 새끼양의 가죽으로 만든 갓옷과 현관(玄冠)을 착용하는 것은 곧 조복의 복식에 해당한다. 이제 막 죽었을 때라면, 조복을 벗고, 심의(深衣)를 착용한다. 그렇기 때문에 "바꿀 따름이다."라고 말한 것이다. 당시에는 또한 복식을 바꾸지 않았던 자가 있었고, 또한 소렴을 한 이후에 새끼양의 가죽으로 만든 옷을 착용하고서 조문을 하던 자도 있었음을 기록한 것이니, 『예기』를 기록한 자는 『논어』「향당(鄕黨)」편에 기록된 공자 본인이 직접 일에 따라 시행했던 예를 인용하여,[34] 당시의 일들을 기록했던 것이다. 그래서 "갓옷과 현관을 착용했을 때, 공자는 이러한 복장으로 조문을 하지 않았다."라고 말한 것이다. 당시에는 대부분 실례를 자행했고, 공자만이 유독 이러한 예의 규정들을 준수할 수 있었다. 그렇기 때문에 공자에 대한 일화를 언급한 것이다.

集解 喪大記"疾病", "男女改服", 謂改其養疾之玄端而深衣也. 問喪云"親始死", "扱上衽", 但言扱上衽, 而不言改衣, 則前此已深衣, 而至此特扱其衽明矣. 此始死乃有羔裘·玄冠者, 謂疏親不與於養, 至死而方以吉服至者也. 易之者, 改而素冠·深衣也. 羔裘·玄冠, 吉服也. 弔於未成服之前者皆吉服, 以主人尙未喪服也; 主人旣成服, 則不以吉服弔矣. 羔裘不以弔, 則弔衰皆襲麑裘也.

번역 『예기』「상대기(喪大記)」편에서는 "질병에 걸렸다."라는 경우를 언급하며, "남녀가 복식을 바꾼다."라고 했는데,[35] 이 말은 질병에 걸린 자를 봉양할 때 착용하는 현단복(玄端服)을 벗고서, 심의(深衣)를 착용한다는 뜻이다. 『예기』「문상(問喪)」편에서는 "부모가 이제 막 죽었다."라는 경우를 언급하며, "옷자락을 허리춤에 낀다."라고 했는데,[36] 이 문장에서는 단지 옷자락을 허리춤에 낀다는 내용만 말했고, 복식을 바꾼다고는 언급하지 않았으니, 이보다 앞서 이미 심의를 착용하고 있어서, 이 시기에 이르러서는 단지 옷자락을 허리춤에 끼었던 것이 분명하다. 이곳 문장에서는 어떤 자가 이제 막 죽었는데, 그 상을 치르는 자들 중 새끼양의 가죽으로 만든

---

34) 『논어』「향당(鄕黨)」: <u>羔裘玄冠不以弔</u>. 吉月, 必朝服而朝. 齊必有明衣, 布.

35) 『예기』「상대기(喪大記)」【526a】: <u>疾病</u>, 外內皆埽. 君大夫徹縣, 士去琴瑟. 寢東首於北牖下. 廢牀, 徹褻衣, 加新衣, 體一人. <u>男女改服</u>. 屬纊以俟絶氣. 男子不死於婦人之手, 婦人不死於男子之手.

36) 『예기』「문상(問喪)」【657d】: 親始死, 雞斯, 徒跣, <u>扱上衽</u>, 交手哭. 惻怛之心, 痛疾之意, 傷腎, 乾肝, 焦肺, 水漿不入口, 三日不擧火, 故鄰里爲之糜粥以飮食之. 夫悲哀在中, 故形變於外也. 痛疾在心, 故口不甘味, 身不安美也.

갓옷과 현관(玄冠)을 착용하는 자가 있었다고 하였으니, 이 말은 곧 친소관계가 먼 친척 중 봉양하는 일에 참여하지 않았던 자가 그 자가 죽음에 이르렀을 때, 이제 막 길복(吉服)의 차림으로 당도했던 것을 뜻한다. 바꾼다는 말은 복식을 고쳐서, 흰색의 관(冠)과 심의를 착용한다는 뜻이다. 고구(羔裘)와 현관(玄冠)은 길복(吉服)에 해당하는 복식이다. 상주가 아직 성복(成服)을 하기 이전에 조문을 하는 자들은 모두 길복을 착용하게 되니, 상주가 여전히 상복을 완전히 갖춘 것이 아니기 때문이다. 상주가 성복을 끝내게 되면, 길복을 착용하고서 조문을 할 수 없다. 고구(羔裘)를 입고서 조문을 할 수 없다면, 조문할 때의 복장은 모두 새끼 사슴의 가죽으로 만든 갓옷을 입고 습(襲)의 복식을 취하게 된다.

참고 『예기』「단궁상(檀弓上)」 기록

경문-104c 所識, 其兄弟不同居者, 皆弔.

번역 알고 지내던 자가 죽었을 경우, 죽은 자의 형제들이 죽은 자와 같은 집에서 함께 살고 있지 않다고 하더라도, 그 형제들에게 모두 찾아가서 조문을 한다.

鄭注 就其家弔之, 成恩舊也.

번역 그의 집에 찾아가서 조문을 하여, 옛 은정을 이루는 것이다.

孔疏 ●"所識, 其兄弟不同居者皆弔"者, 此文連上"有殯"之下, 若其骨血兄弟, 雖緦必往. 若其非兄弟骨血疏外之人, 雖鄰不往. 今有旣非兄弟, 又非疏外, 平生所共知識, 往來同恩好, 今若身死者, 兄弟雖不同居, 亦就往弔之, 成其死者之恩舊也. 其死者兄弟不同居, 尙往弔之, 則死者子孫就弔可知, 擧疏以見親也. 己有殯得弔之者, 以其死者與我有恩舊也. 皇氏以爲別更起文, 不連"有殯"之事, "所識"者, 謂識其死者之兄弟, 是小功以下之親, 旣識兄弟, 雖不同居, 皆一一就弔之. 未知然否, 故兩存焉.

번역 ●經文: "所識, 其兄弟不同居者皆弔". ○이곳 문단은 앞의 '유빈(有殯)'으로 시작되는 문장 뒤에 연이어 기록되었으니, 만약 혈연관계에 있는 형제라고 한다면, 비록 시마복(緦麻服)을 입게 되는 관계가 소원한 자라고 하더라도, 반드시 찾아가서 조문을 하게 된다. 만약 혈연관계에 있는 형제도 아니고, 관계가 소원하고 멀리 떨어져 있는 자가 아닌 경우, 비록 가까이 사는 이웃이라고 하더라도 찾아가지 않는다. 그런데 현재의 상황은 이미 형제관계에 있는 자도 아니고, 또한 관계도 소원하며 멀리 떨어져 살고 있는 자도 아니며, 평생토록 서로 알고 지내던 자이고, 서로 왕래하여 은정을 함께 나눈 사이인데, 만약 그 자가 죽게 된다면, 그의 형제들이 비록 같은 집에 살고 있지 않다고 하더라도, 또한 그의 형제들에게 찾아가서 조문을 하여, 죽은 자와의 옛 은정을 이루어야 한다. 죽은 자의 형제들이 죽은 자와 함께 거처하지 않는데, 오히려 그들에게 찾아가서 조문을 한다면, 죽은 자의 자손들에게도 찾아가서 조문을 해야 함을 알 수 있다. 이것은 관계가 보다 소원한 경우를 제시하여, 관계가 친밀한 경우까지도 함께 나타낸 것이다. 본인의 집에 빈소를 차리고 있는데, 조문을 갈 수 있는 이유는 죽은 자와 본인 사이에는 옛날부터 나눈 은정이 있기 때문이다. 황간은 이곳 문장의 내용을 별개의 문장으로 여겨서, 앞의 '유빈(有殯)'으로 시작되는 사안과 연결시키지 않았고, '소식(所識)'이라는 것은 죽은 자의 형제들과 알고 지냈다는 뜻이며, 그 자들은 소공복(小功服) 이하의 친족 관계를 가진 자에 해당하는데, 이미 그의 형제들과 알고 지낸 사이라면, 비록 그들이 함께 거처하는 경우가 아니더라도, 모두에 대해서 일일이 찾아가서 조문을 한다고 하였다. 과연 그러한지 알 수 없어서, 두 가지 주장을 모두 수록해둔다.

集說 馮氏曰: 上二句, 旣主生者出弔往哭爲義, 則下一句文意當同. 所識當爲句, 若所知之謂也. 死者旣吾之所知識, 則其兄弟雖與死者不同居, 我皆當弔之, 所以成往來之情義也.

번역 풍씨37)가 말하길, 앞의 두 구문 내용이 이미 상주가 밖으로 나와서 조문을 하고, 찾아가서 곡을 한다는 것을 뜻한다면, 그 뒤 1개 구문의 뜻도 마땅히 동일해야 한다. 따라서 '소식(所識)'에서 구문을 끊어야 하니, 이 말은 '알고 지내던 자[所知]'라고 부르는 말과 같다. 죽은 자가 이미 나와 알고 지내던 자라면, 그의 형제들이 비록 죽은 자와 같은 집에 살고 있지 않다고 하더라도, 나는 그 형제들에 대해서 모두 찾아가서 조문을 해야만 하는 것으로, 서로 왕래하는 정감과 도의를 이루기 위해서이다.

訓纂 吳幼淸曰: 所識之人, 其家若有同居之親死, 往弔不待言矣. 雖其兄弟之不同居者死, 亦皆弔之. 蓋厚於所識, 故推其恩愛, 以及於其有服之兄弟不同居者. 皇氏以爲小功以下之親. 小功以下, 服輕尙弔, 況大功以上服重者乎? 鄭注以爲所識者死, 而弔於其不同居兄弟之家, 不如皇氏之說爲當. 案記文言"皆弔", 夫喪無二主, 若所識一人死, 而皆往弔其不同居之兄弟, 則喪不止二主矣. 古無是禮也.

번역 오유청이 말하길, 서로 알고 지내던 자의 경우, 그의 집에 만약 함께 살고 있는 친족이 죽는 일이 발생한다면, 찾아가서 조문을 하며, 부고를 알려올 때까지 기다리지 않는 것이다. 비록 그의 형제 중 같은 집에 살고 있지 않은 자가 죽게 되더라도, 또한 모두에 대해서 조문을 한다. 무릇 서로 알고 지내던 자에 대해서는 은정이 두텁기 때문에, 그 은정과 자애로운 마음을 미루어서, 그와 함께 살고 있지는 않지만 상복관계에 있는 형제들에게까지 미루어가는 것이다. 황간은 여기에서 말한 형제를 소공복(小功服) 이하의 관계에 속한 친족이라고 여겼다. 소공복 이하의 상복은 상복의 수위가 낮은데도 오히려 조문을 하는데, 하물며 대공복(大功服) 이상의 수위가 높은 상복관계에 있는 자에 있어서는 어떻게 하겠는가? 정현의 주에서는 이곳 문장의 내용을 서로 알고 지내던 자가 죽은 경우로 여겨서, 죽은 자와 함께 거주하지 않는 형제들의 집에 찾아가서 조문을 하는 것이라고

---

37) 양헌풍씨(亮軒馮氏, ?~?) : =풍씨(馮氏). 자세한 행적이 남아 있지 않다.

했으니, 황간의 합당한 주장만 못하다. 그런데 『예기』의 문장을 살펴보면, "모두에게 조문을 한다[皆弔]."라고 하였다. 무릇 상(喪)을 치를 때에는 두 명의 상주가 있을 수 없으니, 만약 정현의 주장처럼, 알고 지내던 자 1명이 죽었는데, 그와 함께 살고 있지 않은 형제들에 대해서 모두 찾아가서 조문을 한다면, 상을 치르는데 있어서, 단지 두 명의 상주가 있는 것에 그치지 않고, 그보다 더 많은 상주가 있게 된다. 그러나 고대의 예법에는 이러한 예가 없었다.

集解 愚謂: 所識, 謂所知識也. 知生者弔, 故所識之人, 其兄弟之不同居者死, 皆往而弔之.

번역 내가 생각하기에, '소식(所識)'은 서로 알고 지내던 자를 뜻한다. 살아있는 자에 대해서 조문을 한다는 사실을 알 수 있으므로, 알고 지내던 자의 경우, 그의 형제들 중 같은 집에 살고 있지 않은 자가 죽었다면, 그 형제들에 대해서도 모두 찾아가서 자신과 알고 지내던 자에게 조문을 하는 것이다.

참고 『예기』「단궁하(檀弓下)」 기록

경문-108c 君於大夫, 將葬, 弔於宮, 及出, 命引之, 三步則止. 如是者三, 君退. 朝亦如之, 哀次亦如之.

번역 군주는 대부의 상에 대해서, 장차 장례를 치르려고 하면, 빈소에 찾아가서 조문을 하고, 영구를 실은 수레가 행차를 하려고 하면, 명령을 내려서 수레를 끌고 가도록 하는데, 3보를 가게 되면, 수레는 곧 멈추게 된다. 이와 같은 과정을 세 번 반복하게 되면, 영구는 장지로 떠나가게 되니, 군주는 곧 물러가게 된다. 군주가 조문하러 찾아왔을 때, 그 시기가 조묘(朝廟)[38]를 하는 때라고 하더라도 또한 이처럼 하고, 영구가 평상시 대부 본인이 빈객을 대하던 장소를 지나치게 되면, 자식은 애통한 마음을 느끼게 되어, 또한 이곳에서 잠시 멈춰 서게 하는데, 이때에도 또한 이와 같은 과정을 반복하여, 행차를 하게 된다.

鄭注 以義奪孝子. 宮, 殯宮. 出謂柩已在路. 退, 去也. 三命引之, 凡移九步. 君弔不必於宮. 朝, 喪朝廟也. 次, 他日賓客所受大門外舍也. 孝子至此而哀, 君或於是弔焉.

번역 의(義)에 따라 효자의 애통한 마음을 떨쳐내는 것이다. '궁(宮)'자는 빈소를 뜻한다. '출(出)'자는 영구가 이미 움직여서 도로상에 있다는 뜻이다. '퇴(退)'자는 "떠난다[去]."는 뜻이다. 세 차례 명령을 내려서 끌어내도록 하니, 모두 9보를 움직이게 된다. 군주가 조문을 할 때 반드시 빈소에서만 하는 것은 아니다. '조(朝)'자는 상을 치르며 조묘(朝廟)하는 절차를 뜻한다. '차(次)'자는 평소 빈객을 접대하던 곳으로, 대문 밖의 잠시 머무는 장소를 뜻한다. 자식은 이곳에 도달하게 되면, 애통한 마음을 느끼게 되는데, 군주가 간혹 이러한 때에 조문을 하였던 것이다.

孔疏 ●"君於"至"如之". ○正義曰: 此一節論君弔臣之禮. 君於大夫之喪, 將至葬時, 君必親往弔於殯宮, 謂就殯宮以弔孝子. 弔禮旣畢, 及其柩出殯宮之門, 孝子號慕攀轅, 柩車不動, 君奪孝子之情, 命遣引之. 引者三步則止, 所以止者, 引者不忍頓奪孝子之情, 故且止柩住. 君又命引之, 引之者三步而止. 君又命引之, 引之者三步而止. 故如是者三, 君又命引之, 柩車遂行, 君便退去. 君或來弔, 參差早晚, 不必恒在殯宮. 或當朝廟明日將發之時, 亦如柩出殯

---

38) 조묘(朝廟)는 종묘(宗廟)에 전제(奠祭)를 지낸다는 뜻이다. 또 『춘추』「문공(文公) 6년」 경문(經文)에는 "閏月不告月, 猶朝于廟."라는 기록이 있고, 이에 대한 두예(杜預)의 주에서는 "諸侯每月必告朔聽政, 因朝宗廟."라고 풀이했다. 즉 제후들은 매월 반드시 고삭(告朔)을 하며 정사(政事)를 돌보게 되는데, 이것에 연유하여 종묘에서 전제사를 지낸다. 또한 '조묘'는 상례(喪禮)를 치르며 영구를 조묘로 이동시켜서, 장차 장지로 떠나게 됨을 아뢰는 의식이기도 하다.

宮, 命引之三步, 如是者三之事, 故云"朝亦如之". 君弔或晚, 不及朝廟之時, 朝廟已畢, 柩出大門, 至平生待賓客次舍之處, 孝子哀其平生次舍之處, 停柩不行, 君於是始弔. 弔畢, 君命引之使行, 如上來之事, 故云"哀次亦如之".

번역 ●經文: "君於"～"如之". ○이곳 문단은 군주가 신하를 조문하는 예법에 대해서 논의하고 있다. 군주는 대부의 상에 대해서, 장차 장례를 치르려고 할 때, 반드시 군주가 직접 찾아가서, 빈소에서 조문을 하게 되는데, 이 말은 곧 빈소에 나아가서, 그의 자식에게 조문을 한다는 뜻이다. 조문하는 의례 절차가 이미 끝났고, 영구를 실은 수레가 빈소의 문을 빠져나가게 되면, 자식은 울부짖으며 수레의 끌채를 부여잡게 되어, 영구가 움직이지 않게 되는데, 군주는 자식의 마음을 떨쳐내고, 명령을 내려서 수레를 끌고 가라고 한다. 수레를 끌고 가는 자는 3보를 가게 되면 멈추니, 멈추는 이유는 수레를 끌고 가는 자도 차마 자식의 마음을 완전히 떨쳐낼 수가 없기 때문에, 또한 영구를 끌고 가던 것을 멈추는 것이다. 군주는 재차 명령을 내려서, 끌고 가라고 하면, 수레를 끌고 가는 자는 3보를 간 뒤에 멈추게 된다. 군주가 다시 명령을 내려서, 끌고 가라고 하면, 수레를 끌고 가는 자는 3보를 간 뒤에 멈추게 된다. 그렇기 때문에 이처럼 하길 세 차례 반복한다고 말한 것이다. 군주가 다시 명령을 내려서, 끌고 가라고 하면, 영구를 실은 수레는 결국 떠나게 되고, 군주는 곧 물러가게 된다. 군주가 간혹 조문을 하기 위해 찾아왔을 때, 잠시 지체가 되어, 시간적 차이가 생길 수도 있으니, 영구가 항상 빈궁에 있는 것만은 아니다. 간혹 조묘(朝廟)를 하여 다음 날 발인을 하려고 할 때에 도달할 수도 있는데, 이때에도 또한 영구를 빈소에서 밖으로 끌고 가게 되므로, 군주는 끌어내라고 명령을 하고, 끌고 가는 자는 3보를 가다가 멈추게 되니, 위에서 언급했던 일들을 세 차례 반복한다. 그렇기 때문에 "조(朝)에서도 또한 이처럼 한다."라고 말한 것이다. 군주의 조문이 간혹 더욱 늦어져서, 조묘를 하는 시기에도 당도하지 못하였고, 조묘가 이미 끝난 뒤에, 영구가 대문을 나서서, 주인이 평상시에 빈객을 대하던 장소에 도달하게 되었다면, 자식은 부친이 평소에 빈객을 대하던 장소에서 애통함을 나타내어, 영구를 멈추고 움직이지 못하게 하는데,

군주가 이 시기에 비로소 조문을 하는 경우도 발생한다. 이러한 경우 군주가 조문하는 의례를 끝내면, 명령을 내려서 끌고 가라고 하여, 수레를 이동시키는데, 앞서 조문했을 때의 일처럼 시행한다. 그렇기 때문에 "차(次)에서 애도를 표할 때에도 또한 이처럼 한다."라고 말한 것이다.

集解 宮, 柩所朝之廟也. 將葬, 弔於宮, 謂葬日柩將行, 而君弔之也. 出, 謂柩出廟門也. 命引之者, 命人執引以引柩車也. 弔於葬者必執引, 君尊, 故使人引之, 以致其意. 每引三步, 三引則九步也. 禮成於三. 朝, 謂葬前一日, 柩朝廟之時也. 次, 孝子居喪之所次, 舍廬・堊室之處也. 士喪禮, "主人揖, 就次", 是也. 哀次者, 柩至次, 則孝子哭踊以致其哀, 士喪禮, "乃行, 踊無算", 是也. 君之來時不一, 或當柩朝廟之時, 或當柩已出宮至喪次之時, 皆如弔於宮之禮, 命引之者三也.

번역 '궁(宮)'자는 영구가 조(朝)를 하게 되는 묘(廟)를 뜻한다. 장차 장례를 치르려고 할 때, 궁(宮)에서 조문을 한다는 말은 장례를 치르는 날 영구가 장차 떠나려고 할 때, 군주가 조문을 한다는 뜻이다. '출(出)'자는 영구가 묘문(廟門) 밖으로 빠져나왔다는 뜻이다. '명인지(命引之)'라는 말은 사람들에게 명령하여, 영구에 매달린 끈을 잡고서, 영구를 실은 수레를 끌어내라고 하는 것이다. 장례를 치르는 날 조문을 하게 되면, 반드시 영구에 매달린 새끼줄을 잡게 되는데, 군주는 존귀한 신분이기 때문에, 다른 사람을 시켜서, 그 끈을 잡도록 하여, 그 뜻을 지극히 하는 것이다. 수레를 매번 끌어낼 때 3보를 가게 되는데, 세 차례 끌어냈다면 9보를 움직인 것이다. 예는 세 차례 시행하는 데에서 완성이 된다. '조(朝)'는 장례를 치르기 하루 전에 영구를 옮겨서 조묘(朝廟)를 하는 때를 뜻한다. '차(次)'자는 자식이 상을 치르며 머물던 장소로, 사려(舍廬)・악실(堊室) 등의 임시 막사가 있는 장소이다. 『의례』「사상례(士喪禮)」편에서 "상주는 물러나서 차(次)로 나아간다."39)라고 한 말이 바로 이러한 사실을 나타낸다. '애차(哀

---

39) 『의례』「사상례(士喪禮)」: 賓出. 婦人踊. 主人拜送于門外. 入, 及兄弟北面哭

次'라는 말은 영구가 차(次)에 도달하게 되면, 자식은 곡과 용(踊)을 하며, 애통한 마음을 지극히 나타내는데, 「사상례」편에서 "곧 영구가 움직이면, 용(踊)을 할 때 제한된 수치가 없다."[40]라고 한 말이 바로 이러한 사실을 나타낸다. 군주가 조문을 하기 위해 찾아오는 시기는 일률적이지 않으니, 간혹 영구가 조묘를 할 때 찾아오기도 하고, 또는 영구가 이미 묘를 빠져나와서, 상례를 치르며 임시로 거처하던 곳에 도달했을 때 찾아오기도 하니, 이러한 모든 경우에는 궁에서 조문을 할 때의 예법과 동일하게 하여, 줄을 잡고 끌어내라고 명령하길 세 차례 하는 것이다.

集解 鄭氏謂"宮爲殯宮", 非也. 士喪禮啓殯卽遷於祖, 固無可行弔禮之節; 而柩至祖廟, 設奠薦車之後, 乃云"質明滅燭", 則啓殯時尙昧爽, 君之弔必不能遽及乎此時而來也. 又鄭氏謂引之爲"以義奪孝子", 亦非也. 君使人引車, 特以致其執紼助葬之意, 非有他義也. 又鄭氏以次爲大門外接賓客之處, 亦非是. 說見曾子問.

번역 정현은 "'궁(宮)'자는 빈소를 뜻한다."라고 했는데, 이 말은 잘못된 주장이다. 『의례』「사상례(士喪禮)」편에서는 계빈(啓殯)을 하게 되면, 곧 조묘(祖廟)로 옮긴다고 했으니, 진실로 조문의 예절을 시행할 수 있는 여유가 없게 된다. 그리고 영구가 조묘에 당도하게 되면, 음식을 차려서 수레의 뒷부분에 진설하게 되고, 그 때에 곧 "날이 밝아져서 등불을 끈다."[41]라고 했으므로, 계빈을 할 때에는 여전히 동이 튼 것이 아니니, 군주가 조문 오는 시기는 반드시 이 시기에 맞춰서 당도하지 않게 된다. 또한 정현은 영구에 매달린 줄을 끌어당긴다는 뜻을 "의(義)로써 자식의 마음을 떨쳐낸다."라고 여겼는데, 이 또한 잘못된 주장이다. 군주는 다른 사람을 시켜서 수레를 끌어당기도록 하는 것인데, 이것은 단지 매달린 끈을 잡고 장례를 돕는 의

殯. 兄弟出, 主人拜送于門外. 象主人出門, 哭止, 皆西面于東方. 闔門. <u>主人揖就次</u>.
40) 『의례』「사상례(士喪禮)」: 商祝執功布以御柩. 執披. 主人袒, <u>乃行, 踊無筭</u>.
41) 『의례』「기석례(旣夕禮)」: 薦車直東榮, 北輈. <u>質明滅燭</u>.

미를 다하고자 한 것일 뿐이지, 다른 의미가 포함되어 있지 않다. 또 정현은 '차(次)'자를 대문 밖에서 빈객들을 접하던 장소라고 여겼는데, 이 또한 잘못된 말이다. 자세한 설명은 『예기』「증자문(曾子問)」편에 나온다.

참고 『예기』「단궁하(檀弓下)」 기록

경문-108c 五十無車者, 不越疆而弔人.

번역 50세가 된 자들 중 수레가 없는 자는 국경을 넘어서까지 남에게 조문을 가지 않는다.

孔疏 ●"五十"至"弔人". ○正義曰: 此一節論衰老不許徒行遠弔之事. 所以時不許越疆而弔人者, 五十旣衰, 越疆則道路遙遠, 弔人又悲感哀戚, 恐增衰恐, 故不許也.

번역 ●經文: "五十"~"弔人". ○이곳 문단은 노쇠한 자가 멀리 걸어가서 조문하는 일을 허용치 않는 사안에 대해서 논의하고 있다. 때에 따라 국경을 넘어가서 남에게 조문하는 것을 허락지 않는 이유는 50세가 되면 이미 노쇠하였으니, 국경을 넘게 된다면, 그 길이 먼 것이고, 남에게 조문을 할 때에는 또한 비통하고 애통한 마음을 드러내므로, 노쇠함이 더하게 될까 염려되기 때문에, 허락하지 않는 것이다.

참고 『예기』「단궁하(檀弓下)」 기록

경문-109a 大夫弔, 當事而至, 則辭焉. 弔於人, 是日不樂. 婦人不越疆而弔人. 行弔之日, 不飮酒食肉焉.

번역 대부가 사에게 조문을 함에, 만약 상주가 시행하고 있는 일이 있을 때 당도하게 된다면, 그 일을 돕는 자가 나와서, 상주가 현재 어떠한 일을 시행하고 있다는 사실을 아뢴다. 남에게 조문을 하게 되면, 그 날에는 음악을 연주하지 않는다. 부인은 국경 밖으로 나가서 남에게 조문을 가지 않는다. 조문을 시행한 날에는 술을 마시지 않고 고기도 먹지 않는다.

鄭注 辭猶告也, 擯者, 以主人有事告也. 主人無事, 則爲大夫出. 君子哀樂不同日. 子於是日哭, 則不歌. 不通於外. 以全哀也.

번역 '사(辭)'자는 "아뢴다[告]."는 뜻이니, 상사를 돕는 자는 상주에게 일이 있다고 아뢴다는 의미이다. 상주에게 별다른 일이 없다면, 대부를 위해서 밖으로 나가게 된다. 군자는 슬픔과 즐거운 감정을 같은 날에 나타내지 않는다. 공자는 그 날에 곡을 했다면 노래를 부르지 않았다고 했다.[42] 부인은 외지로 나갈 수 없다. 술과 고기를 먹지 않는 이유는 슬픈 감정을 온전히 유지하기 위해서이다.

孔疏 ◎注"辭猶"至"夫出". ○正義曰: 此"出"者正謂出之於庭, 不得出門外, 以男子之事自堂及門故也. 若未小斂以前, 唯君命出, 故士喪禮云: "唯君命出." 鄭注云: "大夫以下時來弔襚, 不出, 始喪哀戚甚, 在室." 是小斂以前, 不爲大夫出也. 正當小斂之節, 大夫來弔, 則辭之以有事. 斂畢當踊之時, 延大夫而入, 絶踊而拜之. 或大夫正當斂後踊時始來, 則亦絶踊拜之, 故雜記云: "當袒, 大夫至, 雖當踊, 絶踊而拜之." 注云: "尊大夫來至, 則拜之, 不待事已也. 若士來弔, 雖當斂, 不告以有事. 事畢, 踊後, 引士入, 然後拜之." 故雜記云 "於士, 旣事成, 踊襲而后拜之", 是也. 此云不當事則爲大夫出, 於士, 雖不當事則不爲之出. 然士喪禮旣小斂以後, 主人降自西階, 遂拜賓, 大夫特拜, 士旅之, 得出拜士者, 以主人將襲絰於序東, 因降階而拜之, 非故爲士而出拜之. 不當事爲大夫出, 謂出迎至庭. 若大夫退, 則出送于門外. 故士喪禮: "賓出, 主人拜送于門外." 鄭注云: "廟門外也." 廟門謂殯宮門也.

번역 ◎鄭注: "辭猶"~"夫出". ○여기에서 말한 '출(出)'자는 마당으로

---

42) 『논어』「술이(述而)」: 子於是日哭, 則不歌.

나온다는 뜻이며, 문밖으로 나올 수 없으니, 남자가 치르는 일들은 당(堂)에서 문까지의 공간에서 시행하기 때문이다. 만약 아직 소렴(小斂)을 치르기 이전이라면, 오직 군주의 명령에 대해서만 밖으로 나오게 된다. 그렇기 때문에 『의례』「사상례(士喪禮)」편에서는 "오직 군주의 명령에만 나온다."[43]라고 했고, 이 문장에 대한 정현의 주에서는 "대부 이하의 신분이 찾아와서 조문을 하며 부의를 보내더라도, 밖으로 나오지 않으니, 이제 막 상을 치르게 되어 애통함이 극심하므로, 실(室)에 머물러 있는 것이다."라고 한 것이다. 즉 이 말은 소렴을 치르기 이전에는 대부 때문에 밖으로 나오지 않는다는 사실을 뜻한다. 소렴의 절차를 시행하고 있을 때, 대부가 찾아와서 조문을 하게 되면, 시행하고 있는 일이 있다고 아뢴다. 염(斂)을 끝내고 용(踊)을 할 때, 대부가 찾아와서 조문을 하게 되면, 대부를 인도하여 안으로 들어오고, 용(踊)하던 것을 멈추고 그에게 절을 한다. 혹은 대부가 염(斂)을 끝낸 이후 용(踊)을 할 때 비로소 찾아오게 된다면, 또한 용(踊)을 멈추고 그에게 절을 한다. 그렇기 때문에 『예기』「잡기(雜記)」편에서는 "단(袒)을 할 때 대부가 찾아오게 되면, 비록 용(踊)을 해야 하지만, 용을 멈추고 그에게 절을 한다."라고 한 것이고, 이에 대한 정현의 주에서는 "대부가 찾아온 것을 존귀하게 여기므로, 그에게 절을 하는 것이고, 자신의 일이 끝날 때까지 기다리지 않게 하는 것이다. 만약 사(士)가 찾아와서 조문을 한다면, 비록 염(斂)을 하는 때 찾아왔더라도, 시행하고 있는 일이 있다고 알리지 않는다. 일이 끝나게 되면, 용(踊)을 한 이후, 사를 인도하여 들어오고, 그런 이후에야 그에게 절을 한다."라고 한 것이다. 그러므로 「잡기」편에서 "사에 대해서는 이미 일을 끝냈다고 하더라도, 용(踊)과 습(襲)을 한 이후에 그에게 절을 한다."라고 한 말이 바로 이러한 사실을 나타낸다.[44] 이 말은 시행하는 일이 없을 때 찾아오면, 대부를 위해서는 밖으로 나온다고 했으니, 사에 대해서는 비록 시행하는 일이 없을 때 찾아왔더라도, 사(士)를 위해서 밖으

---

43) 『의례』「사상례(士喪禮)」: 唯君命出, 升降自西階, 遂拜賓.
44) 『예기』「잡기하(雜記下)」【511c】: 當袒, 大夫至, 雖當踊, 絶踊而拜之. 反改成踊, 乃襲. 於士, 既事成踊, 襲而后拜之, 不改成踊.

로 나가지 않는다는 뜻이다. 그런데 「사상례」편에서는 소렴을 끝낸 이후에, 상주는 서쪽 계단을 통해서 당하로 내려가고, 마침내 빈객에게 절을 하며, 대부에 대해서는 한명씩 일일이 절을 하고, 사는 무리로 묶어서 한꺼번에 절을 한다고 했는데, 이 기록에서 밖으로 나와서 사(士)에게 절을 할 수 있다고 한 이유는 상주가 장차 서동(序東)에서 습(襲)과 질(絰)을 착용하고자 하여, 이러한 이유로 계단을 내려와서 절을 한 것이니, 굳이 사 때문에 밖으로 나와서 절을 한 것이 아니다. 일이 없을 때 당도하게 되어, 찾아온 대부를 위해서 밖으로 나간다는 말은 곧 밖으로 나와서 그를 맞이하며 마당까지 이르게 된다는 뜻이다. 만약 대부가 물러가게 되면, 문밖으로 나가서 그를 전송한다. 그렇기 때문에 「사상례」편에서는 "빈객이 밖으로 나가면, 상주는 문밖에서 그에게 절을 하며 전송한다."45)라고 했고, 이 문장에 대한 정현의 주에서는 "묘문(廟門) 밖을 뜻한다."라고 한 것이다. 여기에서 말한 '묘문(廟門)'은 곧 빈소의 문을 뜻한다.

集解 愚謂: 大夫尊, 來弔, 當卽拜之, 若當事未得拜, 則宜告之以其故也. 主人雖未拜, 弔者皆入卽位矣. 故上篇"子游裼裘而弔", "主人旣小斂, 祖括髮, 子游趨而出, 襲裘帶絰而入." 是知主人雖有事未得拜賓, 弔者已先入也. 喪大記云, "士於大夫, 不當斂則出", 則不當事, 雖未小斂, 固爲大夫出矣. 士喪禮, "唯君命出", 謂未襲以前也.

번역 내가 생각하기에, 대부는 존귀한 신분인데, 그가 직접 찾아와서 조문을 하므로, 마땅히 그에게 나아가서 절을 해야 한다. 그런데 만약 시행하고 있는 일이 있어서 절을 할 수 없다면, 마땅히 그 까닭을 아뢰어야만 한다. 상주가 비록 절을 하지 않은 상태라고 하더라도, 조문객은 모두 들어와서 자리에 나아가게 된다. 그렇기 때문에 「단궁상(檀弓上)」편에서 "자유는 겉옷을 걷어서 갓옷을 드러내어 조문을 했다."라고 했고, "상주가 소렴(小斂)을 끝내고, 단(袒)을 하고 머리를 틀자, 자유는 종종걸음으로 나갔다가

---

45) 『의례』「사상례(士喪禮)」: 賓出, 主人拜送于門外. 乃代哭, 不以官.

갓옷을 가리고, 대(帶)와 질(絰)을 차고서 들어왔다."라고 했던 것이니,46) 이 말을 통해서 상주가 비록 일이 있어서 빈객들에게 절을 할 수 없더라도, 빈객은 이미 그보다 앞서 들어와 있게 된다는 사실을 알 수 있다. 『예기』「상대기(喪大記)」편에서는 "사는 대부에 대해서, 염(斂)을 할 때가 아니라면, 밖으로 나온다."47)라고 했으니, 시행하는 일이 없을 때 당도하였다면, 비록 아직 소렴을 하기 이전이라고 하더라도, 진실로 찾아온 대부를 위해서 밖으로 나오게 되는 것이다. 『의례』「사상례(士喪禮)」편에서는 "오직 군주의 명(命)에만 밖으로 나온다."48)라고 했는데, 이 시기는 아직 습(襲)을 하기 이전을 뜻한다.

集解 婦人無境外之事也. 惟三年之喪, 則越疆而弔.

번역 부인(婦人)에게는 국경 밖에서 시행할 일이 없다. 오직 삼년상의 경우에만, 국경을 벗어나 조문을 하게 된다.

참고 『예기』「단궁하(檀弓下)」 기록

경문-109b 弔於葬者必執引; 若從柩, 及壙, 皆執紼.

번역 장례를 치를 때 조문하는 자들은 반드시 영구가 실려 있는 수레의 새끼줄을 잡고서, 끄는 일을 돕는다. 만약 영구를 끄는 사람의 수가 충족되어, 남은 인원들이 영구를 뒤따라가게 되면, 무덤에 이르러 하관을 할 때, 모두들 관(棺)에 매달린 새끼줄을 잡고서, 하관하는 일을 돕는다.

---

46) 『예기』「단궁상(檀弓上)」【88c】: 曾子襲裘而弔, <u>子游裼裘而弔</u>. 曾子指子游而示人曰: "夫夫也, 爲習於禮者, 如之何其裼裘而弔也?" <u>主人旣小斂, 袒·括髮, 子游趨而出, 襲裘·帶·絰而入</u>. 曾子曰: "我過矣! 我過矣! 夫夫是也."

47) 『예기』「상대기(喪大記)」【528d】: 君之喪未小斂, 爲寄公國賓出. 大夫之喪未小斂, 爲君出. <u>士之喪於大夫, 不當斂則出</u>.

48) 『의례』「사상례(士喪禮)」: <u>唯君命出, 升降自西階, 遂拜賓</u>.

鄭注 示助之以力, 車曰引, 棺曰紼, 從柩贏者.

번역 힘써 돕는다는 뜻을 보이기 위함이니, 수레에 매달린 새끼줄을 '인(引)'이라고 부르며, 관(棺)에 매달린 새끼줄을 '불(紼)'이라고 부르고, 영구를 뒤따라간 나머지 사람들이 잡게 된다.

孔疏 ●"弔於葬者, 必執引", 引, 柩車索也. 弔葬本爲助執事, 故必相助引柩車也.

번역 ●經文: "弔於葬者, 必執引". ○'인(引)'은 영구를 실은 수레에 매달린 새끼줄이다. 장례 때 조문하는 것은 본래 일처리를 돕기 위해서이다. 그렇기 때문에 반드시 수레에 매달린 새끼줄을 잡아서, 수레를 잡아끄는 일을 서로 돕게 되는 것이다.

孔疏 ●"若從柩及壙, 皆執紼"者, 及, 至也. 紼, 引棺索也. 凡執引用人, 貴賤有數, 若其數足, 則餘人不得遙行, 皆散而從柩也. 至壙下棺窆時, 則不限人數, 皆悉執紼, 是助力也.

번역 ●經文: "若從柩及壙, 皆執紼". ○'급(及)'자는 "~에 이르다[至]."는 뜻이다. '불(紼)'자는 관(棺)을 끌 때 사용하는 새끼줄이다. 무릇 인(引)을 잡을 때에는 사람들을 사용하는데, 신분의 귀천에 따라 사람의 수에 차등이 있으니, 만약 그 수가 충족되었다면, 나머지 사람들은 다른 곳으로 갈 수 없고, 모두들 흩어져서 영구를 뒤따르게 된다. 무덤에 이르러 하관을 할 때가 되면, 인원의 수에 제한이 없어서, 모든 자들이 관에 매달린 불(紼)을 잡게 되니, 이것은 힘써서 돕는다는 뜻에 해당한다.

孔疏 ◎注"示助"至"贏者". ○正義曰: "引"者, 長遠之名, 故在車, 車行遠也. "紼", 是撥擧之義, 故在棺, 棺唯撥擧, 不長遠也. 云"從柩贏"者, 贏, 餘也. 從柩者, 是執引所餘贏長者也. 何東山云: "天子千人, 諸侯五百人, 大夫三百人, 士五十人." 贏, 數外也.

번역 ◎鄭注: "示助"~"贏者". ○'인(引)'자는 멀리 간다는 뜻의 명칭이다. 그렇기 때문에 수레에 매달린 새끼줄에 그 명칭을 쓰게 되니, 수레가 멀리 가게 되기 때문이다. '불(紼)'자는 들어 올린다는 뜻이다. 그렇기 때문에 관(棺)에 매달린 새끼줄에 그 명칭을 쓰게 되니, 관(棺)만이 유일하게 들어 올려지고, 수레처럼 직접 끌어서 먼 길을 가는 것이 아니다. 정현이 "영구를 뒤따라간 나머지 사람들이 잡게 된다."라고 했는데, '영(贏)'자는 나머지[餘]라는 뜻이다. 영구를 뒤따라가는 자들은 인(引)을 잡는 자를 제외한 나머지 사람들을 뜻한다. 하동산은 "천자의 경우에는 1000명이 참여하고, 제후의 경우에는 500명이 참여하며, 대부의 경우에는 300명이 참여하고, 사의 경우에는 50명이 참여한다."라고 했다. '영(贏)'은 제한된 수 이외의 사람들이다.

集解 愚謂: 引·紼一物也. 在塗時屬於柩車, 謂之引; 載時及至壙, 說載除飾皆屬於棺, 謂之紼. 王制疏云, "停住之時, 指其繒體, 則謂之紼; 若在塗, 人輓而行之, 則謂之引", 是也. 此疏以紼爲撥擧, 乃據孺子䠥章註爲說, 非確義也. 又旣夕禮"屬引", 鄭註云, "在軸輴曰紼." 在軸輴, 謂朝廟時也. 朝廟時, 柩雖行而不遠, 故亦不謂之引而謂之紼也.

번역 내가 생각하기에, '인(引)'과 '불(紼)'은 한 가지 사물이다. 도로에 있을 때에는 영구를 실은 수레에 매달게 되며, 이것을 '인(引)'이라고 부른다. 영구가 실려 있을 때, 무덤에 이르게 되면, 연결했던 것을 풀고 장식을 제거하여, 모든 것을 관(棺)과 연결시키니, 이것을 '불(紼)'이라고 부른다. 『예기』「왕제(王制)」편에 대한 공영달의 소에서 "수레가 정차했을 때, 끈의 몸체를 가리키게 되면, 그것을 '불(紼)'이라고 부른다. 만약 도로에 있을 때, 사람들이 줄을 잡고 끌고 가게 되면, 그것을 '인(引)'이라고 부른다."[49]라고

---

49) 이 문장은 『예기』「왕제(王制)」편의 "喪三年不祭, 唯祭天地社稷, 爲越紼而行事."라는 기록과 관련된 공영달(孔穎達)의 소(疏)이다.

한 말이 바로 이러한 사실을 나타낸다. 그런데 이곳 문장에 대한 소에서는 '불(紼)'을 관(棺)을 들어 올린다는 뜻으로 여겼으니, 이것은 '유자돈(孺子䵷)'장의 주에 근거한 주장으로, 확실한 뜻이 아니다. 또 『의례』「기석례(旣夕禮)」편에는 '속인(屬引)'이라는 기록이 나오는데,[50] 이 문장에 대한 정현의 주에서는 "상여의 축대에 있는 것을 '불(紼)'이라고 부른다."라고 했다. 그런데 상여의 축대에 있다고 한 말은 조묘(朝廟)를 하는 시기에 해당한다. 조묘를 할 때, 영구가 비록 움직이게 되지만, 멀리 가는 것은 아니다. 그렇기 때문에 또한 이것을 인(引)이라고 할 수 없어서, '불(紼)'이라고 부른 것이다.

참고 『예기』「단궁하(檀弓下)」기록

경문-115a 反哭之弔也, 哀之至也. 反而亡焉, 失之矣, 於是爲甚.

번역 반곡(反哭)을 할 때 조문을 하는 이유는 상주의 애통함이 극심하므로, 위로를 하기 위해서이다. 상주가 장례를 마치고 되돌아왔는데, 부친이 이미 없어졌고, 그 모습을 다시는 볼 수 없게 되었으니, 이때 애통함이 가장 극심하게 나타나는 것이다.

集說 賓之弔者升自西階, 曰: 如之何! 主人拜稽顙, 當此之時, 亡矣失矣, 不可復見吾親矣, 哀痛於是爲甚也. 賓弔畢而出, 主人送于門外, 遂適殯宮, 卽先時所殯正寢之堂也.

번역 빈객이 조문을 할 때에는 서쪽 계단을 통해서 올라가서, "이 일을 어찌합니까!"라고 말한다. 그러면 상주는 절을 하고 머리를 땅에 대는데, 이러한 시기에는 부친이 없어졌고, 그 모습을 찾을 수 없으니, 다시는 본인

---

50) 『의례』「기석례(旣夕禮)」: 商祝飾柩, 一池, 紐前經後緇, 齊三采, 無貝. 設披, 屬引.

의 부친을 볼 수 없게 된 것으로, 애통함이 이때 가장 극심하게 나타난다. 빈객이 조문하는 것을 마치고 밖으로 나가면, 상주는 문밖으로 그를 전송하고, 마침내 빈소로 가게 되니, 곧 이전에 빈소를 차렸던 정침(正寢)의 당(堂)으로 가는 것이다.

경문-115b 殷旣封而弔, 周反哭而弔, 孔子曰: "殷已慤, 吾從周."

번역 은(殷)나라의 예법에 따르면, 흙으로 묻는 일이 끝나게 되면, 묘(墓)에서 직접 조문을 했다. 반면 주(周)나라의 예법에 따르면, 상주가 반곡(反哭)을 끝낼 때까지 기다린 뒤에 조문을 했다. 공자는 이 두 가지 사안을 평가하며, "은나라는 너무 질박하고 정성스러운 마음에만 치중했으니, 나는 감정과 예법을 모두 충실히 발휘한 주나라의 예법에 따르겠다."라고 했다.

集說 殷之禮, 窆畢, 賓就墓所弔主人; 周禮則俟主人反哭而後弔. 孔子謂殷禮太質慤者, 蓋親之在土固爲可哀, 不若求親於平生居止之所而不得, 其哀爲尤甚也. 故弔於墓者, 不如弔於家者之情文爲兼盡, 故欲從周也.

번역 은(殷)나라 때의 예법에 따르면, 흙으로 묻는 일이 끝나면, 빈객은 묘(墓)의 지정된 장소로 나아가서, 상주에게 조문을 한다. 반면 주(周)나라의 예법에 따르면, 상주가 반곡(反哭)을 할 때까지 기다린 이후에 조문을 한다. 공자는 은나라 때의 예법은 너무 질박하고 정성스러운 마음에만 치중했다고 평가했는데, 무릇 부모의 육신이 땅에 묻혔으므로, 애통해할 수 있지만, 부모가 평소에 머물던 장소에서 부모를 찾으나, 그 소망을 이룰 수 없어서, 애통함이 극심하게 나타나는 것만 못한 것이다. 그렇기 때문에 묘(墓)에서 조문을 하는 것은 집에서 조문을 하여, 감정과 예법을 모두 다 하는 것만 같지 못한 것이다. 그래서 주(周)나라의 예법을 따르고자 했던 것이다.

참고 『예기』「단궁하(檀弓下)」 기록

경문-130b 哀公使人弔蕢尙, 遇諸道, 辟於路, 畫宮而受弔焉.

번역 애공은 사람을 보내서, 괴상(蕢尙)에게 조문을 하도록 시켰다. 그런데 사신이 괴상의 집에 당도하기 이전에, 길에서 괴상을 만나게 되었다. 그러자 괴상은 길을 깨끗하게 쓸어내고서, 그곳에 궁실(宮室)에서의 위치를 그리고, 조문을 받았다.

集說 哀公, 魯君. 辟於道, 辟讀爲闢, 謂除辟道路, 以畫宮室之位而受弔焉.

번역 '애공(哀公)'은 노(魯)나라의 군주이다. '벽어도(辟於道)'에서의 '벽(辟)'자는 '벽(闢)'자로 풀이하니, 도로를 깨끗하게 쓸어내고서, 궁실(宮室)에서의 위치를 그리고, 조문을 받았다는 뜻이다.

경문-130b 曾子曰: "蕢尙不如杞梁之妻之知禮也. 齊莊公襲莒于奪, 杞梁死焉. 其妻迎其柩於路而哭之哀."

번역 증자가 그 소식을 전해 듣고, "괴상(蕢尙)은 예를 잘 알고 있었던 기량(杞梁)의 처만도 못하구나. 제(齊)나라 장공(莊公)이 거(莒)나라를 협소한 길에서 습격을 했을 때, 전쟁에 참여했던 기량이 전사하였다. 그러자 기량의 처는 길에서 그 영구를 맞이하여, 슬프게 곡(哭)을 했다."라고 했다.

集說 魯襄公二十三年, 齊侯襲莒. 襲者, 以輕兵掩其不備而攻之也. 左傳言, "杞殖·華還載甲, 夜入且于之隧." 且于, 莒邑名. 隧, 狹路也. 鄭云 "或爲兌", 故讀奪爲兌. 梁卽殖, 以戰死, 故妻迎其柩.

번역 노(魯)나라 양공(襄公) 23년에, 제(齊)나라 후작은 거(莒)나라를 습격하였다. '습(襲)'이라는 말은 재빠른 군사를 이용해서, 대비하지 못한 상태의 적을 엄습하여, 공격한다는 뜻이다. 『좌전』에서는 "기식(杞殖)과 화환(華還)이 무기들을 싣고, 야밤에 거나라 차우(且于)의 좁은 길목으로 들어갔다."51)라고 했는데, '차우(且于)'는 거나라에 소속된 읍(邑)의 이름이다. '수(隧)'는 협소한 길을 뜻한다. 정현은 "다른 판본에서는 '태(兌)'자로도 기록한다."라고 했다. 그렇기 때문에 '탈(奪)'자를 '태(兌)'자로 해석한 것이다. '기량(杞梁)'은 곧 '기식(杞殖)'을 가리키니, 전사를 했기 때문에, 그의 처가 그 영구를 맞이했던 것이다.

경문-130c "莊公使人弔之, 對曰: '君之臣不免於罪, 則將肆諸市朝, 而妻妾執. 君之臣免于罪, 則有先人之敝廬在, 君無所辱命.'"

번역 계속하여 증자가 말하길, "장공이 사람을 시켜서, 기량(杞梁)에 대해 조문을 하려고 했는데, 그의 처가 대답을 하며, '군주의 신하가 그 죄를 벗지 못한다면, 장차 그 시신은 시장과 조정에 나뒹굴게 될 것이고, 또 죽은 자의 처와 첩은 포박이 될 것입니다. 만약 군주의 신하가 죄를 벗게 된다면, 제 남편에게는 초라하지만 머물던 집이 있으니, 그곳에서 조문을 받아야, 군주에 대해서 그 명령을 욕되게 함이 없게 됩니다.'"라고 일러주었다.

集說 肆, 陳尸也. 妻妾執, 拘執其妻妾也. 左傳言齊侯弔諸其室.

번역 '사(肆)'자는 시신을 늘어놓는다는 뜻이다. '처첩집(妻妾執)'은 그의 처와 첩을 포박한다는 뜻이다. 『좌전』에서는 제(齊)나라 후작이 그의 집에서 조문을 했다고 기록했다.52)

---

51) 『춘추좌씨전』「양공(襄公) 23년」: 齊侯還自晉, 不入, 遂襲莒. 門于且于, 傷股而退. 明日, 將復戰, 期于壽舒. <u>杞殖·華還載甲夜入且于之隧</u>, 宿於莒郊. 明日, 先遇莒子於蒲侯氏.
52) 『춘추좌씨전』「양공(襄公) 23년」: 齊侯歸, 遇杞梁之妻於郊, 使弔之. 辭曰, "殖之有罪, 何辱命焉? 若免於罪, 猶有先人之敝廬在, 下妾不得與郊弔." <u>齊侯弔諸其室</u>.

제17장 장례를 치른 이후 조문과 용(踊)의 절차   361

● 그림 17-1   ■ 중(重)

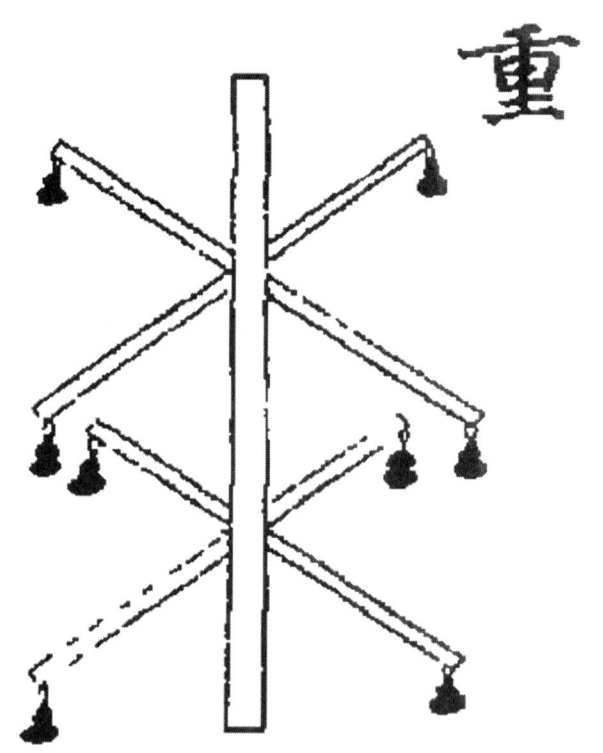

※ **출처**:『삼례도집주(三禮圖集注)』17권

◆ 그림 17-2 ◼ 이상(夷牀)

牀　　夷

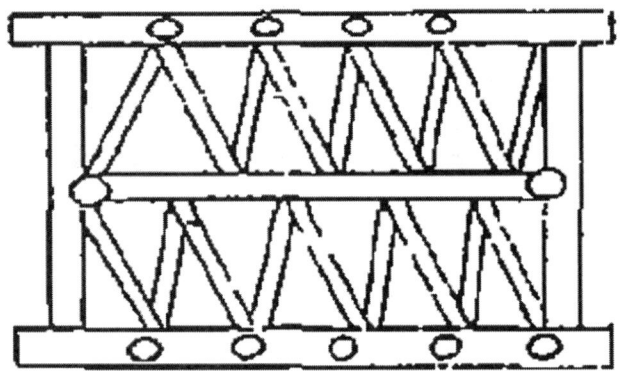

※ 출처: 『삼례도집주(三禮圖集注)』 17권

• 제 18 장 •

상주(喪主)를 정하는 규정

【657a】

> 凡喪, 父在, 父爲主. 父沒, 兄弟同居, 各主其喪. 親同, 長者主之; 不同, 親者主之.

직역 凡히 喪에, 父가 在라면, 父가 主가 爲한다. 父가 沒하고, 兄弟가 居를 同하면, 各히 그 喪을 主한다. 親이 同이라면, 長者가 主하고; 不同이라면, 親者가 主한다.

의역 무릇 상이 발생했을 때, 부친이 생존해 계시다면 부친이 주관한다. 부친이 돌아가셨고 형제가 같은 집에 거주한다면, 형제들은 각각 자신에게 발생한 상을 주관한다. 부모가 같을 경우, 부모의 상을 치를 때에는 장자가 주관한다. 부모가 다르고 그 상을 주관할 자식이 없다면, 죽은 자와 관계가 가까운 자가 주관한다.

集說 此言父在而子有妻子之喪, 則父主之, 統於尊也. 父沒之後, 兄弟雖同居, 各主妻子之喪矣. 同宮猶然, 則異宮從可知也. 親同長者主之, 謂父母之喪, 長子爲主; 其同父母之兄弟死, 亦推長者爲主也. 不同親者主之, 謂從父兄弟之喪, 則彼親者爲之主也.

번역 이 내용은 부친이 생존해 계실 때 자식에게 처나 자식의 상이 발생한다면 부친이 주관하니, 존귀한 자에게 통솔되기 때문이다. 부친이 돌아가신 이후 형제가 비록 같은 집에 거주하고 있더라도, 각각 자신들의 처나 자식의 상을 주관한다. 같은 집에 거주하는 자가 오히려 이처럼 한다면, 다른 건물에 거주하는 경우도 이를 통해 알 수 있다. 부모가 같다면 장자가 주관을 한다고 했는데, 부모의 상에서는 장자가 상주가 된다는 뜻이며, 부모가 같은 형제가 죽었다면 또한 가장 연장자를 추대하여 상주로 삼는다는 뜻이다. 부모가 같지 않은 자가 주관한다는 것은 종부의 형제 상에서, 그와 관계가 가까운 자가 그 상의 상주가 된다는 뜻이다.

鄭注 與賓客爲禮, 宜使尊者. 各爲其妻子之喪爲主也. 祔則宗子主之. 父母沒, 如昆弟之喪, 宗子主之. 從父昆弟之後[1].

번역 빈객과 함께 예를 시행할 때에는 마땅히 존귀한 자를 주인으로 삼아야 한다. 각각 그들의 처나 자식의 상을 치르며 상주가 된다는 뜻이다. 부제(祔祭)[2]를 치르게 되면 종자가 주관을 한다. 부모가 돌아가셨는데 만약 곤제의 상이 발생한다면, 종자가 주관한다. 같지 않다는 것은 종부 곤제의 상을 뜻한다.

釋文 祔音附. 長, 丁丈反. 如, 若也.

번역 '祔'자의 음은 '附(부)'이다. '長'자는 '丁(정)'자와 '丈(장)'자의 반절음이다. '如'자는 만약[若]이라는 뜻이다.

孔疏 ●"凡喪"至"主之". ○正義曰: 此一節論同居主喪之事.

번역 ●經文: "凡喪"~"主之". ○이곳 문단은 같은 집에 거주하며 상을 주관하는 사안을 논의하고 있다.

---

1) '후(後)'자에 대하여. 『십삼경주소(十三經注疏)』 북경대 출판본에서는 "'후'자를 『예기훈찬(禮記訓纂)』에서는 '상(喪)'자로 기록했다."라고 했다.
2) 부제(祔祭)는 '부(祔)'라고도 한다. 새로이 죽은 자가 있으면, 선조(先祖)에게 '부제'를 올리면서, 신주(神主)를 합사(合祀)하는 것을 말한다. 『주례』「춘관(春官)·대축(大祝)」편에는 "付練祥, 掌國事."라는 기록이 있고, 이에 대한 정현의 주에서는 "付當爲祔. 祭於先王以祔後死者."라고 풀이하였다.

孔疏 ●"凡喪, 父在, 父爲主"者, 言子有妻·子喪, 則其父爲主. 按服問云 "君所主夫人妻·大子適婦", 不云主庶婦. 若此所言, 則亦主庶婦, 是與服問 違者. 服問所言, 通其命士以上, 父子異宮, 則庶子各自主其私喪. 今此言是同 宮者也.

번역 ●經文: "凡喪, 父在, 父爲主". ○자식에게 처나 자식의 상이 발생 한다면, 그의 부친이 상주가 된다는 뜻이다. 『예기』「복문(服問)」편을 살펴 보면, "군주가 상주를 맡는 것은 자기 부인인 처와 태자 및 태자의 정부인 이다."3)라고 했고, '서부(庶婦)'4)의 상을 주관한다고는 언급하지 않았다. 만 약 이곳에서 언급한 내용에 따른다면, 또한 서부에 대해서도 주관하게 되 니, 이것은 「복문」편의 기록과 어긋나는 점이다. 「복문」편에서 언급한 내용 은 명사(命士)5) 이상의 계층을 통괄한 것으로, 부모와 자식이 다른 건물에 거주한다면, 서자는 각각 자신에게 발생한 상을 주관하게 된다. 이곳에서 말한 내용은 같은 건물에 거주하는 경우이다.

孔疏 ●"父沒, 兄弟同居, 各主其喪"者, 謂各爲其妻·子爲喪主也. 此言父 沒同居, 各主之, 當知父在同居, 則父主之.

번역 ●經文: "父沒, 兄弟同居, 各主其喪". ○각각 그들의 처나 자식의 상을 치르며 상주가 된다는 뜻이다. 이곳에서 부친이 돌아가셨고 같은 건 물에 거주하면 각각 자신에게 발생한 상을 주관한다고 했으니, 부친이 생 존해 계시고 같은 건물에 거주하는 경우라면 부친이 주관하게 됨을 알 수 있다.

---

3) 『예기』「복문(服問)」【663d】: 君所主夫人妻, 大子, 適婦.
4) 서부(庶婦)는 적장자의 첩들을 뜻하기도 하며, 서자의 부인 및 첩을 뜻하 기도 한다.
5) 명사(命士)는 사(士) 중에서도 작명(爵命)을 받은 자를 뜻한다. 『예기』「내 칙(內則)」편에는 "由命士以上, 父子皆異官, 昧爽而朝, 慈以旨甘."이라는 용 례가 나온다.

孔疏 ●"親同, 長者主之"者, 親同, 謂同三年期同父母者. 若同父母喪者, 則推長子爲主. 若昆弟喪, 亦推長者爲主也.

번역 ●經文: "親同, 長者主之". ○'친동(親同)'은 동일하게 삼년상이나 기년상을 치르는 자들로 부모가 같은 자들을 의미한다. 만약 부모가 같은 자들이 부모의 상을 치른다면, 장자를 추대하여 상주로 삼는다. 만약 형제의 상이라면 또한 장자를 추대하여 상주로 삼는다.

孔疏 ●"不同, 親者主之"者, 不同, 謂從父昆弟, 親近自主之也.

번역 ●經文: "不同, 親者主之". ○'부동(不同)'은 종부의 곤제를 뜻하니, 관계가 가까운 자가 주관한다.

集解 凡喪, 父在, 父爲主者, 謂父子皆可主其喪, 則尊者爲之主. 若舅主適婦之喪, 則其夫不爲主; 祖主適孫之喪, 則其世叔父不爲主是也. 父之所不主者, 則子自主之.

번역 모든 상에 부친이 생존해 계시다면 부친이 상주가 된다는 말은 부모와 자식이 모두 그 상을 주관할 수 있는 경우에는 존귀한 자가 상주가 된다는 뜻이다. 만약 시아버지가 적자의 정부인 상을 주관하게 된다면, 그녀의 남편은 상주가 될 수 없고, 조부가 적손의 상을 주관하게 된다면, 그의 세숙부는 상주가 될 수 없다. 부친이 주관하지 않는 경우라면, 자식이 주관하게 된다.

集解 右記凡喪爲主.

번역 여기까지는 상에서 상주를 맡는 것을 기록하고 있다.

참고 『예기』「복문(服問)」 기록

경문-663d 君所主, 夫人妻, 大子, 適婦.

번역 군주가 주관하는 상은 자기 부인, 태자, 태자의 정부인 상이다.

鄭注 言妻, 見大夫以下亦爲此三人爲喪主也.

번역 '처(妻)'라고 말한 것은 대부 이하의 계층에서도 이러한 세 부류의 사람들을 위해 상주가 됨을 드러내기 위해서이다.

孔疏 ●"君所主夫人妻·大子·適婦"者, 此三人旣正, 雖國君之尊, 猶主其喪也. 非此則不主也. 言"妻", 欲見大夫以下亦爲妻及適子·適婦爲主也.

번역 ●經文: "君所主夫人妻·大子·適婦". ○이러한 세 사람은 정통이 되니, 비록 제후처럼 존귀한 자라 하더라도 오히려 그들의 상을 주관한다. 이러한 부류에 해당하지 않는다면 군주는 상을 주관하지 않는다. '처(妻)'라고 말한 것은 대부 이하의 계층에서도 처와 적장자 및 적장자의 부인을 위해 상을 주관함을 드러내고자 해서이다.

集解 愚謂: 言夫人妻者, 嫌爲天子之三夫人, 故正言妻以明之.

번역 내가 생각하기에, '부인처(夫人妻)'라고 말한 것은 천자의 빈궁인 3명의 부인이라는 오해를 사기 때문에, '처(妻)'자를 붙여서 그 사실을 나타낸 것이다.

참고 『예기』「증자문(曾子問)」 기록

경문-233c~d 喪之二孤, 則昔者, 衛靈公, 適魯, 遭季桓子之喪. 衛君請弔, 哀公辭, 不得命. 公爲主, 客入弔, 康子立於門右, 北面, 公揖讓, 升自東階, 西鄕, 客升自西階, 弔. 公拜興哭, 康子拜稽顙於位, 有司弗辯也. 今之二孤, 自季

康子之過也.

번역 공자가 가르쳐주기를, "상중에 두 명의 상주가 생긴 경우를 말해보자면, 옛적에 위(衛)나라 영공(靈公)이 노(魯)나라에 갔다가 노나라 대부인 계환자(季桓子)의 상을 접했던 일이 있었다. 그때 위나라 영공은 노나라 애공(哀公)에게 조문하길 청원하였는데, 애공이 사양하였지만 영공은 따르지 않았다. 그래서 부득이 애공이 계환자의 상에서 상주가 되었고, 조문객[靈公]이 들어와서 조문을 하자 본래의 상주인 계강자(季康子)는 문의 오른쪽에 서서 북면을 하였고, 애공이 읍양(揖讓)을 하며, 동쪽 계단으로부터 올라와서 서향(西向)을 하자, 영공이 서쪽 계단으로부터 올라와서 조문을 하였다. 애공이 절을 하고 일어나서 곡(哭)을 하자 계강자는 문의 오른쪽 자리에서 절을 하며, 이마를 땅에 조아렸는데도, 일을 맡아보던 유사(有司)6)가 잘못된 예임을 변별하지 못하였다. 그래서 오늘날 두 명의 상주가 생긴 것은 계강자의 과실로부터 시작된 일이다."라고 했다.

鄭注 辨猶正也. 若康子者, 君弔其臣之禮也. 鄰國之君弔, 君爲之主, 主人拜稽顙, 非也, 當哭踊而已. 靈公先桓子以魯哀公二年夏卒, 桓子以三年秋卒, 是出公也.

번역 '변(辨)'자는 "바로잡다[正]."라는 뜻과 같다. 유사(有司)는 계강자(季康子)에게 순종하였던 자이다. 계강자가 시행한 예법은 군주가 그의 신하에게 조문하는 예법에 따라 시행한 것이다. 이웃 제후국의 군주가 조문을 하면, 그 나라의 군주는 신하를 대신하여 상주가 되니, 애공(哀公)이 있었는데도, 본래의 상주인 계강자가 절을 하며 이마를 땅에 조아린 행동은 잘못된 것이다. 마땅히 곡과 발 구르기만 해야 할 따름이다. 위(衛)나라 영

---

6) 유사(有司)는 관리를 뜻하는 용어이다. '사(司)'자는 담당한다는 뜻이다. 관리들은 각자 담당하고 있는 업무가 있었으므로, 관리를 '유사'라고 불렀던 것이다. 일반적으로 하위관료들을 지칭하여, 실무자를 뜻하는 용어로 많이 사용된다. 그러나 때로는 고위관료까지도 지칭하는 용어로 사용되기도 한다.

공(靈公)은 계환자(季桓子)보다 앞서서 노나라 애공 2년 여름에 죽었고,[7] 계환자는 애공 3년 가을에 죽었으니,[8] 이때의 위나라 군주는 출공(出公)이 된다.

孔疏 ●"今之二孤, 自季康子之過也". ○上云"自桓公始", 此不云自季康子始而云康子之過者, 此孔子答曾子之時, 上去桓公已遠, 二主行來又久, 故云"自桓公始也". 康子之過者, 正當孔子之時, 未知後代行之以[9]否, 不得云自季康子始, 但見當時失禮, 故云"今之二孤, 自季康子之過也."

번역 ●經文: "今之二孤, 自季康子之過也". ○앞 문장에서는 "환공(桓公)으로부터 시작되었다."라고 말하고, 여기에서는 "계강자(季康子)로부터 시작되었다."라고 말하지 않고, '계강자의 과실[康子之過]'이라고만 기록하였는데, 그 이유는 공자와 증자가 문답을 주고받았을 시기는 환공으로부터의 시대적 차이가 많이 나서, 두 개의 신주가 유래되어 온 일이 또한 오래되었다. 그렇기 때문에 "환공으로부터 시작되었다."라고 말한 것이다. 계강자의 과실이라는 말한 이유는 계강자의 생존 시기는 바로 공자가 활동하던 시기에 해당하니, 후대에 그것들을 시행할지 안할지를 아직 알 수 없어서, 계강자로부터 시작되었다고 말할 수 없고, 다만 당시의 예법을 어겼다는 사실만 나타낸 것이다. 그렇기 때문에 "오늘날 두 명의 상주가 생긴 것은 계강자의 과실로부터이다."라고 말한 것이다.

孔疏 ◎注"辯猶"至"公也". ○正義曰: 若康子者, 經云'有司', 謂當時執事之有司, 畏季子之威, 不敢辯正, 故云'若康子者'. 若, 順也. 云"君弔其臣之禮也"者, 按士喪禮, "君使人弔, 主人進中庭, 哭拜稽顙成踊." 喪大記云, "大夫

---

7) 『춘추』「애공(哀公) 2년」: 夏四月丙子, 衛侯元卒.
8) 『춘추』「애공(哀公) 3년」: 秋七月丙子, 季孫斯卒.
9) '이(以)'자에 대하여. '이'자 아래에는 본래 '이(以)'자가 덧붙어서 '이이(以以)'로 기록되어 있었는데, 완원(阮元)의 『교감기(校勘記)』에서는 "이 기록은 '이(以)'자가 잘못하여 중복된 것이다."라고 했다.

旣殯, 君弔, 主人門右, 北面哭拜稽顙." 今季康子與之同, 故云"君弔其臣之禮也". 云"鄰國之君弔, 君爲之主"者, 以賓主尊卑宜敵, 故君爲主, 主則拜賓, 康子又拜, 故云"非也, 當哭踊而已", 但唯君答拜耳. 出公來弔, 春秋不見經者, 蓋爲弔而來, 非有國之大事, 故略而不書於經也. 出公輒, 是靈公孫也. 曾子所問, 皆前孤後主. 今答前主後孤者, 謂齊桓公之時事在前, 衛君之事在後.

번역 ◎鄭注: "辯猶"~"公也". ○정현의 주에서 '약강자(若康子)'라고 하였는데, 경문에 말한 '유사(有司)'는 당시에 일을 맡아보았던 집정관으로, 계강자(季康子)의 위세를 두려워하여, 감히 변별하여 바로잡지 못하였음을 뜻한다. 그렇기 때문에 정현의 주에서 '계강자에게 순종하는 자'라고 말한 것이다. '약(若)'자는 "순종한다[順]."는 뜻이다. 정현이 "군주가 그의 신하에게 조문하는 예법이다."라고 하였는데, 『의례』「사상례(士喪禮)」를 살펴보면, "군주가 사람을 시켜서 조문을 하면, 상주는 중정(中庭)으로 나아가서 곡을 하고, 절을 하며 이마를 땅에 조아리고, 발 구르기를 한다."10)라고 했고, 『예기』「상대기(喪大記)」편에서는 "대부가 빈소를 차리고 나면, 군주가 조문을 하는데, 상주는 문의 오른쪽에 있고, 북면을 하고서 곡을 하고, 절을 하며 이마를 땅에 조아린다."11)라고 하였는데, 이곳 문장에 나타난 상황은 계강자가 이와 같이 행동하였기 때문에, 정현이 "군주가 그의 신하를 조문하는 예법이다."라고 말한 것이다. 정현이 "이웃 제후국의 군주가 조문을 하면, 그 나라의 군주는 신하를 대신하여 상주가 된다."라고 하였는데, 빈객과 상주의 신분이 서로 대등해야 하기 때문에, 군주가 신하를 대신하여 상주가 되며, 임시적으로 상주가 된 군주 본인이 빈객에게 절을 해야 하는 것인데, 계강자가 또한 절을 하였기 때문에, 정현이 "잘못된 것이다.

---

10) 『의례』「사상례(士喪禮)」: <u>君使人弔</u>. 徹帷. 主人迎于寢門外, 見賓不哭, 先入門右, 北面. 弔者入, 升自西階, 東面. <u>主人進中庭</u>. 弔者致命. <u>主人哭拜稽顙</u>, <u>成踊</u>.

11) 『예기』「상대기(喪大記)」【540c】: <u>大夫士旣殯而君往焉</u>, 使人戒之. 主人具殷奠之禮, 俟于門外. 見馬首, <u>先入門右</u>. 巫止于門外, 祝代之先. 君釋菜于門內, 祝先升自阼階, 負墉南面. 君卽位于阼, 小臣二人執戈立于前, 二人立于後. 擯者進, <u>主人拜稽顙</u>.

마땅히 곡과 발 구르기만 해야 할 따름이다."라고 말한 것이니, 절을 하는 경우에는 오직 임시 상주인 군주만이 빈객에게 답배(答拜)를 할 따름이다. 위(衛)나라 출공(出公)이 노(魯)나라에 찾아와서 조문을 하였는데, 『춘추』의 경문(經文)에 이 사실이 나타내지 않은 이유는 아마도 조문을 위하여 내방한 행위는 국가의 대사가 있어서 찾아온 일이 아니기 때문일 것이다. 그래서 그 사안을 생략하고 경문에 기록하지 않은 것이다. 출공인 첩(輒)은 영공(靈公)의 손자이다. 증자가 질문한 내용은 앞서 상주에 대해 물어보고, 뒤이어 신주에 대해서 물어본 것이다. 그런데 공자의 대답에서는 앞서 신주에 대해서 말해주고, 뒤에 상주에 대해서 말하고 있는데, 그 이유는 제환공(齊桓公) 때의 일이 시기적으로 앞서 발생했던 일이었고, 위나라 군주의 일이 뒤에 일어났기 때문이다.

訓纂 趙氏良澍曰: 按喪大記君弔其臣, 斂則撫其尸, 既殯則稱言而踊, 君不拜也. 今季桓子喪, 客升自西階弔, 言弔不言拜, 衛君無失也. 又大夫君弔其臣, 若有四鄰賓客, 其君後主人而拜, 是喪以尊者拜賓, 衛君弔而公拜·興·哭, 公亦無失也. 獨康子拜稽顙爲非禮耳, 故曰康子之過也.

번역 조량주12)가 말하길, 『예기』「상대기(喪大記)」편을 살펴보면, 군주가 그의 신하를 조문할 때에, 만약 염(斂)을 하였다면 그 시신을 어루만지고,13) 이미 빈소를 차렸다면 군주는 조문하는 말을 하고서 발 구르기를 하지만,14) 군주는 절을 하지 않는다. 이곳 문장에서는 계환자(季桓子)의 상에서 조문객[靈公]이 서쪽 계단으로부터 올라가서 조문을 하였는데, 조문을 하였다고 말하고, 절을 하였다고는 말하지 않았으니, 위(衛)나라 군주는 실

---

12) 조량주(趙良澍, ?~?) : 청대(淸代)의 유학자이다. 저서로는 『독예기(讀禮記)』 등이 있다.
13) 『예기』「상대기(喪大記)」【537b~c】 : <u>大夫之喪, 將大斂</u>, …… <u>君撫之</u>, 主人拜稽顙.
14) 『예기』「상대기(喪大記)」【540c】 : <u>大夫士既殯而君往焉</u>, …… <u>君稱言, 視祝而踊</u>, 主人踊.

수가 없는 것이다. 또한 대부와 군주가 그들의 신하를 조문할 때에, 만약 사방 이웃 나라에서 찾아온 빈객들이 있다면, 그 신하의 주군이 본래의 상주를 뒤에 두고서, 빈객들에게 절을 하는데,15) 이렇게 하는 이유는 상중에는 존귀한 자가 빈객들에게 절을 하기 때문이다. 그런데 위나라 군주가 조문을 하여, 노(魯)나라 애공(哀公)이 절을 하고, 일어나서 곡을 하였으니, 애공 또한 실수가 없는 것이다. 유독 계강자(季康子)만이 절을 하며 이마를 땅에 조아렸으니, 비례가 될 따름이다. 그렇기 때문에 '계강자의 과실[康子之過]'이라고 말한 것이다.

集解 愚謂: 諸侯於鄰國之臣, 尊卑旣異, 情分又疎, 其弔其喪者, 乃因其君而及之, 故其君爲主, 拜賓, 唯其情之稱而已. 喪禮拜賓者, 唯主喪一人, 今哀公旣拜, 康子又拜, 是有二孤也. 哀公乃桓子之君, 而曰孤者, 以喪禮主人拜賓, 今哀公拜賓, 是有爲喪主之義, 二孤猶曰二主云爾. 按春秋哀公三年秋, 季桓子卒, 時衛君爲出公而非靈公, 又無適魯之事, 此記所言疑也.

번역 내가 생각하기에, 제후는 이웃 나라의 신하에 대해서, 신분의 등급에서 이미 차이가 나고, 뿐만 아니라 정분(情分) 또한 소원하니, 제후들이 이웃 나라 신하의 상에 조문을 하는 경우는 곧 그들의 군주 때문에 가게 되는 것이다. 그렇기 때문에 그 신하의 군주가 임시 상주가 되어서, 빈객으로 찾아온 이웃 나라의 제후에게 절을 하는 것인데, 이러한 행위는 오직 그 실정에 따르는 것일 뿐이다. 상례를 치를 때에, 조문객들에게 절을 하는 자는 오직 상례를 주관하는 상주 한 사람일 뿐이다. 그런데 이곳에서 언급하고 있는 상황은 애공(哀公)이 이미 절을 하였는데도, 계강자(季康子)가 또다시 절을 하였으니, 이것이 바로 두 명의 상주가 있다는 뜻이다. 애공은 계환자(季桓子)의 주군이 되는데도, 고(孤: 죽은 자의 자식)라고 말한 이유는 상례에서는 상주가 빈객에게 절을 하기 때문이다. 그런데 애공이 조문객들에게 절을 하였으니, 이것은 상주가 되었다는 의미가 있는 것이며, '이

---

15) 『예기』「상대기(喪大記)」【541d】: 大夫君, …… 四鄰賓客, 其君後主人而拜.

고(二孤)'라고 하는 말은 '이주(二主: 두 명의 상주)'라고 말하는 것과 같을 따름이다. 『춘추』를 살펴보면, 애공 3년 가을에 계환자가 죽었고, 당시 위(衛)나라 군주는 출공(出公)이 되니, 영공(靈公)이 아니다. 또한 출공이 노(魯)나라에 갔다는 사실은 『춘추』에 없으니, 이 기록에서 말하고 있는 내용은 사실인지 아닌지 의심스럽다.

참고 『예기』「상복소기(喪服小記)」 기록

경문-419a 諸侯弔於異國之臣, 則其君爲主.

번역 제후가 다른 나라의 신하에게 조문을 하게 되면, 신하의 임금이 상주를 맡는다.

鄭注 君爲之主, 弔臣, 恩爲己也. 子不敢當主, 中庭北面哭, 不拜.

번역 군주가 신하의 상주를 맡고, 신하에게 조문을 하는 것은 그 은정이 자신을 위한 것이기 때문이다. 자식은 상주의 역할을 감당할 수 없으니, 중정에서 북쪽을 바라보며 곡하고, 절은 하지 않는다.

孔疏 ●"弔於異國之臣, 則其君爲主"者, 君無弔他臣之禮, 若來在此國, 遇主國之臣喪時, 爲彼君之故而弔, 故主國君代其臣之子爲主.

번역 ●經文: "弔於異國之臣, 則其君爲主". ○군주는 다른 나라의 신하에 대해서 조문하는 예법이 없지만, 만약 군주가 찾아와서 이 나라에 머물고 있는데, 때마침 찾아간 나라의 신하 상을 만나게 되었다면, 찾아간 나라의 군주를 위하기 때문에 조문을 하는 것이다. 그래서 그 나라의 군주는 자신의 신하 아들을 대신해서 상주가 된다.

孔疏 ◎注"君爲"至"不拜". ○正義曰: 云"子不敢當主, 中庭北面哭, 不拜"

者, 按士喪禮: "君弔, 主人出迎于門外, 見馬首, 入門右北面, 君升, 主人中庭, 拜稽顙, 成踊." 彼爲主人爲主, 故中庭拜. 今鄰國君弔, 君爲之主拜賓, 則主人中庭北面哭, 不拜. 曾子問稱"季桓子之喪, 衛君來弔, 魯君爲主, 季康子立於門右北面, 拜而後稽顙", 故譏其喪有二主, 當唯哭・踊而已, 是於禮不拜也.

번역 ◎鄭注: "君爲"~"不拜". ○정현이 "자식은 상주의 역할을 감당할 수 없어서, 중정에서 북쪽을 바라보며 곡을 하지만 절은 하지 않는다."라고 했는데, 『의례』「사상례(士喪禮)」편을 살펴보면, "군주가 조문을 오면, 상주는 밖으로 나가서 문밖에서 맞이하며, 말의 머리가 보이면, 문으로 들어와서 우측에서 북쪽을 바라보고, 군주가 당으로 오르면, 상주는 중정에서, 절을 하며 머리를 조아리고, 용(踊)을 한다."16)라고 했다. 「사상례」편의 내용은 상주가 상주의 역할을 맡은 것이기 때문에, 중정에서 절을 한 것이다. 현재는 이웃 나라의 제후가 찾아와서 조문을 하여, 자신의 군주가 신하를 대신하여 상주를 맡아 빈객으로 찾아온 상대방 군주에게 절을 했으니, 본래의 상주는 중정에서 북쪽을 바라보며 곡은 하되 절은 하지 않는 것이다. 『예기』「증자문(曾子問)」편에서는 "계환자(季桓子)의 상이 발생했는데, 위(衛)나라 군주가 찾아와서 조문을 하여, 노나라 군주가 상주를 했고, 계강자는 문의 우측에 서서 북쪽을 바라보고, 절을 한 뒤에 이마를 조아렸다."17)라고 했다. 그러므로 상에 두 명의 상주가 생긴 것이라고 기롱한 것이니, 마땅히 곡과 용만 해야 할 따름이므로, 이것은 예법에 따라 절을 하지 않는다는 사실을 나타낸다.

---

16) 『의례』「사상례(士喪禮)」: 君若有賜焉, 則視斂. 旣布衣, 君至. 主人出迎于外門外, 見馬首不哭, 還入門右, 北面, 及衆主人袒. 巫止于廟門外, 祝代之. 小臣二人執戈先, 二人後. 君釋采, 入門. 主人辟. 君升自阼階, 西鄕. 祝負墉, 南面. 主人中庭. 君哭. 主人哭拜稽顙, 成踊, 出.

17) 『예기』「증자문(曾子問)」【233c~d】: 喪之二孤, 則昔者, 衛靈公, 適魯, 遭季桓子之喪. 衛君請弔, 哀公辭, 不得命. 公爲主, 客入弔, 康子立於門右, 北面, 公揖讓, 升自東階, 西鄕, 客升自西階, 弔. 公拜興哭, 康子拜稽顙於位, 有司弗辯也. 今之二孤, 自季康子之過也.

제18장 상주(喪主)를 정하는 규정

참고 『예기』「상복소기(喪服小記)」 기록

경문-420a 主人未除喪, 有兄弟自他國至, 則主人不免而爲主.

번역 상주가 아직 상을 끝내지 않았는데, 형제 중 타국으로부터 돌아온 자가 있다면, 상주는 면(免)을 하지 않고 상주 역할을 시행한다.

孔疏 ●"主人"至"爲主". ○"主人未除喪"者, 謂在國主人之喪服未除, 有兄弟自他國至, 則主人不免而爲主者, 謂五屬之親, 從遠歸奔者也. 夫免必有時, 若葬後唯君來弔, 雖非時, 亦爲之免. 崇敬欲新其事故也. 若五屬之親, 非時而奔, 則主人不須爲之免也, 嫌親始奔, 亦應崇敬爲免如君, 故明之也.

번역 ●經文: "主人"~"爲主". ○경문의 "主人未除喪"에 대하여. 본국에 있는 상주가 상복을 아직 제거하지 않았는데, 형제가 다른 나라로부터 돌아온 경우가 있다면, 상주는 면(免)을 하지 않고 상주 역할을 한다는 뜻이니, 다섯 부류의 친족이 먼 곳으로부터 분상을 한 경우에 해당한다. 무릇 면(免)을 할 때에는 반드시 정해진 시기가 있으니, 만약 장례를 치른 뒤라면 오직 군주가 찾아와서 조문을 한 경우에만, 비록 해당 시기가 아님에도 또한 군주를 위해서 면(免)을 한다. 이것은 공경함을 숭상하여, 그 사안을 새롭게 만들고자 하기 때문이다. 만약 다섯 부류에 속한 친족이 해당 시기가 아닌데 분상을 한 경우라면, 상주는 그를 위해서 면(免)을 할 필요가 없으니, 친족이 처음 분상을 왔을 때에도 또한 군주에 대한 경우처럼 공경함을 숭상하여 면(免)을 한다는 오해를 일으키기 때문에, 명시를 한 것이다.

集解 愚謂: 兄弟之奔喪者必免, 嫌爲主者亦當免, 故明之. 唯言未除喪者奔喪, 禮已除喪而后奔喪, 主人之待之也無變於服, 則其不免不待言也.

번역 내가 생각하기에, 형제 중 분상을 한 자가 있다면, 그 자는 반드시 면(免)을 하니, 상주 또한 마땅히 면(免)을 해야 한다는 오해를 일으키기 때문에 명시를 한 것이다. 다만 아직 상을 끝내지 않았는데 분상을 한 경우를 언급한 것은 예법에 따르면, 이미 상을 끝낸 이후에 분상을 한 경우에 대해서, 상주가 그를 대할 때 복장에 변경을 시키는 일이 없으니, 면(免)을 하지 않는다는 사안을 말할 필요도 없기 때문이다.

• 제 19 장 •

뒤늦게 관계가 먼 형제의 상 소식을 들었을 때의 절차

【657b】

聞遠兄弟之喪, 旣除喪而后聞喪, 免袒成踊, 拜賓則尙左手.

직역 遠兄弟의 喪을 聞한데, 旣히 喪을 除한 后에 喪을 聞하면, 免하고 袒하며 成踊하고, 賓에게 拜한다면 左手를 尙한다.

의역 소공복(小功服)이나 시마복(緦麻服)에 해당하는 관계가 먼 형제의 상 소식을 접했는데, 그 시기가 이미 그에 대한 복상기간을 넘긴 이후라면, 면(免)을 하고 단(袒)을 하며 용(踊)하는 절차를 마무리하고, 빈객에게 절을 한다면 좌측 손이 위로 가도록 한다.

集說 此言小功緦麻之兄弟死, 而聞訃在本服月日之外, 雖不稅, 而初聞之 亦必免袒而成其踊者, 以倫屬之親, 不可不爲之變也. 但拜賓則從吉拜, 而左 手在上耳.

번역 이 내용은 소공복(小功服)과 시마복(緦麻服)에 해당하는 형제가 죽었을 때, 부고를 알려와 그 소식을 접한 것이 본래 착용해야 하는 상복기간을 벗어난 시점이 된 경우이니, 비록 태(稅)를 하지 않지만, 최초 상의 소식을 접하게 되면 또한 반드시 면(免)과 단(袒)을 하고 용(踊)하는 절차를 마무리한다. 이것은 혈연관계에 있는 친족에 대해서 변례를 적용하지 않을 수가 없기 때문이다. 다만 빈객에게 절을 한다면 길한 시기의 절하는 방식을 따라서 좌측 손을 위로 가게 할 따름이다.

鄭注 小功·緦麻不稅者也, 雖不服, 猶免袒. "尙左手", 吉拜也. 逸奔喪禮曰: "凡拜, 吉·喪皆尙左手."

번역 소공복(小功服)이나 시마복(緦麻服)의 관계에 있어서 태(稅)를 하지 못하는 경우인데, 비록 그에 대한 상복을 착용하지 않지만, 여전히 면(免)과 단(袒)은 하게 된다. "좌측 손을 위로 가게 한다."는 말은 길한 시기의 절하는 방식을 뜻한다. 일실된 「분상례」에서는 "무릇 절을 할 때에는 길한 시기나 상을 치르는 경우에 모두 좌측 손을 위로 가게 한다."라고 했다.

釋文 稅, 吐外反.

번역 '稅'자는 '吐(토)'자와 '外(외)'자의 반절음이다.

孔疏 ●"聞遠"至"左手". ○正義曰: 此一經論小功以下之喪, 旣除喪之後而始聞喪之節.

번역 ●經文: "聞遠"~"左手". ○이곳 경문은 소공복(小功服) 이하의 상에서 상복을 제거하게 되는 시점 이후인데 그제야 비로소 상의 소식을 접했을 때의 절차를 논의하고 있다.

孔疏 ●"免袒, 成踊"者, 小功以下, 應除之後, 服雖不稅, 而初聞喪, 亦免袒而成其踊也, 以本是五服之親, 爲之變也.

번역 ●經文: "免袒, 成踊". ○소공복(小功服) 이하의 상에서, 마땅히 상복을 제거해야만 하는 시점을 넘긴 상태이니, 상복에 대해서는 비록 태(稅)를 하지 않지만, 최초 상의 소식을 접하게 되면 또한 면(免)과 단(袒)을 하고, 용(踊)의 절차를 마무리한다. 본래 오복(五服)에 속한 친족이기 때문에 그를 위해 변례를 적용하는 것이다.

孔疏 ●"拜賓則尙左手"者, 於時有賓來弔, 拜賓之時, 尙其左拜, 謂左手在尙, 從吉拜也.

번역 ●經文: "拜賓則尙左手". ○이 시기에 빈객이 찾아와서 조문을 하게 되면, 빈객에게 절을 할 때에는 좌측 손을 위로 가게 해서 절을 하니, 좌측 손이 위쪽에 있어서, 길한 시기의 절하는 방식을 따른다는 의미이다.

集解 右記遠兄弟之喪除喪而后聞喪.

번역 여기까지는 관계가 먼 형제의 상에서 이미 상복기간을 넘긴 이후에 상의 소식을 접했을 때를 기록하고 있다.

참고 『예기』「단궁상(檀弓上)」 기록

경문-81a 曾子曰: "小功不稅, 則是遠兄弟終無服也, 而可乎?"

번역 증자가 말하길, "소공복(小功服)을 입고 치르는 상에 있어서, 본래는 태(稅)를 하지 않는데, 만약 먼 지역에 사는 재종(再從) 형제 등이 부고를 알려오는 경우, 태(稅)를 하지 않으면, 먼 형제에 대해서는 상복관계가 없어지게 되니, 이처럼 해도 좋겠는가?"라고 했다.

鄭注 據禮而言也. 日月已過, 乃聞喪而服曰稅, 大功以上然, 小功輕, 不服. 言相離遠者, 聞之恒晩. 以己恩怪之.

번역 예에 기준을 두고 언급한 말이다. 시간이 이미 경과를 하였는데, 상에 대한 소식을 듣고서 상복을 입는 것을 태(稅)라고 부르니, 대공복(大功服) 이상의 수위에 해당하는 상복을 입을 경우 모두 이처럼 하지만, 소공복(小功服)의 경우에는 상복의 수위가 낮기 때문에, 시기가 경과하였다면 상복을 입지 않는 것이다. 서로 멀리 떨어져 있는 경우, 상에 대한 소식을 접하는 것은 항상 늦게 된다는 뜻이다. 자신의 심정으로는 이러한 규정이 괴이하게 여겨진다는 뜻이다.

孔疏 ●"曾子"至"可乎". ○正義曰: 此一節論曾子怪於禮小功不著稅服之事, 曾子以爲依禮小功之喪, 日月已過, 不更稅而追服, 則是遠處兄弟聞喪恒晚, 終無服而可乎? 言其不可也. 曾子仁厚, 禮雖如此, 猶以爲薄, 故怪之. 此據正服小功也. 故喪服小記云"降而在緦小功者則稅之", 其餘則否. 鄭康成義, 若限內聞喪, 則追全服. 若王肅義, 限內聞喪, 但服殘日, 若限滿卽止. 假令如王肅之義, 限內祇少一日, 乃始聞喪, 若其成服, 服未得成卽除也. 若其不服, 又何名追服? 進退無禮, 王義非也.

번역 ●經文: "曾子"~"可乎". ○이곳 문단은 증자가 예법상 소공복(小功服)을 착용할 때, 태복(稅服)을 입지 않는 것을 괴이하게 여긴 사안을 논의하고 있다. 증자는 예법에 따르면 소공복을 입고 치르는 상에서는 시기가 이미 경과하였다면, 다시금 태(稅)를 하여 그 시기를 거슬러 올라가 상복을 착용하지 않는다고 했는데, 이것은 멀리 떨어져 있는 형제의 상에 대한 소식을 접할 때, 항상 늦게 도달하므로, 결국에는 상복관계를 없애는 것이 되는데, 괜찮은 것이냐고 여긴 것이다. 즉 이 말은 불가하다는 뜻이다. 증자는 인(仁)이 두터우니, 예법에 비록 이러한 규정이 정해져 있더라도, 오히려 이것을 박하게 대하는 것이라고 여겼다. 그렇기 때문에 이러한 규정에 대해서 괴이하게 여긴 것이다. 이곳 문장의 내용은 소공복을 정복(正服)으로 착용하는 것에 기준을 둔 것이다. 그렇기 때문에 『예기』「상복소기(喪服小記)」편에서는 "강복(降服)을 하여 시마복(緦麻服)과 소공복을 착용하는 경우라면, 태(稅)를 한다."라고 한 것이니, 그 나머지 경우에는 이처럼 하지 않는다. 정현의 의도는 만약 기한 내에 상에 대한 소식을 접하게 된다면, 그 기간을 미루어서 상복을 온전히 갖추게 된다. 그러나 왕숙의 주장대로라면, 기한 내에 상에 대한 소식을 접하게 되더라도, 단지 상복을 입는 기간은 정해진 시기에서 남아 있는 일수에 그치며, 만약 정해진 기간을 넘기게 되면 끝내게 된다. 왕숙의 의도대로라면, 기한 이내라고 하더라도 하루가 남은 상태에서, 처음으로 상에 대한 소식을 접하게 되면, 상복을 제대로 갖춰 입는 경우, 아직 성복을 하지 않은 상태인데도 곧바로 제거하게 된다. 그리고 상복을 입지 않는 경우라면, 또한 어떻게 미루어서 상복을 입는다고 말할 수 있는가? 이것은 나아가고 물러남에 예가 없는 것이니, 왕숙의 주장은 잘못된 것이다.

訓纂 賀循曰: 謂喪月都竟, 乃聞喪者耳. 若在服內, 則自全五月. 徐邈答王詢曰, "鄭云'五月之內追服.' 王肅云'服其殘月, 小功不追, 以恩輕故也.'"

번역 하순이 말하길, 상을 치르는 달이 넘어간 뒤에, 곧 상에 대한 소식을 접한 자에 대한 내용일 뿐이다. 만약 상복을 입어야 하는 기간 내에 소식을 접하게 된다면, 제 스스로 5개월 동안 상복을 입게 된다. 서막(徐邈)은 왕순(王詢)에게 대답하며, "정현은 '5개월 이내에는 그 기간을 미루어서 복상한다.'라고 했고, 왕숙은 '남아있는 달만 복상하고, 소공복(小功服)을 입고 치르는 상에서는 기간을 미루어서 하지 않으니, 서로의 정감이 다소 소원하기 때문이다.'"라고 했다.

訓纂 劉原父曰: 兄弟之服不過小功, 外親之服不過緦, 因其情而爲之文, 親疎之殺見矣. 小功雖不稅, 亦不吉服. 記曰, "聞遠兄弟之喪, 旣除喪而後聞之, 則袒免哭之成踊."

번역 유원보[1]가 말하길, 형제를 위해 입는 상복은 소공복(小功服)보다 높지 않으며, 외친(外親)을 위해 입는 상복은 시마복(緦麻服)보다 높지 않으니, 서로간의 정감에 따라서, 그에 대한 형식을 맞춘 것이며, 친소(親疎)에 따라 낮추는 것을 나타낸 것이다. 소공복을 입고 치르는 상에서 비록 태(稅)를 하지 않지만, 이러한 경우에서도 길복(吉服)을 착용하지 않는다.

---

1) 유창(劉敞, A.D.1019~A.D.1068) : =공시선생(公是先生)·유원보(劉原父)·청강유씨(淸江劉氏). 북송(北宋) 때의 경학자이다. 자(字)는 원보(原父)이다. 유학 뿐만 아니라 불교와 도교에 대해서도 연구하였고, 천문(天文), 지리(地理) 등의 방면에도 조예가 깊었다.

『예기』에서는 "멀리 떨어져 사는 형제의 상 소식을 접했는데, 이미 상을 끝낸 이후에 그 소식을 듣게 된다면, 단면(袒免)을 하고 곡(哭)을 하며 용(踊)을 한다."[2]라고 했다.

集解 愚謂: 兄弟, 謂族親也. 喪服從祖祖父母·從祖父母·從祖兄弟爲三小功. 先王之制服, 以其實不以其文, 故有其服必有其情, 非虛加之而已. 小功恩輕, 若日月已過而服之, 則哀微而不足以稱乎其服矣. 曾子篤於恩, 故疑不稅之非, 然先王之於禮, 則以人之可以通行者制之也.

번역 내가 생각하기에, '형제(兄弟)'라는 말은 친족(親族)을 뜻한다. 『의례』「상복(喪服)」편의 규정에 따르면, 종조조부모(從祖祖父母)·종조부모(從祖父母)·종조형제(從祖兄弟) 등 세 부류의 대상에 대해서만 소공복(小功服)을 입게 된다. 선왕이 상복에 대한 규정을 제정할 때에는 실상을 기준으로 했으며, 형식에 따라서 규정하지는 않았다. 그렇기 때문에 해당하는 상복에는 반드시 해당하는 정감의 수위가 있는 것이니, 허례허식으로 규정을 더한 것이 아니다. 소공복의 경우에는 서로간의 정감이 소원하므로, 만약 기간을 이미 경과한 상태에서 상복을 입게 된다면, 애통한 마음이 미약해져서, 그 상복에 걸맞은 슬픔을 자아낼 수가 없다. 증자는 은혜로운 마음이 돈독하였기 때문에, 태(稅)를 하지 않는 것이 잘못된 규정이라고 의심을 하였다. 그러나 선왕은 예에 대해서, 사람들이 일반적으로 시행할 수 있는 것을 기준으로 제정을 한 것이다.

참고 『예기』「상복소기(喪服小記)」 기록

경문-413a 生不及祖父母諸父昆弟, 父稅喪, 己則否.

---

2) 『예기』「분상(奔喪)」【657b】: <u>聞遠兄弟之喪, 旣除喪而后聞喪, 免袒成踊</u>, 拜賓則尚左手.

번역 어떤 자가 다른 나라에서 태어났는데, 본국에 남아있는 조부모 및 제부의 곤제들에 대해서 보지 못해 알지 못한 경우, 그들의 죽음에 대한 소식을 접했는데, 그 기간이 이미 지난 시점이라면, 부친의 경우에는 그들을 알고 있으므로, 기간을 미루어서 그들에 대한 상복을 착용하지만, 본인은 상복을 입지 않는다.

集說 稅者, 日月已過, 始聞其死, 追而爲之服也. 此言生於他國, 而祖父母諸父昆弟皆在本國, 己皆不及識之. 今聞其死而日月已過, 父則追而服之, 己則不服也.

번역 '태(稅)'는 시기가 이미 경과를 했는데, 비로소 상대방의 죽음에 대해 듣게 되어, 기간을 미루어서 그를 위해 상복을 착용한다는 뜻이다. 이 내용은 어떤 자가 다른 나라에서 태어났고, 그 자의 조부모 및 제부의 곤제 등은 모두 본국에 남아 있는데, 본인이 모두에 대해서 만나보지 못해 모르는 경우이다. 현재 그들의 죽음에 대한 소식을 들었는데, 그 시기가 이미 경과를 했다면, 부친의 경우에는 그들을 알고 있으므로 기간을 미루어서 그들을 위해 상복을 착용하지만, 본인의 경우에는 상복을 착용하지 않는다.

경문-413b 降而在緦·小功者則稅之.

번역 그 대상이 상복의 수위를 낮춰서 시마복(緦麻服)이나 소공복(小功服)에 해당하는 경우라면, 기간을 미루어서 상복을 착용한다.

集說 此句承父稅喪己則否之下, 誤在此. 降者, 殺其正服也. 如叔父及適孫正服, 皆不杖期, 死在下殤, 則皆降服小功, 如庶孫之中殤, 以大功降而爲緦也, 從祖昆弟之長殤, 以小功降而爲緦也. 如此者皆追服之. 檀弓曾子所言小功不稅, 是正服小功, 非謂降也. 凡降服重於正服, 詳見儀禮.

번역 이 구문은 "부태상기즉부(父稅喪, 己則否)"라는 구문 뒤와 연결되니, 잘못하여 이곳에 기록된 것이다. '강(降)'은 규범에 따른 복장을 낮춘다는 뜻이다. 예를 들어 숙부 및 적손에 대한 정규 복장은 모두 지팡이를 잡지 않는 기년복(期年服)인데, 하상(下殤)3)일 때 죽었다면, 모두 수위를 낮춰서 소공복(小功服)을 착용하고, 만약 서손이 중상(中殤)4)을 했다면, 대공복(大功服)을 낮춰서 시마복(緦麻服)을 착용하며, 종조의 곤제가 장상(長殤)5)을 했다면, 소공복을 낮춰서 시마복을 착용한다. 이러한 경우라면 모두 기간을 미루어서 상복을 착용한다. 『예기』「단궁(檀弓)」편에서 증자가 "소공복에는 태(稅)를 하지 않는다."라고 한 말은 정규 복장이 소공복인 경우이니, 낮춘 경우를 뜻하는 말이 아니다. 무릇 강복(降服)이 정복(正服)에 비해 무거운 경우에 대해서는 그 자세한 설명이 『의례』에 나온다.

---

3) 하상(下殤)은 8~11세 사이에 요절한 자를 뜻한다. 『의례』「상복(喪服)」편에 "十一至八歲爲下殤."이라는 기록이 있다.
4) 중상(中殤)은 12~15세 사이에 요절한 자를 뜻한다. 『의례』「상복(喪服)」편에 "十五至十二爲中殤."이라는 기록이 있다.
5) 장상(長殤)은 16~19세 사이에 요절한 자를 뜻한다. 『의례』「상복(喪服)」편에 "年十九至十六爲長殤."이라는 기록이 있다.

제20장

상복관계가 없는 자에 대한 곡(哭)과 복장 규정

【657b】

無服而爲位者, 唯嫂叔. 及婦人降而無服者麻.

직역 服이 無한데 位를 爲하는 者는 唯히 嫂叔이다. 婦人에 及하여 降하여 服이 無한 者는 麻한다.

의역 상복관계가 없지만 그 대상에 대해 곡하는 자리를 마련하는 경우는 오직 형수의 상이다. 여자에게 있어서 그녀에 대해 강복(降服)을 하여 상복관계가 없어지는 경우에는 조복(弔服)에 시마복의 환질(環絰)을 두른다.

集說 檀弓云, "子思之哭嫂也爲位." 婦人降而無服, 謂姑姊妹在室者緦麻, 嫁則降在無服也. 哭之亦爲位. 麻者, 弔服而加緦之環絰也.

번역 『예기』「단궁(檀弓)」편에서는 "자사(子思)가 형수를 위해 곡을 했을 때에는 곡하는 자리를 정했다."[1]라고 했다. 부인에 대해 강복(降服)을 하여 상복관계가 없어지게 되었다는 말은 고모와 자매들 중 아직 시집을 가지 않은 자에 대해서는 시마복(緦麻服)을 착용하는데, 그녀들이 시집을 가게 된다면 강복을 하여 상복관계가 없어지게 된다는 뜻이다. 그녀를 위해 곡을 할 때에도 또한 자리를 마련한다. 마(麻)는 조복(弔服)을 착용하고 시마복에 착용하는 환질(環絰)을 두른다는 뜻이다.

---

1) 『예기』「단궁상(檀弓上)」【80a】: 曾子曰, "小功不爲位也者, 是委巷之禮也. <u>子思之哭嫂也爲位</u>, 婦人倡踊. 申祥之哭言思也亦然."

集說 鄭氏曰: 正言嫂叔, 尊嫂也. 兄公於弟之妻則不能也.

번역 정현이 말하길, 경문에서 '수숙(嫂叔)'이라고 한 말은 형수를 높여서 부르는 말이다. 형이 동생의 처에 대해서라면 할 수 없다.

集說 疏曰: 旣云無服, 又云麻, 故知弔服加麻也.

번역 공영달의 소에서 말하길, 이미 "상복관계가 없다."라고 했는데, 재차 '마(麻)'라고 했다. 그렇기 때문에 조복(弔服)을 착용하고 마(麻)로 된 질(絰)을 두르게 된다는 사실을 알 수 있다.

大全 嚴陵方氏曰: 檀弓云, 嫂叔之無服也, 蓋推而遠之也. 姑姊妹之薄也, 蓋有受我而厚之者也. 制之以義, 故無服, 本之以仁, 故爲位焉.

번역 엄릉방씨가 말하길, 『예기』「단궁(檀弓)」편에서는 "형제의 아내와 남편의 형제 사이에는 확연한 구분이 있으니, 그 둘 사이에는 상복관계가 성립되지 않는데, 이처럼 하는 이유는 남녀사이에서 발생하는 혐의를 멀리하기 위해, 그 둘의 관계를 미루어서 멀리 대하기 때문이다. 고모와 자매가 시집을 갔을 때에는 그녀들에 대한 상복의 수위를 낮추니, 무릇 본인을 대신해서 그녀들을 위해 수위가 높은 상복을 입어줄 사람이 있기 때문이다."2)라고 했다. 의(義)에 따라 제재하기 때문에 상복관계가 없고, 인(仁)에 따라 근본으로 삼기 때문에 자리를 마련한다.

鄭注 雖無服, 猶弔服加麻. 袒免, 爲位哭也. 正言"嫂叔", 尊嫂也. 兄公, 於弟之妻則不能也. 婦人降而無服, 族姑·姊妹嫁者也. 逸奔喪禮曰: "無服袒免爲位者, 唯嫂與叔. 凡爲其男子服, 其婦人降而無服者麻."

번역 비록 상복관계가 없지만 여전히 조복(弔服)에 마(麻)로 된 질(絰)

---

2) 『예기』「단궁상(檀弓上)」【93d】: 喪服, 兄弟之子猶子也, 蓋引而進之也; 嫂叔之無服也, 蓋推而遠之也; 姑姊妹之薄也, 蓋有受我而厚之者也.

을 두른다. 단(袒)과 면(免)을 하고, 자리를 마련해서 곡을 한다. 경문에서 '수숙(嫂叔)'이라고 한 말은 형수를 높여서 부르는 말이다. 형은 동생의 처에 대해서 이처럼 할 수 없다. 부인에 대해 강복(降服)을 하여 상복관계가 없다고 했는데, 족친의 고모나 자매 중 시집을 간 여자들을 뜻한다. 일실된 「분상례」에서는 "상복관계가 없는데 단(袒)을 하고 면(免)을 하여 자리를 마련하는 경우는 오직 형제의 처와 남편의 형제들 상이다. 무릇 그 남자를 위해서는 상복을 착용하지만, 그의 부인에 대해서 강복을 하여 상복관계가 없어진 자는 마(麻)를 한다."라고 했다.

釋文 嫂, 悉早反. 凡爲, 于僞反, 下注同.

번역 '嫂'자는 '悉(실)'자와 '早(조)'자의 반절음이다. '凡爲'에서의 '爲'자는 '于(우)'자와 '僞(위)'자의 반절음이며, 아래 정현의 주에 나오는 글자도 그 음이 이와 같다.

孔疏 ●"無服"至"者麻". ○正義曰: 此經論哭無服而爲位, 及弔服加麻也.

번역 ●經文: "無服"~"者麻". ○이곳 경문은 상복관계가 없는 자에게 곡을 하며 자리를 마련하는 일과 조복(弔服)에 마(麻)로 만든 질(絰)을 두른다는 것을 논의하고 있다.

孔疏 ●"及婦人降而無服麻"者, 哭嫂與叔爲位, 幷及族姑姊妹女子出嫁於人, 元是緦麻, 今降而無服, 亦當爲位哭之, 加弔服之麻, 不爲之袒免, 故云"無服者麻"也.

번역 ●經文: "及婦人降而無服麻". ○형제의 아내와 남편의 형제에게 곡을 하며 자리를 마련하고, 아울러 족친의 고모와 자매 및 딸자식 중 다른 집안에 시집을 간 자는 본래 시마복(緦麻服)의 관계이지만 현재는 강복(降服)을 하여 상복관계가 없어졌다. 그러나 이러한 경우에도 마땅히 자리를 마련하여 곡을 해야 하고, 조복(弔服)의 마(麻)를 더해야 한다. 하지만 그 대상을 위해 단(袒)이나 면(免)은 할 수 없다. 그렇기 때문에 "상복관계가 없는 자는 마(麻)를 한다."라고 했다.

孔疏 ◎注"雖無"至"者麻". ○正義曰: 以經云"無服者麻", 既無服, 又云"麻", 故知"弔服加麻"也. 麻, 謂緦之経也. 云"兄公, 於弟之妻則不能也"者, 兄公, 謂夫之兄也, 於弟之妻則不能爲位哭之. 然則弟婦於夫兄亦不能也. 兄公於弟妻不服者, 卑遠之也, 弟妻於兄公不服者, 尊絶之也. 爾雅·釋親云: "婦人謂夫之兄爲兄公." 郭景純云: "今俗呼兄鍾, 語之轉耳." 今此記俗本皆女旁置公, 轉誤也. 皇氏並云: "婦人稱夫之兄爲'公'者, 須公平, 尊稱也." 云"凡爲其男子服, 其婦人降而無服者麻"者, 此是逸奔喪禮文. 言"凡爲其男子服, 其婦人降而無服者麻", 男子, 謂族伯叔·族兄弟之等, 爲其族姑及姊妹既降無服, 其族姑姊爲族伯叔兄弟亦無服加麻, 是男之於女, 女之於男, 皆無服而加麻, 故云"凡爲其男子服, 婦人降而無服者麻"也.

번역 ◎鄭注: "雖無"~"者麻". ○경문에서는 "상복관계가 없는 자는 마(麻)를 한다."라고 했는데, 이미 상복관계가 없는 상태인데, 재차 '마(麻)'라고 했기 때문에 "조복(弔服)에 마(麻)로 된 질(絰)을 두른다."라는 말이 사실임을 알 수 있다. '마(麻)'자는 시마복(緦麻服)에 착용하는 질(絰)을 뜻한다. 정현이 "형은 동생의 처에 대해서 이처럼 할 수 없다."라고 했는데, '형공(兄公)'은 남편의 형을 뜻하니, 그는 동생의 처에 대해서 자리를 마련하여 곡을 할 수 없다는 의미이다. 그렇다면 동생의 부인도 형에 대해서 자리를 마련하여 곡을 할 수 없다. 형이 동생의 처에 대해서 상복을 착용하지 않는 것은 낮춰서 멀리 대하기 때문이며, 동생의 처가 남편의 형을 위해 상복을 착용하지 않는 것은 높여서 관계를 끊는 것이다. 『이아』「석친(釋親)」편에서는 "부인은 남편의 형에 대해서 형공(兄公)이라고 한다."[3]라고 했고, 곽경순[4]은 "현재 세속에서는 형종(兄鍾)이라고도 부르는데, 이것은

---

3) 『이아』「석친(釋親)」: 夫之兄爲兄公, 夫之弟爲叔, 夫之姊爲女公, 夫之女弟爲女妹.

말이 전이된 것일 뿐이다."라고 했다. 『예기』의 세속본들은 모두 여(女)자와 공(公)자를 합하여 종(妐)자로 기록하고 있는데, 이것은 잘못 전이된 것이다. 황간도 "부인이 남편의 형에 대해서 공(公)자를 붙여서 부르는 것은 공평해야 한다는 뜻으로 존칭에 해당한다."라고 했다. 정현이 "무릇 그 남자를 위해서는 상복을 착용하지만, 그의 부인에 대해서 강복을 하여 상복관계가 없어진 자는 마(麻)를 한다."라고 했는데, 이것은 일실된 「분상례」의 문장이다. "무릇 그 남자를 위해서는 상복을 착용하지만, 그의 부인에 대해서 강복을 하여 상복관계가 없어진 자는 마(麻)를 한다."라고 했는데, 남자는 족인들 중 백부나 숙부, 또 족친의 형제 등을 뜻하며, 그들의 족친 중 고모와 자매에 대해서는 이미 강복을 하여 상복관계가 없고, 족친 중 고모와 자매는 족친의 백부나 숙부 및 형제들에 대해서 또한 상복관계가 없어서 마(麻)를 더하게 되니, 이것은 남자가 여자에 대해서, 또 여자가 남자에 대해서 모두 상복관계가 없지만 마(麻)를 더하게 된다는 사실을 나타낸다. 그렇기 때문에 "무릇 그 남자를 위해서는 상복을 착용하지만, 그의 부인에 대해서 강복을 하여 상복관계가 없어진 자는 마(麻)를 한다."라고 했다.

集解 愚謂: 哭有服之親乃爲位, 嫂叔無服而爲位者, 以其本親也. 爲兄弟之妻皆然, 獨言"嫂叔"者, 避文繁也. 麻者, 以麻爲弔服之絰也. 凡弔服用葛絰, 嫂叔及婦人降而無服者, 雖服弔服, 而以麻爲絰, 重之也. 蓋二者本應有服, 一以遠嫌絶之, 一以出嫁降之, 故哭之皆爲位, 且重其弔服之絰, 以別於其餘無服者之親也.

번역 내가 생각하기에, 곡을 할 때 상복관계에 있는 친족에 대해서라면 곧바로 자리를 마련하는데, 형수는 상복관계가 없는데도 자리를 마련하는 것은 본래 친족이기 때문이다. 형제의 처에 대해서는 모두 이처럼 하는데,

---

4) 곽박(郭璞, A.D.276~A.D.324) : =곽경순(郭景純). 진(晉)나라 때의 학자이다. 자(字)는 경순(景純)이다. 저서로는 『이아주(爾雅注)』, 『방언주(方言注)』, 『산해경주(山海經注)』 등이 있다.

유독 '형수[嫂叔]'라고 말한 것은 문장을 번잡하게 기록하는 것을 피하기 위해서이다. '마(麻)'는 마(麻)로 조복(弔服)에 두르는 질(絰)을 만든다는 뜻이다. 무릇 조복에서는 갈(葛)로 만든 질(絰)을 사용하는데, 형수 및 부인들에 대해서 강복(降服)을 하여 상복관계가 없어진 경우에는 비록 조복을 입더라도 마(麻)로 질(絰)을 만드니, 관계를 중시하기 때문이다. 무릇 두 관계는 본래는 마땅히 상복을 착용해야 하지만, 한쪽으로는 혐의를 멀리하여 관계를 끊는 것이며, 다른 쪽으로는 출가를 했으므로 강복을 하는 것이다. 그렇기 때문에 곡을 할 때에는 모두 자리를 마련하고, 또 조복의 질(絰) 수위를 높여서, 나머지 상복관계가 없는 친족들과 구분하는 것이다.

集解 鄭氏云, "正言嫂叔, 尊嫂也. 兄公, 於弟之妻則不能也", 孔氏云, "兄公於弟妻不服者, 卑遠之也. 弟妻於兄公不服者, 尊絶之也", 非也. 曲禮曰, "嫂叔不通問." 檀弓曰, "嫂叔之無服也." 雜記, "嫂不撫叔, 叔不撫嫂." 凡擧嫂叔以該兄公與弟妻者多矣, 豈容於此獨生異義? 且夫之世叔父又尊於兄公矣, 然且爲之服而報焉, 何以不遠之絶之乎?

번역 정현은 "경문에서 '수숙(嫂叔)'이라고 한 말은 형수를 높여서 부르는 말이다. 형은 동생의 처에 대해서 이처럼 할 수 없다."라고 했고, 공영달은 "형이 동생의 처에 대해서 상복을 착용하지 않는 것은 낮춰서 멀리 대하기 때문이며, 동생의 처가 남편의 형을 위해 상복을 착용하지 않는 것은 높여서 관계를 끊는 것이다."라고 했는데, 잘못된 주장이다. 『예기』「곡례(曲禮)」편에서는 "형수와 시동생은 안부를 묻거나 선물을 건네지 않는다."5)라고 했고, 『예기』「단궁(檀弓)」편에서는 "형제의 아내와 남편의 형제 사이에는 상복관계가 성립되지 않는다."라고 했으며, 『예기』「잡기(雜記)」편에서는 "형수는 시동생이 죽었을 때 그 시신을 어루만지지 않고, 시동생은 형수가 죽었을 때 그 시신을 어루만지지 않는다."6)라고 했다. 무

---

5) 『예기』「곡례상(曲禮上)」【23d】: <u>嫂叔不通問</u>, 諸母不漱裳.
6) 『예기』「잡기하(雜記下)」【519b】: 嫂不撫叔, 叔不撫嫂.

릇 수숙(嫂叔)이라는 말을 제시하여 형과 동생의 처 관계를 풀이하는 경우가 많은데, 어찌 이곳에서만 다른 뜻을 도출할 수 있는가? 또 남편의 세숙부는 남편의 형보다도 존귀한데, 그를 위해 상복을 착용하여, 상대가 자신에 대해 상복을 착용하는 도리에 보답하니, 어찌 멀리 대하고 관계를 끊을 수 있겠는가?

集解 右記無服爲位.

번역 여기까지는 상복관계가 없는 자가 곡하는 자리를 마련하는 것을 기록하고 있다.

참고 『예기』「잡기상(雜記上)」기록

경문-93d 喪服, 兄弟之子猶子也, 蓋引而進之也; 嫂叔之無服也, 蓋推而遠之也; 姑姊妹之薄也, 蓋有受我而厚之者也.

번역 상복에 있어서, 형제의 자식들이 죽었을 때에는 자신의 자식이 죽었을 때와 동일한 상복을 착용하니, 이처럼 하는 이유는 그와의 은정으로 인해, 그의 관계를 끌어 올려서 친밀한 관계로 포함시키기 때문이다. 형제의 아내와 남편의 형제 사이에는 확연한 구분이 있으니, 그 둘 사이에는 상복관계가 성립되지 않는데, 이처럼 하는 이유는 남녀사이에서 발생하는 혐의를 멀리하기 위해, 그 둘의 관계를 미루어서 멀리 대하기 때문이다. 고모와 자매가 시집을 갔을 때에는 그녀들에 대한 상복의 수위를 낮추니, 무릇 본인을 대신해서 그녀들을 위해 수위가 높은 상복을 입어줄 사람이 있기 때문이다.

鄭注 或引或推, 重親遠別. 欲其一心於厚之者, 姑姊妹嫁大功, 夫爲妻期.

번역 어떤 경우에는 끌어당기고, 또 어떤 경우에는 밀어내니, 친밀한 관계를 중시하고, 유별함에 따라 멀리대하기 때문이다. 마음을 하나로 모아서 그녀들에게 후하게 대하고자 하기 때문이니, 고모와 자매가 시집을 가게 되면 대공복(大功服)을 착용하고, 남편은 아내를 위해서 기년복(期年服)을 착용한다.

孔疏 ●"喪服"至"者也". ○正義曰: 喪服是儀禮正經, 記者錄喪服中有下三事, 各以釋之. 其兄弟之子期, 姑姊妹出適大功, 皆喪服經文, 嫂叔無服, 喪服傳文. 所以嫂叔無服, 進在姑姊妹之上者, 取或引或推, 二者相對. 其子服重, 是引而進之, 其嫂無服, 是推而遠之. 並云"蓋"者, 記人雖解其義, 猶若不審然, 故謙而言"蓋".

번역 ●經文: "喪服"~"者也". ○「상복(喪服)」편은『의례』의 경문(經文)에 해당하는 기록인데,『예기』를 기록한 자는「상복」편에 이러한 세 종류의 사안이 있다는 것을 기록하고, 각각에 대해서 풀이를 한 것이다. 형제의 자식이 죽었을 때에는 기년복(期年服)을 착용하고, 고모와 자매가 출가를 했을 경우, 그녀들을 위해서는 대공복(大功服)을 착용하는데, 이것들은 모두「상복」편의 경문에 기록된 내용이며, 형제의 아내와 남편의 형제들 사이에는 상복관계가 성립되지 않는다는 기록은「상복」편에 기록된 전문(傳文)의 내용이다. 형제의 아내와 남편의 형제들 사이에 상복관계가 없다는 내용을 끌어다가 고모와 자매에 대한 항목 앞에 기술한 이유는 어떤 경우에는 당겨서 끌어오고 또 어떤 경우에는 밀어내는데, 두 경우가 서로 대비가 된다는 측면에서 이러한 기술 방식을 채택한 것이다. 자신의 아들이 죽었을 때 착용하는 상복은 수위가 무거우니, 이것이 바로 당겨서 나아가게 한 경우이며, 형수에 대해 상복을 입지 않는 것은 미루어 멀리한다는 경우이다. 모든 구문에 '개(蓋)'자를 기록한 이유는『예기』를 기록한 자가 비록 그 의미를 풀이했지만, 여전히 확실치 않은 점이 있을 수도 있기 때문에, 겸손하게 표현하여, '아마도[蓋]'라고 말하게 된 것이다.

孔疏 ◎注"或引"至"遠別". ○正義曰: 己子服期, 今昆弟之子亦服期, 牽引進之, 同於己子. 按喪服傳: "昆弟之子期報之也." 此云"引"者, 喪服有世父母叔父母期, 又云昆弟之子, 何以亦期也? 有相報答之義, 故云"報"也. 己子服期, 昆弟之子應降一等服大功, 今乃服期, 故云"引"也. 二文相兼乃備. 或推者, 昆弟相爲服期, 其妻應降一等服大功, 今乃使之無服, 是推使疏而斥遠之也. 言"重親"解"或引", 言"遠別"解"或推". "遠別"者, 何平叔云: "夫男女相爲服, 不有骨肉之親, 則有尊卑之異也. 嫂叔親非骨肉, 不異尊卑, 恐有混交之失, 推使無服也."

번역 ◎鄭注: "或引"~"遠別". ○자신의 아들이 죽었을 때에는 기년복(期年服)을 착용하는데, 현재 곤제(昆弟)의 자식들에 대해서도 또한 기년복을 착용한다고 했으니, 이것은 끌어당겨서 나아가게 하여, 자신의 아들에 대한 경우와 동일하게 한 것이다. 『의례』「상복(喪服)」편의 전문(傳文)을 살펴보면, "곤제의 자식에 대해서는 기년복을 착용하니, 그 자가 자신에 대해서 동일하게 상복을 착용하는 것에 대해 보답하기 위해서이다."7)라고 했다. 이곳에서는 "당긴다[引]."라고 하였는데, 「상복」편의 기록 중에는 세부모(世父母)와 숙부모(叔父母)에 대해서 기년복을 착용한다는 기록이 있고, 또한 곤제의 아들에 대해서도 이와 같은 복장을 착용한다고 했다. 어찌하여 곤제의 아들에 대해서도 또한 세부모 및 숙부모처럼 기년복을 착용하는가? 서로 보답하는 도의가 포함되어 있기 때문이다. 그래서 "보답한다[報]."라고 말한 것이다. 자신의 아들을 위해 기년복을 착용한다면, 곤제의 아들에 대해서는 마땅히 1등급을 낮춰서 대공복(大功服)을 착용해야 하는데, 현재는 곧 기년복을 착용한다고 했다. 그렇기 때문에 "당긴다[引]."라고 말한 것이다. 두 기록이 상호 보완이 되면, 그 뜻이 완전해진다. 또한 '추(推)'를 하는 경우도 있는데, 곤제는 서로를 위해 기년복을 착용하므로, 그처는 마땅히 1등급을 낮춰서 대공복을 착용해야 한다. 그런데 현재의 상황에서는 그 둘로 하여금 상복을 착용하지 못하게끔 하였으니, 이것은 미루

---

7) 『의례』「상복(喪服)」: 昆弟之子. 傳曰, 何以期也? 報之也.

어서 둘 사이의 관계를 소원하게 하여, 멀리 하도록 배척한 것이다. 정현은 '중친(重親)'이라고 하여, "혹은 끌어당긴다[或引]."는 말을 풀이한 것이고, '원별(遠別)'이라고 하여, "혹은 미룬다[或推]."는 말을 풀이한 것이다. '원별(遠別)'에 대해, 하평숙은 "무릇 남녀 사이에서도 서로를 위해 상복을 착용하지만, 그 경우는 둘 사이에 같은 혈연이라는 친족관계가 형성되어 있는 경우이거나 그것이 아니라면 둘 사이에 존비(尊卑)의 차이가 있기 때문이다. 형제의 부인과 남편의 형제 사이에는 비록 친족 관계가 성립되지만, 그것은 혈연으로 맺어진 것이 아니며, 존비의 차이도 나지 않으니, 아마도 인륜을 문란하게 만드는 실수가 발생할 것을 염려했기 때문에, 둘의 관계를 미루어서, 그 둘로 하여금 서로 상복을 입지 못하도록 한 것이다."라고 했다.

孔疏 ●"姑姊妹之薄也"者, 未嫁之時爲之厚, 今姑姊妹出嫁之後爲之薄, 蓋有夫婿受我之厚而重親之, 欲一心事於厚重, 故我爲之薄.

번역 ●經文: "姑姊妹之薄也". ○아직 시집을 가지 않았을 때에는 그녀들을 위해 후하게 대하게 된다. 그런데 현재의 상황은 고모나 자매가 이미 출가를 한 이후가 되므로, 그녀들을 위해 박하게 대하는 것이니, 무릇 남편이나 사위 등이 나를 대신하여, 그녀들에게 후하게 대하며, 수위가 높은 상복을 착용하여, 그녀들에게 친근하게 대하게 되는데, 그들은 마음을 한결같이 하여, 그녀들의 상을 두텁고 무겁게 치르는데 전념하고자 하므로, 나는 그녀들을 위해 박하게 대하는 것이다.

集說 方氏曰: 兄弟之子, 雖異出也, 然在恩爲可親, 故引而進之, 與子同服; 嫂叔之分, 雖同居也, 然在義爲可嫌, 故推而遠之, 不相爲服. 姑姊妹在室, 與兄弟姪皆不杖期, 出適則皆降服大功而從輕者, 蓋有受我者服爲之重故也. 言其夫受之, 而服爲之杖期以厚之, 故於本宗相爲皆降一等也.

번역 방씨가 말하길, 형제의 자식은 비록 다른 부모에게서 태어났지만,

은정에 있어서는 친근하게 대할 수가 있다. 그렇기 때문에 끌어 올려서 나아가게 하여, 자식에 대한 상복과 동일하게 한 것이다. 형제의 아내와 남편의 형제는 구분에 있어서, 비록 같은 집에 살고 있다고 하더라도, 의리에 따라 혐의스러운 점이 생길 수도 있다. 그렇기 때문에 미루어서 멀리하여, 서로 간에 상복을 입지 않는 것이다. 고모와 자매가 시집을 가지 않았을 때에는 형제의 자식들에 대한 경우와 마찬가지로, 모두 지팡이를 잡지 않는 기년복(期年服)을 착용하는데, 그녀들이 출가를 했다면, 모두에 대해서 상복의 수위를 낮춰서, 대공복(大功服)을 착용하고, 수위가 낮은 것을 따르게 되니, 무릇 나를 대신해서 상복을 입는 자가 있어서, 그들이 그녀를 위해 수위가 무거운 상복을 착용하기 때문이다. 즉 이 말은 그녀의 남편이 나를 대신하여, 상복을 착용할 때, 그녀를 위해 지팡이를 잡게 되는 기년복을 착용하여, 후하게 대한다는 뜻이다. 그렇기 때문에 그녀의 친정에서는 서로를 위해 모두들 한 등급씩 낮춰서 상복을 착용하는 것이다.

集解 愚謂: 兄弟之子爲世叔父期, 而世叔父乃旁尊, 不足以加尊, 故如其爲己之服以報之. 猶子, 謂與己子同也. 兄弟一體, 服其子同於己子. 引而進之, 所以篤親親之恩也. 妻爲夫之昆弟・姊妹, 皆應從服者也. 然爲夫姊妹服小功, 而姊妹亦報服; 至夫之昆弟, 則不從夫而服, 夫之昆弟亦不報. 推而遠之, 所以厚男女之別也. 姑・姊妹之薄, 謂姑・姊妹之適人者, 由期而降爲大功也. 受我而厚之, 謂其夫受姑・姊妹於我, 爲之服齊衰・杖期, 與父在爲母同. 情篤於夫家, 則恩殺於本宗, 此姑・姊妹之所以出而降也.

번역 내가 생각하기에, 형제의 자식은 세숙부(世叔父)를 위해서 기년복(期年服)을 착용하는데, 세숙부는 방계의 친족 중 존귀한 자이므로, 존숭의 뜻을 더하기에는 부족하다. 그렇기 때문에 자신의 아들을 위해 입는 상복과 동일하게 착용하여, 형제의 자식이 자신을 위해 착용하는 상복에 보답만 하는 것이다. '유자(猶子)'라는 말은 자신의 아들에 대한 경우와 동일하게 한다는 뜻이다. 형제는 같은 부모에게서 출생하였으므로, 한 몸이라고 할 수 있으니, 그들의 자식들을 위해 상복을 착용할 때에는 자신의 아들을 위해서 상복을 착용할 때와 동일하게 하는 것이다. 당겨서 나아가게 하는 것은 친근한 자를 친근하게 대하는 은정을 돈독하게 하는 방법이다. 처는 남편의 곤제 및 자매들을 위해서, 모두 남편을 따라 상복을 입어야만 한다. 그러므로 남편의 자매들을 위해서는 소공복(小功服)을 착용하는 것이고, 남편의 자매들은 또한 그녀를 위해서, 보답하는 차원에서 상복을 입게 된다. 그러나 남편의 곤제들에 있어서는 남편을 따라 상복을 입지 않고, 남편의 곤제들 또한 그녀를 위해서 상복을 착용하지 않는다. 미루어 멀리한다는 것은 남녀 사이의 유별함을 잘 지키는 방법이다. 고모와 자매에 대해서 박하게 한다는 말은 고모와 자매들 중 시집을 간 여자에 대해서는 본래의 규정인 기년복의 수위에 따라서, 등급을 낮춰 대공복(大功服)으로 착용하게 된다는 뜻이다. 나를 대신해서 후하게 대한다는 말은 그녀들의 남편이 나에게서 고모나 자매를 데려간 상태이므로, 그들은 그녀들을 위해 자최복(齊衰服)을 착용하고, 지팡이를 잡고서 기년상(期年喪)을 치르게 되니, 부친이 생존해 계실 때, 돌아가신 모친을 위해서 착용하는 상복과 동일하게 한다는 뜻이다. 그녀들에 대한 은정을 남편의 집에서 돈독하게 한다면, 그녀들의 친정에서는 은정을 낮추게 되니, 이것이 고모와 자매들에 대해서, 출가를 하게 되면, 상복의 수위를 낮추는 이유이다.

集解 吳氏澄曰: 人有嫂之喪者, 其父母爲之服大功小功, 其妻爲之服小功, 其子爲之服齊衰·不杖期, 豈有己身立於父母妻子之間而獨同於無服之人哉? 雖曰無服, 當弔服加麻, 不飮酒, 不食肉, 不處內, 如弟子爲師, 父在爲母之例. 俟父母妻子之服旣除, 然後吉服. 推而遠之, 文雖殺而情未嘗不隆也.

번역 오징이 말하길, 어떤 자에게 있어서, 형수의 상이 발생한 경우, 그의 부모는 그녀를 위해서 대공복(大功服)과 소공복(小功服)을 착용하고, 그의 처도 그녀를 위해서 소공복을 착용하며, 그의 자식도 그녀를 위해서 자최복(齊衰服)을 착용하고 지팡이를 잡지 않는 기년상(期年喪)을 치르게 되는데, 어찌하여 본인은 부모와 처 및 자식의 중간에 있는 입장이면서도, 유독 상복관계가 없는 사람과 동일하게 그녀를 대할 수 있는가? 비록 규정된 상복이 없다고 하지만, 마땅히 조복(弔服)에 마(麻)를 더하게 되며, 술도 마시지 않고, 고기도 먹지 않으며, 집안에 거처하지도 않으니, 마치 제자들이 스승을 위해 상을 치르는 것처럼 하며, 부친이 생존해 계실 때 돌아가신 모친을 위해 상을 치르는 것처럼 하게 된다. 자신의 부모 및 처와 자식들이 상복을 벗을 때까지 기다린 뒤에야, 그 또한 길복(吉服)을 착용하게 된다. 미루어서 멀리한다고 했는데, 그 문장에는 비록 낮추는 점이 있지만, 정감에 있어서는 일찍이 융성하게 높이지 않은 적이 없었다.

集解 愚謂: 喪服記曰"朋友麻", 鄭氏謂"弔服加麻." 奔喪禮云"無服而爲位者, 惟嫂叔及婦人降而無服者麻", 則嫂叔相爲弔服加麻, 禮有明據矣. 嫂叔雖不制服, 而哭則爲位, 又弔服加麻, 則固非恝然同於無服之人也. 然吳氏謂"俟父母妻子之服除而後吉服", 則父母妻子之爲嫂或期或大功或小功, 將以何爲之斷限乎? 且若從其重者, 則爲昆弟服期, 而欲嫂叔相爲心喪, 亦皆俟其子之期服除而後復常, 則情雖甚厚, 而揆諸制服之義, 亦已失其差矣. 凡弔服加麻者, 旣葬除之. 竊謂嫂叔相爲弔服加麻, 心喪三月, 卒哭而除, 視娣·姒婦之相爲小功者而差降焉, 此固先王之禮也. 若魏徵謂"長年之嫂, 遇孩童之叔, 劬勞鞠育, 情若所生", 又有不可以常禮槪者. 故韓愈少鞠於嫂, 爲之服期, 此亦禮之以義起者也.

번역 내가 생각하기에, 『의례』「상복(喪服)」편의 기문(記文)에서는 "벗을 위해서는 마(麻)를 한다."[8]라고 했고, 정현은 이 문장에 대해서 "조복(弔服)에 마(麻)를 더하는 것이다."라고 했다. 『예기』「분상」편에서는 "상복관계가 없는데도, 곡하는 자리를 마련하는 자는 오직 형제의 아내와 남편의 형제 및 부인들 중 수위를 낮춰서 상복을 입지 않고 마(麻)를 하는 경우이다."라고 했으니, 형제의 아내와 남편의 형제들은 서로를 위해서 조복(弔服)에 마(麻)를 더하게 되는 것으로, 예의 규정에도 명확한 근거가 남이 있다. 형제의 아내와 남편의 형제들 사이에는 비록 규정된 상복이 없지만,

---

8) 『의례』「상복(喪服)」: 朋友麻.

곡을 하게 되면, 자리를 마련하게 되고, 또한 조복에 마(麻)를 더하게 되니, 진실로 담담히 상복관계가 성립되지 않는 사람을 대하듯 동일하게 하는 것이 아니다. 그런데 오징은 "부모와 처 및 자식이 상복을 벗을 때까지 기다린 뒤에야 길복(吉服)을 착용한다."라고 했다. 부모와 처 및 자식들은 형제의 처를 위해, 어떤 자는 대공복(大功服)을 입게 되고, 또 어떤 자는 소공복(小功服)을 입게 된다. 따라서 이처럼 기간에 차이를 보이는데, 어떤 것을 기준으로 기한을 정한단 말인가? 또 만약 그 기간 중에서도 수위가 높은 것에 따르게 된다면, 곤제를 위해서는 기년복(期年服)을 착용하고, 형제의 아내와 남편의 형제들은 서로를 위해 심상(心喪)으로 치르니, 또한 모두가 자식이 기년복을 벗을 때까지 기다린 뒤에야 평상시대로 되돌아간다면, 정감에는 비록 후하게 대함이 있지만, 상복을 제정한 도의에 따라 헤아려보면, 그 차등적 질서에서 벗어나게 된다. 무릇 조복에 마(麻)를 더한 경우에는 장례를 끝내게 되면, 그 복장을 벗게 된다. 내가 살펴보니, 형제의 아내와 남편의 형제들은 서로를 위해 조복에 마(麻)를 더한 복장방식을 취하고, 심상으로 3개월을 보내며, 졸곡(卒哭)을 하게 되면, 복장을 제거한다. 이것을 손아래 동서와 손위 동서가 서로를 위해 소공복을 착용하는 기준에 견주보아도 차등적으로 낮춘 것이 되니, 이것이 진실로 선왕이 제정한 예일 것이다. 만약 위징(魏徵)이 "나이가 많은 형수가 나이가 어린 남편의 동생에 대해서, 자식을 낳아 기르듯 양육을 하였으니, 그 정감은 마치 자신이 낳은 자식에 대한 경우와 같다."라고 한 말과 같다면, 또한 항상된 예의 규정으로 개괄할 수 없는 점이 있다. 그렇기 때문에 한유(韓愈)는 어렸을 때 형수의 손에 의해 키워졌으므로, 그녀를 위해서 기년복을 착용했던 것인데, 이 또한 그녀에 대해 예로 대우하며, 의(義)에 따라 새로운 변례(變禮)를 마련한 경우에 해당한다.

참고 『예기』「곡례상(曲禮上)」 기록

경문-23d 嫂叔不通問, 諸母不漱裳.

번역 형수와 시동생은 안부를 묻거나 선물을 건네지 않고, 부친의 첩들 중 아들을 낳은 여자에게는 하의를 세탁시키지 않는다.

鄭注 通問謂相稱謝也. 諸母, 庶母也. 漱, 澣也. 庶母賤, 可使漱衣, 不可使漱裳. 裳賤. 尊之者, 亦所以遠別.

번역 '통문(通問)'은 서로 문안인사를 한다는 뜻이다. '제모(諸母)'는 '서모(庶母)'[9]들을 뜻한다. '수(漱)'자는 "빨래한다[澣]."는 뜻이다. '서모'는 신분이 낮으므로, 그녀들을 시켜서 옷을 세탁할 수 있다. 그러나 하의[裳]를 세탁시킬 수는 없다. 하의는 천한 물건이기 때문이다. 따라서 하의를 세탁시키지 않는 것은 그녀들을 존중하는 행위이며, 또한 남녀 사이의 구별을 두어 멀리 대하는 방법이다.

참고 『예기』「잡기하(雜記下)」 기록

경문-519b 嫂不撫叔, 叔不撫嫂.

번역 형수는 시동생이 죽었을 때 그 시신을 어루만지지 않고, 시동생은 형수가 죽었을 때 그 시신을 어루만지지 않는다.

集說 撫, 死而撫其尸也. 嫂叔宜遠嫌, 故皆不撫.

번역 '무(撫)'는 어떤 자가 죽었을 때, 그 시신을 어루만진다는 뜻이다. 형수와 시동생은 마땅히 혐의를 멀리해야 하기 때문에, 둘 모두 서로에 대

---

9) 서모(庶母)는 부친의 첩(妾)들을 뜻한다. 『의례』「사혼례(士昏禮)」편에는 "庶母及門內施鞶, 申之以父母之命."이라는 기록이 있는데, 이에 대한 정현의 주에서는 "庶母, 父之妾也."라고 풀이했다. 한편 '서모'는 부친의 첩들 중에서도 아들을 낳은 여자를 뜻하기도 한다. 『주자전서(朱子全書)』「예이(禮二)」편에는 "庶母, 自謂父妾生子者."라는 기록이 있다.

해 시신을 만지지 않는다.

• 제21장 •

분상 후 조문객으로 대부나 사가 왔을 때의 규정

【657c】

凡奔喪, 有大夫至, 袒, 拜之, 成踊而后襲. 於士, 襲而后拜之.

직역 凡히 奔喪에, 大夫가 至함이 有하면, 袒하고, 拜하며, 成踊한 后에 襲한다. 士에게는 襲한 后에 拜한다.

의역 무릇 분상을 함에 있어서, 상주가 분상을 하여 집에 도착했는데, 조문객 중 대부가 찾아왔다면, 단(袒)을 하고 그에게 절을 하며, 용(踊)의 절차를 마무리한 뒤에 습(襲)을 한다. 조문객이 사라면, 습(襲)을 한 이후에 그에게 절을 한다.

集說 此言大夫士來弔此奔喪之人也, 尊卑禮異.

번역 이 내용은 대부와 사가 찾아와서 분상을 한 사람에게 조문을 하는데, 신분에 따라 예법에 차이가 있음을 뜻한다.

鄭注 主人袒, 降哭, 而大夫至, 因拜之, 不敢成己禮, 乃禮尊者. 或曰 "大夫後至者, 袒, 拜之, 爲之成踊".

번역 주인이 단(袒)을 하고 당하(堂下)로 내려와서 곡을 하는데, 대부가 조문객으로 온다면 그 일에 따라 그에게 절을 하니, 감히 자신이 치러야 하는 예법 절차만 진행할 수 없는 것으로, 곧 존귀한 자를 예우하는 것이다. 다른 판본에서는 "대부가 뒤늦게 왔다면, 단(袒)을 하고 그에게 절을 하며,

그를 위해 용(踊)의 절차를 마무리한다."라고도 기록한다.

孔疏 ●"凡奔"至"拜之". ○正義曰: 此經論奔喪, 大夫·士來弔待之節.

번역 ●經文: "凡奔"~"拜之". ○이곳 경문은 분상을 했을 때, 대부나 사가 찾아와 조문을 하여 그들을 대하는 규범을 논의하고 있다.

孔疏 ●"大夫至, 袒, 拜之, 成踊, 而后襲"者, 謂大夫來至弔此奔喪之士, 其奔喪者, 先袒, 拜之, 成踊之後, 然後襲衣. 尊大夫, 故先拜而後襲.

번역 ●經文: "大夫至, 袒, 拜之, 成踊, 而后襲". ○대부가 찾아와서 분상으로 집에 되돌아온 사에게 조문을 하면, 분상을 했던 자는 먼저 단(袒)을 하고 그에게 절을 하며, 용(踊)의 절차를 마무리한 뒤에야 옷을 습(襲)한다는 뜻이다. 대부를 존귀하게 대하기 때문에 먼저 절을 한 이후에 습(襲)을 한다.

孔疏 ●"於士, 襲而後拜之"者, 謂士來弔此奔喪之人, 其奔喪者, 初亦袒, 襲衣之後, 乃始拜之. 士卑, 故先襲而後拜也.

번역 ●經文: "於士, 襲而後拜之". ○사가 찾아와서 분상을 한 자에게 조문을 하면, 분상을 했던 자는 처음에 또한 단(袒)을 하는데, 옷을 습(襲)한 이후에야 비로소 그에게 절을 한다는 뜻이다. 사는 미천하기 때문에 먼저 습(襲)을 하고 그 이후에 절을 한다.

孔疏 ◎注"主人"至"成踊". ○正義曰: 此"主人", 謂奔喪者身是士, 初來奔喪, 主人括髮於堂上, 乃降堂而哭. 於此時大夫至, 因拜之於東階下, 不敢成己踊及襲絰帶之事, 待拜後始成踊襲絰帶也. 若士來弔, 則降堂先成己禮, 踊襲絰帶之後, 乃拜之. 士謂兩士相敵. 然則與兩大夫相敵, 則亦襲後乃拜之. 云"或曰大夫後至者, 袒, 拜之, 爲之成踊"者, 以此經袒, 云"袒, 拜之, 成踊", 其餘經本云"大夫後至, 袒, 拜之, 爲之成踊", 與此經文字多少不同, 故云"或曰".

번역 ◎鄭注: "主人"~"成踊". ○이곳에서 '주인(主人)'이라고 한 말은 분상을 한 자 본인이 사의 신분임을 뜻하며, 최초 분상을 하여 집으로 되돌아오면, 주인은 당상(堂上)에서 머리를 묶고, 곧 당하(堂下)로 내려와서 곡을 한다. 이 시기에 대부가 조문객으로 온다면, 그에 따라 동쪽 계단 아래에서 그에게 절을 하니, 감히 자신이 치러야 하는 용(踊) · 습(襲) · 질(絰) · 대(帶)의 절차를 완성하지 않으며, 절을 한 뒤에 비로소 용(踊)의 절차를 마무리하고, 습(襲) · 질(絰) · 대(帶)를 찬다. 만약 사가 찾아와서 조문을 한다면, 당하로 내려와서 우선 자신이 치러야 하는 예법 절차를 완성하니, 용(踊) · 습(襲) · 질(絰) · 대(帶)를 한 이후에야 그에게 절을 한다. 사 계층을 설명한 것은 상주와 조문객이 모두 사의 신분으로 대등한 경우를 뜻한다. 그렇다면 상주와 조문객이 모두 대부의 신분으로 대등한다면, 또한 습(襲)을 한 뒤에 절을 한다. 정현이 "다른 판본에서는 '대부가 뒤늦게 왔다면, 단(袒)을 하고 그에게 절을 하며, 그를 위해 용(踊)의 절차를 마무리한다.'라고도 기록한다."라고 했는데, 이곳 경문에서 단(袒)이라고 한 말은 "단(袒)을 하고, 절을 하며, 용(踊)의 절차를 마무리한다."라는 뜻이고, 나머지 『예기』의 판본 중에는 "대부가 뒤늦게 도착하면, 단(袒)을 하고 절을 하며 그를 위해 용(踊)의 절차를 마무리한다."라고 기록하여, 이곳 경문과 글자에서 다소 차이를 보이기도 한다. 그렇기 때문에 '혹왈(或曰)'이라고 했다.

集解 右記奔喪拜大夫士之異.

번역 여기까지는 분상을 한 자가 대부와 사에게 절하는 절차의 차이를 기록하고 있다.

奔喪 人名 및 用語 辭典

ㄱ

◎ 가공언(賈公彦, ?~?) : 당(唐)나라 때의 유학자이다. 정현(鄭玄)을 존숭하였다. 예학(禮學)에 조예가 깊었다. 『주례소(周禮疏)』, 『의례소(儀禮疏)』 등의 저서를 남겼으며, 이 저서들은 『십삼경주소(十三經注疏)』에 포함되었다.

◎ 가정본(嘉靖本) : 『가정본(嘉靖本)』에는 간행한 자의 정보가 기록되어 있지 않다. 『십삼경주소(十三經注疏)』의 판본이다. 20권으로 구성되어 있으며, 각 권의 뒤편에는 경문(經文)과 그에 따른 주(注)를 간략히 기록하고 있다. 단옥재(段玉裁)는 이 판본이 가정(嘉靖) 연간에 송본(宋本)을 모방하여 간행된 것이라고 여겼다.

◎ 감본(監本) : 『감본(監本)』은 명(明)나라 국자감(國子監)에서 간행한 『십삼경주소(十三經注疏)』의 판본이다.

◎ 강복(降服) : '강복'은 상(喪)의 수위를 본래의 등급보다 한 등급 낮추는 일에 해당한다. 예를 들어 자식은 부모에 대해 삼년상을 치러야 하지만, 다른 집의 양자로 간 경우라면 자신의 친부모에 대해 삼년상을 치르지 않고, 한 등급 낮춰서 1년만 치르게 된다. 이것은 상(喪)의 기간에만 해당하는 것이 아니라, 상복(喪服) 및 상(喪)을 치르며 부수적으로 갖추게 되는 기물(器物)들에도 적용된다.

◎ 강영(江永, A.D.1681~A.D.1762) : 청(淸)나라 때의 경학자이다. 자(字)는

신수(愼修)이다. 『십삼경주소(十三經注疏)』에 대한 연구를 했으며, 특히 삼례(三禮)에 대해 해박했다.

◎ 개성석경(開成石經) : 『개성석경(開成石經)』은 당(唐)나라 만들어진 석경(石經)을 뜻한다. 돌에 경문(經文)을 새겼기 때문에, '석경'이라고 부른다. 당나라 때 만들어진 '석경'은 대화(大和) 7년(A.D.833)에 만들기 시작하여, 개성(開成) 2년(A.D.837)에 완성되었기 때문에, '개성석경'이라고도 부르는 것이다.

◎ 견전(遣奠) : '견전'은 장차 장례(葬禮)를 치르고자 할 때, 지내게 되는 전제사[奠祭]를 뜻한다.

◎ 계빈(啓殯) : '계빈'은 장례(葬禮) 절차 중 하나이다. 장례를 치르기 위하여, 빈소에 임시로 가매장했던 영구를 꺼내는 절차를 뜻한다.

◎ 고(孤) : '고'는 고대의 작위이다. 천자에게 소속된 '고'는 삼공(三公) 밑의 서열에 해당하며, 육경(六卿)보다 높았다. 고대에는 소사(少師)・소부(少傅)・소보(少保)를 삼고(三孤)라고 불렀다.

◎ 고공기(考工記) : 『고공기(考工記)』는 『동관고공기(冬官考工記)』라고도 부른다. 공인(工人)들에 대한 공예기술(工藝技術) 서적이다. 작자는 미상이다. 강영(江永)은 『고공기』의 작자를 제(齊)나라 사람으로 추정하였고, 곽말약(郭沫若)은 춘추시대(春秋時代) 말기에 제나라에서 제작된 관서(官書)와 관련이 깊다고 추정하였다. 『주례(周禮)』는 천관(天官), 지관(地官), 춘관(春官), 하관(夏官), 추관(秋官), 동관(冬官) 등 육관(六官)의 체제로 구성되어 있는데, 그 중 '동관'에 대한 기록이 누락되어 있어서, 한(漢)나라 무제(武帝) 때, 『고공기』를 가지고 누락된 부분을 보충하게 되었다. 그렇기 때문에 『고공기』를 또한 『동관고공기』라고도 부르는 것이다. 각종 공인들의 직책과 직무들이 기록되어 있다.

◎ 고당생(高堂生, ?~?) : 전한(前漢) 때의 학자이다. 춘추시대(春秋時代) 제(齊)나라의 경(卿)이었던 고혜(高傒)의 후손으로 알려져 있으며, 고혜가 채읍으로 받은 지명을 따서, 후손들의 성(姓)을 고당(高堂)으로 삼게 되었다고 전해진다. 진시황의 분서갱유 이후, 예학(禮學)의 최초 전수자로 알려져 있다. 『사기(史記)』「유림열전(儒林列傳)」의 기록에 따르면, '고당생'이 『사례(士禮)』 17편을 소분(蕭奮)에게 전수하였고, 소분은 맹경(孟卿)에게 전수하였으며, 맹경은 다시 후창(后蒼)에게 전수하여, 이후 대덕(戴德)과 대성(戴聖)에게 전수되었다.

◎ 고문송판(考文宋板) : 『고문송판(考文宋板)』은 일본 학자 산정정(山井鼎) 등이 출간한 『칠경맹자고문보유(七經孟子考文補遺)』에 수록된 『예기정의(禮記正義)』를 뜻한다. 산정정은 『예기정의』를 수록할 때, 송(宋)나라 때의 판본을 저본으로 삼았다.

◎ 곤면(袞冕) : '곤면'은 곤룡포와 면류관을 뜻한다. 본래 천자의 제사복장으로, 비교적 중요한 제사 때 입는다. 윗옷과 아랫도리에 새겨진 무늬 등은 9가지이다. 『주례』「춘관(春官)・사복(司服)」편에는 "享先王則袞冕."이라는 기록이 있다. 이에 대한 정현의 주에서는 "冕服九章, 登龍於山, 登火於宗彛, 尊其神明也. 九章, 初一曰龍, 次二曰山, 次三曰華蟲, 次四曰火, 次五曰宗彛, 皆畫以爲繢. 次六曰藻, 次七曰粉米, 次八曰黼, 次九曰黻, 皆希以爲繡. 則袞之衣五章, 裳四章, 凡九也."라고 풀이했다. 즉 '곤면'의 윗옷에는 용(龍), 산(山), 화충(華蟲), 화(火), 종이(宗彛) 등 5가지 무늬를 그려놓고, 아랫도리에는 조(藻), 분미(粉米), 보(黼), 불(黻) 등 4가지를 수놓았다.

◎ 공시선생(公是先生) : =유창(劉敞)

◎ 공씨(孔氏) : =공영달(孔穎達)

◎ 공영달(孔穎達, A.D.574~A.D.648) : =공씨(孔氏). 당대(唐代)의 경학자이다. 자(字)는 중달(仲達)이고, 시호(諡號)는 헌공(憲公)이다. 『오경정의(五經正義)』를 찬정(撰定)하는데 중심적인 역할을 했다.

◎ 공유사(公有司) : '공유사'는 사(士)가 맡았던 직책으로, 군주에게 특명을 받은 유사(有司)이다. '유사'는 실무 담당자를 뜻한다.

◎ 공최(功衰) : '공최'는 상복(喪服)의 한 종류이다. 참최복(斬衰服)과 자최복(齊衰服)을 입고 치르는 상(喪)에서, 소상(小祥)을 지낸 이후에 착용하는 상복이다. 상복 재질의 거친 정도가 대공복(大功服)과 같기 때문에, '공최'라고 부르게 되었다.

◎ 곽경순(郭景純) : =곽박(郭璞)

◎ 곽박(郭璞, A.D.276~A.D.324) : =곽경순(郭景純). 진(晉)나라 때의 학자이다. 자(字)는 경순(景純)이다. 저서로는 『이아주(爾雅注)』, 『방언주(方言注)』, 『산해경주(山海經注)』 등이 있다.

◎ 교감기(校勘記) : 『교감기(校勘記)』는 완원(阮元)이 학자들을 모아서 편찬했던 『십삼경주소교감기(十三經註疏校勘記)』를 뜻한다.

◎ 교기(校記) : 『교기(校記)』는 손이양(孫詒讓)이 지은 『십삼경주소교기

(十三經注疏校記)』를 뜻한다.

◎ 궤식(饋食) : '궤식'은 음식을 바친다는 뜻이다. 고대에는 천자 및 제후들이 매월 초하루마다 종묘(宗廟)에서 음식을 바치는 의식을 치렀는데, 이것을 '궤식'이라고도 부른다. 『주례』「춘관(春官)·대종백(大宗伯)」편에는 "以饋食享先王."이라는 기록이 있다. 한편 조사(朝事)를 시행할 때, 조천(朝踐)을 끝낸 뒤, 생고기를 삶아서 재차 바치는 의식을 가리키기도 한다.

◎ 궤전(饋奠) : '궤전'은 상중(喪中)에 시행하는 전제사[奠祭]를 가리킨다.

◎ 금방(金榜, A.D.1735~A.D.1801) : 청(淸)나라 때의 학자이다. 자(字)는 예중(蕊中)·보지(輔之)이다. 한림원수찬(翰林院修撰) 등을 지냈으며, 외조부(外祖父)가 죽자 복상(服喪)을 하고, 이후 두문불출하며 오로지 독서와 저술에만 전념하였다. 대진(戴震)과 동학(同學)했으며, 『예전(禮箋)』 등을 저술하였다.

◎ 기공(寄公) : '기공'은 자신의 나라를 잃고, 다른 나라에 위탁해서 지내는 제후를 뜻한다. 후대에는 지위를 잃고 떠돌아다니게 된 사람들을 지칭하는 용어로도 사용했다.

◎ 기년복(期年服) : '기년복'은 1년 동안 상복(喪服)을 입는다는 뜻이다. 또는 그 기간 동안 입게 되는 상복을 뜻하기도 하는데, 일반적으로 자최복(齊衰服)을 가리키는 용어로 사용된다. '기년복'이라고 할 때의 '기년(期年)'은 1년을 뜻하는데, '자최복'은 일반적으로 1년 동안 입게 되는 상복이 되기 때문이다.

◎ 길관(吉冠) : '길관'은 길복(吉服)을 착용할 때 쓰는 관(冠)이다. '길복'은 제례(祭禮)나 의례(儀禮)를 시행할 때 착용하는 제복(祭服)과 예복(禮服)을 가리킨다. 신분의 등급 및 제사의 종류의 따라서 '길복'이 변화되는데, '길관' 또한 각 길복에 따라 변화된다. 한편 일상적으로 쓰는 '관' 또한 '길관'이라고 부른다. 길흉(吉凶)에 의해 각 시기를 구분하게 되면, 상사(喪事)나 재앙 등을 당했을 때에는 흉(凶)에 해당하고, 그 나머지 시기는 길(吉)한 시기에 해당하기 때문이다.

◎ 남송석경(南宋石經) : 『남송석경(南宋石經)』은 송(宋)나라 고종(高宗) 때

돌에 새긴 『십삼경주소(十三經注疏)』의 판본이다. 그러나 『예기(禮記)』에 대해서는 「중용(中庸)」 1편만을 기록하고 있다.
◎ 내상(內喪) : '내상'은 대문(大門) 안에서 발생한 상(喪)을 뜻한다. 즉 집안에서 발생한 상(喪)을 뜻하며, 외상(外喪)과 반대가 된다.
◎ 내자(內子) : '내자'는 경과 대부의 본처를 지칭하는 용어이다.
◎ 내종(內宗) : '내종'은 군주의 오속(五屬)에 속한 친족의 딸자식을 뜻한다.
◎ 노계(露紒) : '노계'는 좌(髽)를 트는 방식 중 하나이다. 좌(髽)를 틀 때 마(麻)를 이용하는 경우도 있고 포(布)를 이용하는 경우도 있는데, '노계'는 이 두 방식을 총칭하는 명칭이다. 또한 '노계'는 마(麻)나 포(布)를 사용하는 좌(髽)의 방식과 구별되어, 별도로 좌(髽)를 트는 방식 중 하나라고도 주장한다.
◎ 노식(盧植, A.D.159?~A.D.192) : =노씨(盧氏). 후한(後漢) 때의 유학자이다. 자(字)는 자간(子幹)이다. 어려서 마융(馬融)을 스승으로 섬겼다. 영제(靈帝)의 건녕(建寧) 연간(A.D.168~A.D.172)에 박사(博士)가 되었다. 채옹(蔡邕) 등과 함께 동관(東觀)에서 오경(五經)을 교정했다. 후에 동탁(董卓)이 소제(少帝)를 폐위시키자, 은거하며 『상서장구(尙書章句)』, 『삼례해고(三禮解詁)』를 저술했지만, 남아 있지 않다.
◎ 노씨(盧氏) : =노식(盧植)

ㄷ

◎ 단(袒) : '단'은 상중(喪中)에 남자들이 취하는 복장 방식이다. 상의 중 좌측 어깨 쪽을 드러내는 방법이다. 한편 일반적인 의례절차에서도 단(袒)의 복장 방식을 취하는 경우가 있다.
◎ 담제(禫祭) : '담제'는 상복(喪服)을 벗을 때 지내는 제사이다.
◎ 대공복(大功服) : '대공복'은 상복(喪服) 중 하나로, 오복(五服)에 속한다. 조밀한 삼베를 사용해서 만들지만, 소공복(小功服)에 비해서는 삼베의 재질이 거칠기 때문에, '대공복'이라고 부른다. 이 복장을 입게 되는 기간은 상황에 따라 차이가 생기지만, 일반적으로 9개월이다. 당형제(堂兄弟) 및 미혼인 당자매(堂姉妹), 또는 혼인을 한 자매(姉妹) 등을 위해서 입는다.
◎ 대렴(大斂) : '대렴'은 상례(喪禮) 절차 중 하나이다. 소렴(小斂)을 끝낸

뒤에, 시신을 관에 안치하는 절차이다.
◎ 대문(臺門) : '대문'은 고대의 천자나 제후는 궁실의 문 옆에 흙을 쌓아 관망대[臺]를 만들게 되는데, 문과 관망대를 합쳐서 부르는 말이다. 후대에는 관망대에 지붕을 올리기도 했다.
◎ 대사례(大射禮) : '대사례'는 제사를 지낼 때, 제사를 돕는 자들을 채택하기 위해 시행하는 활쏘기 대회이다. 천자의 경우에는 '교외 및 종묘[郊廟]'에서 제사를 지낼 때, 제후 및 군신(群臣)들과 미리 활쏘기를 하여, 적중함이 많은 자를 채택하고, 채택된 자로 하여금 천자가 주관하는 제사에 참여하도록 하는 의례(儀禮)이다. 『주례』「천관(天官)·사구(司裘)」편에는 "王大射, 則共虎侯, 熊侯, 豹侯, 設其鵠."이라는 기록이 있는데, 이에 대한 정현의 주에서는 "大射者, 爲祭祀射. 王將有郊廟之事, 以射擇諸侯及群臣與邦國所貢之士可以與祭者. …… 而中多者得與於祭."라고 풀이하였다. 한편 각 계급에 따라 '대사례'의 예법에는 차등이 있었는데, 예를 들어 천자가 시행하는 '대사례'에서는 표적으로 호후(虎侯), 웅후(熊侯), 표후(豹侯)가 사용되었고, 표적지에는 곡(鵠)을 설치했다. 그리고 제후가 시행하는 '대사례'에서는 웅후(熊侯), 표후(豹侯)가 사용되었고, 표적지에 곡(鵠)을 설치했다. 경(卿)과 대부(大夫)의 경우에는 미후(麋侯)를 사용하였고, 표적지에 곡(鵠)을 설치했다.
◎ 대상(大祥) : '대상'은 부모의 상(喪) 및 삼년상 등을 치를 때 그 대상이 죽은 후 만 2년 만에 탈상을 하며 지내는 제사이다.
◎ 두예(杜預, A.D.222~A.D.284) : =두원개(杜元凱). 서진(西晉) 때의 유학자이다. 경조(京兆) 두릉(杜陵) 출신이다. 자(字)는 원개(元凱)이다. 『춘추경전집해(春秋經典集解)』를 저술하였는데, 이 책은 현존하는 『춘추(春秋)』의 주석서 중 가장 오래된 것이며, 『십삼경주소(十三經注疏)』의 『춘추좌씨전정의(春秋左氏傳正義)』에도 채택되어 수록되었다.
◎ 두원개(杜元凱) : =두예(杜預)

◎ 마씨(馬氏) : =마희맹(馬晞孟)
◎ 마언순(馬彦醇) : =마희맹(馬晞孟)

◎ 마희맹(馬晞孟, ?~?) : =마씨(馬氏)・마언순(馬彦醇). 자(字)는 언순(彦醇)이다. 『예기해(禮記解)』를 찬술했다.
◎ 면(免) : '면'은 면포(免布)나 면복(免服)과 같은 뜻이다.
◎ 면복(免服) : '면복'은 상복(喪服)의 한 종류이다. 면(免)과 최질(衰絰)을 하는 것이며, 친상(親喪)을 처음 당했을 때 착용하는 복장이다.
◎ 면포(免布) : '면포'는 상(喪)을 당한 사람이 관(冠)을 벗고 흰 천 등으로 '머리를 묶는 것[括髮]'을 뜻한다.
◎ 명당(明堂) : '명당'은 일반적으로 고대 제왕이 정교(政敎)를 베풀던 장소를 지칭하는 용어로 사용되었다. 이곳에서는 조회(朝會), 제사(祭祀), 경상(慶賞), 선사(選士), 양로(養老), 교학(敎學) 등의 국가 주요 업무가 시행되었다. 『맹자』「양혜왕하(梁惠王下)」편에는 "夫明堂者, 王者之堂也."라는 용례가 있고, 『옥태신영(玉台新詠)』「목난사(木蘭辭)」편에도 "歸來見天子, 天子坐明堂."이라는 용례가 있다. '명당'의 규모나 제도는 시대마다 다르다. 또한 '명당'이라는 건물군 중에서 남쪽의 실(室)을 가리키는 용어로도 사용되었다.
◎ 명부(命婦) : '명부'는 고대 봉호(封號)를 부여받은 여자들을 뜻한다. 궁중에 머물며 비(妃)나 빈(嬪)의 신분을 가진 여자들은 내명부(內命婦)라고 부르고, 신하의 처가 된 자들은 외명부(外命婦)라고 부른다.
◎ 명사(命士) : '명사'는 사(士) 중에서도 작명(爵命)을 받은 자를 뜻한다. 『예기』「내칙(內則)」편에는 "由命士以上, 父子皆異官, 昧爽而朝, 慈以旨甘."이라는 용례가 나온다.
◎ 모본(毛本) : 『모본(毛本)』은 명(明)나라 말기 급고각(汲古閣)에서 간행된 『십삼경주소(十三經注疏)』의 판본이다. 급고각은 모진(毛晉)이 지은 장서각이었으므로, 이러한 명칭이 생겼다.
◎ 목록(目錄) : 『목록(目錄)』은 정현이 찬술했다고 전해지는 『삼례목록(三禮目錄)』을 가리킨다. 『십삼경주소(十三經注疏)』에서 인용되고 있지만, 이 책은 『수서(隋書)』가 편찬될 당시에 이미 일실되어 존재하지 않았다. 『수서』「경적지(經籍志)」편에는 "三禮目錄一卷, 鄭玄撰, 梁有陶弘景注一卷, 亡."이라는 기록이 있다.
◎ 민본(閩本) : 『민본(閩本)』은 명(明)나라 가정(嘉靖) 연간 때 이원양(李元陽)이 간행한 『십삼경주소(十三經注疏)』 판본이다. 한편 『칠경맹자고문보유(七經孟子考文補遺)』에서는 이 판본을 『가정본(嘉靖本)』으로

지칭하고 있다.

ㅂ

◎ 박전(剝奠) : '박전'은 제사를 지낼 때, 제수(祭需)를 천으로 덮어두지 않는 것을 뜻한다.
◎ 반곡(反哭) : '반곡'은 장례(葬禮) 절차 중 하나이다. 장지(葬地)에 시신을 안치한 이후, 상주(喪主)는 신주(神主)를 받들고 되돌아와서 곡(哭)을 하는데, 이것을 '반곡'이라고 부른다.
◎ 방각(方慤) : =엄릉방씨(嚴陵方氏)
◎ 방성부(方性夫) : =엄릉방씨(嚴陵方氏)
◎ 방씨(方氏) : =엄릉방씨(嚴陵方氏)
◎ 범녕(范甯, A.D.339~A.D.401) : 동진(東晉) 때의 학자이다. 자(字)는 무자(武子)이다. 정현(鄭玄)의 영향력을 많이 받았으며, 『춘추곡량전집해(春秋穀梁傳集解)』 등을 지었다.
◎ 별록(別錄) : 『별록(別錄)』은 후한(後漢) 때 유향(劉向)이 찬(撰)했다고 전해지는 책이다. 현재는 일실되어 존재하지 않으며, 『한서(漢書)』「예문지(藝文志)」편을 통해서 대략적인 내용만을 추측해볼 수 있다.
◎ 별면(鷩冕) : '별면'은 별의(鷩衣)와 면류관을 뜻한다. 천자 및 제후가 입던 복장으로, 선공(先公)에 대한 제사 및 향사례(饗射禮)를 시행할 때 착용했다. '별의'에는 꿩의 무늬를 수놓게 되는데, 이 무늬를 화충(華蟲)이라고도 부른다. 상의에는 3종류의 무늬를 수놓고, 하의에는 4종류의 무늬를 수놓게 되어, 총 7가지의 무늬가 들어가게 된다. 『주례(周禮)』「춘관(春官)·사복(司服)」편에는 "享先公, 饗射則鷩冕."이라는 기록이 있고, 이에 대한 정현의 주에서는 "鷩, 畫以雉, 謂華蟲也. 其衣三章, 裳四章, 凡七也."라고 풀이했다.
◎ 봉(賵) : '봉'은 부의를 보낸다는 뜻이며, 또한 부의로 보내는 특정 물건을 가리키기도 하다. '봉'은 상사(喪事)에 사용될 수레나 말을 부의로 보내는 것이다. 『예기』「문왕세자(文王世子)」편에는 "族之相爲也, 宜弔不弔, 宜免不免, 有司罰之. 至于賵賻承含, 皆有正焉."이라는 기록이 있는데, 이에 대한 진호(陳澔)의 『집설(集說)』에서는 "賵以車馬."라고 풀이했다.

◎ 부제(祔祭) : '부제'는 '부(祔)'라고도 한다. 새로이 죽은 자가 있으면, 선조(先祖)에게 '부제'를 올리면서, 신주(神主)를 합사(合祀)하는 것을 말한다. 『주례』「춘관(春官)·대축(大祝)」편에는 "付練祥, 掌國事."라는 기록이 있고, 이에 대한 정현의 주에서는 "付當爲祔. 祭於先王以祔後死者."라고 풀이하였다.

◎ 비부(秘府) : '비부'는 고대 왕실의 도서관이다. 일종의 금서(禁書)로 분류되었던 책들을 보관해둔 곳이다. 그러나 금서만 보관되었던 것은 아니다.

◎ 빈시(賓尸) : '빈시'는 두 가지 뜻이 있다. 첫 번째는 제사를 지낸 다음 날 다시 지내는 제사를 뜻한다. 두 번째는 제사를 지낸 다음 날 시행하는 일종의 잔치이다. 제사 때 시동의 역할을 했던 자의 노고를 위로하기 위해 시행한다.

◎ 빙문(聘問) : '빙문'은 국가 간이나 개인 간에 사람을 보내서 상대방을 찾아가 안부를 묻는 의식 절차를 통칭하는 말이다. 또한 제후가 신하를 시켜서 천자에게 보내, 안부를 묻는 예법을 뜻하기도 한다.

ㅅ

◎ 사궁(射宮) : '사궁'은 천자가 대사례(大射禮)를 시행하던 장소이며, 또한 이곳에서 사(士)들을 시험하기도 했다. 『춘추곡량전』「소공(昭公) 8년」편에는 "以習射於射宮."이라는 기록이 있고, 『예기』「사의(射義)」편에는 "諸侯歲獻貢士於天子, 天子試之於射宮."이라는 기록이 있다.

◎ 사례(食禮) : '사례'는 연회의 한 종류이다. '사례'는 그 행사에 밥이 있고 반찬이 있는 것이니, 비록 술도 두었지만 마시지는 않았다. 그 예법에서는 밥을 위주로 한 것이기 때문에, '사례'라고 부른 것이다. 『예기』「왕제(王制)」편에는 "殷人以食禮."라는 기록이 있고, 이에 대한 진호(陳澔)의 주에서는 "食禮者, 有飯有殽, 雖設酒而不飮, 其禮以飯爲主, 故曰食也."라고 풀이했다. 또한 연회를 범칭하는 말로도 사용된다.

◎ 산음육씨(山陰陸氏, A.D.1042~A.D.1102) : =육농사(陸農師)·육전(陸佃). 북송(北宋) 때의 유학자이다. 자(字)는 농사(農師)이며, 호(號)는 도산(陶山)이다. 어려서 집안이 매우 가난했다고 전해지며, 왕안석(王安石)에게 수학하였으나 왕안석의 신법에 대해서는 반대하였다. 저서로는

『비아(埤雅)』,『춘추후전(春秋後傳)』,『도산집(陶山集)』등이 있다.
◎ 삼공(三公) : '삼공'은 중앙정부의 가장 높은 관직자 3명을 합쳐서 부르는 말이다. '삼공'에 속한 관직명에 대해서는 각 시대별로 차이가 있다. 『사기(史記)』「은본기(殷本紀)」편에는 "以西伯昌, 九侯, 鄂侯, 爲三公."이라는 기록이 있다. 즉 은나라 때에는 서백(西伯)인 창(昌), 구후(九侯), 악후(鄂侯)들을 '삼공'으로 삼았다. 또한 주(周)나라 때에는 태사(太師), 태부(太傅), 태보(太保)를 '삼공'으로 삼았다. 『서』「주서(周書)·주관(周官)」편에는 "立太師·太傅·太保, 玆惟三公, 論道經邦, 燮理陰陽."이라는 기록이 있다. 한편『한서(漢書)』「백관공경표서(百官公卿表序)」에 따르면 사마(司馬), 사도(司徒), 사공(司空)을 '삼공'으로 삼았다는 기록이 있다.
◎ 상공(上公) : '상공'은 주(周)나라 제도에 있었던 관직 등급이다. 본래 신하의 관직 등급은 8명(命)까지이다. 주나라 때에는 태사(太師), 태부(太傅), 태보(太保)와 같은 삼공(三公)들이 8명의 등급에 해당했다. 그런데 여기에 1명을 더하게 되면 9명이 되어, 특별직인 '상공'이 된다.『주례』「춘관(春官)·전명(典命)」편에는 "上公九命爲伯, 其國家宮室車旗衣服禮儀, 皆以九爲節."이라는 기록이 있고, 이에 대한 정현의 주에서는 "上公, 謂王之三公有德者, 加命爲二伯. 二王之後亦爲上公."이라고 풀이하였다. 즉 '상공'은 삼공 중에서도 유덕(有德)한 자에게 1명을 더해주어, 제후들을 통솔하는 '두 명의 백(伯)[二伯]'으로 삼았다. 또한 제후의 다섯 등급을 나열할 경우, 공작(公爵)을 '상공'이라고 부르기도 한다.
◎ 상대부(上大夫) : '상대부'는 대부(大夫)의 등급 중 하나이다. 대부는 상(上)·중(中)·하(下)로 재차 분류되는데, '상대부'는 대부들 중에서도 가장 높은 작위이다. 한편 제후국에 있어서 '상대부'는 경(卿)으로 분류되기도 하였다.
◎ 상전(喪奠) : '상전'은 상례(喪禮)를 시행하는 도중 아직 장례(葬禮)를 치르지 않은 상태에서, 음식물들을 진설하며 지내는 전(奠)제사를 뜻한다.
◎ 서막(徐邈, A.D.344~A.D.397) : 동진(東晋) 때의 학자이다. 자(字)는 선민(仙民)이다. 저서로는『고문상서음(古文尙書音)』·『곡량전주(穀梁傳注)』·『모시서씨음(毛詩徐氏音)』·『예기서씨음(禮記徐氏音)』·『주례서씨음(周禮徐氏音)』·『주역서씨음(周易徐氏音)』·『춘추서씨음(春秋

徐氏音)』 등이 있다.
◎ 서모(庶母) : '서모'는 부친의 첩(妾)들을 뜻한다. 『의례』「사혼례(士昏禮)」편에는 "庶母及門內施鞶, 申之以父母之命."이라는 기록이 있는데, 이에 대한 정현의 주에서는 "庶母, 父之妾也."라고 풀이했다. 한편 '서모'는 부친의 첩들 중에서도 아들을 낳은 여자를 뜻하기도 한다. 『주자전서(朱子全書)』「예이(禮二)」편에는 "庶母, 自謂父妾生子者."라는 기록이 있다.
◎ 서부(庶婦) : '서부'는 적장자의 첩들을 뜻하기도 하며, 서자의 부인 및 첩을 뜻하기도 한다.
◎ 석경(石經) : 『석경(石經)』은 당(唐)나라 개성(開成) 2년(A.D.714)에 돌에 새긴 『십삼경주소(十三經注疏)』의 판본이다. 당나라 국자학(國子學)의 비석에 새겨졌다는 판본이 바로 이것을 가리킨다.
◎ 석량왕씨(石梁王氏, ?~?) : 자세한 이력이 남아 있지 않다.
◎ 석최(錫衰) : '석최'는 가는 베로 만든 옷으로, 일종의 상복(喪服)에 해당한다. 천자의 경우, 삼공(三公)이나 육경(六卿)의 상(喪)에 착용했던 복장이다.
◎ 설문(說文) : =설문해자(說文解字)
◎ 설문해자(說文解字) : 『설문해자(說文解字)』는 후한(後漢) 때의 학자인 허신(許愼)이 찬(撰)했다고 전해지는 자서(字書)이다. 『설문(說文)』이라고도 칭해진다. A.D.100년경에 완성되었다고 전해진다. 글자의 형태, 뜻, 음운(音韻)을 수록하고 있다.
◎ 성복(成服) : '성복'은 상례(喪禮)에서 대렴(大斂) 이후, 죽은 자와의 관계에 따라, 각각 규정에 맞는 상복(喪服)을 갖춰 입는다는 뜻이다.
◎ 세본(世本) : 『세본(世本)』은 『세(世)』・『세계(世系)』 등으로 일컬어지기도 한다. 선진시대(先秦時代) 때의 사관(史官)이 기록한 문헌이라고 전해지지만, 진위여부를 확인할 수 없다. 『세본』은 고대의 제왕(帝王), 제후(諸侯) 및 경대부(卿大夫)들의 세계도(世系圖)를 기록한 서적이다. 일실되어 현존하지 않지만, 후대 학자들이 다른 문헌 속에 남아 있는 기록들을 수집하여, 일집본(佚輯本)을 남겼다. 이러한 일집본에는 여덟 종류의 주요 판본이 있는데, 각 판본마다 내용상의 차이를 보이고 있다. 1959년에는 상무인서관(商務印書館)에서 이러한 여덟 종류의 판본을 모아서 『세본팔종(世本八種)』을 출판하였다.

◎ 소공복(小功服) : '소공복'은 상복(喪服) 중 하나로, 오복(五服)에 속한다. 조밀한 삼베를 사용해서 만들며, 대공복(大功服)에 비해서 삼베의 재질이 조밀하기 때문에, '소공복'이라고 부른다. 이 복장을 입게 되는 기간은 상황에 따라 차이가 생기지만, 일반적으로 5개월이 된다. 백숙(伯叔)의 조부모나 당백숙(堂伯叔)의 조부모, 혼인하지 않은 당(堂)의 자매(姊妹), 형제(兄弟)의 처 등을 위해서 입는다.

◎ 소관(素冠) : '소관'은 상사(喪事)나 흉사(凶事)의 일을 접했을 때 쓰게 되는 흰색 관(冠)이다.

◎ 소대(小戴) : '소대'는 『소대례기(小戴禮記)』를 편찬한 한(漢)나라 때의 대성(戴聖)을 가리킨다.

◎ 소렴(小斂) : '소렴'은 상례(喪禮) 절차 중 하나이다. 죽은 자의 시신을 목욕시키고, 의복을 착용시키며, 그 위에 이불 등으로 감싸는 절차를 뜻한다.

◎ 소림(蘇林, ?~?) : 후한(後漢) 때의 학자이다. 자세한 이력이 남아 있지 않다.

◎ 소상(小祥) : '소상'은 본래 부모 및 군주의 상(喪)에서, 부모가 죽은 지 만 1년 만에 지내는 제사이다. 이 제사가 끝나면, 자식은 3년상을 지낼 때의 복장과 생활방식을 조금씩 덜어내게 된다. 또한 '소상'은 친족 및 타인의 상에서 1년이 지났을 때를 가리키기도 한다.

◎ 손(飧) : '손'은 빈객이 처음 이르렀을 때, 간단히 음식을 차려서, 접대하는 것을 뜻한다.

◎ 손염(孫炎, ?~?) : 삼국시대(三國時代) 때의 학자이다. 자(字)는 숙연(叔然)이다. 정현의 문도였으며, 『이아음의(爾雅音義)』를 저술하여 반절음을 유행시켰다.

◎ 수(襚) : '수'는 부의를 보낸다는 뜻이며, 또한 부의로 보내는 특정 물건을 가리키기도 한다. '수'는 시신과 함께 매장하게 될 의복이나 이불 등을 부의로 보내는 것이다. 『의례』「사상례(士喪禮)」편에는 "君使人襚, 徹帷, 主人如初, 襚者左執領, 右執要, 入升致命."이라는 기록이 있는데, 이에 대한 정현의 주에서는 "襚之言遺也, 衣被曰襚."라고 풀이했다.

◎ 습(襲) : '습'은 고대에 의례를 시행할 때 하는 복장 방식 중 하나이다. 겉옷으로 안에 입고 있던 옷들을 완전히 가리는 방식이다. 한편 '습'은 비교적 성대한 의식 때 시행하는 복장 방식으로도 사용되어, 안에 있

고 있는 옷을 드러내지 않음으로써, 공경의 뜻을 표하기도 했다.
◎ 승(升) : '승'은 옷감과 관련된 단위이다. 고대에는 포(布) 80가닥[縷]을 1승(升)으로 여겼다. 『의례』「상복(喪服)」편에서는 "冠六升, 外畢."이라는 기록이 있는데, 이에 대한 정현의 주에서는 "布八十縷爲升."이라고 풀이했다.
◎ 승(升) : '승'은 용량을 재는 단위이다. 지역 및 각 시대마다 다소 차이를 보이는데, 고대에는 10합(合)을 1승(升)으로 여겼고, 10승(升)을 1두(斗)로 여겼다. 『한서(漢書)』「율력지상(律曆志上)」편에는 "合侖爲合, 十合爲升."이라는 기록이 있다.
◎ 시마복(緦麻服) : '시마복'은 상복(喪服) 중 하나로, 오복(五服)에 속한다. 가장 조밀한 삼베를 사용해서 만든다. 이 복장을 입게 되는 기간은 상황에 따라서 차이가 있지만, 일반적으로 3개월이 된다. 친족의 백숙부모(伯叔父母)나 친족의 형제(兄弟)들 및 혼인하지 않은 친족의 자매(姊妹) 등을 위해서 입는다.
◎ 신거(蜃車) : '신거'는 관(棺)을 싣는 상거(喪車)를 뜻한다. 관을 싣는 수레에는 유(柳)를 싣고, 네 바퀴가 지면과 가까이 닿은 상태에서 이동하게 되는데, 그 모습이 이무기[蜃]와 닮았기 때문에, 이 수레를 '신거'라고 부르는 것이다. 『주례』「지관(地官)·수사(遂師)」편에는 "大喪, 使帥其屬以幄帟先, 道野役及窆, 抱磨, 共丘籠及蜃車之役."이라는 기록이 있는데, 이에 대한 정현의 주에서는 "蜃車, 柩路也, 柩路載柳, 四輪迫地而行, 有似於蜃, 因取名焉."이라고 풀이했다.
◎ 신찬(臣瓚, ?~?) : 서진(西晉) 때의 학자이다. 성씨(姓氏) 및 행적에 대해서는 자세히 전해지지 않는다. 『집해음의(集解音義)』를 저술하였다고 전해지며, 책은 이미 소실되었지만, 안사고(顏師古) 등이 『한서(漢書)』의 주석을 달 때 이 책에 근거했다고 전해진다.
◎ 심상(心喪) : '심상'은 죽음에 대해 애도함이 상을 치르는 것과 같지만, 실제적으로 상복을 입지 않는 것을 뜻한다. 주로 스승이 죽었을 때, 제자들이 치르는 상을 가리킨다. 『예기』「단궁상(檀弓上)」편에서는 "事師無犯無隱, 左右就養無方, 服勤至死, 心喪三年."이라는 기록이 있고, 이에 대한 정현의 주에서는 "心喪, 戚容如父而無服也."라고 풀이했다.
◎ 심의(深衣) : '심의'는 일반적으로 상의와 하의가 서로 연결된 옷을 뜻한다. 제후, 대부(大夫), 사(士)들이 평상시 집안에 거처할 때 착용하던

복장이기도 하며, 서인(庶人)에게는 길복(吉服)에 해당하기도 한다. 순색에 채색을 가미하기도 했다.
◎ 심중(沈重, A.D.500~A.D.583) : 남북조시대 때 남조 양(梁)나라의 학자이다. 자(字)는 덕후(德厚)·자후(子厚)이다. 저서로는 『예기의(禮記義)』·『의례의(儀禮義)』·『주례의(周禮義)』 등이 있다.

ㅇ

◎ 악본(岳本) : 『악본(岳本)』은 송(頌)나라 악가(岳珂)가 간행한 『십삼경주소(十三經注疏)』의 판본이다.
◎ 악실(堊室) : '악실'은 상중(喪中)에 임시로 거처하던 가옥으로, 네 벽면에 흰색의 회칠을 하였다.
◎ 안사고(顔師古, A.D.581~A.D.645) : 당(唐)나라 때의 학자이다. 자(字)는 주(籒)이다. 안지추(顔之推)의 손자이다. 훈고학(訓詁學)에 뛰어났다. 오경(五經)의 문자를 교정하여, 『오경정본(五經定本)』을 찬술하기도 하였다.
◎ 양헌풍씨(亮軒馮氏, ?~?) : =풍씨(馮氏). 자세한 행적이 남아 있지 않다.
◎ 엄릉방씨(嚴陵方氏, ?~?) : =방각(方慤)·방씨(方氏)·방성부(方性夫). 송대(宋代)의 유학자이다. 이름은 각(慤)이다. 자(字)는 성부(性夫)이다. 『예기집해(禮記集解)』를 지었고, 『예기집설대전(禮記集說大全)』에는 그의 주장이 많이 인용되고 있다.
◎ 여순(如淳, ?~?) : 삼국시대(三國時代) 때의 학자이다. 자세한 이력이 남아 있지 않다.
◎ 연관(練冠) : '연관'은 상(喪) 중에 착용하는 관(冠)이다. 부모의 상 중에서 1주기에 지내는 제사 때 착용을 하였다.
◎ 연례(燕禮) : '연례'는 본래 빈객(賓客)을 접대하는 연회의 한 종류를 뜻한다. 각종 연회들을 두루 지칭하기도 하며, 연회에서 사용되는 의례 절차들을 두루 지칭하기도 한다. 본래의 '연례'는 연회를 시작할 때, 첫잔을 따라 바치는 절차 끝나면, 모두 자리에 앉아서 술을 마시는데, 취할 때까지 마시는 연회의 한 종류를 뜻한다. '연례' 때에는 희생물로 개[狗]를 사용했으며, 유우씨(有虞氏) 때 시행되었던 제도라고 설명되기도 한다. 『예기』「왕제(王制)」편에는 "有虞氏以燕禮."라는 기록이 있

고, 이에 대한 진호(陳澔)의 『집설(集說)』에서는 "燕禮者, 一獻之禮旣畢, 皆坐而飮酒, 以至於醉, 其牲用狗."라고 풀이했다.
◎ 연제(練祭) : '연제'는 소상(小祥)을 뜻한다. 삼년상에서 1년째에 지내는 제사이다. 소상 때에는 연관(練冠)과 연의(練衣)를 착용하고 제사를 지내기 때문에 '연제'라고 부른다.
◎ 연침(燕寢) : '연침'은 본래 천자 및 제후들이 휴식을 취하던 장소를 가리킨다. 천자에게는 6개의 침(寢)이 있었는데, 앞쪽에 있는 1개의 침은 정전(正寢)으로, 이것을 노침(路寢)이라고 부르며, 뒤쪽에 있는 다섯 개의 침을 통칭하여, '연침'이라고 부른다. 『예기』 「곡례하(曲禮下)」편에는 "天子有后, 有夫人"이라는 기록이 있는데, 이에 대한 공영달(孔穎達)의 소(疏)에서는 "周禮王有六寢, 一是正寢, 餘五寢在後, 通名燕寢."이라고 풀이하였다.
◎ 염(斂) : '염'은 시신에 옷을 입혀서 관에 안치하는 것을 뜻한다.
◎ 오뢰(五牢) : '오뢰'는 다섯 개의 태뢰(太牢)를 뜻한다. 즉 태뢰에 사용되는 소[牛]·양(羊)·돼지[豕]를 각각 다섯 마리씩 사용하는 것을 뜻한다.
◎ 오복(五服) : '오복'은 죽은 자와 친하고 소원한 관계에 따라 입게 되는 다섯 가지 상복(喪服)을 뜻한다. 참최복(斬衰服), 자최복(齊衰服), 대공복(大功服), 소공복(小功服), 시마복(緦麻服)을 가리킨다. 『예기』 「학기(學記)」편에는 "師無當於五服, 五服弗得不親."이라는 기록이 있는데, 이에 대한 공영달(孔穎達)의 소(疏)에서는 "五服, 斬衰也, 齊衰也, 大功也, 小功也, 緦麻也."라고 풀이했다. 또한 '오복'에 있어서는 죽은 자와 가까운 관계일수록 중대한 상복을 입고, 복상(服喪) 기간도 늘어난다. 위의 '오복' 중 참최복이 가장 중대한 상복에 속하며, 그 다음은 자최복이고, 대공복, 소공복, 시마복 순으로 내려간다.
◎ 오속(五屬) : '오속'은 서로를 위해 상복(喪服)을 입어야 하는 친족을 뜻한다. 상복은 참최복(斬衰服), 자최복(齊衰服), 대공복(大功服), 소공복(小功服), 시마복(緦麻服)이 있는데, 친족들은 각각의 친소(親疎) 관계에 따라 위의 다섯 가지 상복을 착용하게 되므로, '오속'이라고 부른다.
◎ **오유청(吳幼淸)** : =오징(吳澄).
◎ **오징(吳澄, A.D.1249~A.D.1333)** : =임천오씨(臨川吳氏)·오유청(吳幼淸)·초려오씨(草廬吳氏). 송원대(宋元代)의 유학자이다. 이름은 징(澄)이

다. 자(字)는 유청(幼淸)이다. 저서로 『예기해(禮記解)』가 있다.
◎ 옹희(饔餼) : '옹희'는 빈객(賓客)과 상견례(相見禮)를 하고 나서 성대하게 음식을 마련해 접대하는 것을 뜻한다. 『주례』「추관(秋官)·사의(司儀)」편에는 "致飧如致積之禮."라는 기록이 있는데, 이에 대한 정현의 주에서는 "小禮曰飧, 大禮曰饔餼."라고 풀이하였다. 즉 '옹희'와 '손'은 모두 빈객 등을 접대하는 예법들인데, '옹희'는 성대한 예법에 해당하여, '손'보다도 융숭하게 대접하는 것이다.
◎ 왕망(王莽, B.C.45~A.D.23) : 한(漢)나라 때의 인물이다. 자(字)는 거군(巨君)이다. 한나라 평제(平帝)를 독살하고, 제왕의 지위를 찬탈하였다. 신(新)나라로 국호를 명명하였다.
◎ 왕숙(王肅, A.D.195~A.D.256) : =왕자옹(王子雍). 위진남북조(魏晉南北朝) 때의 위(魏)나라 경학자이다. 자(字)는 자옹(子雍)이다. 출신지는 동해(東海)이다. 부친 왕랑(王朗)으로부터 금문학(今文學)을 공부했으나, 고문학(古文學)의 고증적인 해석을 따랐다. 『상서(尙書)』, 『시경(詩經)』, 『좌전(左傳)』, 『논어(論語)』 및 삼례(三禮)에 대한 주석을 남겼다.
◎ 왕인지(王引之, A.D.1766~A.D.1834) : 청(淸)나라 때의 훈고학자이다. 자(字)는 백신(伯申)이고, 호(號)는 만경(曼卿)이며, 시호(諡號)는 문간(文簡)이다. 왕념손(王念孫)의 아들이다. 대진(戴震), 단옥재(段玉裁), 부친과 함께 대단이왕(戴段二王)이라고 일컬어졌다. 『경전석사(經傳釋詞)』, 『경의술문(經義述聞)』 등의 저술이 있다.
◎ 왕자옹(王子雍) : =왕숙(王肅).
◎ 왕후(王后) : '왕후'는 천자의 본부인을 뜻한다. 후대에는 황후(皇后)라고 부르기도 하였다. 고대에는 천자(天子)를 왕(王)이라고 불렀기 때문에, 천자의 부인을 '왕후'라고 부른다. 또한 '왕'자를 생략하여 '후(后)라고도 부른다.
◎ 외상(外喪) : '외상'은 대문(大門) 밖에서 발생한 상(喪)을 뜻한다. 즉 자신과 같은 집에서 살고 있지 않은 친인척에 대한 상(喪)을 뜻한다.
◎ 외종(外宗) : '외종'은 군주의 고모·자매가 낳은 딸자식, 외숙의 딸자식, 종모(從母) 등을 뜻한다.
◎ 용(踊) : '용'은 상중(喪中)에 취하는 행동으로, 곡(哭)에 맞춰서 발을 구르는 행위이다.

◎ 우제(虞祭) : '우제'는 장례(葬禮)를 치르고 난 뒤에 지내는 제사를 뜻한다.
◎ 웅씨(熊氏) : =웅안생(熊安生)
◎ 웅안생(熊安生, ?~A.D.578) : =웅씨(熊氏). 북조(北朝) 때의 경학자이다. 자(字)는 식지(植之)이다. 『주례(周禮)』, 『예기(禮記)』, 『효경(孝經)』 등 많은 전적에 의소(義疏)를 남겼지만, 모두 산일되어 남아 있지 않다. 현재 마국한(馬國翰)의 『옥함산방집일서(玉函山房輯佚書)』에 『예기웅씨의소(禮記熊氏義疏)』 4권이 남아 있다.
◎ 위모(委貌) : '위모'는 검은색의 명주로 짠 관(冠)이다. '위(委)'자는 안정시킨다는 뜻으로, 이 관을 착용하여 용모를 안정시키기 때문에 '위모'라고 부른다.
◎ 위문(闈門) : '위문'은 궁실(宮室)이나 종묘(宗廟)의 측면에 있는 작은 문을 뜻한다.
◎ 위소(韋昭, A.D.204~A.D.273) : 삼국시대(三國時代) 때 오(吳)나라의 학자이다. 자(字)는 홍사(弘嗣)이다. 사마소(司馬昭)의 이름을 피휘하여, 요(曜)로 고쳤다. 저서로는 『국어주(國語注)』 등이 있다.
◎ 유사(有司) : '유사'는 관리를 뜻하는 용어이다. '사(司)'자는 담당한다는 뜻이다. 관리들은 각자 담당하고 있는 업무가 있었으므로, 관리를 '유사'라고 불렀던 것이다. 일반적으로 하위관료들을 지칭하여, 실무자를 뜻하는 용어로 많이 사용된다. 그러나 때로는 고위관료까지도 지칭하는 용어로 사용되기도 한다.
◎ 유씨(庾氏) : =유울지(庾蔚之)
◎ 유씨(劉氏) : =장락유씨(長樂劉氏)
◎ 유울지(庾蔚之, ?~?) : =유씨(庾氏). 남조(南朝) 때 송(宋)나라 학자이다. 저서로는 『예기약해(禮記略解)』, 『예론초(禮論鈔)』, 『상복(喪服)』, 『상복세요(喪服世要)』, 『상복요기주(喪服要記注)』 등을 남겼다.
◎ 유원보(劉原父) : =유창(劉敞)
◎ 유이(劉彝) : =장락유씨(長樂劉氏)
◎ 유집중(劉執中) : =장락유씨(長樂劉氏)
◎ 유창(劉敞, A.D.1019~A.D.1068) : =공시선생(公是先生)·유원보(劉原父)·청강유씨(清江劉氏). 북송(北宋) 때의 경학자이다. 자(字)는 원보(原父)이다. 유학뿐만 아니라 불교와 도교에 대해서도 연구하였고, 천문(天文), 지리(地理) 등의 방면에도 조예가 깊었다.

◎ 유향(劉向, B.C77~A.D.6) : 전한(前漢) 때의 학자이다. 자(字)는 자정(子政)이다. 유흠(劉歆)의 부친이다. 비서성(秘書省)에서 고서들을 정리하였다. 저서로는 『설원(說苑)』・『신서(新序)』・『열녀전(列女傳)』・『별록(別錄)』 등이 있다.

◎ 유현(劉炫, ?~?) : 수(隋)나라 때의 학자이다. 자는 광백(光伯)이며, 경성(景城) 출신이다. 태학박사(太學博士) 등을 지냈다. 『논어술의(論語述義)』, 『춘추술의(春秋述義)』, 『효경술의(孝經述義)』 등을 저술하였다.

◎ 유흠(劉歆, B.C.53~A.D.23) : 전한(前漢) 때의 경학자이다. 자(字)는 자준(子駿)이다. 후에 이름을 수(秀), 자(字)를 영숙(穎叔)으로 고쳤다. 유향(劉向)의 아들이다. 저서에는 『삼통력보(三統曆譜)』 등이 있다.

◎ 육농사(陸農師) : =산음육씨(山陰陸氏).

◎ 육덕명(陸德明, A.D.550~A.D.630) : =육원랑(陸元朗). 당대(唐代)의 경학자이다. 이름은 원랑(元朗)이고, 자(字)는 덕명(德明)이다. 훈고학에 뛰어났으며, 『경전석문(經典釋文)』 등을 남겼다.

◎ 육예론(六藝論) : 『육예론(六藝論)』은 정현(鄭玄)이 찬(撰)한 서적이다. 1권으로 되어 있다. 육예(六藝)에 대한 기원 및 변천 등을 설명하고, 공자(孔子)가 '육예'를 집대성한 의미에 대해서도 기술하고 있다. 그러나 이 서적은 이미 망실되어, 현재는 전해지지 않는다. 다만 공영달(孔穎達) 등이 주석한 소(疏) 부분에 일부 기록이 남아 있을 뿐이다.

◎ 육원랑(陸元朗) : =육덕명(陸德明).

◎ 육전(陸佃) : =산음육씨(山陰陸氏).

◎ 의려(倚廬) : '의려'는 상중(喪中)에 머물게 되는 임시 거처지이다. '의려'는 또한 '의(倚)', '여(廬)', '악실(堊室)', '사려(舍廬)' 등으로 부르기도 하지만, '악실'과 대비해서 보다 수위가 높은 임시숙소를 뜻하기도 한다. 중문(中門) 밖 동쪽 담장 아래에 나무를 기대어 만든다.

◎ 의최(疑衰) : '의최'는 길복(吉服)에 가까운 복장으로, 일종의 상복(喪服)에 해당한다. 천자의 경우, 대부(大夫)나 사(士)의 상(喪)에 착용했던 복장이다.

◎ 일(溢) : '일'은 한 손에 담을 수 있는 양을 뜻한다. 『소이아(小爾雅)』「광량(廣量)」편에는 "一手之盛謂之溢."이라는 기록이 있다. 24분의 1승(升)이라고도 한다.

◎ 임천오씨(臨川吳氏) : =오징(吳澄).

ㅈ

◎ 자모(慈母) : '자모'는 모친을 뜻하기도 하지만, 고대에는 자신을 양육시켜준 서모(庶母)를 뜻하는 용어로 사용하기도 했다.

◎ 자최복(齊衰服) : '자최복'은 상복(喪服) 중 하나로, 오복(五服)에 속한다. 거친 삼베를 사용해서 만들며, 자른 부위를 꿰매어 가지런하게 정리하기 때문에, '자최복'이라고 부른다. 이 복장을 입게 되는 기간에도 여러 종류가 있는데, 3년 동안 입는 경우는 죽은 계모(繼母)나 자모(慈母)를 위한 경우이고, 1년 동안 입는 경우는 손자가 죽은 조부모를 위해 입는 경우와 남편이 죽은 아내를 입는 경우 등이다. 그리고 1년 동안 '자최복'을 입는 경우, 그 기간을 자최기(齊衰期)라고도 부른다. 또 5개월 동안 입는 경우는 죽은 증조부나 증조모를 위한 경우이며, 3개월 동안 입는 경우는 죽은 고조부나 고조모를 위한 경우 등이다.

◎ 작변(爵弁) : '작변'은 고대의 예관(禮冠) 중 하나로, 면류관[冕] 다음 등급에 해당한다. '작(爵)'자는 관의 모습이 참새의 머리처럼 생겼기 때문에 붙여진 명칭이다. 적색과 은미한 흑색이 나는 30승(升)의 포(布)로 만든다. 또한 '작변'은 작변복(爵弁服)을 지칭하기도 한다. 예복(禮服)의 경우 착용하는 관(冠)에 따라서 그 복장의 명칭을 붙이기도 하기 때문이다. '작변복'은 작변의 관, 분홍색의 하의, 명주로 만든 상의, 검은색의 대(帶), 매겹(韎韐)이라는 슬갑을 착용한다.

◎ 장락유씨(長樂劉氏, A.D.1017~A.D.1086) : =유씨(劉氏)・유이(劉彝)・유집중(劉執中). 북송(北宋) 때의 성리학자이다. 자(字)는 집중(執中)이다. 복주(福州) 출신이며, 어려서 호원(胡瑗)에게서 학문을 배웠다. 『정속방(正俗方)』, 『주역주(周易注)』를 지었으나 현존하지 않는다. 『칠경중의(七經中議)』, 『명선집(明善集)』, 『거이집(居易集)』 등이 남아 있다.

◎ 장상(長殤) : '장상'은 16~19세 사이에 요절한 자를 뜻한다. 『의례』 「상복(喪服)」편에 "年十九至十六爲長殤."이라는 기록이 있다.

◎ 장의(長衣) : '장의'는 고대의 귀족들이 상중에 착용하는 순백색의 포로 된 옷이다. 『의례』 「빙례(聘禮)」편에는 "遭喪將命於大夫, 主人長衣練冠以受."라는 기록이 있는데, 이에 대한 정현의 주에서는 "長衣, 純素布衣也."라고 풀이했다.

◎ 장자(張子) : =장재(張載)

◎ 장재(張載, A.D.1020~A.D.1077) : =장자(張子)·장횡거(張橫渠). 북송(北宋) 때의 유학자이다. 북송오자(北宋五子) 중 한 사람으로 칭해진다. 자(字)는 자후(子厚)이다. 횡거진(橫渠鎭) 출신으로, 이곳에서 장기간 강학을 했기 때문에 횡거선생(橫渠先生)으로 일컬어지기도 한다.

◎ 적실(適室) : '적실'은 정침(正寢)에 있는 방[室]을 뜻한다. 정침(正寢)은 천자(天子)의 제후(諸侯)의 경우에는 노침(路寢)이라고 부르고, 경(卿)·대부(大夫)·사(士)의 경우에는 '적실' 또는 적침(適寢)이라고 부른다. 『의례』「사상례(士喪禮)」편에는 "士喪禮, 死于適室, 幠用斂衾."이라는 기록이 있는데, 이데 대한 정현의 주에서는 "適室, 正寢之室也."라고 풀이했고, 가공언(賈公彦)의 소(疏)에서는 "若對天子諸侯謂之路寢, 卿大夫士謂之適室, 亦謂之適寢, 故下記云'士處適寢', 揚而言之, 皆謂之正寢."이라고 풀이했다. 또 『예기』「단궁하(檀弓下)」편에는 "妻之昆弟爲父後者死, 哭之適室."이라는 기록이 있는데, 이에 대한 공영달(孔穎達)의 소(疏)에서는 "適室, 正寢也."라고 풀이했다.

◎ 전관(縓冠) : '전관'은 옅은 홍색으로 된 관(冠)을 뜻한다.

◎ 전제(奠祭) : '전제'는 죽은 자 및 귀신들에게 음식을 헌상하는 제사이다. 상례(喪禮)를 치를 때, 빈소를 차리고 나면, 매일 아침과 저녁에 음식을 바치며 제사를 지내게 되는데, '전제'는 주로 이러한 제사를 뜻한다.

◎ 정강성(鄭康成) : =정현(鄭玄)

◎ 정씨(鄭氏) : =정현(鄭玄)

◎ 정의(正義) : 『정의(正義)』는 『예기정의(禮記正義)』 또는 『예기주소(禮記注疏)』를 뜻한다. 당(唐)나라 때에는 태종(太宗)이 공영달(孔穎達) 등을 시켜서 『오경정의(五經正義)』를 편찬하였는데, 이때 『예기정의』에는 정현(鄭玄)의 주(注)와 공영달의 소(疏)가 수록되었다. 송대(宋代)에는 『오경정의』와 다른 경전(經典)에 대한 주석서를 포함한 『십삼경주소(十三經注疏)』가 편찬되어, 『예기주소』라는 명칭이 되었다.

◎ 정침(正寢) : '정침'은 노침(路寢)과 같은 말이다. 또한 정전(正殿)이라고도 불렀다. 군주가 정무를 처리하던 장소이다. 천자에게는 6개의 침(寢)이 있었는데, 가장 앞쪽에 있는 1개의 침이 바로 정침(正寢)이 되고, 나머지 5개의 침은 연침(燕寢)이 된다. 또한 군주의 부인이 사용하는 정침을 뜻하기도 한다. 또한 군주 이하의 계층에게 있어서는 공적인 업무를 처리하거나 일을 할 때 사용하는 공간을 뜻하기도 한다.

◎ 정현(鄭玄, A.D.127~A.D.200) : =정강성(鄭康成)・정씨(鄭氏). 한대(漢代)의 유학자이다. 자(字)는 강성(康成)이다. 『주역(周易)』, 『상서(尙書)』, 『모시(毛詩)』, 『주례(周禮)』, 『의례(儀禮)』, 『예기(禮記)』, 『논어(論語)』, 『효경(孝經)』 등에 주석을 하였다.

◎ 제복(除服) : '제복'은 소상(小祥)과 대상(大祥)을 지낼 때 입는 상복(喪服)을 뜻한다. 또는 상복을 벗는다는 뜻이다. 소상과 대상을 치르면서 상복의 수위가 낮아지게 되며, 대상까지 지내게 되면 실제적으로 복상(服喪) 기간이 끝나게 된다. 따라서 '제복'은 상복을 벗는다는 뜻이 되며, 소상과 대상을 지내면서 입게 되는 변화된 상복을 지칭하기도 하는 것이다.

◎ 조근(朝覲) : '조근'은 군주가 신하를 만나보는 예법(禮法)을 뜻한다. 군주가 신하를 만나보는 예법에는 조(朝), 근(覲), 종(宗), 우(遇), 회(會), 동(同) 등이 있었는데, 이것을 총칭하여 '조근'으로 부르기도 한다. 한편 '조근'은 신하가 군주를 찾아뵙는 예법을 뜻하기도 한다. 고대에는 제후가 천자를 찾아뵐 때, 각 계절별로 그 명칭을 다르게 불렀다. 봄에 찾아뵙는 것을 조(朝)라고 부르며, 여름에 찾아뵙는 것을 종(宗)이라고 부르고, 가을에 찾아뵙는 것을 근(覲)이라고 부르며, 겨울에 찾아뵙는 것을 우(遇)라고 부른다. '조근'은 이러한 예법들을 총칭하는 말이다.

◎ 조량주(趙良澍, ?~?) : 청(淸)나라 때의 학자이다. 저서로는 『독예기(讀禮記)』가 있다.

◎ 조묘(朝廟) : '조묘'는 종묘(宗廟)에 전제(奠祭)를 지낸다는 뜻이다. 또 『춘추』 「문공(文公) 6년」 경문(經文)에는 "閏月不告月, 猶朝于廟."라는 기록이 있고, 이에 대한 두예(杜預)의 주에서는 "諸侯每月必告朔聽政, 因朝宗廟."라고 풀이했다. 즉 제후들은 매월 반드시 고삭(告朔)을 하며 정사(政事)를 돌보게 되는데, 이것에 연유하여 종묘에서 전제사를 지낸다. 또한 '조묘'는 상례(喪禮)를 치르며 영구를 조묘로 이동시켜서, 장차 장지로 떠나게 됨을 아뢰는 의식이기도 하다.

◎ 조복(朝服) : '조복'은 군주와 신하가 조회를 열 때 착용하는 복장을 뜻한다. 중요한 의식을 치를 때 착용하는 예복(禮服)을 가리키기도 한다.

◎ 조사(朝事) : '조사'는 종묘(宗廟)의 제사를 지낼 때, 새벽에 지내는 제사 절차들을 가리킨다. 『예기』 「제의(祭義)」편에는 "建設朝事, 燔燎羶薌."이라는 기록이 있고, 이에 대한 진호(陳澔)의 『집설(集說)』에서는

"朝事, 謂祭之日, 早朝而行之事也."라고 풀이했다.
◎ 조상(趙商, ?~?) : 정현(鄭玄)의 제자이다. 자(字)는 자성(子聲)이다. 하내(河內) 지역 출신이다.
◎ 조전(祖奠) : '조전'은 발인 하루 전에 올리는 전제(奠祭)를 가리킨다.
◎ 졸곡(卒哭) : '졸곡'은 우제(虞祭)를 지낸 뒤에 지내는 제사이다. 이 제사를 지내게 되면, 수시로 곡(哭)하던 것을 멈추고, 아침과 저녁때에만 한 번씩 곡을 하게 된다. 그렇기 때문에 '졸곡'이라고 부르게 된 것이다.
◎ 중(重) : '중'은 나무에 구멍을 뚫어서 만든 것으로, 신주(神主)를 만들기 전에, 구멍이 뚫린 나무를 세워서 이것을 신주 대신으로 삼아 제사를 지냈다. 『예기』「단궁하(檀弓下)」편에는 "重, 主道也."라는 기록이 있고, 이에 대한 정현의 주에서는 "始死未作主, 以重主其神也."라고 풀이했다.
◎ 중문(中門) : '중문'은 내(內)와 외(外) 사이에 있는 문을 뜻한다. 궁(宮)에 있어서는 혼문(閽門)을 뜻하기도 한다. 또 천자(天子)의 궁성(宮城)에는 다섯 개의 문이 있었다고 전해지는데, 가장 밖에 있는 문부터 순차적으로 나열해보면, 고문(皐門), 치문(雉門), 고문(庫門), 응문(應門), 노문(路門)이다. 이러한 다섯 개의 문들 중 노문(路門)은 가장 안쪽에 있으므로, 내문(內門)로 여기고, 고문(皐門)은 가장 밖에 있으므로, 외문(外門)으로 여긴다. 따라서 나머지 치문(雉門), 고문(庫門), 응문(應門)은 내외(內外)의 사이에 있으므로, 이 세 개의 문을 '중문'으로 여기기도 한다. 『주례』「천관(天官)·혼인(閽人)」편에는 "掌守王宮之中門之禁."이라는 기록이 있는데, 이에 대한 손이양(孫詒讓)의 『정의(正義)』에서는 "此中門實不專屬雉門. 當兼庫·雉·應三門言之. 蓋五門以路門爲內門, 皐門爲外門, 餘三門處內外之間, 故通謂之中門."이라고 풀이했다. 한편 정중앙에 있는 문을 '중문'이라고도 부른다.
◎ 중상(中殤) : '중상'은 12~15세 사이에 요절한 자를 뜻한다. 『의례』「상복(喪服)」편에 "十五至十二爲中殤."이라는 기록이 있다.
◎ 지자(支子) : '지자'는 적장자(嫡長子)를 제외한 나머지 아들들을 말한다.
◎ 진작(晉灼, ?~?) : 진(晉)나라 때의 학자이다. 상서랑(尙書郞)을 역임하였으며, 저서로는 『한서음의(漢書音義)』 등이 있다.

ㅊ

◎ 차개(次介) : '차개'는 빈(擯)들 중 승빈(承擯)과 비슷한 역할을 하는 자로, 상개(上介)를 돕는 부관이다.

◎ 참최복(斬衰服) : '참최복'은 상복(喪服) 중 하나로, 오복(五服)에 속한다. 상복 중에서도 가장 수위가 높은 상복이다. 거친 삼베를 사용해서 만들며, 자른 부위를 꿰매지 않기 때문에 참최(斬衰)라고 부른다. 이 복장을 입게 되는 기간은 일반적으로 3년에 해당하며, 죽은 부모를 위해 입거나, 처 또는 첩이 죽은 남편을 위해 입는다.

◎ 천신(薦新) : '천신'은 각 계절별로 생산된 신선한 음식물들을 바치는 제사를 가리킨다. 초하루와 보름마다 성대하게 지내는 전제사[奠祭]를 가리키기도 한다. 『의례』「기석례(旣夕禮)」편에는 "朔月, 若薦新, 則不饋于下室."이란 기록이 있고, 『예기』「단궁하(檀弓上)」편에는 "有薦新, 如朔奠."이란 기록이 있다.

◎ 청강유씨(淸江劉氏) : =유창(劉敞)

◎ 체협(禘祫) : '체협'은 고대에 제왕(帝王)이 시조(始祖)에게 지냈던 제사를 뜻하니, 일종의 성대한 제사의례를 가리킨다. 간혹 '체협'을 구분하여 각각에 의미를 부여하기도 하며, 혹은 '체협'을 합쳐서 같은 의미로 사용하기도 한다. 이 문제에 대해서 장병린(章炳麟)은 『국고논형(國故論衡)』「명해고하(明解故下)」에서 "禘祫之言, 詢詢爭論旣二千年. 若以禘祫同爲殷祭, 祫名大事, 禘名有事, 是爲禘小於祫, 何大祭之云? 故知周之廟祭有大嘗·大烝, 有秋嘗·冬烝. 禘祫者大嘗·大烝之異語."라고 주장한다. 즉 '체협'이라는 말에 대해서 의견들이 분분한데, 만약 '체협'을 모두 은(殷)나라 때의 제사라고 말하며, '협(祫)'은 '중대한 사안[大事]'이 발생했을 때 지내는 제사를 뜻하고, '체(禘)'는 유사시에 지내게 되는 제사를 뜻한다고 한다면, '체'는 '협'보다 규모가 작은 것인데, 어떻게 대제(大祭)라고 말할 수 있겠는가? 그렇기 때문에 '체협'은 주(周)나라 때의 제사이다. 주나라 때 종묘(宗廟)에서 지내는 제사에는 대상(大嘗), 대증(大烝)이라는 용어가 있었고, 또 추상(秋嘗: 가을에 지내는 상(嘗)제사), 동증(冬烝: 겨울에 지내는 증(烝)제사라는 용어가 있었으니, '체협'은 대제(大祭)를 뜻하는 용어로, 대상이나 대증을 다르게 부른 명칭이다. 또한 『후한서(後漢書)』「장제기(章帝紀)」편에는

"其四時禘祫於光武之堂."이라는 기록이 있는데, 이에 대한 이현(李賢)의 주에서는 『속한서(續漢書)』를 인용하여, "五年再殷祭. 三年一祫, 五年一禘."라고 풀이한다. 즉 5년마다 2번의 성대한 제사를 지내게 되는데, 3년에 1번 '협'제사를 지내고, 5년에 1번 '체'제사를 지낸다.

◎ 초려오씨(草盧吳氏) : =오징(吳澄)

◎ 초주(譙周, A.D.201?~A.D.270) : 삼국시대(三國時代) 때의 학자이다. 자(字)는 윤남(允南)이다. 『논어주(論語注)』, 『삼파기(三巴記)』, 『초자법훈(譙子法訓)』, 『고사고(古史考)』, 『오경연부론(五更然否論)』 등의 저술을 남겼다.

◎ 취면(毳冕) : '취면'은 취의(毳衣)와 면류관을 뜻한다. 본래 천자가 사망(四望) 등 산천(山川)에 대한 제사 때 착용했던 복장이다. '취의'에는 호랑이와 원숭이를 수놓게 되는데, 이 무늬를 종이(宗彝)라고도 부른다. 상의에는 3종류의 무늬를 수놓고, 하의에는 2종류의 무늬를 수놓게 되어, 총 5가지 무늬가 들어가게 된다. 『주례(周禮)』「춘관(春官)·사복(司服)」편에는 "祀四望山川則毳冕."이라는 기록이 있고, 이에 대한 정현의 주에서는 "毳畫虎蜼, 謂宗彝也. 其衣三章, 裳二章, 凡五也."라고 풀이했다.

◎ 치면(絺冕) : '치면'은 희면(希冕)·치면(黹冕)이라고도 부른다. 치의(絺衣)와 면류관을 뜻한다. 천자 및 제후가 사직(社稷) 및 오사(五祀)에 대한 제사를 지낼 때 착용하던 복장이다. '치의'에는 쌀 모양의 무늬를 수놓았고, 다른 그림을 그려 넣지 않았다. 상의에는 1개의 무늬를 수놓고, 하의에는 2개의 무늬를 수놓게 되어, 총 3개의 무늬가 들어가게 된다. 『주례(周禮)』「춘관(春官)·사복(司服)」편에는 "祭社稷·五祀則希冕."이라는 기록이 있고, 이에 대한 정현의 주에서는 "希刺粉米, 無畫也. 其衣一章, 裳二章, 凡三也."라고 풀이했다.

ㅌ

◎ 태(稅) : '태'는 시간이 이미 경과를 하였는데, 비로소 그의 죽음에 대한 소식을 접하게 되어, 그 기간을 미루어서 그를 위해 상복(喪服)을 착용하는 것을 뜻한다.

ㅍ

◎ 풍씨(馮氏) : =양헌풍씨(亮軒馮氏)

ㅎ

◎ 하상(下殤) : '하상'은 8~11세 사이에 요절한 자를 뜻한다. 『의례』「상복(喪服)」편에 "十一至八歲爲下殤."이라는 기록이 있다.
◎ 하순(賀循, A.D.260~A.D.319) : 위진시대(魏晉時代) 때의 학자이다. 자(字)는 언선(彦先)이다.
◎ 함(含) : '함'은 부의를 보낸다는 뜻이며, 또한 부의로 보내는 특정 물건을 가리키기도 하다. '함'은 시신과 함께 매장하게 될 주옥(珠玉)을 부의로 보내는 것이다. 『예기』「문왕세자(文王世子)」편에는 "族之相爲也, 宜弔不弔, 宜免不免, 有司罰之. 至于賵賻承含, 皆有正焉."이라는 기록이 있는데, 이에 대한 진호(陳澔)의 『집설(集說)』에서는 "含以珠玉."이라고 풀이했다. 또 '함'은 시신의 입에 곡식이나 화폐 등을 넣는 것을 의미하기도 한다.
◎ 향례(饗禮) : '향례'는 연회의 한 종류이다. 또한 연회를 범칭하는 용어로도 사용된다. 본래 '향례'를 시행할 때에는 희생물을 통째로 바치지만, 그것을 먹지는 않는다. 또 술잔을 가득 채우지만, 마시지는 않으며, 자리에 서 있기만 하고, 앉지는 않는다. 또한 신분의 존비(尊卑)에 의거해서 술잔을 바치게 되는데, 정해진 술잔 바치는 회수가 끝나면, 의식을 끝낸다. 다만 숙위(宿衛)들과 기로(耆老) 및 고아들에게 향례를 할 때에는 술을 취할 때까지 마시게 하는 것을 법도로 삼았다.
◎ 현면(玄冕) : '현면'은 현의(玄衣)와 면류관을 뜻한다. 본래 천자 및 제후의 제사복장으로, 비교적 중요성이 덜한 제사 때 입는다. '현의' 중 상의에는 무늬가 들어가지 않고, 하의에만 불(黻)을 수놓는다. 『주례』「춘관(春官)·사복(司服)」편에는 "祭群小祀則玄冕."이라는 기록이 있고, 이에 대한 정현의 주에서는 "玄者, 衣無文, 裳刺黻而已, 是以謂玄焉."이라고 풀이했다.
◎ 호관(縞冠) : '호관'은 백색의 명주로 만든 관(冠)이다. 상제(祥祭)나 흉

사(凶事) 때 착용했다.
◎ 황간(皇侃, A.D.488~A.D.545) : =황씨(皇氏). 남조(南朝) 때 양(梁)나라의 경학자이다. 『주례(周禮)』, 『의례(儀禮)』, 『예기(禮記)』 등에 해박하여, 『상복문구의소(喪服文句義疏)』, 『예기의소(禮記義疏)』, 『예기강소(禮記講疏)』 등을 지었지만, 현재는 전해지지 않는다. 그 일부가 마국한(馬國翰)의 『옥함산방집일서(玉函山房輯佚書)』에 수록되어 있다.
◎ 황씨(皇氏) : =황간(皇侃)
◎ 황천(皇天) : '황천'은 천신(天神)을 높여 부르는 말로, 황천상제(皇天上帝)를 뜻한다. '황천상제'는 또한 상제(上帝), 천제(天帝) 등으로 지칭되기도 한다. 한편 '황천'과 '상제'를 별개의 대상으로 풀이하기도 한다.

번역 참고문헌

- 『禮記』, 서울 : 保景文化社, 초판 1984 (5판 1995) / 저본으로 삼은 책이다.
- 『禮記正義』 1~4(전4권, 『十三經注疏 整理本』 12~15), 北京 : 北京大學出版社, 초판 2000 / 저본으로 삼은 책이다.
- 朱彬 撰, 『禮記訓纂』 上・下(전2권), 北京 : 中華書局, 초판 1996 (2쇄 1998) / 저본으로 삼은 책이다.
- 孫希旦 撰, 『禮記集解』 上・中・下(전3권), 北京 : 中華書局, 초판 1989 (4쇄 2007) / 저본으로 삼은 책이다.
- 服部宇之吉 評點, 『禮記』, 東京 : 富山房, 초판 1913 (증보판 1984) / 鄭玄 注 번역에 대해 참고했던 서적이다.
- 竹內照夫 著, 『禮記』 上・中・下(전3권), 東京 : 明治書院, 초판 1975 (3판 1979) / 經文에 대한 이해에 참고했던 서적이다.
- 市原亨吉 외 2명 著, 『禮記』 上・中・下(전3권), 東京 : 集英社, 초판 1976 (3쇄 1982) / 經文에 대한 이해에 참고했던 서적이다.
- 陳澔 注, 『禮記集說』, 北京 : 中國書店, 초판 1994 / 『集說』에 대한 번역에 참고했던 서적이다.
- 王文錦 譯解, 『禮記譯解』 上・下(전2권), 北京 : 中華書局, 초판 2001 (4쇄 2007) / 經文 및 주석 번역에 참고했던 서적이다.
- 錢玄・錢興奇 編著, 『三禮辭典』, 南京 : 江蘇古籍出版社, 초판 1998 / 용어 및 器物 등에 대해 참고했던 서적이다.
- 張撝之 外 主編, 『中國歷代人名大辭典』 上・下권(전2권), 上海 : 上海古籍出版社, 초판 1999 / 인명에 대해 참고했던 서적이다.
- 呂宗力 主編, 『中國歷代官制大辭典』, 北京 : 北京出版社, 초판 1994 (2쇄 1995) / 관직명에 대해 참고했던 서적이다.
- 中國歷史大辭典編纂委員會 編纂, 『中國歷史大辭典』 上・下(전2권), 上海 : 上海辭書出版社, 초판 2000 / 용어 및 인명에 대해 참고했던 서적이다.
- 羅竹風 主編, 『漢語大詞典』 1~12(전12권), 上海 : 漢語大詞典出版社,

초판 1988 (4쇄 1995) / 용어에 대해 참고했던 서적이다.
- 王思義 編集, 『三才圖會』 上·中·下(전3권), 上海 : 上海古籍出版社, 초판 1988 (4쇄 2005) / 器物 등에 대해 참고했던 서적이다.
- 聶崇義 撰, 『三禮圖集注』 (四庫全書 129책) / 器物 등에 대해 참고했던 서적이다.
- 劉績 撰, 『三禮圖』 (四庫全書 129책) / 器物 등에 대해 참고했던 서적이다.

역자 **정병섭(鄭秉燮)**
- 1979년 출생
- 2002년 성균관대학교 유교철학과 졸업
- 2004년 성균관대학교 대학원 유학과 석사
- 2013년 성균관대학교 대학원 유학과 철학박사
- 현재 『역주 예기집설대전』 완역을 위해 번역중이며, 이후 『의례』, 『주례』, 『대대례기』 시리즈 번역과 한국유학자들의 예학 관련 저작들의 번역을 계획 중이다.

예기집설대전 목록

제1편 곡례 상❶❷	제14편 명당위	제27편 애공문	제40편 투호
제2편 곡례 하	제15편 상복소기	제28편 중니연거	제41편 유행
제3편 단궁 상❶❷	제16편 대전	제29편 중니한거	제42편 대학
제4편 단궁 하❶❷	제17편 소의	제30편 방거	제43편 관의
제5편 왕제	제18편 학기	제31편 중용	제44편 혼의
제6편 월령	제19편 악기	제32편 표기	제45편 향음주의
제7편 증자문	제20편 잡기	제33편 치의	제46편 사의
제8편 문왕세자	제21편 잡기	**제34편 분상**	제47편 연의
제9편 예운	제22편 상대기	제35편 문상	제48편 빙의
제10편 예기	제23편 제법	제36편 복문	제49편 상복사제
제11편 교특생❶❷	제24편 제의	제37편 간전	
제12편 내칙	제25편 제통	제38편 삼년문	
제13편 옥조❶❷	제26편 경해	제39편 심의	

譯註
禮記集說大全 奔喪
編　陳澔(元)
附　正義·訓纂·集解

초판 인쇄　2016년　7월　15일
초판 발행　2016년　7월　22일

역　　자 | 정병섭
펴 낸 이 | 하운근
펴 낸 곳 | 學古房

주　　소 | 경기도 고양시 덕양구 통일로 140 삼송테크노밸리 A동 B224
전　　화 | (02)353-9908　편집부(02)356-9903
팩　　스 | (02)6959-8234
홈페이지 | http://hakgobang.co.kr/
전자우편 | hakgobang@naver.com, hakgobang@chol.com
등록번호 | 제311-1994-000001호

ISBN　　978-89-6071-604-9　94150
　　　　978-89-6071-267-6　(세트)

값 : 30,000원

이 도서의 국립중앙도서관 출판예정도서목록(CIP)은 서지정보유통지원시스템 홈페이지(http://seoji.nl.go.kr)와 국가자료공동목록시스템(http://www.nl.go.kr/kolisnet)에서 이용하실 수 있습니다. (CIP제어번호 : CIP2016017017)

※ 파본은 교환해 드립니다.